Kalte Küche

Kalte Küche
herzhaft bis raffiniert

von Christine Schönherr und Christian Teubner

Falken-Verlag · Niedernhausen/Taunus

Auf der 2. Seite sehen Sie: Melonencocktail, Rezept Nr. 535

ISBN 3 8068 4023 7

Alle Fotos: Christian Teubner, Füssen
Grafik Design Willi Clormann, Wiesbaden

Um Appetit zu machen...

(statt eines Vorworts)

Die Autoren dieses Buches offenbaren hiermit ihren wahnwitzigen Mut, den Büchermarkt um ein neues Buch der kalten Küche zu vermehren. Wir meinten, dies tun zu sollen, weil wir anderes neu und Neues anders bringen. Deshalb hätten wir auch sagen können: ,,. . . den Markt bereichern'', jedoch möchten wir dieses Urteil unseren Lesern überlassen, wenn sie alle Rezepte und Aufnahmen studiert, ausprobiert, imitiert, gekostet und für gut befunden haben. Das haben wir als Autoren vor der Niederschrift auch getan, Rezept für Rezept. Ähnliches ist nicht Gleiches. Und die Kunst des Würzens, das ,,Wie'' der Komposition, die neue Idee und die raffinierte Ausführung haben das Vorrecht vor Prise, Quentchen und Gramm.
Kalte Küche ist ständig vonnöten, und in ihren Kulissen Bescheid zu wissen, heißt, auch abschmecken und anrichten zu können. Die kalte Küche begleitet uns von der Party bis zum großen Bierdurst, vom spritzigen Sektfrühstück bis hin zum traditionellen kalten Büfett.
Und wie die Gelegenheiten einen weiten Bogen spannen, so auch die Inhalte unserer Rezepte. Da nimmt es nicht wunder, daß sich hier Rehrücken und Gänsefleischterrine, Salate und Georgisches Käsebrot, Herrentorte und Landpastete einfinden, das Hausbackene wie auch die Zutat der Fürstentafel.
Die kalte Küche kennt keine Reservate mehr und entwickelt zwischen Mittelamerika und den sandigen Stränden Nord-Afrikas, zwischen Nordkap und Kap Horn ihre spezifischen Eigenschaften. Sie ist Kunst aus aller Welt, wo immer Sie sie antreffen.
Sie vereint Freunde und Diplomaten, Liebespaare und brave Eheleute, Jugend und erfahrene Gourmets. Sie ist einfach Stil unserer Zeit, Kondensation unseres Lebensgefühls, Ausdruck unserer Freude, unserer Gastlichkeit und Gastfreundschaft.

Wegweiser der Köstlichkeiten

Inhaltsübersicht

... falls nichts anderes angegeben ist,
sind die Rezepte für 4 Personen berechnet.

Gut garniert ist halb serviert

(Tricks fürs Anrichten)

Wenn Mutter feingehackte Petersilie über die grünen Bohnen streut, so erfreut dabei wohl in erster Linie die satte grüne Farbe das Auge. Sie merken es schon: wir sprechen vom Garnieren. So strahlend ist kein Lachsschinken, so duftig keine Pastete, so erregend kein Hummer, daß nicht noch eine Garnitur angebracht wäre. Sie läßt dabei keineswegs Nase und Zunge im Stich – oh nein, aber sie ist doch, wie das Zeitalter des Rokoko, die Kunst der letzten Verfeinerung. Hier soll noch ein Farbtupfer gesetzt werden, dort fehlt ein Fleckchen Grün, da wird etwas Schärfe in Rot benötigt, und feine Rosetten, Bänder, Kringel und Arabesken schlingen sich zu Rand und Rahmen, in welchem Sie dann Geflügel oder deftiges Landbrot, Käse oder Fleischplatten reichen. Mit einer geschickten oder raffinierten Garnierung können Sie auch einfachen Platten mit ländlichem Aufschnitt den Hauch des Seltenen oder die Illusion ständiger Abwechslung verleihen. Halten Sie sich nicht für unbescheiden, wenn Sie der Garnierung viel Mühe zuteil werden lassen.
Was wäre die Kunst der Silberschmiede, der Ausdruckswert alter venezianischer Spiegel ohne die Spielerei mit dem Material? Nicht anders hier. Sie haben dabei mehr freie Hand, als wir Ihnen Anleitungen geben können.

1 Vom schönen Gestalten

,,Kalte Küche'' und ,,Garnitur'' sind zwei Begriffe, die zusammengehören. Man denkt bei kalten Platten nicht nur an die schöne Auswahl der Speisen, sondern sieht sofort die Garnitur: die Tomatenscheiben, das Radieschen, die Petersilie oder die schön geformte Butter, deshalb soll auch unser erstes Kapitel diesem Thema gewidmet sein.
Es gibt viele Bücher, die sich nur mit dem Garnieren befassen. Unser folgendes Kapitel: ,,Gut garniert ist halb serviert'' ist demgegenüber relativ kurz. Wir möchten mit wenigen Beispielen zeigen, wie man kalte Speisen durch Garnierungen schöner und appetitlicher gestalten kann. Dabei sind wir der Meinung, daß Garnituren, die zu reichhaltig sind und zu schwierig aussehen, gerade das Gegenteil bezwecken. Sie erschrecken statt zu lokken. Besonders komplizierte Garnierungen verlangen zudem die Zuhilfenahme der Hände, die sparsam eingesetzt werden sollten.
Wir möchten Ihnen zeigen, wie man mit einfachen Mitteln und hygienisch kalte Speisen wirkungsvoll reichen kann.
Unser erstes Kapitel soll Ihnen vorerst Anregung sein und Ideen vermitteln, die Sie dann das eine oder andere Mal nach Ihren Vorstellungen verwirklichen können. Natürlich zeigen wir Ihnen auch außerhalb dieses Kapitels, das ganze Buch durchlaufend, Beispiele der Garnierung. Das Durchblättern lohnt sich.
Sie sollten sich fürs Garnieren vier Faustregeln merken:

1. die Garnitur soll unterstreichen, nicht verdrängen,
2. sie soll farblich kontrastieren,
3. sie soll geschmacklich ergänzen,
4. sie darf durchaus rationell und sparsam verwendet werden.

Garnieren kostet Zeit und ein bißchen Überlegung. Wenn Sie dann, ermutigt durch das Lob Ihrer Freunde und Gäste, auch noch ein wenig Erfahrung gesammelt haben, werden Sie auch in diesem Fach Ihren Spaß finden.
An die Geräte haben wir natürlich auch gedacht und nach Möglichkeit versucht, mit einfachen Hilfsmitteln auszukommen, die entweder in der Küche schon vorhanden oder in Haushaltgeschäften billig zu kaufen sind.
Zur Ausrüstung empfehlen wir deshalb scharfes Messer, runden Ausstecher, Buntmesser für den Zackenschnitt, Zackenrädchen, Stern- und Lochtüllen und Spritzbeutel. (Weiteres nützliches Handwerkszeug stellen wir Ihnen im Kapitel: ,,Und was Sie sonst noch wissen sollten" am Ende des Buches vor.
Was verwenden wir zum Garnieren? Der Bogen spannt sich von der Essiggurke bis zu schwarzen Trüffeln, vom Ei bis zum Kaviar, vom Schnittlauch bis zum ausgestochenen Käseherz.

2 Gespritzte „Spitzen"-Garnituren

Das beste Beispiel für flott bereitete Garnituren ist dieses: Nehmen Sie die Mayonnaisentube, wenn's ganz schnell gehen muß. Mit ihr können einfache und komplizierte Linien oder Tupfen gespritzt werden. Besser und leichter geht es natürlich mit einem Spritzbeutel, in den man eine Loch- oder Sterntülle steckt. Als Spritzmaterial können Mayonnaise, schaumig gerührte Butter, die vorher gewürzt wurde, Senf oder eine Quark- oder Frischkäse-Creme verwendet werden.

TIP für das Spritzen mit dem Spritzbeutel: Variationsmöglichkeiten bieten die verschieden starken Tüllen. Geben Sie in den Spritzbeutel zunächst eine möglichst starke Sterntülle, mit der Sie Rosetten oder barocke Schleifen spritzen können. Ohne den Spritzbeutel wechseln zu müssen, stecken Sie einfach eine dünnere Lochtülle auf und können schon ein feines Gitter über ein belegtes Brot spritzen. Beim Spritzen aber bitte die aufgesteckte Tülle festhalten, damit sie durch den Druck nicht weggeschoben wird.

Damit Sie nicht verzagen und glauben, unsere Empfehlungen nicht nachahmen zu können, geben wir noch folgenden Rat: Probieren Sie den Umgang mit Spritzbeutel und unterschiedlichen Tüllen einmal mit schaumig geschlagenem Kartoffelbrei und garnieren Sie damit ein großes Brett. So üben Sie Häufchen, Gitter, Rosetten, Kringel und was der lieben Figuren mehr.

Dürfen wir Ihnen sagen, wie viele Möglichkeiten Ihr Kühlschrank, einmal dazu herausgefordert, Ihnen beim Garnieren bietet. Wir sprechen von Gurke und Olive, von Zwiebel und Salat, von Orange, Ei und selbstverständlich auch vom Radieschen.

Radieschen
Unkompliziertes Garniermaterial sind die Radieschen. Ob in Scheiben geschnitten, als Blume gelegt oder mit einem kleinen Messer gekerbt –, sie wirken immer.
Es gibt ein Hilfsmittel aus Plastik. Mit diesem sternförmigen Messer werden die Radieschen eingeschnitten, sie kommen in kaltes Wasser, dem eine Prise Salz beigegeben werden kann, und entwickeln sich zu sternförmigen Blumen.

Zwiebel
Sie bleibt als beliebtes Garniermittel nicht verschont. Zwiebelringe in Paprikapulver, gehackter Petersilie oder grobem Pfeffer gewälzt, wirken für sich allein.

Tomate
Das Rot der Tomate darf nicht fehlen. In Scheiben oder Segmente geschnitten sind sie bekannt. Sie kann auch nur zu zwei Drittel eingeschnitten und mit Gurkenscheibchen gefüllt werden. Man kann Körbchen daraus schneiden und diese mit Fleisch- oder einem Krabbensalat füllen.

Zitrone
Die Garniermöglichkeiten der Zitrone sind weltweit. Viele Variationen sind bekannt und wirken gleich gut. Auf unserem Foto wurde die Schale in gleichmäßige Rillen geschnitten. Die Scheibchen sehen wie kleine Zahnräder aus.

Oliven
Die grünen gefüllten Oliven und die ungefüllten schwarzen Oliven sind ideal als Garniermittel. Die Farbwirksamkeit ist enorm, die Geschmacksnuancen durch Paprikafülle, Mandelkerne und Sardellen vielseitig. Die gefüllten Oliven werden ganz, quer halbiert oder in Scheibchen geschnitten verwendet. Aus entkernten, längsgeschnittenen schwarzen Oliven kann man zum

Beispiel hübsche Blumenformen legen. Oder Sie schneiden einfach kleine Ovale um den Kern herum ab. Das geht noch rascher. Das Blumeninnere kann auch aus einer Mayonnaisenrose bestehen. Es gibt noch mehr Effekte!

Salatgurken
Gut gewaschen, sind sie mit der Schale, in Scheibchen geschnitten, schon attraktiv. Man kann die Gurke noch verschönen, ihr den Hauch von Make up verleihen, wenn die Scheiben vorher Rillen bekommen. Ein Windrädchen entsteht, wenn mit spitzem Messer von außen zur Mitte hin zackenförmig ausgeschnitten wird.

Essig- oder Gewürzgurken
Sie können ebenfalls in Scheiben geschnitten werden. Ein Gurkenfächer – sehr beliebt – entsteht, wenn die ganze oder längs halbierte Gurke mindestens zu drei Viertel dicht nebeneinander eingeschnitten wird.

Orangen
Sie sehen als Mittelpunkt auf einer kalten Platte gefüllt besonders nett aus. Zackenförmig ausgeschnittene Orangen erhält man, indem mit spitzem Messer zackenförmig zur Mitte hin die Frucht eingestochen wird. Ein Körbchen mit Henkel entsteht, indem zwei Segmente mit einem scharfen Messer vorsichtig um den Henkel ausgeschnitten werden. Die Verzierungen können Sie auch bei Zitronen anbringen.

Eier
Über diese zu sprechen, hieße: ,,Eulen nach Athen tragen''. Da gibt es über die Eischeibe, Eiachtel die hübschen Fliegenpilze, die aus ganzem Ei, Tomatenkappe und Mayonnaisentupfen bestehen. Beim Ei fällt Ihnen bestimmt noch eine ganze Menge ein. Wir sagen dazu nichts mehr!

3 Von „ausgestochenen" Beispielen

Eine klassische Methode des Dekorierens ist das „Ausstechen". Die Förmchen oder Ausstecher aus Weißblech oder Plastik gibt es ohnehin in jedem Haushalt. Damit wird aber nicht nur Weihnachtsgebäck ausgestochen, sondern auch die Garnierung für kalte Speisen. An Material zum Ausstechen ist kein Mangel. In erster Linie sei der Käse erwähnt: Sämtliche Hart- bzw. Schnittkäse-Sorten, wie z. B. Emmentaler, Edamer, Gouda, Tilsiter, Edelpilzkäse, Appenzeller und Greyerzer lassen sich, in Scheiben geschnitten, phantastisch ausstechen. Das gleiche gelingt mit Frischwurstsorten oder gekochtem Schinken, Leberpastete oder anderem.

Gemüse ist etwas schwieriger zu behandeln. Salatgurkenscheiben ergeben schöne Ringe und lassen sich sehr leicht ausstechen. Anders ist es bei rohen Paprikaschoten und Tomaten. Hier muß man, speziell bei der Paprikaschote, schon kräftiger zudrücken, damit auch die Schale durchstochen wird. Äpfel, Birnen und Avocados lassen sich, zunächst in Scheiben geteilt, leicht ausstechen; ebenfalls Karotten, Kürbis oder feste Melonen. Sehr dekorativ sehen auch ausgestochene, leicht geröstete Weißbrotscheiben oder das westfälische Pumpernickel aus.

Es muß nicht unbedingt eine Kinderparty oder Karneval sein, um solch lustige Köpfe wie auf unserem Foto rechts als Garnierung für eine Platte oder als kleine Brötchen vorzusetzen.

Hier werden mit Käsecreme gefüllte Pumpernickel als Unterlage verwendet. Scheibletten aus Schmelzkäse, Chester und Emmentaler werden in Größe der Brötchen oder Pumpernickelscheiben rund ausgestochen und aufgelegt.

Wie stets beim Thema „Garnieren" sind auch hier der Phantasie keine Grenzen gesetzt. Der Haarschopf wirkt ebenso lustig, wenn er aus Petersilie, Karottenscheibchen, schwarzem Kaviar oder kleinen Cornichons in Fächerform besteht. Nase, Mund und Augen können ausgeschnitten oder ausgestochen oder durch Garnierung mit dem Eiweiß hartgekochter Eier, eingelegter Paprikaschoten, Tomaten, Trüffelstücke usw. imitiert werden. Was glauben Sie, welche Mimik die Gesichter erhalten, wenn Mund, Nase und Augen in verschiedenen Stellungen und Formen fixiert werden.

Von Kindern immer wieder bewundert sind die dekorierten Brote. Gesundes Schwarz- oder Vollkornbrot wird mit Käsescheiben abgedeckt oder mit Quark bestrichen, und darauf kommen ausgestochene Herzen, zusammengelegte Züge und mehr.

4 Butter, flach und kugelrund

Figur hin – Linie her: Zum kalten Büfett gehört Butter. Sie soll sich nicht vordrängen, aber wenn sie als Garnierung auftritt, ist sie richtig dosiert. Machen Sie sie interessanter. Dazu sei sie kalt, aber nicht hart. Sie können sie in schöne gleichmäßige Scheiben schneiden, Sie können ein ganzes Stück (mit Buttermesser natürlich) an der Oberfläche verzieren, Sie können Kugeln ausstechen oder die Scheiben mit dem Buntmesser schneiden, damit Strukturen entstehen.

Es geht leichter von der Hand, wenn Sie das Gerät, mit dem Sie schneiden oder stechen, vor jedem Schnitt in heißes Wasser tauchen. Die geschnittenen oder gestochenen Scheiben, Stücke, Kugeln werden am Rand der Platten verlegt oder auf kleinen Schälchen gesondert serviert.

Eine andere Möglichkeit bieten die Butter-Modeln. Ihre Verwendung führt – neben den hübschen Formen – zu einer Portionierung von 25 bis 100 Gramm pro Figur (pro Modelfigur!). Da die Oberfläche der Holzmodel geschnitzt ist, sehen die so gewonnenen Butterstücke attraktiv aus. Die Butter wird also weich in die Model eingedrückt, diese selbst vor der Butterfüllung in kaltem Wasser eingeweicht. So bleibt die Butter beim Herausklopfen nicht hängen.

Sehr lustig sehen auch Butterkugeln aus, die mittels zweier geriffelter Brettchen hergestellt werden. Feste Butter wird dafür in walnußgroße Stücke geteilt, die Holzbrettchen werden in kaltes Wasser getaucht und die Butterstücke zwischen den feuchten Brettern rund gerollt. Diese Kunst hört sich schwieriger an, als sie ist. Bis zur Verwendung kommen die Butterkugeln in den Kühlschrank zum Festwerden.

Der Handel bietet kleine Geräte an, die die sogenannten Butterlocken ergeben. Diese gerippten, runden oder geraden Geräte sind einfach zu handhaben. Vor Verwendung sollten sie wie das Buntmesser kurz in heißes Wasser getaucht werden. Dann wird das Gerät über die Butter-Oberfläche gezogen. Die fertigen Butterlocken werden sofort in Eiswasser gelegt, um ihre Form zu bewahren. Sie werden erst kurz vor dem Servieren wieder herausgenommen.

Aus Südfrankreich kommt, besonders für rustikale Büfetts geeignet, ein Buttertöpfchen zu uns, welches ebenso attraktiv wie praktisch ist. In kleinen Keramiktöpfchen, meist Produkte örtlich ansässiger Töpferkunst, wird die Butter eingedrückt und bis zum Rand glatt gestrichen. Die Oberfläche kann mit einer Gabel wellenförmig verziert werden. Es gibt diese Töpfchen in unterschiedlicher Größe (bis zur kleinen Einzelportion), in unterschiedlicher Form und Farbe. Gelegentlich gibt es zu dem Töpfchen, das die Butter aufnimmt, noch ein zweites, im Umfang größeres, welches Eis oder Eiswasser enthält. In diesem Fall wird das kleinere Buttertöpfchen nach Entnahme von Butter in das größere zur Kühlung umgekehrt hineingestülpt, so daß auch bei langer Mahlzeit die Butter – besonders in den heißen Ländern – fest bleibt.

Von Butter, Quark und Käse

(Kabarett der Milchprodukte)

Gemach, gemach! – Wir sprechen hier nicht vom Himmelreich des Käses, von Frankreich, sondern von den deutschen Landen und was uns deren freundliche Kühe schenken. Denn wenn die Milch geboren ist, wird sie üblicherweise, wo nicht getrunken, so doch zu Butter, Quark oder Käse in liebenswürdiger Industrie verarbeitet. Davon leben die Kühe, die Milchhöfe und die Mikroben. Und während sich die Gelehrten über die Bedeutung der Fette streiten, genießen wir auf frischem Brot dottergelbe Butter, Sahnequark mit frühlingsfrischen Kräutern und Käsezubereitungen, die ihre letzte artistische Verfeinerung erst durch weitere Zutaten erfahren haben. Was findet man da?
Kräuter, Früchte, Nüsse, Tomaten, Paprika, milde und scharfe Gewürze und noch anderes. Und wer's ganz fein will, nimmt noch Oliven, Weinbeeren und Knoblauch. Vom einen nur ein Körnchen, vom anderen nur einen Hauch, – damit die Dosis stimmt. Und dann rühren, schlagen, streichen, wie wir's Ihnen sagen.
Von den feinen Käsen der Provençe oder des Loiretales, der schweizer Alpentäler oder der holländischen Wiesen sprechen wir in einem späteren Kapitel.
Hier strömt der Duft frischer Butter, feiner Kräuter und gewählter Gewürze durch die Zeilen. Frisch auf den Tisch – frisch verzehrt!

5 Buttermischungen

Auf dem Foto nebenan haben wir 20 verschiedene Butter-Mischungen für Sie zusammengestellt. Und schon beim flüchtigen Darüberschauen werden Sie sehen, daß keine einzige der anderen gleicht. Genauso unterscheiden sie sich auch geschmacklich! Ob Sie sich allerdings beim Formen der verschiedenen Buttermischungen soviel Arbeit machen, das müssen wir schon Ihnen überlassen. Die Hauptsache ist in diesem Fall ja die geschmackliche Variante. Und wenn Sie bei der fünften Variante angekommen sind, bekommen Sie vielleicht auch Lust am Formen. Schnell geht es eigentlich.
Bei der Herstellung von Buttermischungen ist es in jedem Fall wichtig, daß die Butter nicht direkt aus dem Kühlschrank kommt. Sie sollte etwas weich und geschmeidig sein, denn so läßt sie sich besser mit Zutaten und Gewürzen verrühren. Sie wird dann in eine beliebige Form gebracht und gut ausgekühlt. Alu-Folie bewährt sich beim Formen besonders gut. Die Buttermischung läßt sich leicht aufstreichen, und wenn sie erkaltet ist, zieht man die Folie einfach ab. *Die Buttermischungen von 1 bis 20 beginnen oben links:*

6 Olivenbutter

125 g Butter, 1/4 Teel. Salz,
6 Tropfen Tabasco,
10 gefüllte, gehackte Oliven,
6 halbe Walnüsse.

Unter die schaumig gerührte Butter das Salz und Tabasco geben. Zum Schluß die feingehackten Oliven und feingehackten Walnüsse unterziehen. Butter 1 1/2 cm dick auf Alu-Folie streichen und nach dem Festwerden in trapezförmige Stücke schneiden.

7 Italienische „burro verde"

125 g Butter, 2 Eßl. Spinatsaft,
1 Teel. Selleriesalz,
1 Eßl. feingehackte Petersilie,
1 Eßl. feingehackte Kerbel,
1 Eßl. feingehackter Dill,
1 Eßl. Liebstöckel.

Unter die schaumig gerührte Butter den Spinatsaft (dafür frischen oder tiefgekühlten Spinat einfach ausdrücken) und das

Selleriesalz rühren. Zum Schluß die gehackten Kräuter zugeben. Diese grüne Buttermischung 1 bis $1^1/_2$ cm dick auf Alu-Folie streichen, die Oberfläche mit einer Gabel verzieren und im Kühlschrank durchkühlen lassen. Vor dem Servieren in Quadrate schneiden. Wie auf unserem Foto.

8 Hofmeisterbutter

125 g Butter, $^1/_2$ Teel. Salz,
$^1/_4$ Teel. frischgemahlener Pfeffer,
Saft $^1/_2$ Zitrone, 1 Knoblauchzehe,
$^1/_2$ Teel. edelsüßes Paprikapulver,
$^1/_2$ Teel. feingehackte Kapern,
1 Eßl. feingehackte Petersilie.

Die gerührte Butter mit allen Gewürzen verschlagen, zerdrückte Knoblauchzehe und die Kapern sowie die Petersilie am Schluß unterziehen. Etwa 2 cm dick auf Alu-Folie streichen, mit einer Gabel Rillen ziehen, nach dem Festwerden im Kühlschrank in Streifchen schneiden.

9 Meerrettichbutter

125 g Butter,
2 Eßl. Meerrettich,
$^1/_2$ Teel. Zucker,
1 Teel. Salz.

Die schaumig gerührte Butter mit dem frischgeriebenen Meerrettich und den übrigen Zutaten vermengen. 1 $^1/_2$ cm dick auf Alu-Folie streichen, erstarren lassen und beliebig ausstechen.

10 Butter, rot – grün

125 g Butter, $^1/_2$ Teel. Salz,
1 Messerspitze Knoblauchpulver,
2 feingehackte Schalotten,
2 Eßl. eingelegte Tomatenpaprika,
3 Eßl. gehackte Kräuter.

Schaumig gerührte Butter mit allen übrigen Zutaten vermengen. Auf Alu-Folie streichen, zur Rolle formen, im Kühlschrank erstarren lassen, Folie abziehen, die Rolle in den Kräutern wälzen und in etwa 1 cm dicke Scheiben schneiden.

11 Sardellenbutter

125 g Butter, 1 Eßl. Zitronensaft,
$^1/_2$ Teel. Paprikapulver,
5 Tropfen Tabasco,
50 g Sardellenfilets

Die gerührte Butter mit Zitronensaft, Paprika und Tabasco vermischen, die zerdrückten Sardellenfilets zugeben, auf Alu-Folie streichen, zur Rolle formen, erstarrt scheibeln.

12 Tomatenbutter

125 g Butter, $^1/_2$ Teel. Zucker,
$^1/_2$ Döschen Tomatenmark,
$^1/_2$ Teel. Paprikapulver,
$^1/_4$ Teel. Salz,
1 Messerspitze Cayennepfeffer.

Unter die schaumig gerührte Butter nach und nach das Tomatenmark und die Gewürze rühren. Diese Tomatenbutter 2 $^1/_2$ cm dick auf Alu-Folie streichen und im Kühlschrank erstarren lassen. Mit dem Buntmesser (Zackenmesser) in Scheiben teilen.

13 Senfbutterröschen

125 g Butter,
$^1/_4$ Teel. Salz,
1 Messerspitze Zucker
5 Tropfen Tabasco,
1 Eßl. scharfer Senf.

Die Butter recht schaumig schlagen, zuerst die Gewürze, dann den scharfen Senf unterziehen. Diese Butter in einen Spritzbeutel mit Sterntülle füllen, auf Alu-Folie Röschen spritzen und diese im Kühlschrank erstarren lassen.

14 Paprikakugeln

125 g Butter,
1 Knoblauchzehe,
$^1/_2$ Teel. Selleriesalz,
1 Eßl. Paprikapulver.

Butter schaumig rühren, mit zerdrückter Knoblauchzehe, Salz und Paprika vermischen. Im Kühlschrank kühlen, zu Kugeln rollen, auf Folie erstarren lassen und in Paprikapulver wälzen.

15 Englische Toastbutter

125 g Butter,
1 Eßl. Zitronensaft,
1 Messerspitze Cayennepfeffer,
1 Messerspitze Knoblauchpulver,
1 Teel. Piment, $^1/_2$ Teel. Salz,
1 Messerspitze Muskatnuß,
2 gehackte Schalotten,
1 Eßl. frischgehackte Kräuter.

Schaumig gerührte Butter mit allen Gewürzen verschlagen, 2 cm dick auf Folie streichen, die Oberfläche verzieren und nach dem Erstarren im Kühlschrank würfeln.

16 Feine Kräuterbutter

125 g Butter, 1 Messerspitze Pfeffer,
$^1/_2$ Teel. Salz, 1 Messerspitze Zucker,
1 Teel. Zitronensaft,
2 Eßl. gehackte Kräuter.

Schaumig gerührte Butter mit allen Zutaten vermischen, 2 $^1/_2$ cm auf Folie streichen, erstarrt mit dem Buntmesser scheibeln.

17 Schinkenbutter

125 g Butter,
1/2 Teel. Selleriesalz,
1 Messerspitze weißer Pfeffer,
50 g roher Schinken,
1 Eßl. feingehackte Zwiebel.

Der mit Gewürzen schaumig gerührten Butter den feingehackten Schinken und die Zwiebel zugeben. Auf Folie 2 cm dick streichen und nach dem Festwerden im Kühlschrank würfeln.

18 Paprikabutter

125 g Butter,
1/2 Teel. Salz, 1 Messerspitze Ingwer,
10 Tropfen Tabasco, 1 Messerspitze Muskat,
1/2 Teel. edelsüßes Paprikapulver,
3 Eßl. gehackte, eingelegte Tomatenpaprika, rot.

Alle Zutaten unter die schaumige Butter rühren, auf Alu-Folie streichen, zur Rolle formen und erstarrt in Scheiben teilen.

19 Trüffelbutter

125 g Butter,
1 Teel. Zitronensaft,
1/4 Teel. Salz,
1 Messerspitze Cayennepfeffer,
1 kleine Dose Trüffelstücke (Inhalt 12,5 g).

Die Butter schaumig rühren, mit Zitronensaft, Salz und Cayennepfeffer würzen. Am Schluß die feingehackten Trüffeln zugeben. Diese exclusive, wohlschmeckende Masse auf Alu-Folie streichen, erkaltet in gleichmäßige Dreiecke schneiden.

20 Parmabutter

125 g Butter, 1 Eßl. gehackte Pistazien,
1/4 Teel. Salz,
1 Eßl. gehackte Walnüsse,
1 Messerspitze weißer Pfeffer,
2 Eßl. geriebener Parmesankäse.

Alle Zutaten unter die schaumige Butter rühren, auf Alu-Folie streichen, zur Rolle formen, erstarren lassen. Folie abziehen, Rolle in Parmesankäse wälzen und in Scheiben schneiden.

21 Pistazienbutter

125 g Butter,
1/4 Teel. Salz,
1 Messerspitze Zucker,
2 Eßl. gehackte Pistazien.

Zutaten gut verschlagen. (Gebrühte Pistazien frisch abziehen, damit sie beim Schneiden der Butterscheiben noch weich sind.) Butter auf Folie streichen, zur Rolle formen, auskühlen lassen und in gleichmäßige Scheiben schneiden.

22 Scharfe Butter-Bällchen

125 g Butter,
1/2 Teel. Selleriesalz,
1 Messerspitze Knoblauchpulver,
1/2 Teel. schwarzer Pfeffer.

Schaumig gerührte Butter mit Salz und Knoblauch würzen. Erkaltet zu kleinen Kugeln formen, nochmals durchkühlen und einzeln in grob gestoßenem Pfeffer wälzen.

23 Schweizer Butter

125 g Butter, 1 Messerspitze Salz,
1 Messerspitze Pfeffer,
1/2 Teel. edelsüßes Paprikapulver,
1 Messerspitze Muskat,
50 g feingehackter, gekochter Schinken,
1 Eßl. feingeriebener Emmentaler.

Alle Zutaten unter die schaumig gerührte Butter geben, auf Alu-Folie streichen, durchkühlen lassen. In gleichmäßige Würfel schneiden, wie auf unserem Foto, vorherige Seite.

24 Currybutter

125 g Butter,
1/2 Teel. Zucker,
1/4 Teel. Salz,
2 Teel. Curry hot.

Die mit den Zutaten verrührte Butter auf Alu-Folie streichen, Oberfläche mit Garnierkamm verzieren, im Kühlschrank durchfrieren und dann rund ausstechen. Gut zu Geflügel und Toast.

25 Lachsbutter

125 g Butter,
1 Messerspitze Cayennepfeffer,
2 feingehackte Schalotten,
80 g Räucherlachs.

Butter, Cayennepfeffer und Schalotten schaumig rühren, den feingehackten und durchs Sieb gestrichenen Räucherlachs zugeben, 2 cm dick auf Folie streichen, verzieren mit dem Buntmesser und erkaltet in Rechtecke teilen.

26 Quark von seiner besten Seite

Man muß kein Gesundheitsapostel sein, um Quark zu lieben. Aus der modernen Ernährung ist er nicht mehr wegzudenken. Er läßt sich großartig und vielseitig anrichten, und manch einem Magerquark sieht man seinen niedrigen Fettgehalt gar nicht mehr an. Leute, die von Diät nichts wissen wollen, verwenden anstelle von Quark Frischkäse, womit der Fettgehalt rapid in die Höhe schnellt. Gut, wer sich's leisten kann!

27 Quarkaufstrich „Debrecen"

250 g Quark, 4–5 Eßl. Sahne,
1/2 Teel. Salz, 100 g Salami,
1/2 Teel. gehackte Kapern,
2 Teel. Paprikapulver,
2 Eßl. eingelegte Paprikaschote,
1 kleine Essiggurke.

Den Quark (ob Sahne- oder Magerquark liegt ganz bei Ihnen!) mit der Sahne schaumig rühren. Mit Salz, Kapern, Paprikapulver würzen. Die gehackte Paprikaschote, die sehr feingehackte Salami und die gehackte Essiggurke unterrühren. Fertig!

28 Selleriequark

250 g Quark, 1/2 Becher Joghurt,
125 g roher, geriebener Sellerie,
1 geriebener Apfel, 1/2 Teel. Salz,
1/2 Teel. Zucker, 1/2 Zitrone.

Den Quark mit dem Joghurt schaumig rühren, den geriebenen Sellerie und den Apfel zugeben. Mit Salz, Zucker, dem Saft und der Schale der Zitrone würzen. Paßt auf Schwarzbrot. Als Pfiff grob gehackte Haselnüsse überstreuen.

29 Köstlicher Heringsquark

250 g Quark, 3 Eßl. Sahne,
2 Eßl. Rote-Beete-Saft,
2 Eßl. gehackte Zwiebel,
1/2 geriebener Apfel,
2 Matjesfilets,
1 großer Bismarckhering,
3 Eßl. gehackte eingelegte Rote Beete,
2 Eßl. gare, gehackte Karotten.

Den Quark mit der Sahne und dem Rote-Beete-Saft verrühren. Zwiebel und Apfel zugeben. Die gewässerten Matjesfilets und den Bismarckhering fein würfeln. Mit den übrigen Zutaten unter den Quark mischen und auf ein Landbrot streichen.

30 Wiener Krenquark

250 g Quark,
4–5 Eßl. frische Sahne,
2 Eßl. frischgeriebener Merrettich,
100 g gekochter Schinken,
$1/2$ Teel. Zucker, $1/2$ Teel. Salz,
1 Messerspitze Cayennepfeffer.

Den Quark mit der Sahne schaumig schlagen, den frischgeriebenen Meerrettich unterziehen. Den gekochten Schinken sehr fein würfeln und zusammen mit dem Zucker, Salz und Cayennepfeffer zum Quark geben.

31 Rosaroter Tomatenquark

250 g Quark, 3 Eßl. Dosenmilch,
1 Eßl. Tomatenmark, $1/2$ Teel. Salz,
3 Eßl. Tomatenketchup,
1 Spritzer Worcestershiresauce,
8 Tropfen Tabasco, 6 gehackte Oliven,
1 zerdrücktes Sardellenfilet,
1 Eßl. gehackte Zwiebel,
1 zerdrückte Knoblauchzehe,
1 Eßl. gehackte Petersilie,
2 gehackte, geschälte Tomaten.

Den Quark mit der Dosenmilch verrühren und nach und nach alle übrigen Zutaten einrühren. Muß rosarot aussehen und soll sehr gut schmecken, besonders auf getoastetem Graubrot.

32 Frühlingsquark

250 g Magerquark, $1/2$ Becher Joghurt,
$1/2$ Teel. Salz, 1 Messerspitze Zucker,
$1/2$ Zitrone, 5–6 Tropfen Tabasco,
1 Eßl. gehackte Zwiebel,
3 Eßl. gehackte Kresse,
1 Eßl. gehackter Schnittlauch,
1 Eßl. gehackte Kerbel.

Den Quark mit dem Joghurt (kann auch Buttermilch genommen werden) gut verrühren, mit Salz, Zucker, dem Zitronensaft, Tabasco würzen und am Schluß die Zwiebel und die Kräuter unterrühren. Dick aufs Schwarzbrot streichen. Das schmeckt!

33 Jet-Set-Quark

250 g Quark,
1 Tasse Schlagsahne,
100 g echter Räucherlachs,
1 Glas echter russischer Kaviar (56,8 g),
1 Messerspitze Cayennepfeffer,
$1/2$ Eßl. gehackter Dill.

Den Quark (besser noch Frischkäse) durch ein Sieb streichen. Dann schaumig rühren und die Schlagsahne unterziehen. Den Lachs in kleinste Stücke schneiden und zusammen mit dem Kaviar, dem Cayennepfeffer und Dill unter den Quark oder Frischkäse ziehen. Nicht mehr rühren! Toast dazu.

34 Grüner Kräuterquark

250 g Quark, 1 Teel. Selleriesalz,
3–4 Eßl. Milch, 2 Eßl. frische Sahne,
1 Messerspitze Cayennepfeffer,
5 Eßl. frischgehackte Kräuter.

Den Quark mit der Milch und der Sahne schaumig verrühren, mit Selleriesalz und Cayennepfeffer würzen. Die frischgehackten Kräuter am Schluß unterziehen, damit's schön grün wird. An frischen Kräutern können Sie verwenden, was gerade griffbereit ist: Petersilie, Dill, Kresse, Schnittlauch, Pimpinelle, Liebstöckel, Zitronenmelisse, Borretsch.

35 Curryquark

250 g Quark, 4–5 Eßl. Milch,
1 Banane, 1 Eßl. Curry hot,
1/2 Teel. Salz, 1/2 Teel. Zucker,
1 Messerspitze Cayennepfeffer.

Den Quark mit der Milch (oder Dosenmilch) kräftig verrühren. Die geschälte Banane mit einer Gabel fein zerdrücken, unter den Quark geben. Curry hot (ein besonders scharfes Mitglied der Curry-Ausgabe!), Salz, Zucker und Cayennepfeffer zugeben. Eine scharfe Angelegenheit, die gut auf Weißbrot schmeckt.

36 Bulgarischer Käseaufstrich

150 g bulgarischer Schafskäse,
200 g Magerquark, 1/2 Becher Joghurt,
1/2 Teel. Salz, 1 Teel. Paprikapulver,
1/4 Teel. gemahlener Kümmel,
2 zerdrückte Knoblauchzehen,
10 Tropfen Tabasco,
1 Teel. scharfer Senf,
2 Eßl. eingelegte Tomatenpaprika,
2 gehackte Essiggurken,
2 Eßl. feingehackte Zwiebel.

Den Schafskäse mit einer Gabel fein zerdrücken und unter den Quark rühren. Den Joghurt zufügen, ebenso alle Gewürze. Davon eine cremige Masse rühren, der am Schluß die gewürfelte Tomatenpaprika, Gurkenwürfel und die Zwiebel beigemischt wird. Schön kalt zu einem deftigen Landbrot servieren.

37 Obatzter

250 g Camembert,
60 g Butter,
1 Zwiebel,
1 Messerspitze Salz,
1 Messerspitze Cayennepfeffer,
1/2 Teel. Kümmel,
3 Teel. Paprikapulver.

Der Camembert muß gut reif sein. Die Schimmelrinde dünn abschneiden. Den Käse mit einer Gabel zerdrücken und mit der Butter verrühren. Die feingehackte Zwiebel, Salz, Cayennepfeffer, Kümmel und Paprika zufügen. Die Masse soll schön rot sein. Diese Spezialität aus München wird zu Schwarz- oder Graubrot gegessen, mit einigen Zwiebelringen nach Geschmack dekoriert und zu viel hellem Bier getrunken.

38 Käsecreme „Kopenhagen"

125 g Danablu (Edelpilzkäse),
125 g reifer Camembert,
100 g Samsoe-Käse, 1/4 Teel. Salz,
1/4 Teel. Pfeffer, 2 Eigelb,
1 Teel. Paprikapulver,
1/8 l geschlagene Sahne.

Den Danablu und den Camembert (vom Camembert die Schimmelrinde abschneiden) mit einer Gabel zerdrücken und durch ein Sieb streichen. Den Samsoekäse reiben und mit der anderen Käsemasse verrühren. Die Gewürze hinzufügen, ebenso die Eigelb und daraus eine cremige Masse herstellen. Am Schluß die geschlagene Sahne unterziehen. Vollkornbrot dazu reichen.

39 Kräuter-Käsecreme

2 Ecken vollfetter Schmelzkäse,
50 g Butter,
1 Eigelb,
1 Teel. scharfer Senf,
100 g geriebener Emmentaler,
2 Eßl. gemischte Kräuter.

Den Schmelzkäse mit der Butter und dem Eigelb sowie dem Senf schaumig schlagen, den geriebenen Käse und am Schluß die frischen, gemischten feingehackten Kräuter zugeben. Besonders gut im Frühjahr mit vielen frischen Kräutern.

40 Französische Roquefortcreme

200 g Roquefort, 2 Eigelb,
2–5 Eßl. Portwein,
1 Eßl. gehackte Walnüsse,
1 Messerspitze Zucker.

Den möglichst reifen Roquefortkäse mit einer Gabel zerdrücken und anschließend durch ein Sieb streichen. In einer Schüssel mit dem Eigelb verrühren. Nach und nach den Portwein zugeben und kräftig rühren, damit eine sehr weiche Masse entsteht. Die Portweinmenge ist variabel, die Käsecreme soll gut cremig sein. Ausschlaggebend ist hier der Reifegrad des Käses, wieviel von der Flüssigkeit man zugeben muß. Am Schluß der feinen französischen Creme die gehackten Walnüsse und den Zucker zugeben. Frischen, goldgelben Toast dazu servieren.

41 Käse-Eier-Aufstrich

200 g Goudakäse, 4 hartgekochte Eier,
50 g Butter, 2 Eßl. frische Sahne,
2 Teel. scharfer Senf,
1 Messerspitze Salz,
1 Messerspitze Cayennepfeffer,
1 Teel. Paprikapulver.

Den Käse ganz fein würfeln. Die hartgekochten, geschälten Eier trennen, d. h. Eiweiß und Eidotter für sich. Das Eiweiß würfeln. Die Eigelb mit der Butter, der Sahne und dem Senf verrühren. Gut schaumig. Die Gewürze zugeben. Eigelb-Buttercreme und Käse- und Eiweißwürfel vorsichtig vermischen und als feinen Aufstrich zu Schwarzbrot reichen.

42 Mailänder Käseaufstrich

150 g Gorgonzola,
50 g Bel Paese,
50 g Butter,
2 Eßl. Cognac,
½ Teel. grob gehackter Kümmel.

Den Gorgonzola und den Bel Paese mit einer Gabel in einer Schüssel zerdrücken und die schaumig gerührte Butter zugeben. Mit dem Cognac und dem Kümmel würzen. Zu diesem würzigen Käseaufstrich kräftiges Landbrot servieren und dazu ein Schüsselchen mit gehackter Zwiebel stellen.

43 Romadur-Brotaufstrich

125 g Romadur, 100 g Emmentaler,
1 Zwiebel, 1 Knoblauchzehe,
½ Teel. Kümmel, 4 Eßl. Mayonnaise,
1 Eßl. Sahne.

Den Romadurkäse (Rotschmierkäse sollte vor dem Verbrauch stets geputzt werden) in kleine Würfel schneiden. Den Emmentaler reiben. Zu beiden Zutaten die feingewürfelte Zwiebel geben, die zerdrückte Knoblauchzehe und den Kümmel. All diese Zutaten mit der Mayonnaise und der Sahne binden.

Genuß in mehreren Etagen

(Brote, Sandwiches, Canapés)

Wenn Sie nach rechts schauen – welch ein Berg Brote! Sie könnten aus allen Himmelsrichtungen stammen. Sie finden die französische Baguette, den ,,Trommelstock'' aus Weißbrot, Sie sehen Toastbrot, deutsches Weißbrot, Gerstenbrot, Landbrot, Brötchen, Semmeln, Wecken, Brezeln.

Ein delikater Duft frischgebackenen Brotes weht Sie an aus diesen Seiten. Welch männerhaften Appetit vermag frisches Brot zu wecken!

Brot ist international und macht die Länder zu Freunden. Im Schnitt zeigt es sich schneeweiß bis vollkörnig dunkel, im Duft zart bis kräftig, als käme es aus einer Mühle in einem österreichischen Gebirgstal.

Brot schmeckt ganz frisch ebenso gut wie auch vier Tage alt. Im letzten Fall ist es ein Genuß, im ersten eine läßliche Sünde.

Dieses Brot liefert uns, wie immer, wann immer wir es verwenden, die ,,Etage''. Was Sie dazwischen packen, legen, füllen, streichen, ist ein Genuß! Wir sprechen noch ausführlich davon. Die Gegebenheiten kommen von selbst. Es gibt dafür keine festen Regeln.

Ohne Schwierigkeiten könnte die gesamte „Kalte Küche" in Form von belegten Broten dargestellt werden. Das heißt, daß der Phantasie keine Grenzen gesetzt sind. Von Wurst, Fleisch, Schinken über fertige Salate, Fische, Krustentiere, Käse, Geflügel und Wild kann alles verwendet werden. Wichtig ist die richtige Zusammenstellung, das Fingerspitzengefühl. Und das wollen wir Ihnen ein bißchen näherbringen:

Zur Sache:

Der schlichte deutsche Ausdruck „belegtes Brot" sagt nichts weiter, als daß eine Brotscheibe mit einer oder mehreren Zutaten belegt wird. Daneben gibt es aber noch eine Reihe Spezialitäten, z. B. die Sandwiches, die aus dem Französischen stammenden Canapés oder die englischen Sundries, von den Amerikanern „Snacks" genannt.
Die Sandwiches erfordern, daß die Füllung zwischen zwei Brotscheiben liegen soll, um sie mit der Hand ohne Hilfe von Messer und Gabel leicht essen zu können. Vom Sandwich wird sogar vorher noch die Rinde des Brotes abgeschnitten. Sie dürfen es unterlassen, denn mit der Kruste geht auch viel Würze verloren.
Die französischen Canapés sind kleine, mit unterschiedlichen Zutaten bestrichene, bzw. belegte Brotscheiben. Darüber und mehr lesen Sie ein paar Seiten später. Es gibt von den Canapés eine Reihe von Standardrezepten aus der großen Gastronomie, die in variierter Form immer wieder angeboten werden. Die anderen Arten wie Sundries oder Snacks lassen einen sehr großen Spielraum zu. Man kann sie in jeder Form und Größe fertigen.
Eine in der ganzen Welt bekannte und geschätzte Besonderheit von belegten Broten ist das schwedische Smörgasbørd, oder, wie es in Dänemark genannt wird, die Smørrebørd. Der dänische Ausdruck besagt nichts anderes als gebuttertes Brot, aber das ist natürlich untertrieben. Die Dänen und Schweden haben es auf diesem Gebiet zu wahren Meisterschaften gebracht und haben die tollsten Variationen mit Fischen, Fleisch, Salaten usw. erfunden. Wer einmal das Glück hatte, in Kopenhagen bei Oskar Davidsen Smørrebørd zu essen, war bestimmt überrascht über diese Reichhaltigkeit. Seine Speisekarte umfaßt über 160 Spezialitäten dieser Art.

Das Brot:

Viel verwendete Brotsorten für belegte Brote, Sandwiches, Canapés usw. dürften ohne Zweifel das Weißbrot und das verwandte Toastbrot sein, das geröstet besonders knusprig und wohlschmeckend ist. Die übrigen Misch-, Grau- und Schwarzbrotsorten, wie sie auch immer genannt werden, eignen sich nicht für alle Beläge, weil sie selbst schon Eigengeschmack mitbringen. Sie sollten also genau wissen, womit ein Brot belegt werden soll.
Anders beim Knäckebrot, das wenig Eigengeschmack mitbringt und somit der Verwendung viel Spiel läßt.
Außenseiter sind die speziellen Vollkornbrote und die westfälischen Pumpernickel. Sie sind zum Teil sehr deftig und kräftig im Geschmack und erlauben deshalb nicht jeden Belag. Darüber hinaus können alle anderen Sorten von Semmeln, Brötchen oder Wecken, der Name spielt keine Rolle, verwendet werden. Das Brot sollte stets einen Tag alt sein, bevor es angeschnitten wird. Sonst läßt es sich schlecht schneiden.

Der Belag:

Wie schon angedeutet, gibt es kaum Grenzen. Bei Verwendung von Wurst, Schinken, kaltem Fleisch oder Pasteten kann nur geraten werden, alle Zutaten frisch zu verbrauchen. Insbesondere sollten aufgeschnittene Wurst- und Fleischwaren nicht lange im Kühlschrank aufbewahrt werden (Frischhaltefolie zum Einpakken nehmen).
Frische ist wichtig bei fertig gekauften Mayonnaisensalaten. Tatar in verschiedenen Mischungen ist ebenfalls sehr empfindlich und verliert (besonders durch Druck) rasch Qualität und Farbe. Und gerade darauf kommt es bei belegten Broten an!
Der Käse gehorcht eigenen Gesetzen. Er sollte keinesfalls im Kühlschrank gelagert werden, da er schnell austrocknet, besonders in angeschnittenem Zustand. Es ist also günstig, Käse im Stück zu kaufen und erst kurz vor Verbrauch zu schneiden.
Größere Mengen von belegten Broten, Sandwiches oder Canapés müssen notgedrungen im voraus hergestellt werden. Damit Fleisch und auch Fisch nicht an Appetitlichkeit und Farbe verlieren, gibt es folgenden Ausweg: das Gelieren der belegten Oberfläche. Dazu wird ein pikantes würziges Gelee bereitet und der Belag bestrichen bzw. überglänzt. Nach dem Gelieren behalten die belegten Brote über Stunden ihr schönes und appetitliches Aussehen.

Und nun: an die Arbeit!

Hier ein Rezept zur Herstellung eines solchen Gelees. Und wer es schätzt, Brötchen und Weißbrot gibt dieses Gelee einen pikanten, säuerlichen Geschmack.

45 Das Gelee-Rezept

$^{1}/_{4}$ l Fleischbrühe (total entfettet), $^{1}/_{8}$ l Weißwein, 1 Eßl. Essig, 5 Blatt weiße Gelatine, etwas Salz, einige Spritzer Suppenwürze.

Die fertige Fleischbrühe vollständig erkalten lassen. Sorgfältig abfetten. Weißwein und Essig zugeben und diese Mischung nochmals erhitzen, nicht kochen. In der Zwischenzeit die Gelatine in kaltem Wasser einige Minuten einweichen und wieder fest ausdrücken. Diese ausgedrückte Gelatine in die heiße, nicht kochende Brühe einrühren und völlig darin auflösen lassen. Wichtig ist jetzt, daß die Brühe fast kalt sein muß, bevor die Brötchen oder Zutaten damit bepinselt werden. Darüber hinaus ist es wichtig, daß die Brötchen oder belegten Brote o. a. vorher im Kühlschrank gestanden haben, damit das Gelee möglichst rasch erstarrt.
Es versteht sich von selbst, daß weitere Garnituren (wie z. B. Mayonnaisetupfen oder Sahne) erst nach dem Gelieren und Festwerden aufgetragen werden.

46 Westfälisches Schinkenbrot

Westfälisches Pumpernickel gut mit Butter bestreichen, darüber ganz dünn Senf streichen, möglichst extra scharfen! Darüber eine Scheibe westfälischen Schinken legen, mit einer Tomatenscheibe, grüner Gurkenscheibe und einer halben, zum Fächer geschnittenen Gewürzgurke abschließen.

47 Kasseler Brot

Eine Graubrotscheibe oder ein kräftiges Landbrot mit Butter reichlich bestreichen. (Falls das Ihre Linie erlaubt!) Frisches Sauerkraut mit etwas Essig, ganz wenig Öl, Salz und Pfeffer würzig anmachen, auf das Brot häufen, darüber eine Scheibe Kasseler legen und mit einem Ananassegment und einer Cocktailkirsche abschließen. Ob das schmeckt?

48 Illustriertes Brot

Eine Weißbrotscheibe mit gebratenem, gegrilltem oder gekochtem, sorgfältig ausgelöstem Hühnerfleisch dick belegen. Etwas Mayonnaise mit scharfem Senf, Salz und Tabasco würzen, über das Hühnerfleisch fließen lassen. Mit reichlich grob gehackten Walnüssen überstreuen und mit einer dünnen, gekochten Schinkenscheibe abschließen. Mit Mayonnaisenröschen, halben Walnüssen und Mandarinenspalten aus der Dose garnieren.

Belegte Brote

(von oben links nach rechts)

49 Bel-Paese-Knäckebrot

Sesam-Knäckebrot mit Selleriebutter bestreichen, darauf 2 Scheiben Bel Paese legen und darauf in die Mitte einen dicken Klecks Preiselbeerkompott häufen.

50 Leberpasteten-Weißbrot

1 Scheibe Weißbrot dick mit Butter bestreichen, darüber gehackte Walnüsse streuen. Darauf 2 Scheiben Leberpastete legen, die mit einem Schinkenstückchen und Petersilientuff garniert werden.

51 Dekoratives Sardellenbrot

1 dicke Scheibe Graubrot mit Knoblauchbutter bestreichen, darauf ein Gitter aus Sardellenfilets arrangieren. Mit Eischeiben und Petersilie garnieren, wie auf unserem Foto links.

52 Räucherlachsröllchen-Brot

1 Scheibe helles Knäckebrot mit Butter bestreichen, darauf Röllchen von Räucherlachs legen und darüber dünngeschnittene Zwiebelringe geben.

53 Landsknechtbrot

Eine Scheibe Bauernbrot mit Butter bestreichen. Aus einem Ei mit etwas Butter ein Rührei bereiten, einen Teelöffel gehackten Schnittlauch zugeben, mit Salz würzen und auf die Brotscheibe häufen. Darauf einige Stücke ausgelöstes Räucheraalfleisch legen. Ein Brot zum Sattmachen!

54 Kalbsbraten-Bissen

Eine Scheibe Knäckebrot mit Butter bestreichen. Darauf eine Scheibe garen Kalbsbraten legen. Mit Tomatenscheiben, die quergeschnitten wurden, schuppenartig dekorieren und auf die Tomatenscheiben eine Haube aus frischgeriebenem Meerrettich geben. Den Meerrettich mit etwas Salz und feingehackter Petersilie würzen. Mit Dosenmilch geschmeidig machen.

55 Vesper-Brot

1 Scheibe Roggenbrot mit Butter dick bestreichen (falls es die Linie erlaubt, sonst eben Margarine nehmen!). Schweinehack mit etwas feingehackter Zwiebel, Salz, frischgemahlenem Pfeffer und Paprikapulver sowie einem Eigelb verrühren und damit das Brot bestreichen. Mit einer hartgekochten Eischeibe garnieren und mit Kümmel bestreuen. Sieht besonders hübsch aus, wenn die Brotscheibe auf ein grünes Salatblatt gelegt wird. Ein Klarer, eiskalt, und Bier passen dazu.

56 Würziges Heringsbrot

Eine Scheibe Schlüter- oder Grahambrot mit Butter bestreichen und dick mit einem würzigen Heringssalat belegen. Der Schnelligkeit wegen kann es ein Fertiggekaufter sein!

57 Eier-Knäcke „Lukull"

Eine dicke Scheibe Weißbrot oder ein Knäckebrot mit Butter bestreichen. Mit Salz und Pfeffer die Butter würzen. (Wer Zeit hat, kann die Butter auch mit etwas Senf verrühren und mit Salz und Pfeffer abschmecken und diese Mischung auf das Brot streichen.) Die Brotscheibe dick mit hartgekochten Eischeiben belegen und darüber Kaviar streuen.

58 Engadiner Brot

Weißbrot dick mit Meerrettich-Butter bestreichen. Bündner Fleisch (das luftgetrocknete Rindfleisch muß hauchdünn geschnitten sein) in einzelnen Scheiben so falten und auf das Brot legen, daß es zum Schluß wie eine rote Rose aussieht. Probieren Sie es erst mal auf einem Brettchen. Geht flink!

59 Hubertusschnittchen

Ein kräftiges Landbrot mit Paprikabutter bestreichen. Gebratenes Reh- oder Hirschfleisch in gleichmäßige Scheiben schneiden, damit die Brote treppenartig belegen. Mit einer Mayonnaise aus der Tube das Brot mit Gittern überziehen und in die Mitte eine Orangenscheibe und eine Kirsche legen.

60 Prinzessbrot

Frische geröstete Toastbrotscheiben nach dem Erkalten mit Selleriebutter bestreichen. Von einem gekochten oder gebratenen Hähnchen die Brustfilets auslösen und in Scheibchen teilen. Diese fächerförmig auf die Toaste verteilen, mit Kräuter-Remoulade aus der Tube überziehen (in Gitterform) und mit hartgekochten Eischeiben und Mandarinen belegen.

61 Ein ganz besonderes Brot

Eine Scheibe Weißbrot dick mit gebratenem oder gegrilltem Roastbeef belegen. Etwas Mayonnaise mit Senf, Salz und Chilisauce verrühren, über das Roastbeef streichen. Reichlich mit gehackten Mandeln überstreuen und mit einem Roastbeefröllchen abschließen. Mit halben Walnüssen und Grün verzieren.

Belegte Brote

(auf dem Foto von links oben nach rechts)

62 Deftiges Roastbeefbrot

Eine dicke Scheibe Schwarz- oder Graubrot mit Butter bestreichen und mit gehackter Petersilie bestreuen. Darüber eine oder zwei Scheiben Roastbeef legen und mit einem dicken Klecks Remouladensauce abschließen.

63 Matjes-Appetitsbrot

Eine Scheibe Roggenbrot mit Butter bestreichen, mit in Stückchen geschnittenen und gewässerten Matjesfilets, Gurkenscheibchen, gehackter Zwiebel und gehacktem Schnittlauch dick bedecken. Apfelscheiben mit Schale, ganz dünngeschnitten, können dazwischengesteckt werden.

64 Frischkäsebrot

Eine Scheibe Schlüter- oder Grahambrot mit Frischkäse bestreichen. Dieser wird vorher mit etwas Salz, Paprika, einem Eigelb angemacht, damit er Farbe bekommt. Mit feingehacktem Tomatenpaprika in der Mitte bestreuen.

65 Edelpilzknäcke

Eine Scheibe Knäckebrot mit Butter bestreichen und mit gehackten süßen Mandeln bestreuen. Darauf eine nicht zu dünne Scheibe Edelpilzkäse und eine Tomatenscheibe als Garnitur legen.

66 Brot rot-weiß-gelb

Eine Roggenbrotscheibe mit Butter bestreichen. Darauf eine dünne Schicht Senf geben. Feste Tomaten in Scheiben schneiden, diese auf die Brotscheibe legen. Schön gleichmäßig! Als Mittelgräte eine Reihe hartgekochte Eischeiben legen und mit Zwiebelringen, Kapern und viel Schnittlauch dekorieren.

67 Tatarrund

Eine Scheibe Graubrot mit Butter bestreichen, darauf eine Schicht Tatar häufen. In die Mitte einen Zwiebelring legen, dahinein ein Eigelb gleiten lassen, das mit ein paar Kaviarkörnchen bestreut wird. Das Tatar vor dem Aufstreichen mit Salz, Pfeffer, feingehackter Zwiebel würzen.

68 Krevetten-Weißbrot

Eine Weißbrotscheibe mit Butter oder besser dick mit Mayonnaise überziehen. Darauf kleine, abgekochte Krevetten legen. Das Ganze mit etwas Gelee überglänzen und mit Petersilie garnieren.

69 Ölsardinen-Genuß

Eine Scheibe Graubrot oder getoastetes Weißbrot mit Butter bestreichen und mit abgetropften Ölsardinen dicht belegen. Die Sardinen mit wenig weißem Pfeffer bestreuen, mit Zwiebelringen belegen und in die Mitte eine Zitronengarnitur setzen.

70 Spargelbrot-Überraschung

Weißbrotscheibe mit Parmesanbutter bestreichen und darüber eine gekochte Schinkenscheibe legen. Spargelstangen aus der Dose gut ablaufen lassen, zu einem kleinen Bündel zusammenlegen, auf den Schinken heben und aus Tomatenpaprika einen Gürtel umlegen. Mit Gelee etwas überglänzen, wer's liebt.

71 Vorspeisenbrot

Ein Brot, das man gut als kleine Vorspeise reichen kann. Weißbrotscheibe mit Butter bestreichen, mit grünen Salatblättern dicht belegen. Darauf reichlich Fleischsalat (fertig gekauften) häufen. Schmeckt erfrischend!

72 Frühlingsbrote mit Krevetten

Dick geschnittene Weißbrotscheiben mit Butter bestreichen. Vorbereitete Salatblätter, Salatgurkenscheibchen sowie Tomatenscheiben über das Brot verteilen, schön dick. Mit Salz und frischgemahlenem Pfeffer würzen. Tiefkühlkrevetten auftauen lassen, mit etwas Mayonnaise binden, mit reichlich gehacktem Dill bestreuen und diese Mischung auf die Weißbrotscheiben häufen.

73 Büsumer Heringsbrot

Graubrotscheiben mit Sardellenbutter bestreichen. Essiggurken und Kapern fein hacken, mit Mayonnaise binden, gehackte Petersilie und Schnittlauch unterrühren. Das Brot damit überziehen und ein Bismarckheringsfilet darüberlegen. Mit Tomatenscheibe und Schnittlauch dekorieren.

74 Friesisches Krabbencreme-Brot

Weißbrot oder dunkles Schwarzbrot verwenden. Krabben aus der Dose ablaufen lassen, mit reichlich gehacktem Dill bestreuen und mit Mayonnaise binden. Diese Krabbencreme auf die Brotscheiben häufen und mit Dillstrauß garnieren.

75 Kanadischer Toast

Toastbrot schön goldgelb toasten und erkalten lassen. Mit Meerrettichbutter bestreichen. Zwei Räucherlachsscheiben auflegen. Mit hartgekochten Eischeiben und Petersilie hübsch garnieren.

76 Störfleischbrot

Weißbrotscheiben mit Meerrettichbutter bestreichen. Mit geräucherten Störfleischscheiben belegen. Mit Orangenscheibe und frisch geriebenem Meerrettich abschließen.

77 Vom Käse

Die große Anzahl der heutzutage angebotenen Käsesorten erlaubt uns, Käse von einfacher Art bis zur Delikatesse aufs Brot zu legen. Denn vom Brotbelag sprechen wir in diesem Kapitel. Sie sollten sich also bei diesem Kapitel folgendes merken und beherzigen: Die Käsescheiben dürfen nicht zu dünn geschnitten sein, denn sie trocknen zu rasch aus und entfalten zu wenig Geschmack im Verhältnis zur Brotscheibenstärke. Und Käse wollen wir ja schmecken!
Käse sollte nach Möglichkeit immer frisch geschnitten werden. Es ist empfehlenswert, Käse im Stück zu kaufen und erst vor dem Belegen oder der Weiterverarbeitung aufzuschneiden. Selbst wenn die Scheiben nicht so akurat ausfallen wie im Geschäft, der Geschmack macht das wieder wett.
Hartkäse und Schnittkäse möglichst nicht aufgeschnitten in Folie kaufen. Zwar sind die fertig sortierten und geschnittenen Käse in den Packungen sehr praktisch und der Käse wird darin in kleinen Mengen angeboten, die Qualität eines frischgeschnittenen Käses ist aber unübertrefflich. Wenn Sie einmal durch Kostprobe vergleichen, wird auch ein ungeübter Gaumen den Geschmacksunterschied feststellen können.

(Das Bild gegenüber zeigt nachstehende Variationen) ▶

78 Schweizer Käsebrot

Nicht zu dickgeschnittenes Landbrot (Schwarzbrot) mit Butter bestreichen und mit Schweizer Käse (Emmentaler) belegen. Zwiebelringe, die etwas grobgeschnitten sein können, in Paprikapulver wälzen und damit das Käsebrot dekorieren. Sieht so hübsch aus wie auf unserem Foto.

79 Scharfes Camembert-Brot

Eine Weißbrotscheibe mit einer frischen, eingeschnittenen Knoblauchzehe abreiben (nur die Oberfläche der Brotscheibe). Noch festen Camembert in Scheiben schneiden, diese einzeln in frischen, grob gestoßenen schwarzen Pfeffer wälzen. Mit diesen scharfen Käsescheiben das Brot belegen.
Gut schmeckt auch, wenn anstelle Weißbrot Graubrot kurz getoastet wird, mit Knoblauchzehe abgerieben und dann entsprechend mit dem Käse belegt wird.

80 Tilsiter Brot mit Ananas

Weißbrotscheiben mit Butter bestreichen. Tilsiter frisch in dicke Scheiben schneiden, diese auf die Brotscheibe legen. Ananasscheiben aus der Dose nehmen, abtropfen lassen, die Scheiben in kleine Segmente teilen und diese auf den Käse legen. Mit einer Cocktailkirsche garnieren.
Wenn Sie wollen, können Sie noch Cayennepfeffer überstäuben. Aber mit Vorsicht!

81 Käsebrot „Alt Bayern“

Ein kräftiges dunkles Landbrot mit Butter bestreichen und mit etwas feingehackter Zwiebel dünn bestreuen. Romadurkäse (er soll eine hohe Fettstufe haben und darf schon gut reif sein) in nicht zu dünne Scheiben schneiden, treppenartig damit die Brotscheibe belegen. Mit Zwiebelringen abdecken und das ganze mit Kümmel überstreuen. Dazu schmeckt Bier!

82 Edelpilzbrot mit Birne

Für dieses Superbrot eignet sich am besten ein sogenanntes Kommißbrot. Falls das nicht zur Hand ist, schmeckt auch ein helleres Mischbrot. Die Brotscheibe mit Butter bestreichen, darauf eine Scheibe nicht zu dünngeschnittenen Edelpilzkäse legen. Eine reife Birne mit der Schale ohne das Kerngehäuse in dicke Scheiben schneiden (längsgeschnitten), auf den Käse heben und mit Preiselbeeren aus der Dose krönen.

83 Edamerbrot mit Weintrauben

Frisches oder getoastetes Weißbrot mit Butter bestreichen, eine Scheibe Edamer auflegen und mit Weintrauben bedecken. Dazu sollten Sie Rotwein trinken. Käse und Rotwein, die beiden gehören einfach zusammen!

APPENZELLER
SWITZERLAND

84 Käsebrot „spezial“

Weißbrotscheibe mit Butter nicht zu dünn bestreichen, darauf eine dünne Scheibe Parmaschinken heben, diese zart mit scharfem Senf bestreichen und darüber eine dicke Scheibe mittelalten Goudakäse legen. Mit einem Petersilientuff in der Mitte hübsch garnieren.

85 Roquefortbrot mit Melone

Eine Weißbrotscheibe mit Butter oder aber Mayonnaise bestreichen. Von einer Zuckermelone dünne Schnitze ausschneiden. Den nicht zu weichen Roquefortkäse in nicht zu dicke Scheiben teilen. Schön vorsichtig, damit nichts auseinander fällt. Die Brotscheibe treppenartig mit Roquefortscheiben und Melonenschnitzen bedecken. Als Zugabe gehobelte, geröstete Mandeln überstreuen. Ihre Gäste werden staunen!

86 Hausmacher Käsebrot

Eine Scheibe besonders deftiges Landbrot mit Gänseschmalz bestreichen. Hausmacher Leberwurst, möglichst geräucherte, in nicht zu dicke Scheiben schneiden, auf die Brotscheibe geben. Mit einer Käsescheibe (Allgäuer Bergkäse oder Appenzeller Käse) abschließen und mit viel gehacktem Schnittlauch überstreuen.

87 Käsebrot „high society“

Eine Weißbrotscheibe mit Mayonnaise bestreichen. Einen Eßlöffel Kaviar darüber verteilen. (Ob Sie einen echten russischen Kaviar verwenden oder deutschen, müssen wir Ihnen überlassen!) Den Kaviar mit einer dicken Edamer-Käsescheibe zudecken und diese mit Mayonnaisentupfen und Dillzweigen garnieren. Soll richtig schick aussehen!

88 Raffiniertes Camembertbrot

Weißbrotscheibe mit Mayonnaise bestreichen. Mit ganz dünngeschnittenen Apfelscheiben (mit der Schale) belegen. Darüber etwas Tomatenketchup kleppern und mit dick geschnittenen Camembertscheiben abdecken.

89 Olmützer Jausenbrot

Olmützer Quargl oder Mainzer Handkäse nochmals teilen, so daß dünne Scheiben entstehen. Diese in einer Schüssel anrichten. Etwas Öl und Essig, feingehackte Zwiebel, Pfeffer, Salz und Kümmel vermengen, damit den Käse übergießen und mindestens 1 Stunde ziehen lassen. Schwarzbrotscheiben in der Zwischenzeit mit Butter bestreichen und zum Käse geben.

90 Elsässer Käsebrot

Eine Weißbrotscheibe dick mit Butter bestreichen und mit feingewürfelter Zwiebel bestreuen. Darüber 2 bis 3 dünn geschnittene Cervelatwurstscheiben legen und das Ganze mit reifem Münsterkäse, der in Streifen geschnitten wird, belegen.

91 Holländisches Käsebrot

Ein knusprig frisches Brötchen aufschneiden und mit Butter bestreichen. Auf jede Hälfte Salatblätter legen, 2 bis 3 quergeschnittene Tomatenscheiben, Scheiben von Radieschen, frische Gartenkresse (Brunnenkresse) und alles mit einer dicken Scheibe jungem Goudakäse abdecken. Nicht nur für Vegetarier!

92 Roh-Köstliche Brote

Man muß kein eingefleischter Vegetarier sein, um an diesen erfrischenden, roh-köstlichen Broten Geschmack zu finden. Dieser erfrischende Belag wird besonders gern in der wärmeren Jahreszeit angeboten. Die Brote passen aber ebenso zu jeder Party wie zu einem sommerlichen Gartenfest. Am dekorativsten sehen sie aus, wenn sie rund ausgestochen werden. Man kann sie aber auch in jeder anderen beliebigen Form servieren. Nachfolgend nun unsere Vorschläge, wie Sie sie oben auf unserem Foto sehen.

93 Radieschenbrot

Ausgestochenes Weißbrot mit Butter bestreichen, am besten ist Selleriebutter, mit reichlich geschnittenen Radieschenscheiben belegen und mit grobem Pfeffer überstreuen.

94 Gurkenbrot

Weißbrot oder Mischbrot mit Dillbutter bestreichen, darauf einen dicken Berg dünner, möglichst mit der Schale geschnittener Gurkenscheiben häufen. Mit einem Dilltuff bestecken.

95 Tomaten-Erfrischung

Weißbrot oder Mischbrot mit Frischkäse-Creme bestreichen, quergeschnittene Tomatenscheiben auflegen und mit gehacktem Schnittlauch überstreuen und mit Salz würzen.

96 Rettichrund

Weißbrot oder ein kräftiges Schwarzbrot – es paßt beides – mit Mayonnaise bestreichen. Grob geraffelten Rettich auf das Brot häufen, darüber einige Spritzer Weinessig träufeln und mit gehackter Petersilie und grob gestoßenem Pfeffer würzen.

97 Paprika-Vitaminbrot

Weißbrot mit Tomatenbutter bestreichen. Milde rote oder grüne Paprikaschoten zu dünnen Ringen schneiden und damit das Brot belegen. In die Mitte einen Löffel voll gehackter Zwiebel, Paprikapulver und Salz streuen.

98 Kresse-Frühlingsbrot

Weißbrot mit Butter bestreichen, dicht mit Gartenkresse belegen, mit einer hartgekochten Eischeibe in der Mitte bedecken und mit einer Olivenscheibe dekorieren. Mit ganz wenig Salz nach Belieben noch würzen.

99 Münchner Käsesemmel

Ein Maurerloabl, zu deutsch: eine Semmel aus Schwarzbrotteig, oder eine Schwarzbrotscheibe zurechtlegen. Die aufgeschnittene Semmel mit Butter bestreichen und mit einem Weißlackerkäse belegen. Darüber reichlich frisch geschnittene Zwiebelringe und Paprikapulver geben.

100 Vollkorn-Käsebrot

Möglichst dünngeschnittenes Vollkornbrot dick mit vollfettem Schmelzkäse bestreichen. Die Butter fällt natürlich weg! Eingelegte Tomatenpaprika und Gewürzgurke zu feinen Streifen schneiden und damit die Brotscheibe kreuz und quer belegen. Mit grob gestoßenem Pfeffer und Schnittlauch überstreuen.

101 Käsebrot „Milano"

Weißbrot mit Butter bestreichen und mit feingehackter Zwiebel, feingehackter Olive und gehackten Kapern bestreuen. Butterkäse (am besten italienischen Bel Paese) in dicke Scheiben teilen, damit das Brot belegen und genießen.

102 Bananen-Käsebrot

Goldgelb getoastete Weißbrotscheiben abkühlen lassen. Mit Mayonnaise dick bestreichen und mit Bananenscheibchen belegen. Grob gehackte, in Butter geröstete Mandeln darüberstreuen und mit Chester-Käsescheibe abdecken. Hübsch mit Bananenscheibe und Mandarinenspalte dekorieren.

103 Familien-Super-Brot

1 dünnes Weißbrot (60–70 cm lang),
50 g Butter,
3 Scheiben Schinken oder Roastbeef,
50 g Jagdwurst,
50 g Tilsiter,
100 g Krabbensalat mit Mayonnaise,
50 g Corned-Beef,
100 g Fleischsalat mit Mayonnaise,
2 hartgekochte Eier,
1 Tomate,
2 Gewürzgurken,
1 Zwiebel,
6 gefüllte Oliven,
Pfeffer und Paprikapulver,
kleine Pfefferoni,
Petersilienstrauß.

Es muß nicht unbedingt die Familie sein, die Sie mit diesem Super-Brot überraschen wollen. Das lange dünne Weißbrot eignet sich besonders gut, denn es läßt sich leicht in entsprechende Portionen schneiden. Etwa 1/3 der Oberfläche vom Weißbrot im ganzen abschneiden. Den unteren Teil mit der Butter bestreichen. Nun sämtliche oben angeführte Zutaten (alles in Scheiben geschnitten) in bunter Reihenfolge – wie auf unserem Foto unten – auf das Brot aufbauen, und zwar sehr reichhaltig. Sie können natürlich auch andere Zusammenstellungen wählen, der Phantasie sind hier keine Grenzen gesetzt und vielleicht haben Sie gerade einen Wildbratenrest im Kühlschrank. Je bunter, desto besser sieht es aus und schmeckt auch. Mit der Garnierung aus kleinen Pfefferonis und Petersilientuffs sollte nicht gespart werden. Und dekorativ sehen zwischendurch die Zwiebelringe aus, die Sie zur Abwechslung auch vorher in Paprikapulver wälzen können. Auf einem dicken Holzbrett wird das Superbrot mit einem scharfen Messer serviert. Jeder schneidet sich selbst davon ab. Das Bier vorher kaltstellen!
Wollen Sie das Familien-Super-Brot abwandeln, dann schneiden Sie das etwa 70 cm lange Weißbrot längs quer durch. Die beiden Oberflächen mit einer frischen Knoblauchzehe vorsichtig abreiben. Butter auf die Schnittflächen streichen. Sie können auch eine Knoblauch-Kräuterbutter herstellen und diese aufstreichen. Nun genau wie beim vorherigen Super-Brot verschiedene Käsesorten auflegen. Je vielseitiger, um so besser. Vergessen Sie dabei nicht die Gewürze. Frischgemahlener schwarzer Pfeffer, ein Prischen Cayennepfeffer, Kümmel und Curry auf Frischkäse zum Beispiel. Auch hier sind der Phantasie keine Grenzen gesetzt. Als Farbkleckse können Tuffs von Brunnenkresse und Petersilie dazwischengesteckt werden. Und zu diesem Käse-Super-Brot reichen Sie natürlich einen wohltemperierten Rotwein. Ein völlig neues Abendbrotgefühl, zu dem man sich Zeit nehmen sollte.

104 Sandwiches

Sandwich bedeutet in der Küchensprache der Begriff für belegte Brote, die stets mit einer Brotscheibe zugedeckt werden. Ganz im Gegensatz zum Canapé, über das wir auf den nächsten Seiten sprechen.
Sandwiches sind delikate Gebilde, meist ohne Kruste, die auf der Zunge zergehen sollen. Sie werden aus feinen Zutaten zusammengestellt und sind eine Kunst, die man mit der rechten Phantasie und mit Erfindungsgabe erlernen kann.
Für den Anfang geben wir Ihnen ein paar „Baupläne" mit auf den Weg, das Examen legen Sie vor Ihren Gästen ab, wenn Sie z. B. zu einem Sektfrühstück oder zu einer Stehparty gebeten haben.

105 Diana-Sandwich

12 Weißbrotscheiben,
600 g ausgelöste Hirschlende,
1 Teel. Salz,
1 Teel. Paprikapulver, edelsüß,
1/2 Teel. grob gemahlener Pfeffer,
1/2 Teel. Thymian,
1/4 Teel. Majoran,
50 g Butter,
6 Scheiben Paprikaspeck,
6 Orangenscheiben,
6 Teel. Preiselbeeren aus der Dose.

6 Weißbrotscheiben auf einem Brett ausbreiten. Die von allen Hautresten und Sehnen befreite Hirschlende in 6 Scheiben teilen. Aus Salz, Paprika, Pfeffer, Thymian und Majoran eine Gewürzmischung herstellen, damit die Fleischscheiben von beiden Seiten einreiben. Die Butter in einem Tiegel erhitzen und die Fleischscheiben von beiden Seiten darin braun und knusprig braten. Erkalten lassen. Die 6 Weißbrotscheiben mit je einer Paprikaspeckscheibe belegen, darauf je eine Scheibe erkaltetes Wildfleisch heben, mit je einer Orangenscheibe bedecken und mit 1 Teel. Preiselbeeren bestreichen. Die zweite Weißbrotscheibe auf die Schlemmer-Sandwiches auflegen, fertig ist dieser Diana-Sandwich. Eine wertvolle Silberplatte mit dieser Schlemmerei belegen, dazwischen Salatspitzen stecken.

106 Sandwich mit Kasseler

12 Scheiben Weißbrot, 50 g Butter,
500 g Kasseler, ausgelöst und gepökelt,
1 1/2 Tassen Sauerkraut,
6 Teel. Catalina-Salatsauce,
3 Ananasscheiben aus der Dose.

6 Scheiben Weißbrot auf einer schönen Platte auslegen. Das ausgelöste Kasseler in 6 gleichmäßige Scheiben schneiden. Die Butter in einer Pfanne erhitzen und die Kasselerscheiben von beiden Seiten kurz braten. Erkalten lassen und dann je eine Scheibe auf die Weißbrotscheiben legen. Darüber eine Schicht Sauerkraut häufen, das jeweils mit einem Teelöffel Catalina-Salatsauce (gibt es fertig zu kaufen) übergossen wird. Die Ananasscheiben aus der Dose ablaufen lassen, in der Mitte teilen und diese auf das Sauerkraut verteilen. Mit der zweiten Weißbrotscheibe die gefüllten Unterseiten abdecken, mit etwas Grün verzieren und zu einem Skatabend reichen.

107 Wiener Schnitzel-Sandwich

8 Scheiben Weißbrot,
500 g Kalbsnuß,
1 Teel. Salz, 2 Eßl. Mehl,
1 Ei, 4 Eßl. Semmelbrösel,
80 g Butter, 1/2 Salatkopf,
2 Tomaten, 2 Eßl. Remouladensauce,
4 Zitronenscheiben.

4 Weißbrotscheiben auf einem Brett auslegen. Die von allen Hautresten befreite Kalbsnuß in 4 Scheiben schneiden. Oder Sie kaufen gleich 4 gleichmäßige Schnitzel. Diese von beiden Seiten mit Salz einreiben, in Mehl wälzen, durch das verschlagene Ei ziehen und in den Semmelbröseln panieren. Die Butter in einem Tiegel zerfließen lassen, die 4 Kalbsschnitzel bei Mittelhitze schön knusprig braten, erkalten lassen.
Die 4 Weißbrotscheiben mit vorbereiteten Salatblättern belegen, darauf jeweils 1 Schnitzel heben und darüber jeweils 1/2 Eßl. Remouladensauce kleppern. Auf jedes Sandwich die zweite Weißbrotscheibe legen und diese mit einer Zitronenscheibe verzieren. Sogleich servieren. Schmeckt gut!

108 Exoten-Sandwich

12 Scheiben Weißbrot,
500 g Kalbsfilet, 1 Teel. Salz,
1 Teel. Curry hot,
50 g Butter, 1/2 Kopfsalat,
2 Eßl. italienische Salatsauce,
2 Bananen, 6 Teel. Mayonnaise.

6 Scheiben Weißbrot ausbreiten. Das Kalbsfilet mit Salz und Curry einreiben, in der heißen Butter in einem Tiegel das Fleischstück im ganzen kräftig anbraten, bei milderer Hitze gar braten. Vollständig erkalten lassen. Die 6 Weißbrotscheiben mit vorbereiteten Salatblättern belegen, mit etwas italienischer Salatsauce bespritzen. Diese Schnitten, die noch keine Sandwiches sind, mit je einer Kalbfleischscheibe besetzen (das erkaltete Filet vorher in 6 Scheiben teilen) und mit Bananenscheibchen abschließen. Darüber etwas Mayonnaise verteilen und mit der restlichen Weißbrotscheibe abdecken. Falls Sie haben, können Sie die Sandwiches noch mit einem Estragonzweig verzieren. Obendrauf!

109 Ochsenfilet-Sandwich

12 Scheiben Weißbrot,
500 g Ochsenfilet,
1 1/2 Teel. Salz,
1/4 Teel. Pfeffer,
1 Messerspitze Ingwer,
1 Teel. Paprikapulver,
3 Eßl. Öl, 2 Eßl. Butter,
1/2 Salatgurke,
6 kleine Gewürzgurken,
1 Tasse Paprikastreifchen aus der Dose,
3 hartgekochte Eier.

6 Weißbrotscheiben auf einem Holzbrett ausbreiten. Das Ochsenfilet (Rindsfilet können Sie's auch nennen) sorgfältig von Haut und Sehnen befreien und in 6 Scheiben teilen. Das Salz mit dem Pfeffer, Ingwer, Paprikapulver und Öl mit einer Gabel vermischen, über die Fleischscheiben gießen und einige Zeit durchziehen lassen. Am besten ist es, das würzige Bad mit den Fingern in die Fleischscheiben einzumassieren. Dann die Butter im Tiegel erhitzen, die abgetupften Filetscheiben darin kroß braten (Sie können die Filets auch unterm Grill garen). Die Scheiben sollen außen knusprig, innen noch zart rosig bleiben. Also ganz kurze Brat- oder Grillzeit! Die garen Fleischscheiben erkalten lassen. Die 6 Weißbrotscheiben in der Zwischenzeit mit Gurkenscheibchen belegen, darauf die Fleischscheiben heben. Die Gewürzgurken fächerförmig einschneiden und zusammen mit den Paprikastreifchen und jeweils einem halben hartgekochten, geschälten Ei auf die Steaks legen. Mit der zweiten Weißbrotscheibe abdecken. Mit Grün verzieren.

110 Sandwich „Christin"

Weißbrotscheibe mit Meerrettichbutter bestreichen, darüber eine Scheibe Kalbsbraten, mit Brunnenkresse zudecken, die zweite Weißbrotscheibe auflegen. Schräg durchschneiden und auf grünem Salat anbieten.

111 Historischer Sandwich

Man sagt, ein englischer Lord namens Sandwich hat dieses belegte Brot erfunden. Er, der gerne stundenlang Karten spielte, wollte das Spiel durch angesetzte Mahlzeiten nicht unterbrechen. Er ließ sich auf spitzenbedecktem Tablett diese zugeklappten Brotgebilde servieren. Er bekam keine fettigen Finger und konnte in seiner Spielleidenschaft getrost fortfahren. Ein Hoch auf den Lord Sandwich!

112 Anglers Sandwich

Weißbrot mit Krebsbutter bestreichen, Fischsalat aufstreichen, nicht zu dünn, mit einer zweiten Weißbrotscheibe zudecken, in Alu-Folie packen, damit's beim Forellenfangen noch frisch ist. Zu Hause mit einem Dilltuff garnieren.

113 Sonntags-Sandwich

Weißbrot mit Butter bestreichen. Eine Schicht Kaviar daraufgeben, mit hartgekochten Eischeiben dicht belegen, mit etwas Salz würzen, die zweite Weißbrotscheibe, die auch gebuttert sein darf, auflegen, quer oder über eck halbieren bzw. durchschneiden. Husch wieder ins Bett, denn es ist ja ein Sonntags-Sandwich zum Frühstück.

114 Die Canapés

Die ,,reichen Verwandten" der belegten Brote könnte man die kleinen, aber luxuriös belegten Canapés nennen. Sie kommen – wie alle guten Sachen der Küche – aus Frankreich und haben ihren Siegeszug um die ganze Welt vollzogen; sie haben in der Gastronomie ihren festen Platz.
Die Canapés werden in viereckiger, rechteckiger, ovaler oder runder Form serviert. Sie bestehen aus Weißbrot, welches geröstet werden kann, oder aus Schwarzbrot. Das Weißbrot sollte aber nicht zu frisch sein. Canapés werden mit edlen, wertvollen Zutaten belegt und besonders exakt und schön garniert, da sie im Gegensatz zum Sandwich nicht mit einer zweiten Brotscheibe zugedeckt werden.

115 Gänseleber-Canapé

Weißbrotscheiben mit einem Ausstecher oval ausschneiden. Im Toaster goldgelb rösten. Nach dem Auskühlen mit Butter bestreichen. Jedes Canapé mit einer oval geschnittenen Scheibe, in Butter gebratener und erkalteter Gänseleber belegen. Mit 2 dünnen Bananenscheibchen und einem Blatt Zitronenmelisse verzieren. Oder mit einem Klecks Cumberlandsauce in der Mitte betupfen.

116 Geflügelbrust-Canapé

Schwarzbrot rund ausstechen, mit Currybutter bestreichen. Hartgekochtes Eigelb (Eiweiß für etwas anderes verwenden) fein hacken, als Kranz außen um das Canapé geben und in die Mitte jeweils einen kleinen Berg von garer, in kleinste Würfel geschnittener Geflügelbrust häufen. In Reih und Glied auf Silberplatte mit grünen Salatspitzen servieren.

117 Austern-Canapé

Weißbrot oder getoastetes Weißbrot rund ausstechen (etwa 6 cm im Durchmesser). Mit Sardellenbutter bestreichen, jeweils mit einer geräucherten Auster belegen, mit einem Mayonnaisentupfen, einem Paprikastück und einem Dillzweig garnieren, wie auf unserem Foto rechts, auf der Platte links.

118 Budapester Canapé

Weißbrot rechteckig (etwa 4 × 7 cm) ausschneiden. Mit Meerrettichbutter bestreichen. Mit gehacktem Schnittlauch die Ränder sorgfältig bestreuen und in der Mitte ungarische feingeschnittene Salami rosettenförmig anrichten.

119 Straßburger Canapé

Dies ist ein Luxuscanapé, das sowohl zum Sekt am Morgen als auch zum Wein am Abend gereicht werden kann. Besonders appetitlich ist aber die Zusammenstellung wie auf unserem Foto rechts, und jeder Gast kann auswählen.
Weißbrot quadratisch 6 × 6 cm ausschneiden, mit Gänseleberparfait dick bestreichen. Darauf ein Kreuz aus Mayonnaise spritzen, mit Paprikastückchen und Trüffelscheibe garnieren.

120 Käse-Canapé

Weißbrot rund ausstechen. Aus 200 g in feinste Streifchen geschnittenem Edamer Käse, 75 g grob gehackten Erdnüssen und 1 Eßlöffel gehackten Walnüssen sowie 2 bis 3 Eßlöffeln Mayonnaise eine Paste rühren. Diese dick auf das Canapé streichen und jedes mit einer halben Cocktailkirsche und einer halben Walnuß verzieren. Zulangen möchte man sofort!

121 Canapé Bordelaise

Weißbrot 7 × 4 cm groß ausschneiden. Jedes Canapé mit Meerrettichbutter bestreichen. Jeweils eine Scheibe gekochten Schinken auflegen (in der gleichen Größe) und darauf 2 Spargelspitzen legen. Mit einer hartgekochten Eischeibe und einem Löffel Kaviar garnieren. Echten russischen oder deutschen.

122 Lachs-Canapé

Weißbrot rund ausstechen (etwa 6 cm Durchmesser). Eine gerührte Zitronenbutter aufstreichen. Je eine Scheibe geräucherten Lachs zu einem Röllchen drehen, auflegen und neben das Lachsröllchen einen dicken Tuff von frischgeriebenem Meerrettich setzen, der mit wenig Sahne angemacht wurde.

▼

Knusprige Kleinkunst

(Käsegebäck und Knabbereien zu Sekt und Wein)

Und natürlich auch zu Bier! Hier sind wir ganz unverbindlich. Bei der kleinen Gaumenfreude, die sich Zurückhaltung auferlegt gegenüber dem Gast, gegenüber der Gelegenheit und gegenüber dem Gedränge. Tausendmal im Leben ergibt sich diese Notwendigkeit: Vater hat seinen Bierskat, Töchterchen stellt den Schatz vor, Nachbars kommen auf einen Sprung herein, die Stehparty für Mitarbeiter, die kleinen Verpflichtungen nach einem Jubiläum – was könnte man noch alles aufzählen?
Das ereignet sich erhofft oder unverhofft zwischen null Uhr und Mitternacht. Da fehlt plötzlich eine Kleinigkeit zum Sekt, zum leichten Wein (bitte nicht zur Beerenauslese!) oder zum Appetit beim Pilsner. Das soll nicht verpflichten, soll nicht in Unkosten stürzen, soll die Gelegenheit im Unverbindlichen halten und dennoch eine charmante Aufmerksamkeit bei Tische sein.
Da haben sich Keks und Käse und Cracker eingebürgert und Gesellschaft gesucht mit Fleischernem und Würzigem und Saurem. Und wenn Sie dann auf Ihre Gäste schauen und sehen ein verstohlenes Schlucken, dann haben Sie jenen köstlichen Augenblick eingefangen, der Ihnen den Appetit Ihrer Gäste verrät.

123 Gouda-Perlen

1/8 l Milch,
30 g Butter,
1/2 Teel. Salz,
1/2 Teel. Paprikapulver, edelsüß,
100 g Mehl,
2 Eier,
1 Eigelb,
70 g geriebener Gouda-Käse,
1 Eigelb zum Bestreichen.

Die Milch mit der Butter, dem Salz und Paprikapulver zum Kochen bringen. Das gesiebte Mehl auf einmal hineinschütten und mit dem Kochlöffel solange auf dem Herd rühren, bis sich ein Kloß vom Topfrand löst. Erst dann den Teig in eine Schüssel geben, die ganzen Eier und das Eigelb nacheinander unterrühren. Zum Schluß den geriebenen Käse zufügen, durcharbeiten und von diesem Brandteig mit einem Spritzbeutel und Lochtülle kleine Perlen auf das leicht gefettete und mit Mehl bestäubte Backblech spritzen. Das Eigelb mit einer Gabel verschlagen und damit die Perlen mit einem Pinsel bestreichen. Bei Mittelhitze im Ofen etwa 5 bis 6 Minuten goldgelb backen. Eine Zugabe zu einem Glas Wein.

124 Paprikaherzen

250 g Mehl,
150 g Butter oder Margarine,
1 Ei,
150 g geriebener Emmentaler,
2 Eßl. saure Sahne,
1/2 Teel. Salz,
3 Teel. edelsüßes Paprikapulver,
1 Messerspitze Knoblauchpulver,
5 Tropfen Tabasco,
1 Eigelb,
1/2 Teel. Salz zum Bestreuen,
1 Teel. Paprikapulver, edelsüß,
zum Bestreuen.

Das Mehl auf ein Backbrett sieben. Das Sieben kann wegfallen, wenn Mehl „instant" verwendet wird. In der Mitte eine Vertiefung eindrücken, die weiche Butter, das Ei, den geriebenen Käse, die Sahne und die Gewürze hineingeben und davon rasch mit kühlen Händen einen Mürbeteig kneten. Diesen mindestens 1 Stunde im Kühlschrank kühl stellen. Dann bleistiftstark ausrollen, kleine Herzen davon ausstechen, diese auf das mit Alu-Folie belegte Blech setzen, dünn mit dem Eigelb bepinseln. Das Salz mit dem Paprikapulver vermengen, die Herzen damit dünn bestreuen. Den Ofen auf 200 Grad vorheizen und die Herzen goldgelb etwa 10 bis 15 Minuten backen. Eine herzliche Knabberei beim Fernsehen und für Gäste zu Bier oder Wein.

125 Emmentaler Stangen

250 g Mehl,
1 Ei,
150 g Butter,
150 g Emmentaler Käse, gerieben,
1 Messerspitze Kümmel, gemahlen,
1 Messerspitze Muskat,
1 Messerspitze Kardamom,
1 Messerspitze Pfeffer,
1 Eigelb zum Bestreichen,
30 g geriebener Emmentaler
zum Bestreuen.

Mehl auf ein Backbrett sieben. In der Mitte eine Mulde eindrükken und das Ei hineingleiten lassen. Die Butter in Flöckchen auf dem Mehlrand verteilen und den geriebenen Emmentaler Käse darüberstreuen. Rasch die Gewürze zufügen und mit kühlen Händen einen Teig kneten. Diesen 1 bis 2 Stunden im Kühlschrank ruhen lassen. Auf einem bemehlten Brett etwa 1/2 cm dick ausrollen und aus dem Teigstück 10 cm lange und 1 cm breite Streifen schneiden. Diese mit dem verquirlten Eigelb bepinseln und mit dem angegebenen geriebenen Emmentaler Käse bestreuen. Auf ein ungefettetes Blech legen und im vorgeheizten Backofen bei ca. 220 Grad 10 bis 15 Minuten backen.
Randbemerkung: Ist nur ganz frischer Käse im Haus, empfiehlt es sich, diesen über Nacht unverpackt im Kühlschrank zu lassen. Er trocknet aus und läßt sich besser reiben.

126 Camembert-Ecken

125 g Camembertkäse,
100 g Butter,
1 Eigelb,
1 Messerspitze Salz,
1 Messerspitze Pfeffer,
1 Messerspitze Muskat,
250 g Mehl,
1 Eigelb zum Bestreichen,
50 g süße Mandeln.

Von einem reifen Camembert die weiße, feste Schimmelrinde entfernen und den Käse mit der Gabel zerdrücken. Mit der Butter, dem Eigelb, Salz, Pfeffer und Muskat verrühren. Das gesiebte Mehl darunterkneten und den Teig etwa 1 Stunde kühl ruhen lassen. Etwa 5 mm stark ausrollen, kleine Ecken ausstechen, diese auf ein gefettetes Backblech oder auf Alu-Folie legen, die Oberfläche der Ecken mit dem verrührten Eigelb bestreichen, die geschälten, halbierten süßen Mandeln auf jede Ecke drücken und die herzhafte Knusperei bei 210 bis 220 Grad im Ofen goldgelb backen. Auch hier darauf achten, daß das Gebäck nicht braun wird, da der Käse sonst bitter schmeckt.

127 Käsemürbchen

150 g Butter,
180 g geriebener Emmentaler Käse,
1/2 Tasse frische Sahne,
1/2 Teel. Salz,
1 Teel. Paprikapulver, edelsüß,
250 g Mehl, 1/2 Teel. Backpulver,
1 Eigelb zum Bestreichen,
süße Mandeln, Mohn, Kümmel usw. zum Verzieren.

Butter und geriebenen Käse in einer Schüssel gut verrühren. Die Sahne dazugeben, Salz, Paprikapulver folgen lassen. Zuletzt das mit dem Backpulver vermischte Mehl rasch unter die übrigen Zutaten kneten. Diesen Käse-Mürbeteig mindestens 2 Stunden im Kühlschrank ruhen lassen, bevor er weiter verarbeitet wird. Dann 5–6 mm stark ausrollen. Beliebige Formen ausstechen (Foto), diese auf das eingefettete Backblech legen, die Oberfläche mit verquirltem Eigelb bepinseln. Mit Mandelhälften, Mohnkörnern, Kümmel, Salz oder gehackten Pistazien belegen bzw. bestreuen und bei 200 bis 210 Grad im Backofen etwa 10 bis 15 Minuten goldgelb backen. Da möchte man gleich zulangen!

128 Parmesanfächer

150 g Mehl,
125 g Butter,
100 g geriebener Parmesankäse,
2 Eigelb,
1/2 Tasse süße Sahne,
1/2 Teel. Salz,
1/2 Teel. Paprikapulver, edelsüß,
1 Eigelb zum Bestreichen,
30 g Parmesankäse zum Bestreuen.

Das Mehl auf ein Backbrett sieben, die Butter flockenweise in die Mitte geben. Desgleichen den geriebenen Parmesankäse, die Eigelb und die süße Sahne. Am Schluß Salz, Paprikapulver zugeben und mit kühlen Händen rasch einen Mürbeteig kneten. Diesen mindestens 1 bis 2 Stunden kühlstellen, bevor er 4 bis 5 mm stark ausgerollt wird. Runde Plätzchen von 8 bis 10 cm Durchmesser ausstechen, diese auf ein Backblech legen und einige Male fächerförmig einschneiden. Mit dem verquirlten Eigelb bestreichen, mit dem geriebenen Parmesan bestreuen und bei 200 bis 220 Grad im Ofen knusprig braun backen. Aufpassen, daß der Käse nicht schwarz wird, sonst schmeckt das Gebäck bitter.

129 Blätterteig-Käsestangen

1 Paket Tiefkühl-Blätterteig,
1 Eigelb zum Bestreichen,
80 g geriebener Appenzeller,
1 Teel. Paprikapulver, edelsüß,
frischgemahlener Pfeffer,
Kümmel,
grobes Salz zum Bestreuen.

Den tiefgekühlten Blätterteig 2 bis 3 Stunden bei Zimmertemperatur auftauen lassen. Nicht mehr kneten, sondern nur zu einer Platte von etwa 20 × 40 cm ausrollen. Diese Teigplatte mit verschlagenem Eigelb bepinseln und den geriebenen Appenzeller oder auch einen Allgäuer Bergkäse auf die Hälfte der Teigplatte gleichmäßig verteilen. Darauf Paprikapulver und einige Drehungen aus der Pfeffermühle geben. Die andere Teighälfte darüberschlagen, mit dem Rollholz einige Male darüberrollen und dann 1 cm breite Streifen schneiden. Diese zu einer Spirale drehen und auf das mit kaltem Wasser benetzte Backblech legen. Mit dem restlichen Eigelb bestreichen, mit Kümmel und grobem Salz bestreuen und bei starker Hitze (220 Grad) im Backofen hellbraun backen.

▼

130 Würzige Fleischröllchen

1 Paket Tiefkühl-Blätterteig,
250 g Hackfleisch,
50 g feine Mettwurst,
1 Zwiebel,
1 Eigelb,
1/2 Knoblauchzehe,
1 Eßl. Paprikapulver,
1 Messerspitze Salz,
1 Eßl. Tomatenmark,
1 Eigelb zum Bestreichen.

Den bei Zimmertemperatur aufgetauten Blätterteig dünn ausrollen (nicht mehr kneten) und in Quadrate von 10 × 10 cm schneiden. Aus dem Hackfleisch, der Mettwurst, der kleingehackten Zwiebel, dem Eigelb, der zerdrückten Knoblauchzehe, Paprikapulver, Salz und Tomatenmark eine würzige Masse rühren, davon jeweils 1 gehäuften Eßlöffel auf ein Blätterteigquadrat geben. Die überstehenden Teigenden mit dem verquirlten Eigelb bepinseln und die gefüllten Quadrate zu Rollen formen. Diese auf ein mit Wasser benetztes Blech legen, die Oberfläche noch mit Eigelb bestreichen, kurz in den Kühlschrank stellen und dann bei 220 Grad im Backofen goldbraun backen.
Wer die würzigen Fleischröllchen noch verschönen möchte, behält ein Stückchen Blätterteig zurück, schneidet davon mit dem Messer schmale Streifchen und legt davon ein Kreuz auf jede Rolle. Auch ausgestochene Formen können aufgelegt werden. Wie es Ihnen gerade so einfällt!

131 Party-Stroh

1 Paket Tiefkühl-Blätterteig,
1 Eigelb,
1 Eßl. Milch,
1 Teel. Paprikapulver,
1/2 Teel. frischgemahlener Pfeffer,
1 Messerspitze Knoblauchpulver,
2 Teel. grobes Salz.

Den nach Vorschrift aufgetauten Blätterteig zu einem Quadrat von etwa 40 × 40 cm ausrollen. Diese Teigplatte zur Hälfte mit der verrührten Eigelb-Milch-Mischung bestreichen.
Die Gewürze: Paprikapulver, frischgemahlener Pfeffer und Knoblauchpulver sowie das grobe Salz gut vermischen und gleichmäßig auf den mit Eigelb bestrichenen Teig streuen. Die übrige Teighälfte darüberklappen und mit dem Rollholz noch einmal darüberrollen. Diesen 20 × 40 cm langen Teigstreifen noch einmal längs durchschneiden und davon ganz dünne, höchstens aber 4 bis 5 mm breite Streifchen abtrennen. Diese einzeln mit genügend Abstand auf ein mit Wasser benetztes Blech legen und bei 220 Grad im Backofen schön knusprig backen. Hellbraun, weil es so am besten schmeckt. Es ist ratsam, je nach Anzahl der Partygäste, entsprechend mehr Blätterteig zu verarbeiten. Denn das Party-Stroh schmeckt gut!

▲

132 Gefüllte Blätterteigkissen

1 Paket Tiefkühl-Blätterteig,
200 g gekochter Schinken,
1 große Zwiebel,
20 g Fett,
1 Messerspitze Salz,
1 Messerspitze Pfeffer,
1/2 Teel. Paprikapulver,
1 Eigelb,
2 Eßl. Mohn.

Den Blätterteig nach Vorschrift auftauen, dünn ausrollen, ohne ihn zu kneten und in 5 × 5 cm große Quadrate schneiden. Den Schinken und die Zwiebel in feine Würfel schneiden, beides in dem Fett im Tiegel anrösten und mit Salz, Pfeffer (besser ist, frischgemahlenen Pfeffer zu benutzen) und Paprika oder Cayennepfeffer, wers scharf mag, würzen. Auf die Hälfte der Blätterteigquadrate die Füllung verteilen und mit den übrigen Quadraten bedecken. Die Oberfläche mit dem verquirlten Eigelb bestreichen, Mohnkörner darüberstreuen. Die Ränder der gefüllten Kissen säuberlich zudrücken. Die gefüllten Kissen auf ein mit Wasser benetztes Backblech legen und bei 220 Grad im vorgeheizten Backofen etwa 10 bis 12 Minuten backen. Duftend und goldbraun müssen sie herauskommen. Noch heiß, also sofort anbieten!

133 Käse- und Mohnbrezeln

1 Paket Tiefkühl-Blätterteig,
1 Eigelb,
1 Eßl. Milch,
60 g geriebener Parmesankäse,
frischgemahlener weißer Pfeffer,
grobes Salz und
Mohn zum Bestreuen.

Den – wie schon beschrieben – bei Zimmertemperatur aufgetauten Blätterteig, ohne ihn zu kneten, zu einem Quadrat von 40 × 40 cm ausrollen. Diese Teigplatte mit dem Eigelb-Milch-Gemisch bepinseln. Die Hälfte des Teiges mit dem geriebenen Parmesan gleichmäßig bestreuen. Einige Umdrehungen aus der Pfeffermühle darübergeben und die unbestreute Teighälfte darüberklappen. Jetzt 1 bis 1 1/2 cm breite Streifen der Länge nach mit dem Teigrädchen abschneiden und daraus Brezeln formen. Diese auf ein mit Wasser benetztes Backblech legen, die Oberfläche noch mit Eigelb bepinseln (der Rest der Eigelb-Milch-Mischung), die Hälfte mit grobem Salz und die übrige Hälfte mit Mohnkörnern bestreuen. Bei 220 Grad werden die Käse- und Mohnbrezeln im Backofen hellblond gebacken. Das duftet nicht nur gut, das schmeckt auch!

134 Versteckte Cocktailwürstchen

1 Paket Tiefkühl-Blätterteig,
2 Dosen Cocktailwürstchen,
100 g Tilsiter Käse,
1 Eigelb,
Kümmelkörner zum Bestreuen.

Den nach Vorschrift aufgetauten Blätterteig möglichst dünn ausrollen. Zu Rechtecken von 8 × 14 cm ausschneiden. Je ein Cocktailwürstchen aus der Dose ohne Flüssigkeit mit etwas Käse umwickeln und so auf die Blätterteig-Rechtecke legen. Stück für Stück. (Die Käsescheiben sollten dünn sein, damit sie sich gut wickeln lassen.) Die Teigränder mit dem verschlagenen Eigelb bepinseln, die verdeckten Würstchen dann hineinrollen und die Teigenden gut zusammendrücken. Auf ein mit Wasser benetztes Backblech legen, die Oberfläche mit Eigelb bestreichen und mit Kümmelkörnern bestreuen. Bei 220 Grad im Backofen hellbraun backen. Und natürlich sofort heiß Ihren Lieben anbieten.

135 Bayrische Bierstangerln

320 g Mehl,
150 g Butter oder Margarine,
1/2 Teel. Salz,
2 Eier,
3 Eßl. Milch,
10 g Hefe,
1 Eigelb zum Bestreichen,
grobes Salz und
Kümmel zum Bestreuen.

Das Mehl auf ein Backbrett sieben und die Butter in Flöckchen darüber verteilen. Mit dem Mehl mit den Händen zerbröseln. Das Salz und die Eier zufügen. Die Hefe in der Zwischenzeit mit der lauwarmen Milch gehen lassen, ebenfalls zum Mehlgemisch geben und nun einen Teig kneten. Ist der Teig zu weich, noch etwas Mehl zugeben. Diesen verarbeiteten Teig 10 bis 15 Minuten an warmer Stelle gehen lassen und daraus 1 cm starke und etwa 15 cm lange Stangerln formen. Diese auf ein Backblech legen, mit dem verquirlten Eigelb bestreichen, mit dem groben Salz und Kümmel bestreuen und bei 220 Grad im vorgeheizten Backofen etwa 8 bis 12 Minuten backen. Schön knackig müssen sie sein, dann schmecken sie zu einem Maß Bier.

136 Sardellen-Stangerln

5 Scheiben Toastbrot,
12 Sardellenfilets,
3 Eßl. Butter,
1 Teel. scharfer Senf,
1 Messerspitze Pfeffer,
1 Eßl. Butter.

Die Toastscheiben ausbreiten. Die Sardellenfilets mit einem Messer auf einem Brett zerdrücken und mit der Butter, dem scharfen Senf, dem Pfeffer schaumig rühren. Diese Sardellenbutter auf die 5 Toastscheiben streichen und davon 1 1/2 bis 2 cm breite Stangen abschneiden. Ein Backblech mit der Butter dick einfetten, die bestrichenen Brotstangen auflegen. Bei starker Oberhitze kurz goldgelb rösten. Dabei zieht das Sardellenöl in das Brot ein. Und das schmeckt!

137 Schinkenhörnchen

300 g Mehl,
120 g Butter,
1 Teel. Salz,
1 Ei,
10 g Hefe,
4 Eßl. Milch;
Füllung:
150 g gekochter Schinken,
3 Oliven,
1 Teel. Kapern,
1 Eßl. saure Sahne,
einige Drehungen aus der Pfeffermühle,
1/2 Teel. Paprikapulver,
1 Schuß Soja-Sauce,
1 Eigelb zum Bestreichen.

Das Mehl auf ein Backbrett sieben, die Butter in Flöckchen darüber verteilen. Beides mit den Fingern zerbröseln. Das Salz, das Ei und die in der lauwarmen Milch aufgelöste Hefe zugeben. Daraus einen glatten Teig verarbeiten und diesen an warmem Ort mindestens 20 Minuten ruhen lassen. Dann 3 bis 4 mm stark ausrollen und Dreiecke von 12 cm Schenkellänge ausschneiden.
Für die Schinkenfüllung den gekochten Schinken würfeln, mit den gehackten Oliven, den gehackten Kapern, der sauren Sahne sowie den Gewürzen abschmecken. Diese Masse auf die Dreiecke häufen und den Teig zu Hörnchen formen. Diese auf ein Backblech legen, mit dem verquirlten Eigelb bestreichen und bei 210 bis 220 Grad im Backofen, der vorgeheizt sein muß, 15 Minuten knusprig braun backen. Sofort heiß anbieten.

138 Kugeln für Fischfans

1 Paket Fischfilet (tiefgefroren 450 g),
Saft 1 Zitrone,
2 Brötchen,
etwas Milch,
1 große Zwiebel,
1 Knoblauchzehe,
1 Ei,
1 Eßl. gehackte Petersilie,
2 Teel. Senf,
1 Teel. Salz,
1 Teel. Paprikapulver, edelsüß,
10 Tropfen Tabasco,
1 Sardellenfilet,
1/2 Tasse Maiskörner,
2 Eßl. eingelegte Paprikaschoten,
1 Tasse Semmelbrösel,
Öl zum Ausbacken.

Das aufgetaute Fischfilet mit dem Zitronensaft einreiben und nach dem Durchziehen mit Küchenkrepp abtupfen. Die beiden Brötchen in wenig Milch einweichen, wieder fest ausdrücken und zusammen mit dem Fischfilet, der Zwiebel und Knoblauchzehe durch den Fleischwolf drehen. Nochmals wiederholen, damit die Masse sehr fein wird. Dieser Masse das Ei, die gehackte Petersilie, Senf, Salz, Paprikapulver, Tabasco und das mit einer Gabel zerdrückte Sardellenfilet unterarbeiten. Die Maiskörner aus der Dose ablaufen lassen und am Schluß dem Fischteig zugeben. Ist die Masse zu weich, 1 bis 2 Eßlöffel Semmelbrösel zufügen. Von diesem würzigen Teig kleine Kugeln formen, diese in den Semmelbröseln wälzen und anschließend in siedendem Öl oder Fett goldbraun ausbacken. Abkühlen lassen und auf grünen Salatspitzen anrichten. Gefüllte Oliven (mit Mandeln, Sardellenfilets oder Paprika), Maiskölbchen und Artischockenherzen nach Belieben dazustellen. Köstlich!

139 Käse-Windbeutelchen

¼ l Milch, 50 g Butter,
½ Teel. Salz, 1 Messerspitze Muskat, 200 g Mehl,
4 Eier, 1 Eigelb;

Füllung:
6 Carrée Frischkäse (Gervais oder Philadelphia),
1 Eigelb, 1 Eßl. Cognac,
1 Messerspitze Cayennepfeffer,
Saft ½ Zitrone, ⅛ l Sahne.

Die Milch mit der Butter und den Gewürzen zum Kochen bringen. Das gesiebte Mehl auf einmal hinzufügen, kräftig rühren, bis sich ein Kloß vom Topfrand löst. Den Teig in eine Schüssel geben, nacheinander die ganzen Eier und das Eigelb zugeben. Auf ein Backblech mit der Sterntülle im Spritzbeutel kleine Windbeutel spritzen. (Es können auch mit einem nassen Löffel kleine Häufchen auf das Backblech gesetzt werden.) Die Windbeutelchen im vorgeheizten Ofen bei guter Hitze (etwa 180 bis 200 Grad) hellblond backen. In der Zwischenzeit die Käsecreme rühren. Dafür den Frischkäse mit dem Eigelb, dem Cognac, Cayennepfeffer, dem Saft der Zitrone schaumig rühren. Die steifgeschlagene Sahne am Schluß unterziehen. Wenn die kleinen Windbeutelchen abgekühlt sind, quer durchteilen, mit der feinen Käsecreme füllen, den Deckel wieder aufsetzen und für besonders festliche Anlässe die Windbeutel noch mit Oliven, Kapern, Cornichons o. ä. garnieren.

140 Räucherlachs-Windbeutel

Brandteig: gleiche Zutaten wie im Rezept „Käse-Windbeutelchen",
150 g Räucherlachs, geschnitzelt,
1 Sardellenfilet, 100 g Butter,
1 Tasse Schlagsahne,
1 Messerspitze Salz, 1 Messerspitze Pfeffer, 6 Oliven.

Die kleinen Windbeutel – wie im Rezept Käse-Windbeutelchen beschrieben – einmal teilen. Den geräucherten, geschnitzelten Räucherlachs ganz fein hacken und anschließend mit einem breiten Messer zerdrücken. Desgleichen das Sardellenfilet. Lachs, Sardellenfilet und Butter schaumig rühren, die Schlagsahne unterziehen und am Schluß salzen und pfeffern. Möglichst frischgemahlenen schwarzen Pfeffer verwenden. Die Oliven fein hacken und noch zufügen. Diese Creme in die Windbeutel füllen und auf einer Platte nach Belieben mit einem Brunnenkressentuff servieren.

141 Käse-Eclairs

Brandteig:
gleiche Zutaten wie für Rezept Käse-Windbeutelchen;
1 Eßl. Paprikaschoten, eingelegt,
1 Eßl. gehackte Gewürzgurke,
5 Carrée Frischkäse
(Gervais oder Philadelphia),
50 g Butter, 1 Eigelb,
¼ Teel. Salz,
1 Messerspitze weißer Pfeffer,
1 Messerspitze Knoblauchpulver,
1 Tasse Schlagsahne.

Die angegebenen Zutaten vom Rezept „Käse-Windbeutelchen" verarbeiten, mit der Sterntülle auf ein gefettetes Backblech Streifen spritzen. Bei starker Hitze etwa 20 Minuten backen. Die gebackenen und ausgekühlten Eclairs dann längs teilen. Auf die untere Hälfte die gerührte Käsecreme spritzen. Dafür die gehackte, eingelegte Paprikaschote mit der gehackten Gewürzgurke mischen. Den Frischkäse mit Butter und Eigelb zu einer schaumigen Creme verrühren, die Gewürze dazugeben und am Schluß die steifgeschlagene Sahne unterziehen. Diese Masse in einen Spritzbeutel füllen und mit der Sterntülle die Eclair-Unterseite zuspritzen. Die obere Hälfte darauflegen und mit einem

Cremeröschen, das mit einem Paprikaschnitz garniert wird, bespritzen. Alles schön gleichmäßig – wie auf unserem Foto.

142 Schinkencreme-Schiffchen

Teig:
180 g Mehl, 1/2 Teel. Backpulver, 1 Ei,
80 g Schweinefett,
1 Teel. feingehackte Zwiebel, 1 Messerspitze Pfeffer, 1/4 Teel. Salz;

Füllung:
1 Eßl. scharfer Senf,
3 hartgekochte Eier, 1 Bund Petersilie,
4 Döschen dänische Schinkencreme,
1 Eßl. gehackte Pistazien,
1 Trüffel aus der Dose.

Mehl und Backpulver auf ein Backbrett sieben, in die Mitte eine Vertiefung drücken und das Ei, das Fett und die Gewürze zusetzen. Mit kühlen Händen rasch einen Mürbeteig kneten. Eine Stunde zum Ausruhen in den Kühlschrank legen. Dünn ausrollen, mit einem großen runden Ausstecher schiffchenförmige Plätzchen von etwa 8 cm Länge ausstechen. Auf ein gefettetes Backblech legen, mit einer Gabel vorsichtig einstechen und im vorgeheizten Backofen bei 220 Grad hellbraun backen.
Die Hälfte der Schiffchen dünn mit Senf bestreichen, darauf eine Scheibe hartgekochtes Ei legen, darauf einen Petersilientuff stecken. Auf diese Pracht kommt wiederum ein mit wenig Senf bestrichenes Schiffchen. Nun die Schinkencreme aus der Dose schaumig rühren und damit die Oberfläche der Schiffchen kegelförmig bestreichen. (Wie auf unserem Foto unten!) Mit gehackten Pistazien bestreuen und jedes Exemplar mit einer Trüffelscheibe belegen. Für Gäste, die so etwas bewundern!

143 Französische Törtchen

12 fertig gekaufte Mürbeteigtorteletts,
100 g feinste Kalbsleberwurst,
4 hartgekochte Eier,
100 g Butter,
1 Eßl. französischer Senf,
8 bis 10 Tropfen Tabasco,
1/2 Teel. Salz,
1 Teel. Paprikapulver,
12 halbe Walnüsse zur Garnitur.

Die gesalzenen Mürbeteigtorteletts mit der Kalbsleberwurst gleichmäßig bestreichen. Die hartgekochten Eier schälen. Das Eiweiß fein hacken. Eigelb mit der Butter schaumig rühren, Senf, Gewürz und das gehackte Eiweiß zufügen. Diese Eiercreme auf die Kalbsleberwurst geben und jedes Törtchen mit einer halben Walnuß verzieren. Eine französische Delikatesse, die zum Fünf-Uhr-Tee paßt.

144 Kaviar-Schiffchen

Teig wie bei
Schinkencreme-Schiffchen,
2 Döschen Keta-Kaviar (Lachs-Kaviar),
2 Carrée Frischkäse,
1 Eßl. Sahne,
1 Messerspitze Cayennepfeffer,
1 Messerspitze Salz.

Den gleichen Teig wie für die Schinkencreme-Schiffchen herstellen. Den Frischkäse mit der Sahne und den Gewürzen schaumig rühren, in einen Spritzbeutel mit kleiner Sterntülle füllen. Auf die Mürbeteigschiffchen jeweils einen Käserand spritzen und in die Mitte den Keta-Kaviar füllen. Bevor das köstliche Kaviar-Dessert serviert wird, muß es kalt gestellt werden.

▼

145 Crackers

Thema in 64 Variationen

Dieses knusprige Salzgebäck ist eines der vielen Beispiele für den Spaß am Knabbern. Bei der Party, beim Sektfrühstück oder zum Bier.
Unsere 64 Variationen sollen Ihnen als Anregung dienen, später fallen Ihnen weitere dazu ein. Grundlage wird oft eine Käsecreme aus Frisch- oder Schmelzkäse sein, die nach Belieben würzig oder scharf angemacht werden kann.
Sämtliche Butter- und Quarkmischungen sind ebenso geeignet wie eine würzig angerührte Mayonnaise.
Wird die Platte schon Stunden vorher bereitet, empfiehlt es sich, Frischwurst und Schinken mit etwas angerührter Gelatine zu überglänzen. Schauen Sie, was wir Ihnen raten dürfen:

Variation (von links oben nach rechts:)

1: Cracker, Camembertwürfel, 2 Mandarinensegmente.

2: Cracker, runde Käsescheibe, Sahneklecks, Walnußhälfte.

3: Cracker, Käsedreieck, Remouladenklecks, Salamirolle.

4: Cracker, steifgeschlagene Sahne mit Salz und Parika, als Kranz gespritzt, gefüllt mit 3 Kirschen.

5: Cracker, Roquefortwürfel, Sahnetuff, Gurkenfächer.

6: Cracker, Gewürzgurkenscheibe, Leberkäsröllchen.

7: Cracker, Käsewürfel, Sahnetuff.

8: Cracker, runde Roquefortscheibe, oder auch Gorgonzola.

9: Cracker, Eischeibe Räucheraalstückchen.

10: Cracker, Tomatenscheibe, Gurkenfächer, Perlzwiebel.

11: Cracker, 3 Eischeiben, Kaviarhäufchen.

12: Cracker, ausgestochenes Käseoval, Sahnestreifen, Gurkenfächer, halbierte, gefüllte Olive.

13: Cracker, Currymayonnaise, Fischröllchen.

14: Cracker, aufgespritzte Sahne, verziert mit 2 grünen und 2 schwarzen ganzen Oliven, in der Mitte Sahneröschen.

15: Cracker, Gervaiscreme, Tomatenschnitz, Gurkenfächer, gefüllte Olivenscheibe.

16: Cracker, dicker Kranz von Gervaiscreme, eingelegte Olivenscheibe und ganze rote Pfefferschoten – für ganz Scharfe!

17: Cracker, herzhafte Sahnerosette, darauf schwarze Olive.

18: Cracker, Käseviereck, Sahneverzierung, Pfefferschote.

19: Cracker, dicker Roquefortwürfel.

20: Cracker, frischer Meerrettich, gekochte Schinkenrolle.

21: Cracker, Gervaiscreme, Orangensegmente, Sahnetuff.

22: Cracker, runde Käsescheibe, Sahnerose, Walnüsse.

23: Cracker, pikant gewürzter Sahnekranz, Krabben.

24: Cracker, Käseviereck, Cumberlandsaucenklecks.

25: Cracker, Käseviereck.

26: Cracker, Salamischeibe, Tomatenschnitz, Gurkenfächer, Petersilie.

27: Cracker, Sahnetuff, Weinbeere.

28: Cracker, würzige Quarkcreme als Kranz, Lachs.

29: Cracker, 2 Tomatensegmente, Zwiebelringe, Gurke.

30: Cracker, hartgekochte Eiachtel, Paprikastreifen, Dill.

31: Cracker, Camembertwürfel, Marmeladenklecks.

32: Cracker, Käsecreme, Tomatenschnitz, Petersilie.

33: Cracker, würziger Sahnekranz, Kaviarfülle.

34: Cracker, ausgestochener Käse, Kräuterbutterscheibe, Olive.

35: Cracker, Käseviereck, Eischeibe.

36: Cracker, Krabben mit aufgeschnittener Gurkenscheibe, Dill.

37: Cracker, Käserund, Sahneverzierung, Maraschinokirsche.

38: Cracker, Meerrettichsahne, Maiskölbchen, Gurkenscheibe, Paprika.

39: Cracker, Gorgonzolascheibe, Sahnerosette, süße Mandel.

40: Cracker, Sahne- oder Gervaiskranz, Mandarinsegmente, Kirsche.

41: Cracker, Salatblatt, Schinkenrolle, Olivenhälfte.

42: Cracker, Käsestück, Sahnetuff, Walnußhälften.

43: Cracker, französischer Camembert, Cocktailkirsche.

44: Cracker, Sahneverzierung mit Kapern, Chilischote.

45: Cracker, Remoulade, Anchovisröllchen, Kapern.

46: Cracker, herzhafter Quark, Anassegment, Maraschinokirsche.

47: Cracker, runde Käsescheibe, Olivenscheiben.

48: Cracker, Tomate, Gurkenscheibchen und Paprika.

49: Cracker, Edelpilzkäse, Pfefferschote.

50: Cracker, würziger Quark, Mandarinsegmente, Walnußhälften.

51: Cracker, Remouladensauce, Gurkenscheiben.

52: Cracker, gares Huhnfleisch, Bananenscheiben.

53: Cracker, milde Sahne-Gervaiscreme, Ingwerstreifchen.

54: Cracker, Mayonnaise, Cocktailwürstchen, Brunnenkresse.

55: Cracker, Gervais-Sahnecreme, Mandarinscheibchen, Ananas.

56: Cracker, Käseviereck, Sahnetuff.

57: Cracker, Meerrettich, Mortadellastückchen.

58: Cracker, Käsestück mit Kümmel.

59: Cracker, Wurströllchen mit Remoulade gefüllt.

60: Cracker, Camembertscheibchen, Aprikosenschnitze, Walnuß.

61: Cracker, Edelpilzstückchen.

62: Cracker, Sahneverzierung, Wurströllchen, Dill.

63: Cracker, Käsestückchen.

64: Cracker, Wursttütchen, Perlzwiebelchen, Petersilie.

1
2
3
4
5
6
7
8
9
10
11
12
13
14
15
16
17
18
19
20
21
22
23
25
26
27
28
29
30
31
32
33
34
35
36
37
38
39
40
41
42
43
44
45
46
47
49
50
51
52
53
54
55
57
58
59
60
61
62
63

146 Gänselebertörtchen

Teig:
180 g Mehl,
1/2 Teel. Backpulver,
1 Ei,
80 g Schweinefett,
1 Teel. feingehackte Zwiebel,
1 Messerspitze Pfeffer,
1/4 Teel. Salz;

Füllung:
100 g Gänselebercreme aus der Dose,
1 Eigelb,
1 Eßl. Portwein,
4 gehäufte Eßl. Schlagsahne,
40 g gehackte Walnüsse,
1 schwarze Trüffel.

Das Mehl mit dem Backpulver auf ein Backbrett sieben, in der Mitte eine Vertiefung eindrücken und das Ei, Fett und die Gewürze zugeben. Mit kühlen Händen rasch einen glatten Mürbeteig kneten und diesen für 1 Stunde zum Ausruhen in den Kühlschrank legen. Dünn ausrollen, Tortelettförmchen damit auslegen, ein paarmal mit der Gabel in den Teig stechen, damit er beim Backen keine Blasen wirft. Im vorgeheizten Backofen bei 220 Grad knusprig backen.
In der Zwischenzeit die Gänselebercreme aus der Dose holen, mit dem Eigelb und Portwein schaumig rühren, die Schlagsahne unterziehen und am Schluß die grob gehackten Walnüsse folgen lassen. Diese Creme in die ausgekühlten und aus den Formen genommenen Mürbeteigtörtchen füllen, kegelförmig zustreichen und jedes Törtchen noch mit einer Trüffelscheibe aus der Dose dekorieren. Kostbar und köstlich!

147 Frühlingstörtchen

Teig: wie bei Gänselebertörtchen;
200 g Sahnequark,
1 Eigelb,
1/2 Teel. Salz,
1 Messerspitze Knoblauchpulver,
1 Messerspitze Pfeffer,
2 Eßl. Frühlingskräuter,
1 Tasse Schlagsahne,
2 hartgekochte Eier.

Aus dem angegebenen Teig wie für Gänselebertörtchen Törtchen goldbraun ausbacken.
Den Sahnequark mit dem Eigelb schaumig rühren, die Gewürze und frischgehackten grünen Kräuter zugeben (Schnittlauch, Zitronenmelisse, Petersilie, Dill, Borretsch usw.). Am Schluß die steifgeschlagene Sahne folgen lassen. Diese schmackhafte, frühlingsfrische Creme in die ausgekühlten Törtchen füllen und mit Eischeiben sowie Kräuterzweig garnieren.
Knoblauchfans verwenden natürlich anstelle von Knoblauchpulver eine frisch ausgepreßte Knoblauchzehe.

148 Kardinals-Pastetchen

12 kleine Blätterteigpasteten (fertig gekauft),
100 g Butter,
2 hartgekochte Eier,
100 g Thunfisch aus der Dose,
3 Eßl. gehackte Paprikaschote,
5 Sardellenfilets,
1/4 Teel. Salz,
1 Schuß Worcestershiresauce,
1 Teel. Paprikapulver,
1 Messerspitze Pfeffer,
2 Teel. Zitronensaft,
gefüllte Oliven.

Die gekauften Pastetchen zum Füllen bereitstellen. Die Butter schaumig rühren. Die geschälten, hartgekochten Eier sowie den Thunfisch mit einem großen Messer fein hacken. Ebenso die möglichst grüne Paprikaschote und die Sardellenfilets. Diese Zutaten mit der Butter verrühren, mit Salz, Worcestershiresauce, Paprikapulver, Pfeffer und Zitronensaft würzen. Mit dieser würzigen Masse die kleinen Blätterteigpastetchen füllen. Jeweils mit einer ganzen gefüllten Olive verzieren. Auf einer Platte mit grünen Salatspitzen servieren. Mit Charme!

149 Wildpastetchen

12 kleine Blätterteigpastetchen (fertig gekauft),
150 g Reh- oder Hirschfleisch gebraten,
1 Banane,
1/2 Teel. Ingwerpulver,
2–3 Eßl. Cumberlandsauce (fertig gekauft),
geröstete Mandeln.

Die Blätterteigpastetchen bereitstellen. Das gare Wildfleisch klein würfeln, ebenso die geschälte Banane. Die Cumberlandsauce mit dem Ingwer würzen, damit das Wildfleisch und die Banane binden und in die bereitstehenden Pastetchen einfüllen. Jedes dieser Pastetchen mit einer ganzen gerösteten Mandel bestecken. Als Abwechslung kann auch einmal eine in Hickory geröstete Mandel aus der Dose verwendet werden.

150 Appenzeller Schiffchen

Teig:
250 g Mehl,
1 gestr. Teel. Backpulver,
1 Ei,
120 g Butter,
1/2 Teel. Salz,
1 Messerspitze Pfeffer,
1/2 Teel. edelsüßes Paprikapulver;

Fülle:
200 g Appenzeller Käse,
1 Eßl. gehackte Kräuter,
1 Eßl. gehackte Walnüsse,
3 Eßl. Mayonnaise,
rote Pfeffer- oder Chilischoten.

Das Mehl mit dem Backpulver auf ein Backbrett sieben. In der Mitte eine Vertiefung eindrücken, das Ei und die Butter hineingeben und die Gewürze darüberstreuen. Rasch zu einem Mürbeteig verkneten. Mindestens 1 Stunde in den Kühlschrank legen. Dünn ausrollen. Eingefettete Schiffchenformen mit dem ausgerollten Teig auslegen, den Teig mehrfach mit einer Gabel einstechen, damit er dann keine Blasen wirft und bei 210 bis 220 Grad im Backofen hellbraun backen.
In der Zwischenzeit den Käse zu sehr feinen Streifchen von etwa 2 cm Länge schneiden, mit den gehackten Kräutern und Walnüssen vorsichtig vermengen und mit der Mayonnaise binden. Diese Mischung in die gebackenen und erkalteten Schiffchen füllen und jedes einzeln mit einer Pfeffer- oder Chilischote belegen. Auf grüne Salatblätter setzen und als Vorspeise servieren. Wer die höllisch scharfen Pfefferschoten nicht mag, verwendet dafür einen roten Paprikaschotenschnips.

151 Roquefort-Pastetchen

1 Paket Tiefkühlblätterteig,
1 Eigelb;
Fülle:
80 g gekochter Schinken,
150 g Roquefort,
100 g Butter,
1 Eigelb,
2 Eßl. frische Sahne,
1 Messerspitze Pfeffer,
1 Messerspitze Salz,
1 Messerspitze Oregano,
Trüffelscheiben zur Garnitur.

Den bei Zimmertemperatur nach Vorschrift aufgetauten Blätterteig 1/2 cm dick ausrollen, ohne ihn nochmals zu kneten. Mit zwei Ausstechern im Durchmesser von 6 und 3 1/2 cm Ringe ausstechen. Den Teigabfall rasch zusammenschlagen, dünn ausrollen und davon Runds von 6 cm Durchmesser ausstechen. Ein Backblech mit Wasser benetzen, die Runds darauflegen, den Rand vorsichtig mit Eigelb bepinseln (nichts auf das Blech laufen lassen, sonst geht der Teig nicht auf) und darauf je einen Blätterteigring legen. Die Oberfläche ebenfalls mit Eigelb bepinseln. Bei 220 Grad im vorgeheizten Backofen goldbraun backen. Etwa 20 Minuten dauert das. Auskühlen lassen. In der Zwischenzeit den möglichst reifen Roquefortkäse mit einer Gabel zerdrücken und mit der Butter und dem Eigelb schaumig rühren. Erst dann die Sahne und die Gewürze folgen lassen. In die Pastetchen zunächst den in kleinste Würfel geschnittenen Schinken verteilen. Die Käsecreme in einen Spritzbeutel geben und mit einer Sterntülle in die Pastetchen spritzen. Noch mit Trüffelscheiben aus der Dose garnieren. Wie auf unserem Foto rechts.

152 16 bunte Käsewürfel

,,Keine Party ohne Käse'' – unter diesem Motto zeigen wir Ihnen, wie man Käsewürfel 16 mal abwandelt. Besonders empfehlenswert sind dazu Emmentaler-, Appenzeller-, Greyerzer-, Tilsiter-, Edamer-, Goudakäse, feste Edelpilzkäse wie Roquefort und Gorgonzola und feste Butterkäse. Gleich, welche Art Sie auch immer wählen: Rinden und Krusten werden fein säuberlich entfernt und das Käsestück in 2 1/2 bis 3 cm große Würfel geschnitten. Mit kleinen Spießchen befestigen Sie dann obenauf:

Würfel von links nach rechts:

1. – Käsewürfel, Maraschinokirsche;
2. – Käsewürfel, Leberkässcheibe, zur Rolle gedreht, mit Cornichon gefüllt;
3. – Käsewürfel, Ananasstück, Erdbeerhälfte;
4. – Käsewürfel, grüne Weinbeere;
5. – Käsewürfel, Gürkchen, Paprikastipp;
6. – Käsewürfel, Apfelschnitz, kandiertes Ingwerstreifchen aus dem Glas;
7. – Käsewürfel, Walnußhälften aufeinander;
8. – Käsewürfel, Artischockenstück, Paprika;
9. – Käsewürfel, Tomatenscheibe, Pilzkopf;
10. – Käsewürfel, Tomatenscheibe, grüne Olive;
11. – Käsewürfel, ganze grüne, eingelegte Mandel;
12. – Käsewürfel, schwarze Olive, Mandarinensegment;
13. – Käsewürfel, Orangenstück, Maraschinokirsche;
14. – Käsewürfel, Maiskölbchen, rote Paprika;
15. – Käsewürfel, Zervelatwursttüte, Olive;
16. – Käsewürfel, Mandarinsegment, Cocktailkirsche.

▼

153 Camembert-Partywürfel

2 Schachteln Camembert,
1 Eßl. scharfer Senf,
100 g geröstete, geriebene Mandeln,
Cocktailkirschen.

Von dem möglichst jungen Camembert die weiße Schimmelrinde entfernen. Den Camembert in kleine Würfel schneiden. Eine Seite der Würfel jeweils mit dem scharfen Senf bestreichen und diese sofort in die gerösteten, geriebenen Mandeln drükken. Auf jeden Camembertwürfel eine Cocktailkirsche legen und mit einem Spießchen durchstechen. Mit Brunnenkresse auf einer hübschen Holzplatte servieren.

154 Cocktailkugeln

100 g Butter,
100 g Gorgonzola,
1 Messerspitze Salz,
1 Messerspitze Pfeffer,
1/2 Teel. Paprikapulver,
1 Messerspitze Knoblauchpulver,
2 Teel. gehackte Petersilie,
100 g Gouda-Käse,
100 g gekochter Schinken,
1/2 Tasse gehackte Walnüsse.

Die Butter schaumig rühren, den zerdrückten Gorgonzola zugeben, Salz, Pfeffer, Paprika und Knoblauchpulver unterrühren (anstelle von Paprikapulver kann auch 1 Prise Cayennepfeffer verwendet werden) und am Schluß die gehackte Petersilie. Gouda-Käse und Schinken würfeln und unter die Masse ziehen. Für kurze Zeit in den Kühlschrank zum Festwerden geben und dann Kugeln von 2 bis 2 1/2 cm Durchmesser daraus formen. Diese einzeln in den gehackten Walnüssen auf einem Teller wälzen. Gut für die blaue Cocktailstunde bei Kerzenlicht.

155 Edle Käsehäppchen

½ Salatgurke,
1 Eßl. Mayonnaise,
½ Teel. Paprikapulver, edelsüß,
200 g Edelpilzkäse,
100 g gekochter Schinken.

Salatgurke dünn schälen und in 1 cm dicke Scheiben schneiden. Die Mayonnaise, am besten Salatmayonnaise, damit's nicht so fett wird, mit dem Paprikapulver würzen, jeweils einen Klecks davon auf die Gurkenscheibchen geben und darauf einen Würfel vom Edelpilzkäse setzen. Den gekochten Schinken in gleichgroße Würfel wie den Käse schneiden und diese wiederum auf den Käse legen. Das ganze mit einem Spießchen durchstechen und in einem Beet von Brunnenkresse oder kleingeschnittener Endivie – was man gerade bekommt – auftragen.

156 Zebrawürfel

1 Paket Pumpernickel,
2 Ecken vollfetter Schmelzkäse,
80 g Butter,
1 Messerspitze Salz,
1 Messerspitze Pfeffer.

Die Pumpernickelscheiben aus der Packung nehmen und die Scheiben einzeln auseinandernehmen. Den Schmelzkäse mit der Butter und den Gewürzen schaumig rühren. Die Creme gleichmäßig auf die Pumpernickelscheiben streichen, die Creme soll die gleiche Höhe wie die Pumpernickelscheibe haben. Diese bestrichenen Pumpernickelscheiben aufeinandersetzen, mit einem Brett beschweren und im Kühlschrank 1 bis 2 Stunden liegen lassen. Dann gleichgroße Würfel schneiden. Mit Perlzwiebeln, Cornichons, Oliven usw. verzieren. Die Zebrawürfel sehen auch auf grünem Salat hübsch aus.

157 Mailänder Schinkenrollen

150 g Greyerzer- oder Emmentaler Käse,
1 Eßl. Paprikapulver,
100 g Parmaschinken.

Den Käse in kleine Stangen von ca. 5 cm Länge und 1 bis 1 ½ cm Stärke schneiden. Diese kleinen Käsestangen in Paprikapulver wälzen. Von dem dünngeschnittenen Parmaschinken 5 cm breite Streifen schneiden und damit die Käsestangen umwikkeln. Mit einem Spießchen alles durchstechen. Als Beigabe zu einem Weinabend eine hübsche Abwechslung.

158 Appetitspflaumen

200 g Kurpflaumen,
2 Carrée Frischkäse (Gervais),
50 g Butter,
2 Teel. Tomatenketchup,
½ Teel. Paprikapulver,
¼ Teel. Salz,
1 Messerspitze Pfeffer,
2 Eßl. gehackte Walnüsse.

Die Pflaumen etwa ¼ Stunde in kaltem Wasser einweichen. Ablaufen lassen und von einer Seite aufschneiden. Den Stein vorsichtig herauslösen. Den Frischkäse (Gervais oder Philadelphia) mit der Butter schaumig rühren, das Tomatenketchup und die Gewürze zufügen. Mit dieser Käsemasse die aufgedrückten Pflaumen füllen (am besten geht das mit Spritzbeutel und Lochtülle). Die gefüllte Pflaume dann mit der Käseseite in die gehackten Walnüsse drücken. An kleinen Spießchen servieren oder in kleinen Papierkapseln zum Aperitif herumreichen.

Edles, selbstgebacken

(Pasteten, Terrinen und Ungewöhnliches)

Kennen Sie den Zauber und Reiz alter Küchen? Alte Kacheln, Kupferformen, längst vergessenes Gerät?
Immer weht durch Küchen ein Hauch von Geheimnis und Zauberei. Die routinierte Köchin schlägt längst nicht mehr in alten Folianten nach. Die Riten ihrer Kunst liegen fest in ihren Händen und in ihren geschulten Sinnen. Und so weiß sie ab und an, für gewählte Anlässe, etwas Königliches zu zaubern. Vielleicht reicht nur noch die Sprache des Weines, zu umschreiben, was sie aus Rauch und Glut, aus dem Duft der Gewürze und feinem Fleisch sublimiert. Wir sprechen von den Pasteten und Terrinen, von Herrentorten und anderem. Mögen Salate, Canapés oder kalte Platten noch so raffiniert hergerichtet sein, sie glänzen zwar mit kunstvollen Garnierungen, ihre Zutaten aber liegen offen.
Wie anders Terrinen und Pasteten. Hier hatte ein Zauberer seine Hand im Spiel, der noch sein Räucherwerk zu deuten, alte Zeichen zu lesen und seine Nase zu benutzen wußte. Jenseits des Erkennbaren rätselt der geschätzte Gast nach Fleischsorte und verwendetem Gewürz, bewundert Backwerk und Füllmasse und sinnt dem feinen Geschmack mit Nase und Zunge nach.
Dennoch: keine Angst! Voraussetzung ist in den meisten Fällen, etwas Zeit am Tage vorher zu haben. Pasteten und Terrinen sollten eine Nacht stehen, um allen Duft zu entfalten. Eine Reihe von königlichen Rezepten, neben anderem, sollen dieses Kapitel füllen. Daß wir besonders von den Terrinen und Pasteten sprachen, soll Ihnen helfen, auch Ihren Freunden Verzauberung zu schaffen, Ihrer kalten Tafel Glanzlichter aufzusetzen und über Ihre Geheimnisse schmunzeln zu dürfen.

Pasteten.
126
173. Gebackene schweinene
Pasteten.
174. Geblätterter Butter=Teig
Pasteten.
175. Geblätterter Butter=Teig
andere Art.

Auf der Seite vorher, dem Kapitelbeginn, haben Sie schon Grundlegendes über die Pastetenbäckerei gelesen. Nun kommt die Zusammensetzung der Pasteten, die sehr unterschiedlich sein kann. Es können fast alle Fleischsorten für die Füllung Verwendung finden, sämtliche Wild- und Wildgeflügel-Sorten sowie Fische und Krustentiere.

Unterschieden werden *gebackene Pasteten* und im Wasserbad *gekochte Pasteten,* die allerdings auch im Backrohr gegart werden.
Bei den gebackenen Pasteten unterscheiden wir zwei Arten:
1. die, bei denen die Fleischfarce sofort in ein Gefäß gefüllt wird, um gebacken zu werden, und
2. die, wo die Fleischfarce in Teig eingefüllt wird.

Die klassische Pastete hat meistens eine Teigkruste und diese besteht in erster Linie aus Mürbeteig. Als Mantel für die Pasteten kann auch Blätterteig und in besonderen Fällen auch Hefeteig verwendet werden.

Nachfolgend nun zwei Rezepte für Pasteten-Mürbeteig.

Eine Pastete, die als Vorspeise gereicht wird, ist ausreichend für 6 bis 10 Personen.

159 Pasteten-Mürbeteig I

500 g Mehl,
250 g Butter,
1 gestrichener Teel. Salz,
2 Eier,
2–3 Eßl. Wasser,

Das Mehl auf ein Backbrett sieben. In der Mitte eine Vertiefung anbringen und die in Stücke geschnittene, weiche Butter, das Salz, die Eier und das Wasser hineingeben. Mit kühlen Händen rasch einen Teig daraus kneten. (Wird der Teig zu lange geknetet, kann er leicht brüchig werden, läßt sich mühsam ausrollen und die Teigplatte kann beim Einlegen in die Form reißen.) Das Teigstück für mindestens 1 Stunde in den Kühlschrank legen, bevor es weiter verarbeitet wird.
Dieser Pastetenteig kann auch mehrere Tage im Kühlschrank lagern, ohne daß seine Qualität nachläßt. Dann empfiehlt es sich jedoch, das Teigstück in Alu-Folie einzuwickeln.

160 Pasteten-Mürbeteig II

500 g Mehl,
2 gestrichene Teel. Backpulver,
200 g Schweinefett,
2 Eier,
1/2 Teel. Salz,
3–4 Eßl. Wasser.

Das Mehl mit dem Backpulver auf ein Backbrett sieben. In der Mitte eine Vertiefung anbringen. Das Schweinefett, Ei, Salz und Wasser zugeben. Mit kühlen Händen rasch einen Teig kneten. Diesen für mindestens 1 Stunde in den Kühlschrank legen, erst dann weiterverarbeiten.

Wer nicht Zeit und Muße hat, den Teig für die Pastetenbäckerei selbst herzustellen, kann heutzutage in die Tiefkühltruhe greifen, wo praktisch alle diese Teigarten angeboten werden: gesalzener Hefeteig, Blätterteig und auch Pastetenmürbeteig, der als „geriebener Teig" angeboten wird.

Bei der *klassischen Pastete mit Teighülle* wie folgt vorgehen: Von dem gelagerten und gut gekühlten Mürbeteig zwei Drittel etwa 1/2 cm stark ausrollen. Damit eine Kastenform, die leicht gefettet sein soll, auslegen. (Eine Kastenform wird deshalb meistens verwendet, weil sich die Pastete in dieser Form am einfachsten in gleichmäßige Scheiben schneiden läßt.) Außerdem ist eine Kastenform (auch Sandkuchen- oder Rührkuchenform genannt) ohnehin in jedem Haushalt anzutreffen. Beim Auslegen des Teiges in die Form unbedingt darauf achten, daß

keine Stelle ein Loch aufweist. Durch dieses Loch würde beim Backen der Fleischsaft austreten und zwischen Pastetenteig und Form laufen. Außerdem muß der Teig 1 cm über den Rand herausragen, damit die Teigdecke daran besser befestigt werden kann.
Zunächst aber den Pasteten-Inhalt einfüllen. Ist dies geschehen, den restlichen Teig ebenfalls 1/2 cm stark ausrollen. Den überstehenden Pastetenrand mit verquirltem Ei oder Eigelb bepinseln und die ausgerollte Teigdecke darauflegen. Die Decke an den Seitenwänden kräftig und gleichmäßig andrücken. Dann den überstehenden Teig mit einem Messer abschneiden. (In den meisten Fällen wird etwas Pasteten-Mürbeteig übrigbleiben. Dieser wird für Garnierungen auf der Oberfläche aufbewahrt.) Die gesamte Oberfläche mit Eigelb bestreichen. Den Teigrest vom Deckel zu kleinen Ornamenten ausstechen oder ein Gitter ausrädeln, auf die Teigoberfläche legen und ebenfalls mit Eigelb bepinseln.

Während des Backprozesses entsteht in der Pastete durch die Feuchtigkeit Dampf. Deshalb ist es wichtig, bei jeder Pastete ein oder zwei Öffnungen mit einem Ausstecher von etwa 2 cm Durchmesser an der Oberfläche anzubringen (siehe Foto nächste Seite) und in diese runden Öffnungen ein Stück zusammengerollte Alu-Folie als „Kamin" einzustecken. Somit hat die Pastete die Möglichkeit, den Dampf nach oben abzugeben.
Eine Folge des Entweichens der Flüssigkeit ist natürlich, daß während des Backvorgangs der Pasteteninhalt zusammenschrumpft. Es entsteht also ein Hohlraum zwischen Pastetenfüllung und Teigmantel. Beim Aufschneiden der erkalteten, fertigen Pastete fällt deshalb der Teigrand von der Pastete ab. Und das sieht nicht gut aus. Deshalb wird auch hier Abhilfe geschaffen, indem nach dem völligen Erkalten der Pastete durch den „Kamin" die Hohlräume mit einem Gelee, meistens Madeira-Gelee, ausgefüllt werden. Dieses Gelee erstarrt, und beim Aufschneiden halten Kruste und Füllung zusammen. So wie Sie es haben wollen.

Ein wichtiger TIP

Während des Backvorgangs kann es schon einmal passieren, daß durch kleine Risse in der Teigkruste doch etwas Saft der Pastetenfüllung austritt und sich zwischen Pasteten-Form und Pastetenteig festsetzt. Wenn die Pastete dann im kalten Zustand gestürzt werden soll, führen diese defekten Stellen dazu, daß die Pastete auseinanderbricht. Von vornherein kann das vermieden werden, wenn die Pastetenformen erst vor dem Einlegen des Teiges mit Alu-Folie ausgelegt werden. Die Pastete läßt sich leicht stürzen und die Folie wird nur noch abgezogen.

161 Madeira-Gelee

1/2 l entfettete Fleischbrühe,
2 Eßl. Weinessig,
1/8 l Madeirawein,
8 Blatt weiße Gelatine.

Die Fleischbrühe muß vollkommen erkaltet und abgefettet sein. Etwa 1/4 von dieser Fleischbrühe abnehmen, den Essig und den Madeirawein zugeben und diese Mischung in einem Topf auf kleiner Hitze heiß werden lassen, nicht kochen. Die 8 Blatt weiße Gelatine in kaltem Wasser einweichen, sehr gut ausdrücken und in die heiße Madeirabrühe geben. Solange rühren, bis sich die Gelatine völlig aufgelöst hat. Diese Mischung dann zu der kalten restlichen Fleischbrühe rühren. Ist das Madeira-Gelee fast kalt, kann es durch den „Kamin" (siehe Pastetenbeschreibung) in die kalte Pastete eingegossen werden. So wird es rasch fest und das ist wichtig, da die Flüssigkeit die schöne Teigkruste der Pastete sonst aufweichen würde.

162 Thüringer Hirschpastete

1 Schweinefilet,
1/2 Teel. Salz,
1 Teel. Paprikapulver,
1 Eßl. Butter,
700 g schieres Hirschfleisch,
200 g fettes Schweinefleisch,
100 g Schweineleber,
1 Zwiebel,
1 Eßl. gehackte Petersilie,
1/2 Brötchen,
etwas Milch zum Einweichen,
1 Ei,
2 Gläschen Cognac,
1 1/2 Teel. Salz,
1/2 Teel. Pfeffer,
1/2 Teel. Oregano,
1 Messerspitze Ingwerpulver,
1 Messerspitze Muskat,
100 g geräucherter Speck,
1 kleine Dose Champignons,
Pastetenteig, (Rezept. Nr. 159)
1 Eigelb zum Bestreichen.

Das Schweinefilet, es muß kein allzu großes sein, sorgfältig von allen Hautresten befreien, abspülen, trocken abtupfen, mit Salz und Paprikapulver kräftig einreiben und in der erhitzten Butter im Tiegel kurz, aber bei starker Hitze von allen Seiten anbraten. (Dauer: höchstens 2 Minuten.) Das Schweinefilet abkühlen lassen. In der Zwischenzeit das Hirschfleisch mit dem fetten Schweinefleisch und der Schweineleber sowie der in Viertel geschnittenen Zwiebel, der gehackten Petersilie sowie dem in der Milch eingeweichten und wieder fest ausgedrückten Brötchen ein- bis zweimal durch den Fleischwolf drehen. Die Masse soll sehr fein sein! Jetzt das Ei und den Cognac zufügen und erst am Schluß die Gewürze. Den geräucherten Speck in kleine Würfel schneiden. Die Champignons aus der Dose gut ablaufen lassen, in grobe Stücke schneiden und diese beiden Zutaten am Schluß unter den Fleischteig ziehen.
Zwei Drittel vom Pasteten-Mürbeteig (s. Rezept Nr. 159) 1/2 cm stark ausrollen und eine Kastenform damit ausfüttern. So sorgfältig, wie wir es in der Beschreibung auf der vorherigen Seite gelernt haben! Die Hälfte der Fleischfarce in die Form füllen, das bereits erkaltete Schweinefilet in die Mitte legen und den Rest der Fleischfarce darüberdecken. Kräftig hineindrücken, damit keine Hohlräume entstehen. Den restlichen Teig ebenfalls 1/2 cm stark ausrollen. Den Teigrand (der ja überstehen soll) mit Eigelb bepinseln, die Teigplatte darauflegen, ringsum fest andrücken. Überstehenden Teig mit dem Messer abschneiden und die Oberfläche mit verquirltem Eigelb bestreichen. Mit einem kleinen Ausstecher zwei Löcher in den Deckel stechen und die Oberfläche mit kleinen Blättern und Ringen aus Pasteten-Mürbeteig (abgefallene Reste) dekorieren. Diese Teile ebenfalls mit Eigelb bestreichen. Den ,,Kamin'' aus Alu-Folie nicht vergessen in die Öffnungen zu stecken und die Pastete backen. Die Backtemperatur sollte etwa 200 Grad haben. Die Backzeit beträgt 70 bis 80 Minuten.
Die vollständig erkaltete Pastete mit dem Madeiragelee (Rezept Nr. 161) ausgießen, damit in der Pastete kein Hohlraum mehr vorhanden ist, wenn sie angeschnitten wird.

163 Exclusive Schweinefilet-Pastete

1 großes Schweinefilet,
1/2 Teel. Salz,
2 Eßl. Butter,
100 g Rindfleisch,
100 g Schweinefleisch,
1 Ei,
2 Eßl. Semmelbrösel,
2 Eßl. feingehackte Zwiebel,
1 zerdrückte Knoblauchzehe,
1 Teel. Salz,
10 Tropfen Tabasco,
1 Teel. edelsüßes Paprikapulver,
1 Paket Blätterteig aus der Tiefkühltruhe,
1 Eigelb zum Bestreichen.

Das Schweinefilet von Haut und Sehnen befreien, abtupfen, leicht salzen und in der zerlassenen Butter kurz von allen Seiten anbraten, damit es fester wird. Das Rind- und Schweinefleisch durch die Fleischmaschine drehen, mit dem Ei, den Semmelbröseln, der Zwiebel, Knoblauchzehe und den Gewürzen vermischen. Jetzt den aufgetauten Blätterteig in der Länge des Schweinefilets ausrollen (nicht mehr kneten!). Das erkaltete Schweinefilet mit der würzigen Fleischmasse umhüllen, auf den ausgerollten Blätterteig legen, den Teig darüber zusammenschlagen, die Ränder mit Eigelb bepinseln und gut andrücken, damit beim Backen keine Fleischmasse heraustreten kann. Dieses exclusive Teigpaket auf ein mit Wasser benetztes Blech legen, die Oberfläche mit Eigelb bepinseln. Sollte vom Blätterteig noch etwas übrig sein, kleine Ornamente zur Dekoration obenauf setzen und ebenfalls mit Eigelb bestreichen. Den Backofen auf 200–210 Grad vorheizen und die Pastete 25 bis 30 Minuten darin garen. Erkaltet in dicke Scheiben schneiden und dazu einen grünen Salat servieren.

164 Getrüffelte Fasanenpastete

1 schöner Fasan,
400 g fetter, roher Schinken,
1 Petersilienwurzel,
1 Karotte,
3–4 Pfefferkörner,
1 Zwiebel,
1 Lorbeerblatt,
1/8 l Weißwein,
1/8 l Fleischbrühe,
600 g Kalbfleisch,
2 Teel. Salz,
1 Zitrone,
1 Dose Trüffel (12,5 g),
Pasteten-Mürbeteig,
1 Eigelb.

Den sehr sorgfältig vorbereiteten und ausgenommenen Fasan trockentupfen. Am besten mit Küchenkrepp. Den in kleine Würfel geschnittenen Schinken leicht anrösten, den Fasan mit der kleingeschnittenen Petersilienwurzel, der Karotte, Pfefferkörnern, der geviertelten Zwiebel und dem Lorbeerblatt dazugeben und kräftig anbraten. Nach und nach den Weißwein und die Fleischbrühe aufgießen, das Gefäß (am besten eine Kasserolle) schließen und den Fasan darin garen. Er sollte nicht „butterweich" sein, das Fleisch muß sich jedoch von den Knochen lösen lassen. Das Fasanenfleisch in kleine Stücke schneiden. Die Sauce durch ein Sieb streichen und mit dem durch den Fleischwolf gedrehten Kalbfleisch, Salz, dem Saft und dem Abgeriebenen der Zitrone vermischen. Am Schluß die in Würfel geschnittene Trüffel und das kleingeschnittene Fasanenfleisch zugeben.
Eine Kastenform mit 1/2 cm stark ausgerolltem Pasteten-Mürbeteig (Rezept Nr. 159) ausfüttern und die würzige Fleischfarce einfüllen. Den Teigdeckel (ebenfalls dünn ausgerollt) auflegen, alles mit Eigelb bestreichen und den Deckel an den Rändern gut befestigen. Wie üblich einen Kamin in die Oberfläche der Pastete setzen (Sie lasen das in der Einleitung über Pasteten) und diese bei 190 bis 200 Grad ungefähr 50 bis 60 Minuten backen. Nach dem vollständigen Erkalten mit dem Madeiragelee (Rezept Nr. 161) ausgießen.
Diese Pastete darf an besonderen Feiertagen gereicht werden, dazu viel Kerzenlicht, das fordert zum Genießen heraus! Denn Zeit sollte man sich für diese Köstlichkeit nehmen!

165 Hasen-Pastete

1 Hasenrücken, tiefgefroren,
1/2 Teel. Salz,
1 Messerspitze Pfeffer,
1 Teel. Paprikapulver, edelsüß,
30 g Butter,
2 Hasenkeulen, tiefgefroren,
250 g Schweinefleisch,
300 g grüner Rückenspeck,
1 kleine Dose Champignons,
1 Zwiebel,
1 Eßl. geriebener Emmentaler,
2 Eßl. Sherry,
1 Teel. Salz,
1/2 Teel. grober Pfeffer,
1 Eßl. gehackte Petersilie,
50 g Pistazien,
Pasteten-Mürbeteig,
1 Eigelb zum Bestreichen.

Das Hasenfleisch gibt es überall tiefgefroren in den gewünschten Teilen.
Von dem aufgetauten Hasenrücken die beiden Lenden – das sind die langen Fleischstreifen, die auf den Rippen sitzen, auslösen und mit Salz, Pfeffer und Paprika einreiben. Die Butter in einer Pfanne erhitzen und die beiden Filets kurz bei starker Hitze von allen Seiten anbraten. Keinesfalls durchbraten! Erkalten lassen.
Die aufgetauten Hasenkeulen sorgfältig entbeinen, die Haut abziehen und das schiere Fleisch mit dem Schweinefleisch, dem Rückenspeck sowie den gut abgelaufenen Champignons und der Zwiebel zweimal durch die Fleischmaschine drehen. Die Masse sollte recht fein sein. Dieser Mischung den geriebenen Emmentaler Käse, Sherry, Salz, Pfeffer und Petersilie unterziehen. Die Pistazien mit kochendem Wasser übergießen, die Schalen abziehen und die Kerne unter die Fleischfarce mischen.
Den bereiteten Pasteten-Mürbeteig (Rezept Nr. 159) 1/2 cm stark ausrollen und von 2/3 des Teiges eine Kastenform auslegen. Von der Fleischfarce die Hälfte einfüllen und darauf die beiden Hasenfilets legen. Richtig einbetten! Die restliche Fleischfarce darübergeben, andrücken, den Deckel aus dem restlichen Teig auflegen (wie in der Einleitung beschrieben), die Teigränder mit Eigelb bepinseln und die Pastete gut verschließen. Die Oberfläche ebenfalls mit Eigelb bestreichen, ebenso die dekorativen Ornamente, die aus den Resten des Teiges ausgestochen und auf die Oberfläche gelegt werden können. In der Mitte des Teigdeckels sollte auf alle Fälle eine Öffnung ausgestochen werden (siehe Einleitung), damit der Dampf beim Backen entweichen kann. Zur Hasenpastete, die kalt aufgeschnitten mit Grün umlegt wird, reicht man am besten goldgelben Toast.

166 Hühner-Pastete

1 Poularde (1200–1300 g),
100 g Hühnerleber,
250 g Kalbfleisch,
1 Zwiebel,
1 Eßl. Butter,
1 kleine Dose Champignons,
1 Ei,
1 Eßl. Semmelbrösel,
1/2 Teel. Salz,
1 Messerspitze Pfeffer,
1/2 Teel. Paprikapulver, edelsüß,
1/4 Teel. Oregano,
1/4 Teel. Salbei,
150 g roher Schinken in Scheiben,
Pasteten-Mürbeteig (siehe Nr. 159)
1 Eigelb zum Bestreichen.

Die Poularde (meistens aus der Tiefkühltruhe) in Salzwasser gar kochen. Sorgfältig entbeinen und das Fleisch erkalten lassen. (Die Bouillon für eine Suppe verarbeiten.) Die Hühnerleber mit dem Kalbfleisch durch die Fleischmaschine drehen. Die feingehackte Zwiebel in der Butter anrösten und mit der durchgedrehten Leber und dem Kalbfleisch sowie den grob gehackten Champignons vermischen. Diese Masse mit dem Ei und den Semmelbröseln binden und am Schluß die Gewürze darunterkneten.

Den Pasteten-Mürbeteig 1/2 cm stark ausrollen und von einer Kastenform oder auch einer runden Form den Boden und die Ränder auslegen. Dabei sollte der Teig etwas über dem Rand stehenbleiben (siehe Pasteteneinleitung). Nun die Schinkenscheiben auf dem Teig gleichmäßig verteilen und darüber die Fleischfarce füllen. Aus dem restlichen Pastetenteig den Deckel auflegen, wie wir es gelernt haben, die Ränder und den Deckel mit Eigelb bestreichen, Ornamente anbringen und die Pastete bei 220 Grad etwa 40 Minuten backen. Erst nach dem völligen Erkalten anschneiden. Dazu paßt goldgelber Toast, ein erfrischender Chicoréesalat und ein guter Tropfen Weißwein.

167 Gemischte Fleisch-Pastete

500 g Kalbfleisch,
500 g fettes Schweinefleisch,
2 tiefgefrorene Hähnchenbrüstchen,
1 Zwiebel,
1 Knoblauchzehe,
4 Scheiben Toastbrot,
1/4 l Milch,
2 Eier,
1 Glas Sherry,
1 Glas Cognac,
2 Teel. Salz,
1/2 Teel. frischgemahlener Pfeffer,
2 Teel. Paprikapulver, edelsüß,
1/2 Teel. Thymian,
1/2 Teel. Oregano,
Pasteten-Mürbeteig (siehe Nr. 160)
1 Eigelb zum Bestreichen.

Von dem Kalb- und Schweinefleisch je etwa 100 g schieres Fleisch abtrennen und davon, wie auch von den aufgetauten Hähnchenbrüstchen, Würfel schneiden und diese beiseite stellen. Das übrige Fleisch mit der Zwiebel und der Knoblauchzehe sowie den in der Milch eingeweichten und wieder ausgedrückten Toastscheiben durch die Fleischmaschine drehen. Besser zweimal, damit das Fleisch recht fein wird. Diesen Teig zusammen mit den Eiern, dem Sherry, Cognac sowie sämtlichen Gewürzen zu einem glatten Fleischteig verarbeiten und zum Schluß die Fleischwürfel von Kalb, Schwein und Hähnchenbrüsten darunterarbeiten.

Aus Pasteten-Mürbeteig eine 1/2 cm starke Teigplatte ausrollen und 2/3 davon in eine leicht gefettete oder mit Alu-Folie ausgefütterte Kastenform legen. Wie immer muß der Teigrand etwas überstehen. (Genaue Anweisung von der Pasteten-Einleitung durchlesen!) Die Fleischfarce einfüllen, die überstehenden Ränder mit Eigelb bestreichen, aus dem restlichen Teig den Deckel auflegen, fest andrücken, die Oberfläche ebenfalls mit Eigelb bestreichen. Wie üblich den „Kamin" anbringen (1 oder 2 Löcher ausstechen, damit der Dampf entweichen kann, siehe Einleitung), nach Belieben ausgestochene Ornamente auflegen, diese mit Eigelb bestreichen und die Pastete bei 200 Grad im Backofen etwa 50–60 Minuten backen. Erst vollständig erkalten lassen, bevor die Pastete aus der Kastenform kommt. Vorher kann die erkaltete Fleischpastete – wie bei allen anderen Pasteten auch – in der Kastenform noch mit dem Madeiragelee ausgegossen werden. Sie wissen ja, damit die köstliche Kruste sich beim Schneiden nicht vom Fleischteig löst. Die erkaltete Pastete auf einer großen Silberplatte inmitten von Grün anrichten.

168 Schweinefleisch-Pastete

800 g Schweinefleisch nicht zu fett,
2 altbackene Brötchen, etwas Milch,
4 Eier, 1 Zwiebel, 1 Knoblauchzehe,
1 Eßl. geriebener Meerrettich,
1 Teel. Salz, 2 Teel. scharfer Senf,
1 Eßl. gehackte Petersilie,
3 Eßl. Tomatenketchup,
Schweineschmalz.

Das Schweinefleisch durch die Fleischmaschine drehen. Die altbackenen Brötchen in der Milch einweichen und wieder fest ausdrücken. Mit durch die Fleischmaschine drehen. Diese Fleisch-Brotmasse mit den Eiern, der feingehackten Zwiebel, der zerdrückten Knoblauchzehe, Meerrettich, Salz, Senf, Petersilie und Tomatenketchup zu einem glatten Teig verarbeiten. Eine Kastenform mit Schweineschmalz ausstreichen, die Fleischmasse einfüllen. Den Backofen auf 180–200 Grad vorheizen und die Pastete etwa 50–60 Minuten backen. Die Pastete in der Form völlig abkühlen lassen und erst dann in dicke Scheiben schneiden.

169 Dänische Leberpastete

150 g Schweine-Rückenspeck (ungeräuchert),
250 g Schweineleber,
1 kleine Zwiebel, 1 Ei,
1/2 Teel. Salz,
1 Messerspitze weißer Pfeffer,
1/2 Teel. edelsüß Paprikapulver,
1 Messerspitze Thymian,
1 Eßl. Mehl, 1/8 l Sahne,
1 Glas Cognac, 1 Dose Trüffel (12,5 g),
150 g Gänseleber,
Schweineschmalz.

Den Schweine-Rückenspeck möglichst zweimal durch die Fleischmaschine drehen, damit er sehr fein wird. Diesen in einer Kasserolle bei kleiner Hitze zerlassen. Die Schweineleber ebenfalls drei- bis viermal durch die Maschine drehen und sofort mit dem heißen Fett, der feingehackten Zwiebel, dem Ei, den Gewürzen sowie dem Mehl verrühren. Die Sahne steif schlagen, unter die Lebermasse ziehen und am Schluß den Cognac und die gehackten Trüffel dazugeben. Die Gänseleber (meist aus der Tiefkühltruhe und dann vorher aufgetaut) 1 bis 2 Minuten in kochendes Wasser geben, in kleinste Würfel schneiden und ebenfalls unter die Fleischmasse rühren. Eine Kastenform dick mit Schweineschmalz ausstreichen und die Lebermasse einfüllen. Den Backofen auf 200 Grad vorheizen. Eine entsprechend größere Schale oder Schüssel zu 2/3 mit Wasser füllen und dieses erhitzen. Die Kastenform in dieses Wasserbad in den Backofen setzen und etwa 60 bis 70 Minuten darin garen lassen. Die Pastete in der Form vollständig – am besten über Nacht – erkalten lassen. Erst dann stürzen und in dünne Scheiben schneiden. Eine Delikatesse für festliche Anlässe. Das Garnieren nicht vergessen! Ihnen fällt gewiß etwas Nettes ein. Grün und Rot?

170 Amerikanische Truthahn-Terrine

1 altbackenes Brötchen,
1 Tasse lauwarme Milch,
1 kleine Zwiebel,
1 Knoblauchzehe,
50 g Butter, 350 g Putenleber,
100 g geräucherter Speck,
1 1/2 Teel. Salz,
1/2 Teel. grob gestoßener Pfeffer,
1 Teel. Paprikapulver, edelsüß,
1/2 Teel. Thymian, 1/2 Teel. Majoran,
1 Eßl. gehackte Petersilie, 1 Ei,
300 g Putenbrust,
150 g dünne Speckscheiben.

Das altbackene Brötchen kleinschneiden und in der lauwarmen Milch einweichen. Die kleine geschälte Zwiebel fein hacken und die Knoblauchzehe zerdrücken. Das eingeweichte Brötchen ausdrücken und in der erhitzten Butter mit der Zwiebel und dem Knoblauch dünsten, die sehr fein geschabte Putenleber und den gewürfelten Speck hinzugeben. Sämtliche Gewürze, die Petersilie und das Ei darunterarbeiten. Die Putenbrust in kleine, etwa 1/2 cm große Würfel schneiden und am Schluß unter die Fleischmasse rühren. Eine feuerfeste Keramikform mit den dünnen Speckscheiben völlig auslegen und die Masse einfüllen. Den Backofen auf 200 Grad vorheizen und die Terrine darin backen. Mindestens einen Tag stehen lassen, bevor sie angeschnitten wird. Salate nach Belieben dazu reichen.

Wichtiger Tip für Terrinen

Fleischterrinen sollten, sobald sie aus dem Ofen kommen, mit einem Teller oder einem Holzbrett abgedeckt und mit einem Gewichtsstein beschwert werden. So sollen sie auskühlen, möglichst einen Tag oder über Nacht stehen bleiben. Durch das Zusammendrücken der Terrinenfüllung läßt sie sich später im erkalteten Zustand viel besser schneiden.
Und alle Terrinen unterscheiden sich von den Pasteten dadurch, daß sie im Backofen im leise kochenden Wasserbad garen.

171 Lothringer Gänsefleisch-Terrine

½ Gans (etwa 2 kg),
200 g Schweineleber,
200 g Schweinefleisch,
3 Zwiebeln, 1 Knoblauchzehe,
1 Eßl. gehackter Schnittlauch,
2 Teel. Salz, 1 Teel. Salbei,
½ Teel. weißer Pfeffer,
2 Teel. edelsüßes Paprikapulver,
1 Teel. Thymian, 2 Teel. Majoran.

Die Gänsehälfte (sie kann ruhig etwas fett sein) entbeinen und das Fleisch aufteilen, d. h. in schieres und in dickes Fleisch, wie z. B. die Keulen, in Kleinfleisch, Haut und Fett.
Das schiere Fleisch in kleine, etwa ½ cm große Würfel schneiden. Das übrige Fleisch, Haut, Fett, die Schweineleber und das Schweinefleisch ein- bis zweimal durch den Fleischwolf drehen. Diese Masse mit der feingehackten Zwiebel, der zerdrückten Knoblauchzehe, dem Schnittlauch und allen Gewürzen verarbeiten. Diesen Fleischteig am Schluß mit den kleinen Gänsefleischwürfeln vermischen und alles in eine feuerfeste Keramikform füllen. (Durch den hohen Fettanteil der Gans braucht die Form vorher nicht gefettet zu werden.) Die Terrine im Backofen im Wasserbad (am besten die Bratpfanne des Backofens etwa 4 cm hoch mit dem Wasser füllen), das leise kochen soll, bei 180–200 Grad 50 bis 60 Minuten backen. Dabei tritt an der Oberfläche das Fett aus, welches beim Erkalten erstarrt. Die Terrine mit Holzbrett und Gewichtsstein beschwert einen Tag stehen lassen, bevor sie angeschnitten wird.

172 Zungen-Terrine

500 g fettes Schweinefleisch,
300 g Kalbfleisch,
300 g Schweineleber,
50 g Butter,
2 Zwiebeln,
2 Eier,
2 Gläser trockener Sherry,
1 Teel. Kapern,
2 Teel. Salz,
½ Teel. Pfeffer,
½ Teel. Ingwerpulver,
1 Messerspitze Muskat,
1 Messerspitze Zimt,
400 g gekochte Rindspökelzunge,
50 g Pistazien,
150 g Speckscheiben.

Das Schweinefleisch mit dem Kalbfleisch und der Leber zweimal durch die Fleischmaschine drehen. Es muß sehr fein sein. Die Butter erhitzen, die feingehackte Zwiebel darin glasig dünsten und unter die Fleischmasse rühren. Die Eier, den Sherry, Kapern, Salz, Pfeffer, Ingwer, Muskat und Zimt dazugeben. Zu einem glatten Teig rühren. Die Pökelzunge in ca. 1 cm große Würfel schneiden. Die Pistazien mit kochendem Wasser übergießen, die Schalen abziehen und mit der Pökelzunge unter die Fleischmasse geben. Eine feuerfeste Schüssel mit den dünnen Speckscheiben auslegen, darauf die würzige Fleischmasse füllen. Den Backofen auf 250 Grad vorheizen, die Bratpfanne ⅔ mit Wasser füllen, leise kochen lassen, die Terrine in das Wasserbad stellen und etwa 70 bis 80 Minuten darin garen. Sofort nach dem Backen mit einem Holzbrett oder Teller und einem Gewicht beschweren, einen Tag stehen lassen und frühestens dann anschneiden. Hübsch sieht die Zungenterrine aus, wenn sie mit Orangenscheiben oder kleinen Zwergorangen (im Glas) oder auch Senffrüchten umlegt wird.

173 Wildschwein-Terrine

600 g Wildschwein aus der Keule,
1/2 Teel. Salz,
1 Teel. Paprikapulver, edelsüß,
50 g Butter,
500 g Schweinefleisch aus der Keule,
200 g Pökelzunge,
1 kleine Dose Champignons,
250 g Schweinehack,
150 g grüner Speck,
1 Zwiebel,
2 Eier,
1 Glas Madeirawein,
1 Eßl. gehackte Petersilie,
2 Teel. Salz,
1/2 Teel. weißer Pfeffer,
2 Teel. Paprikapulver, edelsüß,
1/2 Teel. Salbei, 1/2 Teel. Thymian,
100 g Pistazien,
150 g geräucherte Speckscheiben.

Das Wildschweinfleisch sorgfältig von Haut und Sehnen befreien und mit Salz und Paprikapulver einreiben. Die Butter in einer Kasserolle zerlassen, das Wildfleisch einlegen und von allen Seiten anbraten. Bratzeit höchstens 10 bis 12 Minuten. Anschließend erkalten lassen. Das erkaltete Wildfleisch dann in etwa 1/2 cm starke Würfel schneiden. Das rohe Schweinefleisch und die Pökelzunge ebenfalls klein würfeln, die Champignons aus der Dose ablaufen lassen und klein schneiden. Das Schweinehack und den Speck zusammen durch die Fleischmaschine drehen, mit der feingehackten Zwiebel, den Eiern, dem Madeirawein, der Petersilie und den Gewürzen vermischen. Die überbrühten und geschälten Pistazien genauso wie alles in Würfel geschnittene Fleisch und die Champignons zur durchgedrehten Masse geben. Eine feuerfeste Ton- oder Keramikschüssel mit den dünnen Speckscheiben sorgfältig auslegen, die Teigmasse darüberfüllen. Die Oberfläche ebenfalls mit Speckscheiben abdecken.
Den Backofen mit der mit 2/3 mit Wasser gefüllten Bratpfanne auf 180–200 Grad vorheizen und die Terrine im leise kochenden Wasserbad etwa 50 bis 70 Minuten garen. Sogleich mit Holzbrett oder Teller und Gewichtsstein beschweren und mindestens einen Tag kühlgestellt stehen lassen, bevor diese Köstlichkeit angeschnitten wird.

174 Fleischröllchen zum Bier

1 Paket Blätterteig aus der Tiefkühltruhe,
250 g Hackfleisch,
50 g feine Mettwurst, 1 Zwiebel,
1 Eigelb, 1/2 Knoblauchzehe,
1 Eßl. Paprikapulver,
1/2 Teel. Salz, 1 Eßl. Tomatenmark,
1 Eigelb zum Bestreichen.

Den nach Vorschrift aufgetauten Blätterteig dünn ausrollen und zu Quadraten von 10 × 10 cm ausschneiden. Aus Hackfleisch, Mettwurst, feingehackter Zwiebel, Eigelb, zerdrückter Knoblauchzehe, Paprikapulver, Salz und Tomatenmark einen

Fleischteig rühren, jeweils 1 gehäuften Eßlöffel davon auf ein Blätterteigquadrat geben, die Teigenden mit dem Eigelb bestreichen und zu Rollen formen. Die Seiten fest andrücken. Aus den Teigresten dünne Streifen ausschneiden, diese über Kreuz auf die Rollen legen. Alles mit Eigelb bestreichen und für 10 Minuten kühl stellen. In der Zwischenzeit den Backofen auf 220 Grad vorheizen, ein Backblech mit Wasser benetzen, die Rollen-Pakete auflegen und 20 Minuten goldbraun backen.

175 Die Französischen Pastetchen

Das sind die kleinsten aller Pastetenarten. Sie sind die „Schnellgerichtete" in diesem anspruchsvollen Kapitel, sind variabel in ihrer Füllung und für den kleinen Snak hervorragend geeignet.

Grundrezept für Pasteten:

Bei all den aufgezählten Beispielen bleibt eine Vorarbeit gleich: 1 Paket Blätterteig bei Zimmertemperatur auftauen lassen und etwa 3 mm stark ausrollen. Aus dieser Teigplatte 7–8 cm große Scheiben ausstechen. Die Hälfte der Scheiben auf ein mit Wasser benetztes Backblech legen. Auf jede dieser Scheiben kommt ein knapper Eßlöffel Füllung. Den Rand der Teigscheibe mit Eigelb bepinseln und darüber dann die zweite Teigscheibe legen und fest andrücken. Die Oberfläche ebenfalls mit Eigelb bestreichen und vorsichtig einige Löcher einstechen, damit der Dampf beim Backen entweichen kann. Diese „petit pâtés" bei 210 bis 220 Grad im Backofen – je nach Füllung 12 bis 15 Minuten hellbraun backen. Stets knackfrisch servieren!

176 Bürgerpastetchen

200 g rohe Schweinebratwürstchen,
2 gehackte Schalotten,
3 Eßl. gehackte Dosenchampignons
1 Eßl. geriebener Parmesan, 1 Eigelb,
1 Teel. Paprikapulver, edelsüß.

Die Schweinebratwürstchen ausdrücken und mit den aufgezählten übrigen Zutaten gut vermengen.

177 Cherbourg-Pastetchen

200 g Fischfilet ohne Gräten,
50 g gehackter Räucherspeck,
100 g magerer, roher Schinken,
1 Eigelb, 1 Messerspitze Salz,
1 Eßl. gehackte Petersilie,
1 Messerspitze Thymian,
1 Messerspitze Basilikum,
1 Messerspitze Pfeffer,
1 Eßl. Cognac, 1 Eigelb.

Das Fischfilet fein hacken, mit dem Räucherspeck, dem gewürfelten Schinken sowie den übrigen Zutaten gut vermischen.

178 Hausherrn-Pastetchen

150 g gekochter Schinken,
100 g Roquefortkäse,
2 gehackte Schalotten,
1/2 Eßl. gehackte Petersilie.

Den Schinken sehr fein hacken und den Käse mit der Gabel zerdrücken. Beides mit den übrigen Zutaten vermengen.

179 Rebhuhn-Pastetchen

1 gebratenes Rebhuhn,
1 Eßl. gewürfelter Räucherspeck,
1 Glas Weinbrand,
1 Eigelb.

Das Rebhuhn sorgfältig entbeinen und mit dem Räucherspeck durch die Fleischmaschine drehen. Diese Masse mit dem Weinbrand und Eigelb verrühren. (Rebhuhn muß beim Braten gewürzt werden.)

180 Fleischwecken

Teig:
600 g Mehl, 40 g Hefe,
1/4 l Milch, 60 g Butter,
1 Ei, 1 Teel. Salz,
1 Messerspitze Muskat;
Füllung:
1 Zwiebel, 1 Karotte,
1 Knoblauchzehe, 1 Eßl. Butter,
200 g schieres Schweinefleisch,
200 g schieres Hammelfleisch,
150 g Schinkenspeck, 1 Teel. Salz,
1 Teel. Paprikapulver,
10 Tropfen Tabasco,
1 Ei, 1 Eigelb, 1 Eßl. Kümmel.

Das Mehl in eine Schüssel sieben und in der Mitte eine Vertiefung eindrücken. Die Hefe hineinbröckeln und die lauwarme Milch darübergießen. Hefe, Milch und ein wenig Mehl verrühren und 15 Minuten gehen lassen. In der Zwischenzeit die Butter erwärmen, das Ei hinzugeben sowie Salz und Muskat. Diese Mischung zum Hefeansatz geben und alles zu einem glatten Hefeteig verarbeiten. Für 15 bis 20 Minuten zum Gehen beiseitestellen. Dann zu ca. 50–60 g schweren Teigstücken aufteilen. Diese Teigstücke rund formen und zu kleinen Fladen rollen.
Nun die Zwiebel, Karotte und Knoblauchzehe sehr fein hacken und in der Butter anrösten. Das Schweinefleisch, das Hammelfleisch und den Schinkenspeck durch die Fleischmaschine drehen und diese Masse zur Zwiebelmischung geben. Mit dem Salz, Paprika, Tabasco und Ei verrühren. Diesen würzigen Fleischteig auf die Hefeteigfladen verteilen, die Teigränder mit dem verquirlten Ei bespinseln und zu Brötchen zusammenkneifen. Auf ein ganz leicht gefettetes Backblech setzen und nochmals 15 bis 20 Minuten gehen lassen. Erst dann die Oberfläche mit Eigelb bestreichen und mit Kümmel bestreuen. Bei 210 bis 220 Grad im Backofen 15 bis 20 Minuten schön braun backen.

181 Krabbenpastetchen

200 g Krabben aus der Tiefkühltruhe,
250 g Kabeljaufilet,
1 Teel. Salz,
10 Tropfen Tabasco,
1 Eßl. gehackter Dill,
1 Eßl. gehackte Petersilie,
2 Eßl. frische Sahne,
2 Eier,
1 Eßl. Semmelbrösel,
Pasteten-Mürbeteig,
1 Eigelb zum Bestreichen.

Die Krabben aus der Tiefühltruhe auftauen lassen. In der Zwischenzeit das Kabeljaufilet durch den Fleischwolf drehen und mit Salz, Tabasco, Dill und Petersilie würzen. Die Sahne und die Eier hinzugeben. Zum Schluß die Semmelbrösel unterziehen. Pasteten-Mürbeteig (Rezept Nr. 159) etwa 1/2 cm stark ausrollen und damit die Tortelett-Förmchen auslegen (etwas Rand überstehen lassen). Von der gewürzten Fischmasse etwas in die Törtchen füllen und darauf die aufgetauten Krabben verteilen. Mit der restlichen Fischmasse die Krabben zudecken. Den Teigrand mit Eigelb bestreichen, einen Teigdeckel auflegen und den Rand fest andrücken. Die Oberfläche der Pastetchen ebenfalls mit Eigelb bestreichen und mit kleinen ausgestochenen Ornamenten vom Teigrest belegen. Bei 190–210 Grad knusprig braun backen. Die Backzeit beträgt 20 bis 30 Minuten. Die erkalteten Pastetchen mit Tomatenachteln und etwas Remouladensauce servieren.

182 Schinkenkuchen

1 Paket Tiefkühl-Blätterteig,
1 Zwiebel,
1 Eßl. Butter,
300 g gekochter Schinken,
100 g geriebener Emmentalerkäse,
1 Ei,
5 Oliven,
1 Messerspitze Salz,
1 Messerspitze Pfeffer,
1 kleine Messerspitze Cayennepfeffer,
1 Eigelb zum Bestreichen.

Den Blätterteig aus der Tiefkühltruhe bei Zimmertemperatur nach Vorschrift auftauen lassen und zwei Drittel davon etwa 3 mm stark ausrollen. Damit eine Springform von 24 cm Durchmesser auslegen. Die geschälte Zwiebel fein würfeln, in der Butter goldgelb anlaufen lassen und abkühlen. Den gekochten Schinken und den Käse ganz fein hacken, mit der gerösteten Zwiebel, dem Ei, den feingehackten Oliven sowie Salz, Pfeffer, Cayennepfeffer vermischen. Diese Masse auf den Teig in der Springform füllen. Den Teigrand mit Eigelb bestreichen. Den restlichen Blätterteig ebenfalls ausrollen und als Deckel darüberlegen. Fest am Teigrand andrücken, damit während des Backens kein Fleischsaft austritt. Die Oberfläche mit Eigelb bestreichen (falls etwas Teig übriggeblieben ist, kleine Ornamente ausstechen und diese auf die Oberfläche legen), mit einer Gabel ein paarmal einstechen, damit der Dampf entweichen kann und im Ofen bei 220 Grad 30 bis 40 Minuten goldgelb backen.

183 Kalbsleber-Pastetchen

1 Zwiebel, 1 Eßl. Butter,
350 g Kalbsleber, 100 g Kalbfleisch,
100 g grüner Speck, 1/2 Brötchen,
etwas Milch, 1 Gläschen Cognac,
1 Gläschen Sherry, 1 Teel. Salz,
1/2 Teel. Tabasco,
1 Messerspitze Ingwer,
1 Messerspitze Thymian,
1 Messerspitze Muskat,
1 kleine Dose Trüffel (12,5 g),
100 g Räucherspeck,
Pasteten-Mürbeteig,
1 Eigelb zum Bestreichen.

Die geschälte Zwiebel fein hacken und in der heißen Butter leicht anrösten. Zusammen mit der gewürfelten Kalbsleber, dem Kalbfleisch und grünem Speck sowie dem in Milch eingeweichten und wieder ausgedrückten Brötchen durch die Fleischmaschine drehen. Möglichst zweimal, damit die Masse ganz fein wird. Unter diese Fleischmasse den Cognac, Sherry, Salz, Tabasco, Ingwer, Thymian, Muskat arbeiten. Die Trüffel aus der Dose nehmen und hacken. Den Räucherspeck klein würfeln und diese beiden Zutaten am Schluß zur Fleischfarce geben. Pasteten-Mürbeteig (Rezept Nr. 159) etwa 4 mm stark ausrollen und damit kleine Tortelettförmchen auslegen. Die Fleischfarce in die Förmchen füllen und mit einem Mürbeteigdeckel verschließen. Dabei den Rand, der vorher mit Eigelb bepinselt wurde, fest andrücken. Die Oberfläche ebenfalls mit Eigelb bestreichen, mit kleinen ausgestochenen Mürbeteig-Herzen belegen. In der Mitte mit einer Stricknadel zwei oder drei Löcher einstechen, damit der Dampf beim Backen entweichen kann. Bei 200 Grad im Backofen 20 bis 25 Minuten backen. Mit Madeiragelee (Rezept Nr. 161) serviert, schmecken die kalten Pastetchen besonders gut. Es gibt viele Beispiele, diese kleinen Pastetchen hübsch zu verzieren. Vielleicht gefällt Ihnen aber auch unsere Dekoration auf dem Foto?

184 Blätterteig-Käsetorte

1 Paket Blätterteig aus der Tiefkühltruhe,
400 g Frischkäse (Philadelphia),
2 Eigelb, 1 Teel. Salz,
6–8 Tropfen Tabasco,
1 Messerspitze Zucker,
1/8 l Schlagsahne,
2 Teel. Paprikapulver,
1 gehäufter Eßl. gehackte Kräuter.

Den aufgetauten Blätterteig auf einem Brett dünn ausrollen und dann davon 3 Böden von ca. 22–24 cm Durchmesser schneiden. Ein Backblech mit Alu-Folie auslegen, die Böden darauflegen, mit einer Gabel mehrfach einstechen und diese bei etwa 200 Grad 10–15 Minuten backen. Die Böden sollen hellbraun sein, nicht zu dunkel. Zweckmäßig ist auch, die Böden vor dem Backen noch 10 Minuten ruhen zu lassen. In der Zwischenzeit den Frischkäse mit dem Eigelb schaumig rühren, mit Salz, Tabasco und Zucker würzen und zum Schluß die Schlagsahne unterziehen. Diese Käsecreme in drei Teile teilen. Einen Teil mit dem Paprikapulver verrühren und diese erste Füllung auf einen Blätterteigboden streichen. Den zweiten Teil mit den gehackten grünen Kräutern vermengen. Damit wird der zweite gebackene Boden bestrichen. Den dritten Blätterteigboden auf die beiden gefüllten anderen Böden setzen und mit dem dritten Teil der Käsecreme, der weißen, hübsch verzieren. Mit gefüllen Oliven, Silberzwiebeln, kleinen Chilischoten und gehackten Pistazien die Torte verzieren. Oder Sie verwenden andere Zutaten. Ihrer Phantasie sind keine Grenzen gesetzt, wenn es um diese Käsetorte geht.

185 Herren-Torte

1/2 Paket Blätterteig aus der Tiefkühltruhe,
1/2 Tasse Maiskolben aus dem Glas,
1 Dose Artischockenherzen (240 g),
1 kleines Glas gefüllte Oliven,
1/2 Tasse Tomatenpaprika,
1 Päckchen tiefgekühlte Langostinos,
6 Blatt weiße Gelatine,
1/4 l Wasser,
3–4 Eßl. Essig,
1/2 Teel. Salz,
geriebener Pumpernickel.

Den nach Vorschrift aufgetauten Blätterteig zu einem Boden von 28 cm Durchmesser ausrollen. Auf Alu-Folie oder Pergamentpapier im Backofen bei 250 Grad hellbraun backen. Auskühlen lassen. Mit dem Ring der Springform umstellen. Nun mit den halbierten Maiskolben, den halbierten Artischockenherzen, den in Scheibchen geschnittenen Oliven, dem streifig geschnittenen Tomatenpaprika und den aufgetauten Langostinos (Krabben tuns auch) hübsch belegen. Die Gelatine in kaltem Wasser einweichen und wieder ausdrücken. In dem Viertel Liter heißen Wasser, Essig und Salz auflösen. Die Gelatine fast kalt werden lassen, aber vor dem Dickwerden über die Torte, die Herrentorte, gießen. Im Kühlschrank erstarren lassen. Den Ring entfernen und den Rand mit geriebenem Pumpernickel einstreuen. Nach Wahl und freier Phantasie mit Mayonnaisenröschen und hartgekochten Eiachteln garnieren. Kaviar (deutschen oder russischen? – das bestimmen Sie!) darüberstreuen. Fertig!

186 Kräuter-Semmeln

500 g Mehl,
30 g Hefe,
1/4 l Milch,
50 g Butter,
1 Ei,
1 Teel. Salz,
1/2 Teel. Zucker,
1 Messerspitze Pfeffer,
1 Messerspitze Muskat,
4 Eßl. frischgehackte Kräuter.

Das Mehl in eine Schüssel sieben und in der Mitte eine Vertiefung eindrücken und die Hefe hineinbröckeln. Mit der lauwarmen Milch auflösen, mit etwas Mehl zudecken und gehen lassen, bis die Oberfläche Risse zeigt. In der Zwischenzeit die Butter auflösen, das Ei, die Gewürze und die Kräuter zugeben und unter den Teig mischen. Einen glatten, fast trockenen Hefeteig schlagen und diesen nochmals etwa 15–20 Minuten gehen lassen. Dann von dem Hefeteig ca. 50 g schwere Teigstücke abwiegen und diese zu runden Kugeln schleifen. Die Kugeln auf ein gefettetes Backblech setzen, mit dem Handrücken flach drücken und mit einem Tuch abdecken. Diese Semmeln müssen nochmals etwa 20 Minuten gehen. Dann müssen sie mit Milch oder verquirltem Eigelb bestrichen werden und mit einem scharfen Messer in der Mitte einen Längsschnitt erhalten. Bei guter Hitze (ca. 220 Grad) werden sie im Backofen knusprig braun gebacken.

187 Georgisches Käsebrot

Teig:
500 g Mehl,
30 g Hefe,
1/4 l Milch,
100 g Butter,
1 Teel. Salz,
1 Teel. Zucker,
1 Messerspitze weißer Pfeffer,
1 Messerspitze Muskat;

Füllung:
150 g Quark,
125 g weicher Camembert,
125 g Schafskäse,
150 g junger Gouda,
1 Ei,
1 Eßl. Butter,
1 Eßl. gehackte Petersilie,
1 Eigelb zum Bestreichen.

Das Mehl in eine Schüssel sieben, in der Mitte eine Vertiefung eindrücken. Die Hefe hineinbröckeln und in der lauwarmen Milch auflösen. 1/3 des Mehles unterrühren und zugedeckt an warmem Ort 20 Minuten gehen lassen. In der Zwischenzeit die Butter erwärmen (darf nicht heiß sein!), die Gewürze zusetzen, zum Hefeansatz geben und alles zu einem glatten Hefeteig schlagen. Nochmals zugedeckt 15 bis 20 Minuten gehen lassen. Auf einem bemehlten Backbrett zusammenschlagen, durchkneten und nochmals 10 Minuten ruhen lassen. In der Zwischenzeit den Quark und den reifen Camembert im Mix- oder Rührgerät verschlagen, den zerbröckelten Schafskäse zugeben und den kleingeschnittenen Gouda. Ei, Butter und Petersilie folgen lassen und diese Käsemasse sehr schaumig rühren.
Den gegangenen Hefeteig etwa 1/2 cm stark ausrollen, damit eine Springform von etwa 28 cm Durchmesser auslegen. Die Käsecreme in die Form füllen und den überstehenden Teig dann in Form von gleichmäßigen Falten zusammenlegen, so daß die Käsemasse fest im Teig verschlossen ist. Dieses Käsebrot mit einem Tuch zudecken und nochmals etwa 15 Minuten gehen lassen. Die Oberfläche dann mit gequirltem Ei bestreichen und im vorgeheizten Ofen bei 200–210 Grad 50 bis 70 Minuten backen. Das Brot erkalten lassen und am rustikalen Bauerntisch (wenn man ihn nicht hat, schmeckt's auch am anderen Tisch) zu einem roten Landwein servieren.

Suppen – einmal kalt

(Thema in 22 Variationen)

Suppen gibt es, die können sein wie ein Hauch, wie ein leichtes Gewebe, das der Wind durch ein altes Zimmer trägt. Suppen können sein wie Landsknechte: derb und kräftig und sättigend wie der Anblick eines vollen Bauches.
Wußten Sie, daß es auch eine Menge kalter Suppen gibt? In heißen Ländern ist das gar nicht so unbekannt. Gewiß, an warmen Tagen ißt man nicht gern und nicht viel. Selten erhebt sich die Phantasie über die Fruchtkaltschale hinaus.
Es geht anders, wie Sie im folgenden lesen werden, und bei bekannten Rezepten finden Sie sicher unbekannte Varianten. Sie finden Suppen, die für sich allein stehen und solche, die sich kalten Gerichten beigesellen. Kleine Kunstwerke sind sie, denen man mit einem Tröpfchen von diesem und einem Teelöffel von jenem erst Rundung und Vollendung geben muß. Sie wissen mitunter zu berichten, die Suppen, von fernen Ländern in fremden Lauten. Sie sprechen ihre eigene Sprache und schmecken am besten auch nur mit Gewürzen, die mit ihnen unter gleicher Sonne reiften. Aber immer wissen sie zu erzählen von Landschaften, wo die Gastfreundschaft auf Bergen und in Tälern wohnt.

Verdure
de saison

▲

189 Tomatensuppe, husch husch

1 Dose Tomatensaft,
1 Becher Joghurt,
3 Eßl. Tomatenketchup,
1/4 Teel. Salz,
8–10 Tropfen Tabasco,
1 Teel. Worcestershiresauce,
1 Teel. edelsüßes Paprikapulver,
1 Messerspitze Knoblauchpulver;
1 gehäufter Teel. Kapern,
1 Dose geräucherte Austern.

Den Tomatensaft mit dem Joghurt, Tomatenketchup und den Gewürzen verrühren und in den Kühlschrank stellen. Die Suppe dann in Tassen verteilen, einige Kapern darüberstreuen und in jede Tasse noch einige geräucherte Austern aus der Dose – ohne das Öl – einlegen. Auch hier paßt gut getoastetes Graubrot mit Butter dazu.

188 Spanische Tomatensuppe

300 g Tomaten,
1 Zwiebel,
1 Paprikaschote,
1/2 Salatgurke,
1 Tasse Tomatensaft,
1/2 Tasse Olivenöl,
3 Eßl. Essig,
1 frische Zehe Knoblauch,
1 Teel. Salz,
1 Teel. edelsüßes Paprikapulver,
4 Eßl. steifgeschlagene, süße Sahne,
1/2 Eßl. gehackte Petersilie.

Die Tomaten enthäuten und entkernen. (Tomaten mit kochendem Wasser überbrühen, die Häute abziehen.) Die geschälte Zwiebel ganz fein hacken. Die gewaschene und entkernte Paprikaschote kleinschneiden, ebenso die geschälte und entkernte Salatgurke. Alle diese Zutaten mit dem Tomatensaft im Mixgerät pürieren. Das spanische Olivenöl ganz langsam zugießen und anschließend alle übrigen Gewürze dazugeben. (Die Knoblauchzehe vorher zerdrücken auf einer Messerspitze Salz.) Die Suppe in den Kühlschrank stellen, sie soll sehr kalt werden. Vor dem Servieren 4 hübsche Suppentassen oder -schüsselchen bereitstellen, die gekühlte Suppe einfüllen, jeweils mit 1 Eßlöffel der steifgeschlagenen Sahne bekrönen und mit etwas gehackter Petersilie bestreuen. Dazu reicht man goldgelben Toast.

190 Geeiste Geflügelbrühe

1 Suppenhuhn,
500 g Rindfleisch,
1 Bund Suppengrün,
2 Teel. Salz,
2 Liter Wasser;
1 Messerspitze Pfeffer,
1 Messerspitze geriebene Muskatnuß,
1 Messerspitze Ingwerpulver,
1/2 Tasse rohes, gehacktes Rindfleisch,
2 Eiweiß.

Das Suppenhuhn mit dem Rindfleisch, dem Suppengrün, geputzt, Salz und Wasser gar kochen. Das dauert etwa 1 1/2 bis 2 Stunden. Garen Sie im Schnellkochtopf, geht's natürlich wesentlich rascher! Dann das gare Huhn mit dem Rindfleisch aus der Brühe nehmen und sofort die Gewürze wie Pfeffer, Muskatnuß und Ingwerpulver einrühren. Nach Geschmack noch nachsalzen. Die Brühe erkalten lassen. Entfetten. Nun das gehackte, rohe Rindfleisch in die Brühe geben, die steifgeschlagenen Eiweiß zufügen und die Brühe mit diesen Zutaten so lange unter kräftigem Weiterschlagen mit dem Schneebesen erhitzen, bis sie aufsteigt. Von der Kochstelle nehmen, durch ein Tuch oder Papierfilter seihen und wiederum erkalten lassen. In Suppentassen verteilen und als „geeiste Geflügelbrühe" zu Toast im Sommer servieren. Das Suppenhuhn und Rindfleisch entweder zu einem Salat verarbeiten oder zum kalten Abendbrot essen.

191 Feine Kräutersuppe

3 Eßl. Öl,
1/2 Tasse frischer Spinat,
1/4 Kopfsalat,
1 Eßl. gehackte Pfefferminze,
1 Eßl. gehackter Dill,
1/2 Eßl. gehackte Petersilie,
3/4 l Wasser,
1 Teel. Salz,
250 g rohe Kartoffeln,
1 Zehe Knoblauch,
1 Eßl. Zitronensaft,
einige Drehungen aus der Pfeffermühle,
1 Becher Joghurt.

Das Öl in einem Topf erhitzen, den frischen, gewaschenen und ganz feingeschnittenen Spinat sowie den nudelig geschnittenen Kopfsalat, Pfefferminze, Dill und Petersilie zugeben. Sofort das Wasser aufgießen. Die geschälten Kartoffeln in feinste Scheiben schneiden, zu den übrigen Zutaten im Topf geben und alles zusammen gar kochen. Dann die Knoblauchzehe auf etwas Salz zerdrücken und mit dem Zitronensaft und einigen Drehungen aus der Pfeffermühle zur Suppe geben. Die Suppe sollte gut gewürzt sein. In eine Terrine umgießen, in den Kühlschrank stellen und gut gekühlt mit dem ebenso gekühlten Joghurt servieren. Eine sommerliche, erfrischende Kräutersuppe.

192 Okroschka

1/2 l saure Sahne,
2 Teel. Senf,
2 Teel. Salz,
1 Teel. Zucker,
4 hartgekochte Eier,
2 Eßl. gehackte Petersilie,
1 Eßl. gehackter Dill,
1 1/4 l Kwaß oder Alt-Bier
1 Salatgurke,
1 Zwiebel,
200 g Schinken.

Die Sahne mit Senf, Salz und Zucker verrühren, die hartgekochten Eier durch ein feines Sieb streichen und dazugeben. Gehackte Petersilie und Dill ebenfalls einstreuen. Diese Mischung erst kühl stellen. Erst dann den Kwaß oder in Ermangelung dessen das Alt-Bier zugießen. Die Salatgurke schälen und würfeln, die Zwiebel fein hacken, den Schinken, roh oder gekocht, ebenfalls würfeln. Diese 3 Zutaten am Schluß in die kalte Suppe geben und sogleich servieren. – Okroschka ist eine russische Suppe. Kwaß ist ein Bier aus vergorenem Brot, das für diese Suppe verwendet wird. Bei uns in Deutschland schmeckt die Suppe auch gut aus Alt-Bier.

▼

193 Pikante Buttermilchsuppe

$^1/_2$ l Buttermilch,
1 Becher Joghurt,
$^1/_2$ Tasse gewürfelter Kürbis,
1 Karotte,
1 Bund Radieschen,
2 Eßl. Zitronensaft,
$^1/_2$ Teel. Salz,
1 Messerspitze Zucker,
1 Messerspitze Cayennepfeffer,
1 Teel. edelsüßes Paprikapulver,
1 Spritzer Worcestershiresauce,
1 Messerspitze Ingwerpulver,
1 Eßl. gehackte Kräuter.

Buttermilch und Joghurt in einer großen Schüssel gut verrühren. Dazu den gewürfelten, süß-sauren Kürbis, die geraspelte, geputzte Karotte und die geraspelten Radieschen geben. Diese Mischung mit dem Zitronensaft, Salz, Zucker, dem Cayennepfeffer, Paprikapulver, Worcestershiresauce und Ingwerpulver gut würzen. Wer die Suppe säuerlicher mag, kann entsprechend mehr Zitronensaft einrühren. In der Schüssel oder Terrine in den Kühlschrank stellen und kurz vor dem Servieren die gehackten Kräuter wie Schnittlauch, Zitronenmelisse, Estragon, Dill, Kerbel usw. unterrühren.

194 Gurken-Rahmsuppe, Schweizer Art

$^1/_2$ l Buttermilch,
$^1/_2$ l Rahm (süße Sahne),
$^1/_2$ Salatgurke,
$^1/_2$ Teel. Salz,
$^1/_2$ Teel. Zucker,
1 Zitrone,
1 Messerspitze Cayennepfeffer,
1 Eßl. gehackter Dill,
1 Eßl. Butter,
1 Knoblauchzehe,
4 Scheiben Weißbrot.

Die Buttermilch mit der süßen Sahne verrühren. Die Salatgurke nach dem Schälen und Entkernen in feine Würfel schneiden. Diese unter die Milch-Sahne-Suppe rühren und dann mit dem Zitronensaft und den Gewürzen abschmecken.
Die Butter mit der zerdrückten Knoblauchzehe oder dem ausgepreßten Knoblauchsaft (Knoblauchpressen gibt es im Fachgeschäft zu kaufen) gründlich verrühren, die 4 Weißbrotscheiben damit bestreichen und auf die Herdplatte zum Rösten legen, damit die Knoblauchbutter in das Brot einziehen kann. (Die Platte vom Herd kann vorher mit Alu-Folie abgedeckt werden.) Die erkalteten und schmackhaften Knoblauch-Brotscheiben zur kalten Suppe reichen. Das ist etwas für Knoblauchfans!

195 Suppe für Verwöhnte

1 Salatgurke,
$^1/_2$ Teel. Salz,
2 Becher Joghurt,
2 Tassen zerkleinerte Eiswürfel,
150 g Walnüsse,
3 Eßl. Öl,
1 Messerspitze weißer Pfeffer,
2 Knoblauchzehen.

Die Salatgurke schälen, möglichst ganz dünn, mit einem scharfen Messer hacken und mit dem Salz bestreuen. Diese Gurkenmasse in 4 vorgekühlte Suppentassen verteilen. Den Joghurt mit den zerkleinerten Eiswürfeln vermengen, auf die Gurke in den Suppentassen geben. Die Walnüsse mahlen, mit dem Öl, frischgemahlenem Pfeffer und den zerdrückten Knoblauchzehen vermischen. Diese Masse ebenfalls auf die 4 Suppentassen verteilen. Rasch hinsetzen, damit die Suppe auch kalt geschlürft werden kann. Denn nur so schmeckt sie Verwöhnten. Man kann kleine gebutterte Toaste dazu reichen.

196 Eiskalte Melonensuppe

50 g süße Mandeln,
50 g altbackenes Weißbrot,
oder Brötchen,
2 Knoblauchzehen,
2 Eßl. Öl,
1 Eßl. Essig,
$^1/_2$ Teel. Salz,
1 gelbe Zuckermelone (Honigmelone),
2–3 Tassen Eiswürfel.

Die Mandeln und das Weißbrot reiben und mit den geschälten Knoblauchzehen in einem Mixgerät fein zerkleinern. Dann das Öl, den Essig sowie Salz zufügen. Die Melone schälen, die Kerne entfernen und das Fruchtfleisch in kleine Stückchen schneiden. Die Eiswürfel – recht fein zerschlagen – mit den Melonenstückchen und der Mandelmischung mischen und auf 4 Teller verteilen. Jeder sollte noch 1 bis 2 Minuten seine Suppe im Teller mit einem Löffel verrühren, damit das Eis etwas schmilzt, und dann sollte die Suppe genossen werden. Sie ist eine spanische Spezialität, die bei der großen Hitze gern serviert wird. Wer keinen Knoblauch liebt, sollte dennoch auf die Suppe nicht verzichten. Knoblauch einfach weglassen. Schmeckt hierzulande auch gut.

197 Gemüse-Kaltschale

1 kleine Dose Sellerie,
2 Dosen Tomatensaft,
1/2 l Milch,
1/2 Teel. Salz,
1/2 Teel. Selleriesalz,
12 Tropfen Tabasco,
1 Teel. feingehackte Kapern,
1 Eßl. gehackter Dill,
1 rote Paprikaschote,
1 grüne Paprikaschote.

Die Selleriescheiben aus der Dose nehmen und fein würfeln. Mit der Brühe, dem Tomatensaft und der Milch in einer Schüssel vermengen. Die Gewürze zufügen, abschmecken und am Schluß die Paprikaschoten, gewaschen und entkernt, als kleine Würfel unterheben. Die Suppe für einige Zeit in den Kühlschrank stellen und eiskalt servieren. Diese Suppe ist für Leute bestimmt, die nicht gern süße Kaltschalten essen, sondern die herzhafte Richtung lieben. Ein deftiges Graubrot mit Butter paßt ausgezeichnet dazu.

198 Gazpacho

350 g Tomaten,
1 Salatgurke,
1 Tasse gehackte Zwiebel,
1 grüne Paprikaschote,
2 Knoblauchzehen,
2 Tassen Semmelbrösel,
3/8 l Wasser,
1/8 l Rotwein,
2 Eßl. Weinessig
1 Teel. Salz,
2 Eßl. Olivenöl,
1 Eßl. Tomatenmark;
Beilage:
1 Schälchen geröstete Brotwürfel,
1 Schälchen Gurkenwürfel,
1 Schälchen Paprikawürfel,
1 Schälchen gehackte Zwiebel.

Tomaten, geschälte Salatgurke, Zwiebel, entkernte Paprikaschote, Knoblauchzehe, gehackt, und Semmelbrösel in der Küchenmaschine pürieren. Langsam nach und nach Wasser, Rotwein und Essig zugießen. Ist alles fein püriert, salzen und am Schluß das Öl und Tomatenmark darunterschlagen. Diese Mischung in einer Schüssel in den Kühlschrank stellen. Möglichst eisgekühlt zu Tisch bringen. Rings um die Schüssel die Schälchen mit Brotwürfel, Gurkenwürfel, Paprikawürfel und der Zwiebel stellen. Jeder schöpft sich von der Suppe auf seinen Teller und gibt ein Gemisch aus den Schälchen obendrauf. Eine spanische Spezialität, die herrlich mundet!

199 Köstliche Pflaumensuppe

500 g Pflaumen,
3/4 l Wasser,
etwas Zitronenschale,
1 Stückchen Zimtrinde,
2 Gewürznelken,
3 gehäufte Eßl. Zucker,
1 gehäufter Eßl. Speisestärke,
3/8 l Weißwein.

Die gewaschenen Pflaumen entkernen und in Viertel schneiden. Das Wasser mit der Zitronenschale (von ungespritzten Früchten), Zimt, Gewürznelken und Zucker aufkochen. Zitronenschale, Zimt und Gewürznelken wieder entfernen. Die Speisestärke mit etwas vom Weißwein verrühren und in die Suppe einlaufen lassen. Sie muß gut gebunden sein. Die Pflaumenviertel hineingeben und die Suppe bei schwacher Hitze und weiterem Umrühren etwa 5–6 Minuten mehr garziehen als kochen lassen. Den restlichen Weißwein darunterrühren, die Suppe erkalten lassen und dabei öfter umrühren, damit sich keine Haut bildet. Serviert wird diese Suppe entweder mit süßen Grieß- oder Schneeklößchen.

200 Kalte Weinsuppe

1/2 l milder Weißwein,
20 g Stärkemehl,
120 g Zucker,
1 Zitrone,
1 Stückchen Zimtrinde,
2 Eigelb,
1/4 l Sahne,
2 Tassen halbierte Weinbeeren.

Von dem Weißwein 2 bis 3 Eßlöffel abnehmen und damit das Stärkemehl anrühren. Den restlichen Weißwein im Topf erhitzen, Zucker zufügen. Von der ungespritzten Zitrone die Schale dünn abschneiden und mit der Zimtrinde in den erhitzten Weißwein geben. Dann mit der angerührten Speisestärke binden und kurz aufkochen lassen. Den Topf von der Kochstelle nehmen und die Eigelb darunterschlagen. Die Weinsuppe erkalten lassen und vor dem Servieren die steifgeschlagene Sahne unterrühren. Die gewaschenen und halbierten Weinbeeren ebenfalls dazugeben und die Suppe an einem Sommertag genießen.

201 Kirsch-Kaltschale

1000 g Sauerkirschen,
300 g Zucker,
1/4 l Rotwein,
1/2 l Wasser,
1 Stückchen Zimtrinde,
Schale 1/2 Zitrone,
1 Eßl. Stärkemehl.

Die gewaschenen Sauerkirschen entsteinen, in eine Schüssel füllen und mit dem Zucker überschütten. Im Kühlschrank für 1 bis 2 Stunden stehen lassen, damit sie Saft ziehen. Diesen Zuckersaft mit dem Rotwein und Wasser, der Zimtrinde und der sehr dünn geschnittenen Zitronenschale im Topf zum Kochen bringen, die Kirschen zufügen und etwa 5 Minuten weiterköcheln lassen. Rasch das Stärkemehl mit 2 Eßlöffeln Wasser anrühren und damit die Suppe binden. In einer hübschen Schüssel erkalten lassen und eiskalt, möglichst mit Roheisstückchen, servieren. Dazu reicht man am besten Löffelbiskuits. Falls Sie keine frischen Kirschen am Baum hängen haben, sind tiefgekühlte oder welche aus dem Glas auch geeignet.

202 Kaltschale aus Pfirsichen

1 Flasche Rotwein,
150 g Zucker,
1/2 Zitrone,
1 Eßl. Stärkemehl,
700 g Pfirsiche.

Die halbe Rotweinflasche mit dem Zucker im Topf zum Kochen bringen und das Abgeriebene der Zitronenhälfte dazugeben. Das Stärkemehl mit 2 bis 3 Eßlöffeln Rotwein anrühren, damit die erhitzte Rotweinflüssigkeit binden und kaltrühren. Möglichst mit einem Schneebesen, es sollte sich keine Haut bilden. Die vorbereiteten Pfirsiche mit kochendem Wasser übergießen, die Haut abziehen und das Fruchtfleisch in Stücke oder Würfel schneiden. Den restlichen Rotwein über die Früchte gießen und mindestens im Kühlschrank 1 Stunde ziehen lassen. Erst dann den abgekühlten, eingedickten Rotwein dazugießen, verrühren und sehr kalt servieren.
Als Variante können Sie das Fruchtfleisch der Pfirsiche auch durch ein Haarsieb passieren und unter die Suppe rühren. Dann sollten nur ein paar Pfirsichscheiben oder -würfel die Suppe obenauf verzieren. Gescheibelte süße Mandeln können auch obenaufgestreut werden. Sieht nicht nur hübsch aus, sondern schmeckt auch gut.

203 Bier-Kaltschale

3/4 l helles Bier,
60 g Zucker,
1 Messerspitze Zimt,
1/2 Zitrone,
1/4 l süße Sahne,
8 Pfirsichhälften aus der Dose.

Das helle Bier mit dem Zucker, dem Zimt, der abgeriebenen Zitronenschale sowie dem Zitronensaft kräftig verrühren. Die Sahne sehr steif schlagen und unter die Flüssigkeit ziehen. In Teller oder Suppentassen füllen und je 2 Pfirsichhälften einlegen.
Anstelle von hellem Bier kann natürlich auch Malzbier verwendet werden. Dann kann die Zuckermenge verringert werden.

204 Dänische Apfelsuppe

1000 g säuerliche Äpfel,
1 l Wasser,
120 g Zucker,
1 Zimtstange,
2 Nelken,
1 Zitrone,
1/4 l Weißwein,
1 gehäufter Eßl. Stärkemehl,
4 Eßl. frische Sahne,
4 Eßl. Preiselbeerkompott.

Von den geschälten Äpfeln das Kernhaus ausschneiden und die Äpfel in Spalten schneiden. Mit dem Wasser, Zucker, der Zimtstange, den Nelken und der abgeriebenen Zitronenschale so lange kochen, bis die Äpfel zerfallen sind. Aus dem Apfelbrei die Zimtstange und Nelken herausfischen und den Apfelbrei mit dem Mixgerät pürieren. Nochmals im Topf erhitzen, den Weißwein mit dem Stärkemehl verquirlen, mit dem Schneebesen unter den Apfelbrei schlagen und so lange rühren, bis die Mischung aufkocht und dick wird. Unter Weiterrühren erkalten lassen, in 4 Teller verteilen und auf jeden Teller obenauf 1 Eßlöffel Sahne und 1 Eßlöffel Preiselbeerkompott geben. Dazu kann man Vollkornbrot mit Butter reichen.

205 Johannisbeer-Kaltschale

3/4 l roter Johannisbeersaft,
1/4 l Rotwein,
6 Eßl. Zucker,
1 Eßl. Stärkemehl,
3 Nelken,
1/2 Zimtstange,
1 Zitrone,
500 g rote Johannisbeeren,
2 Eiweiß,
50 g Zucker.

Den Johannisbeersaft und Rotwein (3 Eßlöffel davon zurückbehalten) mit dem Zucker zum Kochen bringen. Das Stärkemehl mit dem zurückbehaltenen Rotwein verquirlen, die kochende Flüssigkeit damit binden. Die Gewürze wie Nelken, Zimt und das Abgeriebene der Zitronenschale zugeben. Dann die vorbereiteten Johannisbeeren zufügen und diese Mischung erkalten lassen. Eiweiß mit Zucker zu sehr steifem Schnee schlagen, davon kleine Klößchen abstechen und diese in kochendem, leicht gesalzenem Wasser fest werden lassen. Die Schneeklößchen zusammen mit dünngeschnittenen Zitronenscheibchen auf der Kaltschale servieren. Wie auf unserem Foto.

206 Kalte Feigensuppe

1/2 l Weißwein,
10 getrocknete Feigen,
1/2 l Milch,
80 g Zucker,
2 Teel. Stärkemehl,
1 Eßl. Zitronensaft,
1 Messerspitze Ingwerpulver,
1 Gläschen Cognac,
2 Eßl. gehackte Walnüsse.

Den Weißwein leicht anwärmen und die Feigen darin über Nacht einweichen. Den Weißwein dann abgießen, mit der Milch vermengen und den Zucker zufügen. Diese Mischung aufkochen. Das Stärkemehl mit einigen Löffeln Milch oder Wasser anrühren und damit die Wein-Milch-Mischung binden. Im Kühlschrank erkalten lassen. Erst dann Zitronensaft, Ingwerpulver und den Cognac zugeben und die gequollenen Feigen, fein gewürfelt, vor dem Servieren darunterrühren und die gehackten Walnüsse obenaufstreuen. Sieht nicht nur hübsch aus, schmeckt auch gut und ist eine interessante Abwechslung.

207 Orangen-Erfrischung

7 Orangen,
1/4 l Weißwein,
1/4 l Wasser,
120 g Zucker,
20 g Stärkemehl,
2 Eßl. Orangenlikör (Grand Marnier),
1 Päckchen Makronen.

5 Orangen halbieren und auspressen. Von einer Orange die Schale dünn abreiben und dazugeben. Wein, Wasser und Zukker einfüllen. Alles zusammen im Topf aufkochen. Das Stärkemehl mit 2 Eßl. Wasser anrühren und damit die Mischung binden. Erkalten lassen. Erst dann den Orangenlikör einrühren. Die beiden restlichen Orangen schälen, das Fruchtfleisch zu kleinen Würfeln schneiden und der Orangen-Erfrischung zufügen. Diese delikate kalte Suppe mit den Makrönchen auftragen. Am hübschesten sieht das auf Glastellern aus. Haben Sie dekorative, sommerlich aussehende Suppentassen, so kann diese köstliche Erfrischung auch darin gereicht werden. Vorher noch eine dünn geschnittene Orangenschale an den Suppentassenrand stecken. Damit das Auge auch was hat!

▲

208 Buntes Fruchtsüppchen

1/2 l Milch,
1 Becher Joghurt,
300 g Erdbeeren,
120 g Zucker,
1/2 Zitrone,
1 Tasse frische Himbeeren,
1 Tasse gewürfelte Aprikosen,
1 Banane,
2 Eßl. Mandelscheiben,
1 Eßl. Butter.

Die Milch mit dem Joghurt verrühren. Die gewaschenen und vorbereiteten Erdbeeren im Mixgerät pürieren und mit dem Zukker in die Milch-Joghurt-Mischung einrühren. Zum Schluß die abgeriebene Zitronenschale zufügen. Die gemischten Früchte (die geschälte Banane in dünne Scheiben schneiden) auf 4 Teller verteilen – schön gleichmäßig, daß keiner zu kurz kommt –, die Flüssigkeit darüberfließen lassen und mit den in Butter angerösteten Mandelscheiben überstreuen. Ein Körbchen mit Zwiebäcken dazustellen. Für die Hungrigen!

209 Himmlische Himbeersuppe

1 Liter Weißwein,
180 g Zucker,
1 Eßl. Stärkemehl,
2 Zitronen,
1 Gläschen Himbeergeist,
400 g Himbeeren.

Den Weißwein – ein wenig zurückbehalten – mit dem Zucker im Topf zum Kochen bringen. Das Stärkemehl in dem zurückbehaltenen Weißwein anrühren, die Suppe damit binden.
Sofort die dünngeschnittene Schale der beiden Zitronen dazugeben und die Flüssigkeit im Kühlschrank erkalten lassen. Erst dann den Himbeergeist darunterrühren und die vorbereiteten Himbeeren einlegen. Etwa 30 Minuten ziehen lassen und in dekorativen Tassen – wie zum Beispiel auf unserem Foto – servieren. – Wer mehr von der Suppe haben will, schüttet statt einem Gläschen 2 Gläser Himbeergeist hinein.

Rund ums Ei

(... aber ohne Columbus)

Ein Ei ist kein Globus. Aber wenn Sie den Globus umrunden, werden Sie finden, daß das Geschnatter der Hühner überall das gleiche ist. Besonders, wenn sie ein Ei gelegt haben. Wir wollen sie in dieser Hinsicht nicht unbedingt mit den Menschen vergleichen. Der Vergleich hat Kanten. Das Ei hat keine, und deshalb ist es uns willkommen – rund um den Globus herum. Wir kennen es hart- oder weichgekocht, pochiert oder als Solei, gebraten oder gerührt und schließlich, wenn Sie wollen, auch gebacken.
Vögel fliegen mehr oder weniger. Das Huhn fliegt wenig, und vielleicht gibt es sich deswegen dem Eierlegen so sehr hin. Das soll uns nicht abhalten, auch einiges über Wachtel- und Möweneier zu sagen, zwei Delikatessen der Tafel.
Sie können das Ei drehen und wenden wie Sie wollen, Sie finden kein Ende. Am Ei nicht und mit der Fülle der Rezepte auch nicht. Es paßt ganz einfach überall hin und verträgt sich eigentlich mit fast allem, was Sie dazu reichen.
Sie finden es im Vorgericht, im Hauptgang, im Salat, zum Frühstück und zum Nachtmahl, garniert oder gefüllt. Sie finden es im ganzen, halbiert und noch kleiner, ohne Dotter und mit Dotter. (Die Schale sollten Sie immer weglassen!)
Ob Sie dazu Senf der Provence oder Kaviar aus dem Kaspischen Meer reichen, das Ei blüht durch die Zutat erst richtig auf und wird vollkommen.

210 Eier in Meerrettichcreme

8 hartgekochte Eier,
$^1/_4$ l Sahne,
3 Eßl. Meerrettich,
1 Teel. Zucker,
1 Teel. Salz,
Brunnenkresse.

Die Eier hartkochen, d. h. in kochendes Wasser einlegen und je nach Größe genau nach der Uhr 8 bis 10 Minuten kochen. Sofort herausnehmen und in kaltes Wasser legen. Schälen. In der Zwischenzeit die Sahne nicht ganz steif, also cremig schlagen. Den frischgeriebenen Meerrettich mit Zucker und Salz vermengen, unter die Sahne ziehen und kurze Zeit durchkühlen lassen. Die geschälten Eier quer halbieren. Die gekühlte Meerrettichcreme auf einen hübschen Teller geben und dahinein die 16 Eierhälften setzen. Sieht mit einem grünen Tuff aus Brunnenkresse, Dill oder Schnittlauch nicht nur hübsch aus, sondern schmeckt auch hervorragend.

211 Feine Pilz-Eier

6 hartgekochte Eier,
12 kleine Scheiben gekochte Truthahnbrust,
1 kleine Dose Champignons,
1 Eßl. feingehackte Zwiebel,
1 Eßl. feingehackte Petersilie,
3 Eßl. Mayonnaise,
8 Tropfen Tabasco,
$^1/_2$ Glas Cognac,
Petersilie zum Garnieren.

Die hartgekochten Eier (Sie wissen's ja, je nach Größe nicht länger als 8 bis 10 Minuten kochen, sonst wird das Eidotter dunkel) schälen und längs halbieren. Jede Eihälfte auf der Unterseite etwas beschneiden, damit sie besser steht. Auf einer großen Platte hübsch ordentlich die 12 kleinen Truthahnbrust-Scheiben (sie sollten die Größe der Eihälften haben) anordnen, auf jede Scheibe eine Eihälfte setzen. Nun die Champignons aus der Dose nehmen, ohne die Flüssigkeit in feine Scheiben schneiden, mit der gehackten Zwiebel und Petersilie vorsichtig vermengen. Unter diese Masse die Mayonnaise ziehen, die vorher mit Tabasco und Cognac gewürzt wurde. Dieses köstliche Gemisch wird nun auf die Eihälften gegeben, und als Verzierung gibt es noch einen Tuff aus Petersilie. Diese Pilzeier wären vorzüglich geeignet als Vorspeise zum 1. Weihnachtsfeiertag.

212 Russische Eier

1 Tasse Mayonnaise,
4 Eßl. saure Sahne,
4 Eßl. Joghurt,
2 Eßl. gehackte Salzgurke,
2 Eßl. gehackte Essiggurke,
1 Eßl. gehackte Petersilie,
3 Sardellenfilets,
2 Teel. Kapern,
2 Teel. Zitronensaft,
1 Teel. Zucker,
$^1/_2$ Teel. Salz,
6–8 Eier,
1 Gläschen Kaviar (56,8 g).

Die Mayonnaise mit der sauren Sahne und dem Joghurt gründlich verschlagen. Die beiden Gurkensorten sowie die feingehackte frische Petersilie dazugeben. Die Sardellenfilets mit einer Gabel zerdrücken und mit den Kapern, dem Zitronensaft, Zucker und Salz zu einer Creme rühren. Dem Mayonnaisengemisch langsam zurühren. Die Creme in den Kühlschrank stellen. In der Zwischenzeit die Eier hart kochen, pellen und nach dem Abschrecken unter kaltem Wasser längs halbieren. Die gekühlte Creme in eine flache Schüssel oder einen Teller mit hohem Rand füllen, die längsgeteilten Eihälften darin kranzförmig anrichten und als Krönung jedes Ei mit dem Kaviar verzieren.

213 Ganz besondere Senfeier

6–8 hartgekochte Eier,
6–8 kleine Weißbrotscheiben,
1 Eßl. Butter,
1 Knoblauchzehe,
$^1/_4$ Teel. Salz,
1 Tasse steifgeschlagene Sahne,
1 Eßl. scharfer Senf,
2 Eßl. milder Senf,
1 Teel. Paprikapulver,
1 Eßl. gehackter Dill.

Die 8–10 Minuten je nach Größe gekochten Eier sofort unter kaltem Wasser abschrecken und schälen. Quer halbieren. Die kleinen Weißbrotscheiben im Toaster goldgelb werden lassen. In der Zwischenzeit die Butter mit der auf Salz zerdrückten Knoblauchzehe verrühren, damit die ausgekühlten Weißbrotscheiben bestreichen und schräg durchschneiden. Jede dieser Brothälften mit einer Eihälfte belegen (Eigelb nach oben und, damit das Ei nicht verrutscht, unten ein kleines Deckelchen wegschneiden). Die steifgeschlagene Sahne mit den beiden Senfsorten, dem Paprika und gehacktem Dill zu einer cremigen Masse rühren und diese über die Eihälften auf das Brot fließen lassen. Für jeden auf grünem Endiviensalat 4 dieser Senfeierhälften mit Brotsockel servieren. Und das nächste Mal legen Sie die Senfeier-Bissen – mehr ist es ja nicht – in einen Kranz aus Brunnenkresse oder auch Feldsalat. Sieht wieder ganz anders aus!

214 Eiertörtchen „Parma“

8 Mürbeteigtorteletts (fertig gekauft),
8 Eier,
8 Scheiben Kalbsleberpastete,
½ Tasse Mayonnaise,
1 Messerspitze Cayennepfeffer,
1 Messerspitze geriebener Salbei,
8 Scheiben Parmaschinken,
1 Bund Petersilie.

Die Mürbeteigtorteletts in Reih und Glied aufstellen. Die 8 Eier in kochendes Wasser vorsichtig einlegen und wachsweich, d. h. genau nach der Uhr 5 bis 6 Minuten (je nach Größe) kochen. Sofort herausnehmen und unter fließendem Wasser vollständig abkühlen. Sorgfältig schälen. In jeweils 1 Mürbeteigtörtchen eine Scheibe Kalbsleberpastete einlegen und darauf ein Ei geben. Die Mayonnaise mit Cayennepfeffer und Salbei verrühren und jeweils 1 Löffel davon über ein Ei fließen lassen. Die Parmaschinkenscheiben aufrollen und jeweils eine davon auf ein gefülltes Törtchen setzen. Noch fotogen mit Petersilienzweigen garnieren. Damit es richtig appetitlich aussieht!

215 Eier im grünen Mäntelchen

6 hartgekochte Eier,
1 Eßl. weiche Butter,
1 Teel. scharfer Senf,
2 Teel. gehackte Kräuter,
½ Teel. Selleriesalz,
1 Messerspitze weißer Pfeffer,
4–5 Eßl. frische Kräuter.

Die hartgekochten und geschälten Eier längs durchschneiden und die Eigelb herauslösen. Diese durch ein feines Sieb streichen. Am besten mit einem Holzlöffel. Das durchgestrichene Eigelb mit der weichen, also nicht aus dem Kühlschrank genommenen Butter, dem Senf, den 2 Teelöffeln frischgehackten Kräutern, Selleriesalz und Pfeffer zu einer geschmeidigen Masse verrühren. Ist sie zu fest, mit 1 oder 2 Eßlöffeln Sahne verdünnen. Die Eihälften werden nun mit dieser würzigen Masse gefüllt, jeweils 2 Hälften wieder zusammengesetzt. Anschließend wird das ganze Ei hauchdünn mit der Eigelbcreme außen bestrichen und sogleich in den übrigen frischgehackten Kräutern gewälzt. Das Ei soll rundherum ein grünes Mäntelchen haben. Vorsichtig auf eine schöne Glasplatte legen und dazwischen kleinste grüne Salatblätter stecken.
Wenn pro Person 2 Eier als Vorspeise gerechnet werden, dann müßten für 4 Personen 8 Eier vorbereitet werden.

216 Wachteleier mit Palmenmark

20 gekochte Wachteleier,
1 kleine Dose Palmenmark,
3 Eßl. ital. Salatsauce (fertig zu kaufen),
1 Tasse Mayonnaise,
2 Eßl. Tomatenketchup,
2 Eßl. gehackte Schalotten,
1 Teel. gehackter Kerbel,
½ Teel. Estragon,
1 Messerspitze Cayennepfeffer,
1 Bund Petersilie.

Die Wachteleier aus dem Glas nehmen (in Kaufhäusern und Feinkostgeschäften kann man sie kaufen). Das Palmenmark in dünne Scheibchen schneiden und mit der italienischen Salatsauce marinieren. Eine Platte mit den Palmenmarkscheibchen auslegen, darauf die Wachteleier legen. Die Mayonnaise mit dem Tomatenketchup und den gehackten Schalotten gut verrühren. Dazu Kerbel, Estragon und Cayennepfeffer geben. Diese würzige Mayonnaise über die Wachteleier gießen und das Ganze am Schluß noch mit gehackter Petersilie überstreuen. Sieht nicht nur dekorativ aus, sondern schmeckt auch köstlich.

217 Wachteleier der Königin

20 gekochte Wachteleier (fertig in Gläsern),
1 Tasse Mayonnaise,
einige Umdrehungen aus der Pfeffermühle,
1 Eßl. gehackter Dill,
1 Tasse gekochte Krabben.

Die fertigen Wachteleier aus dem Glas nehmen. Die Mayonnaise mit dem frischgemahlenen weißen Pfeffer und dem gehackten Dill verschlagen, die gekochten Krabben am Schluß unterziehen. Die Wachteleier in eine hübsche Schüssel legen, die Krabbenmayonnaise darübergießen. So wird diese königliche Vorspeise zu einem separat angerichteten Kressesalat (auch zarte Endivie ist geeignet) aufgetragen.

218 Möweneier als Vorspeise

Die Möweneier, die es nur im Frühjahr zu kaufen gibt und die auf unserem Umschlagbild zu sehen sind, werden in Alu-Folie fest verpackt, in kochendes Wasser gelegt und 15 Minuten hart gekocht. Geschält werden sie in Brunnenkresse angerichtet.

1
2
3
4
5

6
7
8
9
10

219 Würzig gefüllte Eier

Jedes kalte Büfett kann mit dieser äußerst dekorativen Speise verschönert werden. Ob Sie nun die gefüllten verschiedenen Eier auf unserem Foto wählen oder die lukullischen Eier am Anfang unseres Kapitels, verwöhnen werden Sie Ihre Gäste immer damit.

Und hier folgen die Rezepte für die abgebildeten gefüllten Eier auf den beiden vorherigen Seiten. Die Beschreibung erfolgt von der oberen Reihe von links nach rechts:

220 Eier mit Gänselebercreme

1 kleine Terrine Gänseleber, getrüffelt,
3 hartgekochte Eier,
50 g Butter,
1/4 Teel. Salz,
1 Messerspitze weißer Pfeffer,
1 Teel. gehackte Trüffel.

Die Gänseleber schaumig rühren. Die hartgekochten und geschälten Eier längs durchschneiden, die Eigelb herausnehmen, durch ein feines Sieb streichen und mit der weichen Butter zur Gänseleber einrühren. Weiter rühren. Mit dem Salz und Pfeffer würzen. Diese Masse in einen Spritzbeutel mit einer Sterntülle füllen. Wie auf unserem Foto, 1. Reihe von links, die Eihälften damit bespritzen und am Schluß mit den gehackten Trüffeln behutsam bestreuen.

221 Paprika-Tomaten-Ei

3 hartgekochte Eier,
1 Döschen Tomatenmark,
1 Eßl. Mayonnaise,
1 Teel. Paprikapulver, edelsüß,
1 Eßl. feingehackte,
eingelegte Paprikaschote,
1/2 Teel. Selleriesalz,
1 Messerspitze Zucker,
6 kleine Pfefferschoten.

Die hartgekochten Eier längs teilen, die Eigelb auslösen, durch ein Sieb streichen. Mit dem Tomatenmark und der Mayonnaise schaumig rühren, mit Paprikapulver, der Schote, Salz und Zucker abschmecken. Diese Creme in die Eihälften füllen und jede noch mit einer kleinen Pfefferschote garnieren.

222 Käsecreme-Eier

3 hartgekochte Eier,
2 Carrée Frischkäse,
3 Eßl. Sahne,
2 Teel. Zitronensaft,
1/2 Teel. Salz,
1 Messerspitze Cayennepfeffer,
1 Teel. gehackte Trüffel,
1 Eßl. gehackter Dill,
Trüffel und Dill für die Garnitur.

Die hartgekochten Eier nach dem Pellen längs durchschneiden. Den Frischkäse mit der Sahne schaumig rühren, mit Zitronensaft, Salz und Cayennepfeffer würzen. Am Schluß die feingehackten Trüffel und den Dill zugeben. Das Ganze im Spritzbeutel mit Sterntülle auf die Eierhälften spritzen und mit Trüffel und Dillzweig wie auf unserem Foto der vorherigen Seite in der 3. Reihe von links garnieren.

223 Meerrettich-Eier

3 hartgekochte Eier,
2 Eßl. Mayonnaise,
2 Eßl. Sahne,
2 Eßl. Meerrettich,
1/2 Teel. Paprikapulver,
1/2 Teel. Salz,
3 Teel. Zitronensaft,
Lachsstreifen für die Garnitur.

Die hartgekochten Eier nach dem Schälen durchteilen, längs natürlich, das Eigelb herauslösen und durch ein Sieb streichen. Dieses mit der Mayonnaise schaumig rühren. Die steifgeschlagene Sahne und anschließend den frischgeriebenen Meerrettich unterziehen, die Gewürze folgen lassen. Diese Mischung in die Eihälften füllen und mit dünnen Lachsstreifchen kreuzweise belegen, wie in der 4. Reihe des Fotos auf der vorherigen Seite.

224 Sardellen-Eier

3 hartgekochte Eier,
1 Dose Sardellenfilets,
100 g Butter,
1 Teel. Zitronensaft,
Kapern zum Garnieren.

Die hartgekochten Eier nach dem Schälen längs teilen. Das Eigelb herauslösen, durch ein Sieb streichen. Die Sardellenfilets (6 Stückchen für die Garnitur zurücklassen) auf einem Brett mit einem Messer fein schaben. Die Butter schaumig rühren, die Eigelb und die zerdrückten Sardellenfilets zugeben, ebenso den Zitronensaft unterträufeln. Alles in einen Spritzbeutel mit Lochtülle geben und damit die Eierhälften in Form einer Spirale zuspritzen. Mit dem zurückbehaltenen Sardellenfilet und jeweils 2 Kapern verzieren. – *Fortsetzung nächste Seite.*

225 Eierhälften mit Käsesalat

3 hartgekochte Eier,
2 Eßl. Mayonnaise,
1/2 Teel. scharfer Senf,
1/4 Teel. Selleriesalz,
80 g Goudakäse,
6 Cocktailkirschen.

Die hartgekochten Eier nach dem Schälen längs teilen. Die Eigelb durch ein Sieb streichen und mit der Mayonnaise, dem Senf sowie dem Selleriesalz gut verrühren. Schön schaumig soll die Masse sein. Den Käse in kleinste Streifen schneiden, unter die Masse ziehen. Auf jede Eihälfte ein Häufchen davon setzen und mit einer Cocktailkirsche verzieren. Sehen Sie sich's an auf der vorherigen Seite, 6. Reihe von links.

226 Gespritzte Mustard-Eier

6 hartgekochte Eier,
1 1/2 Eßl. englischer Senf,
100 g Butter,
2 Eßl. Sahne,
1/4 Teel. Salz,
1 Messerspitze Fondor,
1 Messerspitze Zucker.

Die hartgekochten Eier schälen. Längs durchschneiden und die 6 Eigelb durch ein Sieb streichen. Diese mit dem Senf und der Butter schaumig rühren, die Sahne zusetzen und mit Salz, Fondor und Zucker würzen. Einen Spritzbeutel damit füllen und mit der Sterntülle 6 Eihälften damit hübsch zuspritzen. (Die übrigen 6 Eihälften vielleicht für einen Salat verwenden.) Jedes Ei noch mit einem Tomatenschnips garnieren.

227 Beluga-Eierhälften

3 hartgekochte Eier,
2 Ecken Frischkäse,
2 Eßl. frische Sahne,
1/4 Teel. Salz,
1 Messerspitze Cayennepfeffer,
1 Glas Beluga-Kaviar (56,8 g).

D[illegible] Eier wie in allen vorangegangenen Rezepten n[illegible]es Mal aber das E[illegible]s oder Philadel-p[illegible]lz und Cayenne-p[illegible]eutel mit dünner S[illegible]gförmig besprit-z[illegible]uga-Kaviar füllen.

228 Curry-Eier, gelb-schwarz

3 hartgekochte Eier,
3 Eßl. Mayonnaise,
2 Eßl. Curry hot,
1/4 Teel. Salz,
6 schwarze Oliven.

Die hartgekochten Eier längs teilen, die Eigelb herausheben und durch ein Sieb streichen. Mit der Mayonnaise schaumig rühren, Curry hot (scharfer Curry) und Salz zugeben. Einen Klecks davon auf jede Eihälfte häufen und mit einer Olive dekorieren. Ein schöner Farbkontrast!

229 Grüne Kräuter-Eier

3 hartgekochte Eier,
80 g Butter,
2 Eßl. frische Sahne,
1 Eßl. Mayonnaise,
2 Eßl. gemischte Frühlingskräuter, gehackt,
1/2 Teel. Selleriesalz,
1 Messerspitze weißer Pfeffer,
Paprika und Petersilie für die Garnitur.

Von den hartgekochten und längsgeteilten Eiern das Eigelb entnehmen, dieses durch ein Sieb streichen und mit der Butter schaumig rühren. Dann die Sahne zugeben und die Mayonnaise. Die feingehackten Frühlingskräuter folgen lassen und mit Selleriesalz und Pfeffer abschmecken. Diese grüne Mischung auf die Eihälften häufen und mit einem roten Paprikastückchen und Petersilienzweig verzieren. Das ist das letzte Ei in der 10. Reihe. Damit Sie's auch gleich finden.

Saucen, Cremes und Dips

(Mit Fahrplan durch die Schwierigkeiten)

Saucen sind, von der rechten Seite gesehen, nicht nur eine Reise durch die Genüsse, sondern auch eine Reise in die Geschichte. Die Tafel des Großherzogs von Oldenburg nennt im Menü vom 13. 12. 1887 die uns wohlbekannte „sauce béarnaise" zum Steinbutt und „sauce hollandaise" zum Stangenspargel.
Der letzte König von Hannover ließ am 19. 2. 1854 zu Räuchersalm mit kaltem Spargel eine „sauce liée" auftragen. Grundlage des Rezeptes war ein „gebundener Kalbssaft".
In der Geschichte finden wir, zurück bis zu den Anweisungen des Apicius im historischen Rom, Hinweise auf die Kunst der Saucen und Cremes, aus denen die Neuzeit ihre Dips entwickelte.
In Spanien reicht man zu gewissen Reisgerichten Saucen, abgeschmeckt mit süßem Wein. Vieles ist dazugekommen. Manches bietet dem Eiligen die Industrie fertig an. Für andere ist die Zubereitung der Saucen und Cremes und Dips nicht nur eine Kunst, die erlernbar ist, nicht nur eine Reise durch die wechselvolle Landschaft der Gaumenfreuden, sondern auch eine Fahrt in die Geschichte. Jede Reise braucht ihre Terminierung und hat dann Vorfreude und Erfüllung. Der Fahrplan dazu steht auf den nächsten Seiten.

230 Mayonnaisen-Grundrezept

3 Eigelb, 1 Teel. Senf,
1/2 l feines Öl, 1/2 Teel. Salz,
2 Teel. Zitronensaft,
1 Messerspitze weißer Pfeffer.

Eigelb mit Senf in einer Schüssel gut, d. h. fast schaumig rühren. (Für das Gelingen der Mayonnaise ist es wichtig, daß Ei und Öl die gleiche Temperatur haben, die Eier z. B. nicht gekühlt aus dem Kühlschrank kommen.) Sonst könnte es passieren, daß die Mayonnaise schon einmal gerinnt.

In die schaumig gerührten Eigelb zunächst tropfenweise das Öl unter ständigem Rühren einlaufen lassen. Beginnt die Mayonnaise etwas dick zu werden, kann das Öl in einem ganz dünnen Strahl zugegeben werden. Je mehr Öl zugesetzt wird, desto dikker wird auch die Mayonnaise. Geschmeidiger wird sie wieder, wenn der Zitronensaft und die übrigen Gewürze, also Salz und Pfeffer, hinzukommen.

Soll die Mayonnaise z. B. für einen Salat dünnflüssiger sein, wird die Ölmenge einfach reduziert, oder es kann am Schluß etwas Sahne oder Kondensmilch eingerührt werden.

Wird ein leicht säuerlicher Geschmack gewünscht, kann anstelle von Zitronensaft auch Weinessig verwendet werden. Im übrigen sollte aber die Mayonnaise so neutral wie möglich sein, damit die anderen Zutaten voll zur Geltung kommen.

Anmerkung: Sollte die Mayonnaise während des Rührens trotzdem einmal gerinnen, dann 1 bis 2 Teelöffel heißes Wasser langsam darunterziehen. Das hilft. Eine andere Möglichkeit ist die, ein weiteres Eigelb mit etwas Öl zu verschlagen und diese dünne Masse dann unter die geronnene Mayonnaise zu ziehen.

Das Rühren mit einem Schneebesen ist etwas mühsam, deshalb ist das Handrührgerät oder die Küchenmaschine vorzuziehen. Die Reihenfolge der Zutaten ist die gleiche wie bei der handgerührten Mayonnaise.

Die Frage entsteht natürlich immer wieder, soll man heute bei der großen Auswahl von Mayonnaisen überhaupt noch welche selber rühren. Es gibt Frauen, die schwören auf die Selbstgerührte, weil die Geschmacksnuancen eben abgewandelt werden können. Es muß aber gesagt werden, daß die guten Feinkostmarken heute eine einwandfreie, neutrale Mayonnaise darstellen, die in jedem Fall verwendet werden kann.

[illegible] peziell

[illegible] hzehen,
[illegible] gehackte Petersilie.

[illegible] rnt haben – oder die [illegible] hackten Zwiebel, der [illegible] Messer zerdrückten [illegible] Prise Salz!) und der [illegible] verrühren. Sollte die Mayonnaise zu dick sein, kann etwas Zitronensaft zum Verdünnen zugesetzt werden.
Diese Mayonnaise ist ganz speziell zu allen Arten von kaltem Fisch geeignet.

232 Kaviar-Mayonnaise

1 Tasse Mayonnaise,
2 Teel. feingehackte Schalotten,
4–5 Tropfen Tabasco,
2 Eßl. echter russischer Kaviar.

Die Mayonnaise mit den feingehackten Schalotten und dem Tabasco (für Kenner die Scharfes lieben!) gründlich verrühren und erst am Schluß den Kaviar darunterziehen. Dann nicht mehr rühren, damit die einzelnen Kaviar-Körnchen nicht zerdrückt werden. Diese Sauce schmeckt besonders gut zu kalten Eiern (siehe Kapitel: Rund ums Ei), aber auch zu allen Krusten- und Schalentieren.

233 Diplomaten-Mayonnaise

1 Tasse Mayonnaise,
1 Eßl. gehackte, weiße Trüffel,
2 Teel. Zitronensaft,
2 Teel. Cognac,
1 Messerspitze Cayennepfeffer.

Die Mayonnaise mit den feingehackten Trüffeln verrühren, nacheinander tropfenweise den Zitronensaft und Cognac zugeben. Erst am Schluß den Cayennepfeffer darüberstäuben. Gibt zum Beispiel kaltem Kalbfleisch eine ganz besonders feine Note. Die Note, die Diplomaten lieben!

234 Chantilly-Dip

1 Tasse feine Mayonnaise,
2 Teel. Zitronensaft,
2–3 Eßl. Schlagsahne.

Die Mayonnaise in ein Schälchen geben. Ein besonders hübsches! Den Zitronensaft langsam unter die Mayonnaise ziehen und erst am Schluß die steifgeschlagene Sahne mehr darunterheben als rühren.
Diese Sauce paßt ausgezeichnet gut zu kaltem Spargel. Dazu sollten goldgelber Toast und ein Schälchen mit Butterkugeln nicht fehlen.

235 Remouladen-Sauce

1 Tasse Mayonnaise,
2 Teel. feingehackte Kapern,
2 Cornichons,
2 Teel. gehackte Kräuter,
1 Teel. scharfer Senf

Die Mayonnaise mit den feingehackten Kapern, den gewiegten oder auch gehackten Cornichons, den feingeschnittenen Kräutern wie Schnittlauch, Petersilie, Dill usw. sowie dem Senf verschlagen.
Remouladen-Variante erhalten Sie, wenn der Sauce ½ Teelöffel Sardellenpaste untergezogen wird.
Die Remouladen-Sauce ist universell verwendbar, paßt aber besonders gut zu Eiern, kaltem Fisch, zu kaltem Schweinebraten und aufgeschnittenem Kalbsbraten.

236 Sauce im Kelch

2 hartgekochte Eier, 1 Eßl. Kapern,
1 Eßl. gehackte Gewürzgurke,
2 Eßl. Petersilie, 1 Eßl. Estragon,
½ Eßl. Kerbel,
½ Teel. Sardellenpaste,
1 Messerspitze Zucker,
1 Messerspitze Salz,
1 Tasse Mayonnaise.

Die hartgekochten, geschälten Eier und die Kapern fein hacken, dazu die ebenfalls gehackte Gewürzgurke geben und die gehackten Kräuter folgen lassen. Ist alles gleichmäßig verrührt, die Sardellenpaste, den Zucker und Salz zufügen und erst am Schluß die Mayonnaise einrühren. Ist die Mischung zu dick, kann etwas Weinessig tropfenweise zugefügt werden.
Diese wohlschmeckende Sauce in ein Kelchglas füllen und kalt zu Fisch, zu Krustentieren und Eiern separat reichen.

237 Indische Sauce

2 säuerliche Äpfel,
2 Eßl. Tomatenketchup,
5 Eßl. Mayonnaise,
1 Eßl. Mango-Ketchup,
1 Teel. Currypulver, hot.

Die säuerlichen Äpfel schälen und möglichst fein reiben. Sofort mit dem Tomatenketchup und der Mayonnaise verrühren und am Schluß mit Mango-Ketchup und Currypulver hot würzen. Fehlt dieser Sauce etwas Salz, nach Belieben ein Prischen einstreuen.

Diese Sauce, die in einem hübschen Schälchen aufgetragen wird, eignet sich zu kaltem Kalbfleisch, aber auch zu Geflügel.

238 Sahnige Senfsauce

2 Eßl. mittelscharfer Senf,
1/8 l Sahne,
1/4 Teel. Salz,
8 Tropfen Tabasco,
2 Teel. Zitronensaft.

Für dieses Rezept ist ein mittelscharfer Senf am besten. Die Sahne so weit schlagen, daß sie cremig, nicht steif ist. Darunter den Senf ziehen. Danach Salz, Tabasco und den Zitronensaft geben. Schmeckt köstlich zu kaltem Fisch!

239 Joghurt-Meerrettich-Creme

1 Becher Joghurt,
1 Eßl. Meerrettich,
1/2 Teel. Zucker, 1/4 Teel. Salz,
1 Teel. scharfer Senf,
1 Messerspitze weißer Pfeffer,
1 Eßl. Cognac.

Den Becher Joghurt in eine Schüssel geben. Von dem frisch geriebenen Meerrettich (unbedingt nur frischen verwenden!) einen Eßlöffel, er darf ruhig gehäuft sein, dazugeben, Zucker, Salz, Senf, frischgemahlenen weißen Pfeffer und den Cognac folgen lassen. Alles sorgfältig mischen und diese köstliche Creme zu kaltem Geflügel reichen. Mit dieser Creme kann aber auch ein Salat angemacht werden. Ein Salat nach Ihrer Wahl!

240 Andalusischer Dip

2 Tassen Mayonnaise,
1 Döschen Tomatenmark,
80 g rote, eingelegte Paprikaschoten,
1 Drehung frischgemahlener Pfeffer,
1/2 Teel. Selleriesalz.

Die Mayonnaise mit dem Tomatenmark glatt verrühren. Die eingelegte Paprikaschote kleinwürfeln und mit dem Pfeffer und Selleriesalz zusammen in die Mayonnaisen-Tomatenmischung einrühren. Nur nach Geschmack noch leicht salzen und diesen andalusischen Dip zu gegrilltem und kaltem Fisch servieren.

Abwandeln können Sie diesen Dip, wenn anstelle des Tomatenmarks 4 Eßlöffel Chilisauce (Fertigsauce) verwendet werden. Dann aber mit dem frischgemahlenen Pfeffer vorsichtig umgehen, weil ja die Chilisauce höllisch scharf ist. Anstelle von Selleriesalz kann dann normales Salz genommen werden. Diese Sauce könnten Sie dann Ihren Gästen als Satansdip vorstellen.

241 Junger, grüner Dip

1 Becher Joghurt, 100 g Quark,
1/2 Teel. Selleriesalz,
1 Knoblauchzehe,
1 Drehung aus der Pfeffermühle,
1 Bündchen Petersilie,
1 Bündchen Dill,
1 Bündchen Schnittlauch,
etwas Kerbel.

Den Joghurt mit dem durch ein Sieb passierten Quark in einer Schüssel glatt verschlagen. Mit dem Selleriesalz, dem zerdrückten Knoblauch und dem Pfeffer würzen. Zum Schluß die feingehackten Kräuter darunterrühren und diesen köstlichen, jungen grünen Dip zu kaltem Fisch, Fleisch, Geflügel, Wild auftragen.
Tip: Am besten läßt sich der Knoblauch zerdrücken, wenn auf die geschälte Zehe ein wenig Salz gestreut und mit einem breiten Messer die Zehe völlig zerdrückt wird. Es gibt aber auch in Haushaltgeschäften kleine Knoblauchpressen zu kaufen, die Miniausgabe unserer deutschen Kartoffelpresse. Manche Knoblauchfans wiederum schwören auf ihren Mörser. Am besten ist, Sie probieren es selbst aus.

Rezepte für nebenstehendes Foto. Beginn „Grüne Sauce", folgende Rezepte im Uhrzeigersystem.

242 Grüne Sauce

3 Cornichons, 2 Eßl. gehackte Petersilie,
1 Teel. gehackte Kapern,
2 Teel. Zwiebelwürfel,
2 Eßl. Öl, 2 Eßl. Essig,
1 Messerspitze Salz,
1 Messerspitze Zucker,
frischgemahlener Pfeffer.

Die Cornichons aus dem Glas herausnehmen, fein hacken, mit der Petersilie, den gehackten Kapern, Zwiebelwürfeln, Öl und Essig vermengen. Vor dem Servieren mit etwas Salz, Zucker und frischgemahlenem Pfeffer würzen und nach Ihrem Geschmack die Schärfe bestimmen.

243 Exotische Bananensauce

1/2 reife Banane,
1 Eßl. Curry hot,
1 Messerspitze Senfmehl,
2 Eßl. Mayonnaise.

Die geschälte halbe Banane mit einer Gabel sehr fein zerdrükken, mit dem scharfen Curry würzen, das Senfmehl zufügen und zum Schluß die Mayonnaise unterrühren. Weiterrühren, bis eine glatte Masse entstanden ist, eine exotische Bananensauce, die man besonders gut zu kaltem Geflügel reicht.

244 Kräutercreme

8 Eßl. Mayonnaise, 20 Kapern,
50 g Essiggurke,
1/2 Teel. Sardellenpaste,
2 Teel. gehackte Petersilie,
1–2 Teel. Senf.

Die Mayonnaise mit den feingehackten Kapern, der feingewürfelten Essiggurke, der Sardellenpaste, Petersilie und Senf kräftig verrühren. In einer rustikalen Suppentasse oder einem Holzschälchen servieren als Beigabe zu Fleisch.

245 Apfelsauce mit Pfiff

1/2 säuerlicher Apfel,
2 Eßl. Onion-Chutney,
1 Eßl. Senfmehl,
2 Eßl. Sahne.

Den gründlich gewaschenen Apfel mit der Schale fein reiben und mit dem Onion-Chutney (Zwiebelsauce fertig in Flaschen) sowie dem Senfmehl vermischen. Die Sahne leicht anschlagen, bis sie cremig ist und in diesem Zustand über die Apfelmischung ziehen. Wer den Pfiff noch unterstreichen möchte, zerreibt zwischen den Fingern noch eine kleine Chilischote und gibt sie der Apfelsauce bei. Dadurch erhält sie ihre Schärfe!

246 Preiselbeersauce

6 Eßl. Preiselbeer-Kompott,
3 Eßl. Meerrettich,
1–2 Eßl. Cognac.

Das Preiselbeerkompott aus der Dose mit dem frischgeriebenen Meerrettich gründlich verrühren und mit dem Cognac verfeinern. Wer will, kann noch ein Prischen Salz beifügen, ist aber nicht nötig. Ein Klecks davon auf kalt aufgeschnittenen Rehbraten macht diesen zur Delikatesse.

247 Spanische Sauce

8 Eßl. Mayonnaise,
4 Eßl. Tomatenketchup,
1 rote, eingelegte Paprikaschote,
1 Messerspitze Salz,
1 Messerspitze Zucker,
1 Messerspitze Pfeffer.

Die Mayonnaise mit dem Tomatenketchup, der kleingehackten Paprikaschote sowie den Gewürzen verrühren und abschmekken. Da kann man nur noch sagen: „auf nach Spanien".

248 Meerrettich-Sauce

8 Eßl. Mayonnaise,
2 Teel. Meerrettich,
Saft 1/2 Orange,
1 Messerspitze Zucker,
1 Messerspitze Salz,
1 Messerspitze Fondor.

Die Mayonnaise in einem Schüsselchen etwas schlagen, den wirklich frisch geriebenen Meerrettich zufügen und mit dem Orangensaft, Zucker, Salz und Fondor würzen.

249 Apricot-Sauce

3 Eßl. Apricot-Chutney (Fertigsauce),
2 Eßl. Sahne,
1 Messerspitze Ingwerpulver.

Apricot-Chutney (eine Fertigsauce, fruchtig, leicht säuerlich) mit der Sahne, ungeschlagen, und dem Ingwerpulver verschlagen und vor dem Servieren mindestens 1/2 Stunde kühl stellen. Eine aparte Beigabe zu Schinken und Käse.

250 Eiersauce

1 hartgekochtes Ei,
2 Eßl. Öl, 1 Eßl. Essig,
Salz und Pfeffer nach Geschmack,
1 Teel. feingehackter Schnittlauch.

Das hartgekochte, geschälte Ei fein hacken und mit dem Öl und Essig verrühren. Schön gründlich! Mit Salz und Pfeffer nach Geschmack würzen, wobei frischgemahlener Pfeffer aus der Pfeffermühle natürlich besser ist. Erst am Schluß den feingehackten Schnittlauch unterziehen.
All diese Saucen in rustikalen Näpfchen z. B. zu Fleisch reichen.

251 Aioli (französische Knoblauchsauce)

5 Zehen Knoblauch,
1 Eßl. feine Semmelbrösel,
1 Eßl. Weinessig,
4 Eigelb,
1/2 Teel. Salz,
1 Messerspitze Cayennepfeffer,
1 1/2 Tasse Olivenöl,
1 Eßl. Zitronensaft.

Die frischen Knoblauchzehen für diese stark nach Knoblauch schmeckende Mayonnaise säuberlich von der Schale befreien. Die Semmelbrösel etwa 5 Minuten in dem Weinessig einweichen. Diese Masse in einen Mörser geben, die feingehackten Knoblauchzehen hinzugeben und mit dem Stößel (wer beides nicht besitzt, kann auch eine Schüssel mit einem Holzlöffel verwenden) alles zu einer feinen Paste zerquetschen. Unter diese Paste nacheinander die 4 Eigelb schlagen, mit dem letzten Eigelb Salz und Cayennepfeffer zufügen. Ist die Masse richtig dick und zäh, tropfenweise das Olivenöl einlaufen lassen. Dabei weiterrühren. Die Sauce soll wie eine dicke Mayonnaise aussehen. Zum Schluß den Zitronensaft zugeben. Nach Geschmack noch mit Salz und etwas Pfeffer nachwürzen.
Diese berühmte französische Knoblauchsauce paßt zu sämtlichen kalten Seefischarten, vor allem aber zu Krustentieren und kalten Eiern.
In Frankreich serviert man diese Knoblauchsauce immer zu Fischsuppe (Bourride). In einen tiefen Teller wird ein Stück getoastetes Weißbrot gelegt, die garen Fischstücke von Kabeljau, Heilbutt, Seezunge oder Rotbarsch z. B. kommen hinzu, die Fischsuppe wird darübergegossen und darauf kommt ein dicker Klecks von der Knoblauchsauce.

252 Roquefort-Sauce

125 g Roquefort-Käse,
1 Eßl. scharfer Senf, 1 Knoblauchzehe,
1 Messerspitze Pfeffer,
1 Messerspitze Salz,
1 Messerspitze Zucker,
2 Teel. feingehackte Petersilie,
3 Eßl. Olivenöl.

Den Roquefortkäse in einer Schüssel mit einer Gabel gründlich zerdrücken, den Senf, die zerdrückte Knoblauchzehe, Pfeffer, Salz und Zucker unterrühren. Es sollte eine cremige Masse entstehen. Erst jetzt die gehackte Petersilie und langsam das Olivenöl einlaufen lassen.
Diese Sauce eignet sich vorzüglich zu kaltem Geflügel und aufgeschnittenem, kaltem Braten.

253 Französische Käsesauce

125 g Camembert,
3 Eßl. Mayonnaise,
2 Eßl. Sahne,
1/2 Teel. Knoblauchsalz,
2 Teel. Paprikapulver,
1 Eßl. gewiegte Petersilie.

Den gut reifen Camembert von der Rinde befreien und die cremige, weiche Masse mit der Mayonnaise in einer Schüssel mit der Sahne verrühren. Das Knoblauchsalz (Knoblauchfans verwenden dafür lieber eine frisch ausgepreßte Zehe!), Paprikapulver und die gewiegte Petersilie zufügen. Diese Sauce können Sie zu kaltem Fleisch und Geflügel auftragen. Man wird Sie bewundern und um das Rezept bitten!

254 Meerrettich-Sauce, englisch

3 Eßl. Meerrettich, gerieben,
2 säuerliche Äpfel,
1/2 Teel. Salz, 1 Teel. Zucker,
1/4 Teel. weißer Pfeffer,
2 Eßl. Weinessig,
2 Eßl. Öl, 2 Eßl. saure Sahne.

Den frischgeschälten, feingeriebenen Meerrettich – ohne Tränen – mit den geschälten, entkernten und ebenfalls geriebenen Äpfeln vermischen. Anschließend Salz, Zucker und Pfeffer zufügen und zum Schluß nacheinander Essig, Öl und saure Sahne. Diese englische Meerrettichsauce paßt besonders gut zu Roastbeef, gegrilltem Schweinefleisch und herzhaften Wurstsorten. Natürlich in einem hübschen Schälchen servieren!

255 Sauce „ravigotte"

3 Eßl. Weinessig, 2 Eßl. Weißwein,
1 Teel. Salz, 1/2 Teel. Pfeffer,
2 Teel. Senf,
4 Eßl. feingehackte Schalotten,
1 Eßl. feingehackte Kapern,
1 Eßl. feingehackter Kerbel,
1 Eßl. gehackter Schnittlauch,
1 Eßl. gehackter Dill,
2 Eßl. gehackte Petersilie,
8 Eßl. Öl.

Die oben angegebenen Zutaten der Reihe nach in einer Schüssel zusammenrühren. Wichtig ist bei diesem Rezept, daß alle aufgeführten Kräuter und die Schalotten fein gehackt sind. Diese Sauce ähnelt sehr der Sauce Vinaigrette, nur werden hier ein paar mehr Zutaten beigefügt. Sauce „ravigotte" paßt zu allen Gemüsesalaten, besonders gut aber zu Artischocken, wenn sie kalt als Vorspeise angeboten werden.

256 Rote Teufelssauce

1 Döschen Tomatenmark,
2 Eßl. Tomatenketchup,
2 Eßl. Öl, 1 Eßl. Essig,
1/2 Teel. Selleriesalz,
1/2 Teel. Currypulver,
1 Teel. Rosenpaprika,
12 Tropfen Tabasco, 1 Messerspitze Zimt, 1 Messerspitze Zucker.

Tomatenmark aus der Dose nehmen und mit Ketchup, Öl, Essig gründlich verrühren. Mit dem Selleriesalz, Curry, Rosenpaprika, Tabasco, Zimt und Zucker scharf würzen. Teuflisch scharf! – Sollte die Sauce zu dick sein, kann mit 1 bis 2 Eßlöffeln Wasser oder etwas kalter Fleischbrühe verdünnt werden. Die Sauce zu kaltem Fleisch oder zu Krustentieren reichen.

257 Grüne Frühlingssauce

1 hartgekochtes Ei,
3 Eßl. Weinessig, 3 Eßl. Weißwein,
8 Eßl. Öl, 1 Teel. scharfer Senf,
1 Zwiebel, 2 Eßl. gehackte Petersilie,
2 Eßl. gehackter Dill,
1 Eßl. gehackter Schnittlauch,
1 Eßl. gehackter Estragon,
1 Teel. Salz, 1 Messerspitze Zucker,
1 Messerspitze Cayennepfeffer.

Die Reihenfolge, in der die aufgezählten Zutaten verrührt werden, ist der Sauce gleich. Wichtig ist, daß alles sehr fein gehackt wird (einschl. dem geschälten Ei).
Sie schmeckt im Frühling mit frischen Kräutern am besten zu kaltem Fisch, als Beigabe zu kaltem Fleisch, oder sie wird nur über quergeschnittene, hartgekochte Eihälften gegossen. Die klassische grüne *Sauce „vinaigrette“* genannt, wird aus Öl und Essig zubereitet, bleibt dünn und klar und wird mit vielen frischen, feingehackten Kräutern angereichert. Mit Salz und Pfeffer wird nach Bedarf gewürzt. Sie ist eine Grundsauce, die man nach Belieben abwandeln kann.

Aprikosen-Chutney

Ein sehr fruchtiges, leicht säuerliches, aber nicht sehr scharfes Chutney. Paßt besonders gut zu stark geräuchertem Schinken, aber auch zu Käse und Geflügel.

Catalina

Eine cremige helle Sauce mit Sahne-Charakter. Sie schmeckt leicht säuerlich und ist zu empfehlen für Gurken, Rettich, Chicorée und zu Kartoffelsalat.

Chilisauce

Eine wirklich feurig-scharfe, leicht säuerliche Sauce mit Ketchup-Charakter. Für alle Fleischsorten als Beigabe geeignet. Auch passend zum Würzen von Tatar.

Cumberland-Sauce

Eine klassische Sauce der großen französischen Küche. Der kräftige Orangengeschmack verleiht besonders kaltem Wildfleisch eine exclusive Note. Fehlt auf keinem kalten Büfett!

Curry-Ketchup

Ein sehr würziges, scharfes Ketchup. Paßt ausgezeichnet zu kaltem Rindfleisch, aufgeschnittenen, hartgekochten Eiern und zu Wild.

Curry-Sauce

Sie gibt es in verschiedenen Zusammensetzungen. Dickflüssig bis zum Chutney-Charakter. In jedem Fall ist sie scharf und hat den typischen Currygeschmack. Man reicht sie gern zum kalten Fleisch, zu Fisch, aber auch zu Krustentieren.

French-Dressing

Eine süß-pikante Sauce, die in erster Linie für alle Salate, aber auch als Beigabe zu kalten Eiern, Thunfisch und Räucherfisch gereicht wird.

Hot-Ketchup

Zu deutsch: „heiß bis feurig“. Paßt zu allen kalten Speisen, die Schärfe vertragen. Auch eine gute Würzsauce für Tatar.

Italienische Salatsauce

Der Name sagt es: eine typische Kräuter-Salatsauce mit Wein. Für alle Salatsorten gleichermaßen geeignet.

Mango-Chutney

Eine pikante indische Mischung aus der Mango-Frucht mit den verschiedensten Gewürzen angereichert. Fruchtig und zugleich scharf paßt sie vorzüglich zu kaltem Fleisch, sehr gut zu kaltem Geflügel, aber auch zu kaltem Schweine- und Kalbfleisch. Gern wird sie beim Fleischfondue als Beigabe gereicht.

Mango-Sauce

In der Zusammensetzung ist die Mango-Sauce gleich wie Mango-Chutney. Nur sind hier keine Fruchtstücke enthalten, die Sauce ist fein püriert.

Meerrettich-Sauce

Für Wurstplatten speziell ist sie eine feine Beigabe. Sie schmeckt aber auch gut zu geräuchertem Lachs, Stör und Aal.

Mint-Sauce

Das ist die berühmte englische Pfefferminzsauce. Sie ist säuerlich und sehr würzig. Eignet sich in erster Linie zu kaltem Fleisch, aber auch zu Salatzusammenstellungen, die viel Fleisch enthalten. Eine Sauce für Liebhaber!

Mustard-Sauce

Das ist eine Senf-Sauce. Der pikante englische Senf ist die Grundlage für diese feine cremige Sauce, die vor allem bei Schweine- und Kalbfleisch, Geflügel und Ei ihre Liebhaber hat. Kalter Fisch wird erst vollkommen durch sie!

Onion-Ketchup

Wir sagen besser: Zwiebel-Ketchup! Ein würziges Ketchup aus Tomaten und viel Zwiebeln. Man kann es über kaltes Schweinefleisch oder über Hacksteaks gießen. Probieren geht über Studieren!

Paprika-Sauce

Der ungarische Paprika gab dieser Sauce ihre pikante scharfe Note. Und Note gibt sie kaltem Fleisch, Geflügel und Eiern.

Sauce Melba

Wieder ein Produkt der französischen Küche, das in erster Linie für Süßspeisen verwendet wird, aber auch Quark- und Frischkäse-Mischungen das gewisse Etwas verleiht.

Sauce Robert

Eine Fertigsauce, säuerlich scharf. Kommt aus der klassischen französischen Küche. Sie darf über kaltes Fleisch, Fisch und Geflügel geträufelt werden.

Tabasco-Sauce

Sie ist die schärfste aller Würzsaucen. Sie kommt aus Mexiko, weil dort die Tabasco-Pfefferschote wächst, die das Konzentrat der Sauce bildet. Tropfenweise für Salate und Saucen verwenden!

Thousand-Island-Sauce

Diese berühmte Mischung ist neben der Verwendung für alle Salate besonders zu empfehlen für Krabben, Crevetten, und Langostinos.

Tomaten-Chutney

Eine cremige Sauce, vor allem aus Tomaten, Zwiebeln und Gewürzen bestehend. Universell verwendbar für kalte Speisen.

Tomaten-Ketchup

Viele Worte sind hier überflüssig. Es soll Leute geben, die gießen sich sogar über Buttercremetorten einen Schuß davon. Wir meinen, auch diese schmackhafte Sauce sollte differenzierter verwendet werden. Wozu? Sie werden es schnell rausfinden!

Worcestershire-Sauce

Eine Sauce, die in England geboren wurde. Scharf und würzig wird sie über Ragout fin, Ragouts aus Kalbfleisch und Pasteten geträufelt. Sie sollte in keinem Haushalt fehlen!

Zwiebel-Chutney

Zwiebeln und Tomaten sind die Hauptbestandteile und natürlich eine ganze Menge von Gewürzen, die zusammen einen sehr kräftigen Geschmack ergeben. Deshalb bevorzugt man diese Sauce für kalt aufgeschnittenes Fleisch (ausgenommen Wild).

Von Fischen und anderen Meerestieren

(Braves und Sündhaftes)

Wo Sündhaftes besprochen wird, ist einem Aufmerksamkeit gewiß. Sie kennen ja die Geschichte mit Adam und Eva: Wer wollte die beiden schelten, die noch nichts von Hummer und Languste wußten. Solche Kenntnis hätte sicher die Dimension ihrer Sünde verändert.
Wann stieg wohl der Mensch in die Tiefen des Wassers und entdeckte dort die Gärten, in denen er nach Herzenslust ernten konnte?
Da gibt es allerliebstes Getier: richtige Fische und Fische, die keine sind, Schalentiere, bei denen wir auf eine Perle hoffen und am Ende mit dem köstlichen Geschmack zufrieden sind. Spinnbeinige Krustentiere erregen unsere Phantasie, sind eine (unbegründete) Herausforderung an die Küchenkunst und ein Gipfel des Genusses.
Braves haben wir auch. So findet sich, wie ein Schwarm von Island kommend, der Hering in unseren Rezepten. Er sollte teuer sein, dann wäre er auch eine Sünde. Deshalb offerieren wir ihn in seltener Zubereitung. Die Erde hat mehr Wasser als Land. Sie hat die Flüsse und die Weiten des Ozeans. Und eine Brise davon durchweht unsere Rezepte.

259 Bücklinge „Stralsund"

4 Bücklinge,
2 Zwiebeln,
2 Gewürzgurken,
2 feste Äpfel,
2 Eßl. Öl,
1 Zitrone,
3 Eßl. Joghurt,
1/2 Teel. Salz,
1 Messerspitze Zucker,
etwas frischgemahlener,
schwarzer Pfeffer,
1 Eßl. gehackte Kräuter.

Die Bücklinge filetieren, d. h. von Kopf, Schwanz und Flossen befreien und die Mittelgräten auslösen. Die Haut ebenfalls abziehen. Die ganzen Filets auf einer Platte im Uhrzeigersystem anordnen. Die geschälten Zwiebeln in dünne Ringe schneiden, die Gewürzgurken und geschälten Äpfel in feine Streifen oder Scheibchen schneiden und alles zusammen auf die Bücklingsfilets legen.
Das Öl mit dem ausgepreßten Zitronensaft, dem Joghurt sowie Salz, Zucker, Pfeffer und den gehackten Kräutern wie Petersilie, Estragon, Zitronenmelisse, Schnittlauch, Dill usw. verrühren und über die Bücklinge mit den anderen Zutaten gießen. Sofort danach zu Tisch bringen zum kalten Abendessen oder als eine feine Vorspeise zu Toast oder Vollkornbrot.

260 Bücklingsteller

2 mittelgroße fette Bücklinge,
2 hartgekochte Eier,
4 Scheiben Räucherlachs,
1 Tasse ungesüßte Schlagsahne,
1 Eßl. Meerrettich,
1/2 Ananasscheibe aus der Dose,
1 Messerspitze Salz,
5 Tropfen Tabasco.

Die Bücklinge von Kopf, Schwanz und Flossen befreien, die Haut sorgfältig und vorsichtig abziehen. Alle Gräten entfernen. Die Bücklingsfilets auf einem Teller oder auf einer Platte anrichten. Die hartgekochten Eier in Scheiben schneiden und auf die Platte um die Filets legen. Ebenso die zu Röllchen geformten Lachsscheiben.
Die Schlagsahne ohne Salz zu sehr steifem Schnee schlagen, mit dem geriebenen, frischen Meerrettich, der ganz fein gewürfelten Ananasscheibe, dem Salz und Tabasco verrühren und über die Bücklingsfilets verteilen.
Noch edler wird diese Vorspeise, wenn alles auf grüne Salatblätter gelegt wird. Ein wahrer Augenschmaus. Dazu kann man goldgelben Toast oder Graubrotscheiben mit Butter reichen.

261 Matjes-Spießchen

4 Holzspießchen:
4 Matjesfilets,
1/2 rote Paprikaschote aus dem Glas,
8 Cornichons,
4 Maiskölbchen,
1 Scheibe Ananas,
1/2 Tasse frische Sahne,
1 Eßl. Zitronensaft,
1 Eßl. Mayonnaise,
1 Messerspitze Cayennepfeffer,
2 Teel. gehackte Petersilie.

Die Matjesfilets in mundgerechte Stückchen schneiden, abwechselnd mit kleinen Paprikastücken, Cornichons, Maiskölbchen und Ananasstückchen auf die 4 Spießchen stecken. Die Sahne, Zitronensaft, Mayonnaise, Cayennepfeffer zu einer Sauce verrühren. Die bunten Matjesspießchen auf einer Platte anrichten, die Sauce darübergießen und mit der gehacken Petersilie zum Schluß überstreuen. –
Die gehackte Petersilie kann auch mit unter die Sauce gerührt und extra zu den Matjesspießchen gereicht werden. Besonders dekorativ sieht es aus, wenn nicht nur 4 Holzspieße, sondern mehrere verwendet werden und diese mit den bunten Zutaten besteckt, auf einen halben Rotkohlkopf gespießt werden. Jedes Spießchen kann dann auf einer Seite noch mit einer weißen Papierrosette verziert werden. Oder Sie überraschen Ihre Gäste mit einer besonders hübschen *Matjes-Variante:*

Spießchen wie oben angegeben bestecken, zwischen die einzelnen Zutaten jedoch ab und an ein Stückchen frische Petersilie stecken. Es muß richtig grün aussehen! Diese bunten Spießchen werden auf einen Blumentopf aus Brot gespießt: Dafür von einem Toastbrot 4 bis 5 Scheiben goldgelb rösten, mit Butter bestreichen, aufeinandersetzen, etwas zusammendrücken und die Spießchen hineindrücken, dabei auf das Gleichgewicht achten! Noch hübscher sieht es aus, wenn abwechselnd eine Scheibe Weißbrot, getoastet, und eine schwarze Vollkornbrotscheibe mehrfach aufeinandergesetzt werden. Auch hier die einzelnen Etagen mit Butter bestreichen. – Dieser lustige Blumentopf mit seinen bunten Zutaten kann genauso gut mit Wurströllchen, Tomatenschnitzen, grüner Paprika und Petersilientuffs besteckt werden. Kleine Cocktailwürstchen sind gut geeignet bei einem Kindergeburtstag. Sie selbst werden sehen, was es alles an Möglichkeiten gibt.

262 Matjesplatte mit Pfiff

2 hartgekochte Eier,
1 Bund Petersilie,
½ Tasse rote Paprika aus der Dose,
1 Gewürzgurke,
Eiswürfel,
10 frische Matjesfilets,
1 große Zwiebel;
Senfsauce:
150 g Butter,
2 Eigelb,
2 Eßl. Wasser,
½ Teel. Salz,
einige Drehungen aus der Pfeffermühle,
1 Teel. Zitronensaft,
3 Teel. scharfer Senf;
Mayonnaisen-Sauce:
¼ l frische Sahne,
1 Becher Joghurt,
2 Eßl. Mayonnaise,
½ Teel. Salz,
1 Messerspitze weißer Pfeffer,
2 Teel. Zitronensaft,
1 Teel. mittelscharfer Senf.

In der Mitte einer großen runden Platte die grobgehackten, hartgekochten Eier, gehackte Petersilie, Paprikawürfel und die Würfel der Gewürzgurke anrichten. Wie auf unserem Foto. Rundherum einen dicken Kranz von Eiswürfeln geben (oder Eis zerstoßen) und darauf die vorher etwa 30 Minuten gewässerten und wieder trockengetupften Matjesfilets legen. Je nach Größe der Platte im ganzen ausbreiten oder zu Röllchen formen. Die Matjesfilets mit dünngeschnittenen Zwiebelringen belegen.

Für die Senfsauce die Butter im Topf goldgelb zerfließen und lauwarm abkühlen lassen. In einer flachen Schüssel die Eigelb und das Wasser mit einem Schneebesen einrühren. Das Gefäß in das Wasserbad stellen. Nun mit dem Schneebesen so lange schlagen, bis die Masse dick zu werden beginnt. Von der Kochstelle nehmen und unter weiterem Schlagen nach und nach die lauwarme Butter dazurühren. Mit dem angegebenen Salz, etwas frischem Pfeffer aus der Pfeffermühle, Zitronensaft und Senf würzen. Nochmals bei schwacher Hitze im Topf weiterrühren, bis die Sauce dick ist. Sollte sie etwas gerinnen, 1 bis 2 Eßlöffel heißes Wasser unterziehen. Sofort mit der Mayonnaisensauce zusammen auftragen.
Für die Mayonnaisensauce, die vor der Senfsauce zubereitet wurde, die Sahne mit dem Joghurt, der Mayonnaise, Salz, Pfeffer, Zitronensaft und Senf verrühren. Für etwa 30 Minuten in den Kühlschrank stellen. Sie sollte im Gegensatz zur Senfsauce sehr kalt serviert werden.
Mit dieser „Matjesplatte mit Pfiff" werden Sie Ehre einlegen.

263 Schwedische Matjesröllchen

1 Eßl. Öl,
Saft 1 Zitrone,
8 dicke Apfelscheiben,
8 große Matjesfilets,
1 Tasse grüne Bohnen aus der Dose,
1/8 l Sahne,
1 Messerspitze Salz,
1 Messerspitze Zucker,
1 großer Eßl. Dill.

Das Öl mit dem Zitronensaft in einer Pfanne bei schwacher Hitze heiß werden lassen, die quergeschnittenen, entkernten Apfelscheiben mit der Schale hineinlegen und von beiden Seiten in dem Öl-Zitronengemisch angaren. Aus der Pfanne herausheben und beiseitestellen. Nun die nach Bedarf gewässerten Matjesfilets völlig entgräten, in jedes Filet einige grüne Bohnen wickeln und jedes Röllchen mit einem Zahnstocher zusammenhalten. Eine runde Platte mit kleinen Eiswürfeln oder zerstoßenem Eis auslegen, die inzwischen ausgekühlten Apfelscheiben daraufsetzen und jeweils ein Matjesröllchen auf eine Apfelscheibe setzen. Die Sahne mit Salz und Zucker sehr steif schlagen, am Schluß den gehackten Dill unterziehen und jedes Matjesröllchen mit einer Sahnenhaube krönen. Die Apfelscheiben dürfen nicht zu lange im Tiegel bleiben, sie dürfen nicht zerfallen, sondern das Öl-Zitronengemisch soll durch die wohlige Wärme nur einziehen.

▼

264 Matjesröllchen „Royal"

8 Matjesfilets,
1 Ananasscheibe aus der Dose,
4 feste Tomaten,
4 Eßl. italienische Salatsauce (fertig gekauft),
3 Eßl. Mayonnaise,
3 Eßl. süße Sahne,
4 Eßl. gehackter Sellerie,
1/4 Teel. Selleriesalz,
4 gefüllte Oliven.

Die Matjesfilets nach Bedarf wässern (am besten Sie fragen Ihren Fischhändler, wie lange die Filets noch gewässert werden müssen. Sind es junge, kann das Wässern wegfallen). Die Ananasscheibe aus der Dose in acht Stückchen teilen und jeweils 1 Stückchen davon in ein Matjesfilet einrollen. Mit einem Zahnstocher oder Holzstäbchen durchstechen. Die gewaschenen Tomaten halbieren, die Kerne mit einem Teelöffel herauslösen und in die Hälften die italienische Salatsauce gießen. Mindestens 1 Stunde zum Einziehen beiseitestellen. Dann die übriggebliebene Marinade wieder ausgießen und jeweils 1 Matjesröllchen in 1/2 Tomate setzen. Auf einer Platte anrichten.
Die Mayonnaise mit der Sahne verrühren, den feingehackten, garen Sellerie aus der Dose und das Selleriesalz dazugeben und diese Salatsauce um die gefüllten Tomaten gießen. Zum Abschluß noch jedes Fischröllchen mit einer halben, gefüllten Olive garnieren, königlich muß es aussehen!

265 Matjesfilets „Snobby"

4 Matjesfilets,
50 g Quark,
3 Eßl. Joghurt,
3 Eßl. Mayonnaise,
2 Eßl. Zitronensaft,
1/2 Teel. Salz,
1 Messerspitze Cayennepfeffer,
1 Gläschen Kaviar,
etwas Petersilie.

Die nach Bedarf gewässerten und vorbereiteten Matjesfilets auf einer Platte anrichten. Den Quark mit dem Joghurt und der Mayonnaise verschlagen, den Zitronensaft zusetzen und zum Schluß die Gewürze wie Salz, Cayennepfeffer zugeben. Diese cremig geschlagene Sauce über die Matjesfilets gießen und den Kaviar in Form von 4 kleinen Bergen daraufsetzen. Das ganze mit einem Petersilienzweig dekorieren.

266 Kater-Röllchen

8 Matjesfilets,
1 Teel. scharfer Senf,
1 Stückchen Senfgurke,
1 Gewürzgurke,
1/4 l Sahne,
1/4 Teel. Salz,
1/2 Teel. Zucker,
2 säuerliche Äpfel,
1 Eßl. geriebener Meerrettich.

Die gewässerten und vorbereiteten Matjesfilets auf einer Platte flach auslegen und die Innenseite ganz dünn mit dem scharfen Senf bestreichen. Senfgurke, Gewürzgurke in feinste Streifchen schneiden. Die Matjesfilets damit belegen und säuberlich aufrollen. Mit einem Zahnstocher oder Holzspießchen durchstekken. Damit's auch schön zusammenhält! Die Sahne mit Salz und Zucker steifschlagen, dann die geschälten und vom Kernhaus befreiten, geriebenen Äpfel und den frischen, geriebenen Meerrettich darunterrühren. Die Apfelsahne auf eine Platte oder Schale füllen, wie zum Beispiel auf unserem Foto, die gefüllten Matjesröllchen hineinsetzen. Sich rasch hinsetzen, dampfende Kartoffeln oder Graubrot dazustellen und ein helles Bier zischen! Das schmeckt! Nach mehr!

267 Helgoländer Heringe

4 Salzheringe,
3 Eßl. Mayonnaise,
2 Eßl. frische Sahne,
4 Eßl. Tomatenketchup,
1 Eßl. gehackte Petersilie,
1 Eßl. feingehackte Zwiebel,
1/4 Teel. Salz,
8 Tropfen Tabasco,
1/2 Teel. Zucker,
1/2 Teel. Worcestershiresauce,
150 g gekochte Nordseekrabben,
1 hartgekochtes Ei,
2 Teel. Kaviar.

Die Salzheringe gut wässern, Kopf, Schwanz und Flossen entfernen, entgräten und die Haut abziehen. Die Heringsfilets auf einer Platte anrichten.
Die Mayonnaise mit der Sahne, dem Tomatenketchup, der gehackten Petersilie, Zwiebel, Salz, Tabasco, Zucker und Worcestershiresauce verrühren und unter diese Sauce die gekochten Krabben ziehen. Die gut gekühlten Heringsfilets mit der Sauce überziehen und das hartgekochte, in Scheiben geschnittene Ei auf die Sauce legen. Zum Schluß mit dem Kaviar verzieren. Oder nur bestreuen.

268 Köstlicher Heringstopf

5 Bismarckheringe, 5 Matjesheringe,
3 Karotten, 2 Zwiebeln,
3 Gewürzgurken,
1 Zitrone,
1/2 Eßl. Kapern;

Sauce:
1/8 l Sahne, 1/8 l Joghurt,
3 Eßl. Essig, Schale 1/2 Zitrone,
1/2 Teel. Salz, 15 Tropfen Tabasco,
1 Messerspitze Ingwerpulver,
1 Messerspitze Majoran.

Die Bismarck- und Matjesheringe einige Stunden wässern, gut abspülen und in mundgerechte Stücke schneiden. Die geschälten Karotten in Stifte schneiden und in wenig Salzwasser kurz dünsten. Die geschälten Zwiebeln in Ringe teilen, Gewürzgurken und Zitrone in dünne Scheibchen schneiden. (Bei der Zitrone möglichst eine ungespritzte Frucht verwenden.) Die Heringsstücke, Karottenstifte, Zwiebelringe, Gurken- und Zitronenscheibchen sowie die Kapern vermengen. Aus der Sahne, Joghurt, Essig, der abgeriebenen Zitronenschale, Salz, Tabasco, Ingwer und Majoran eine Sauce rühren. Entweder die Sauce über den Heringstopf gießen und an einem kühlen Ort den ganzen Tag ziehen lassen oder die Sauce erst kurz vor dem Servieren mit den übrigen Zutaten vermengen. Auch hierzu paßt am besten Graubrot und ein kühles Blondes! Besonders gut nach durchzechter Nacht!

269 Raffinierter Salzhering

4 Salzheringe, 2 Zwiebeln,
5 Eßl. Weinessig, 1 Zitrone,
1 Lorbeerblatt, 8 Pfefferkörner,
2 Gewürznelken, 8 Senfkörner,
4 Eßl. Olivenöl,
1 Tasse eingelegte Tomatenpaprika,
3 Eßl. gehackte Cornichons,
1 Teel. gehackte Kapern, 5 Oliven,
4 Eßl. Tomatenketchup,
3 Teel. Paprikapulver, edelsüß,
1 Teel. Curry,
1/2 Teel. Worcestershiresauce.

Die Salzheringe 1 bis 2 Tage wässern. Von Kopf, Schwanz, Flossen und Gräten befreien und säuberlich enthäuten. Die Fischfilets in 2–3 cm große Stücke schneiden. Die geschälten Zwiebeln in Ringe teilen. Zusammen mit den Heringsstücken in einen Steintopf schichten. Den Essig, Weinessig ist besser, Zitronensaft und die Gewürze kurz aufkochen und den noch warmen Sud über die Heringe im Topf gießen. Mindestens 10 bis 12 Stunden zugedeckt ziehen lassen. Das Olivenöl mit der gewürfelten, eingelegten Tomatenpaprika, den gehackten Cornichons, gehackten Kapern, gehackten Oliven, dem Ketchup, Paprikapulver, Curry und Worcestershiresauce verrühren. Unter die gebeizten Heringsstücke mischen.
Möglichst nochmals 1 Stunde ziehen lassen, bevor serviert wird.

270 Heringe „Cuxhaven"

4 Salzheringe, 3/4 l Buttermilch,
1 Tasse Mayonnaise,
1/2 Tasse saure Sahne, 1/4 Teel. Salz,
1 Teel. Zucker, 1 Teel. scharfer Senf,
1 Teel. edelsüß Paprikapulver,
1 Messerspitze Cayennepfeffer,
2 Eßl. gehackte Zwiebel,
1 Gewürzgurke, 1 Apfel,
1/8 l Weißwein, 2 Teel. Zucker.

Die Salzheringe wässern, Kopf, Flossen und Schwanz entfernen und entgräten. Schön säuberlich! Nun die Heringe für 4 bis 5 Stunden in die Buttermilch legen, damit sie ganz mild werden! Die Mayonnaise mit der sauren Sahne, Salz, Zucker, Senf, Paprikapulver und Cayennepfeffer verrühren und am Schluß die feingehackte Zwiebel und die in feine Streifchen geschnittene Gewürzgurke hinzugeben. Den Apfel schälen, das Kernhaus ausstechen und in Scheiben teilen. Den Weißwein mit dem Zukker zum Kochen bringen und die Apfelscheiben darin kurz blanchieren.
Die Salzheringe aus der Buttermilch nehmen, mit Küchenkrepp abtupfen, in einer Schüssel anrichten. Mit den Apfelscheiben belegen und zum Schluß die gerührte Sauce darüberfließen lassen. Nochmals alles für etwa 1 Stunde in den Kühlschrank.

271 Bismarckheringe in Dillsauce

6 Bismarckheringe;
Marinade:
1/8 l Weißwein, 1/8 l Wasser,
2 Eßl. Essig, 2 säuerliche Äpfel,
1 Zwiebel, 1 Dillsträußchen;
Dillsauce:
1 Becher Joghurt,
3 Eßl. frische Sahne,
1 Eßl. Zitronensaft,
1/2 Teel. Salz, 1/2 Teel. Zucker,
1 Messerspitze Cayennepfeffer,
1 Eßl. gehackter Dill.

Den Weißwein mit dem Wasser, Essig, den geschälten und in Spalten geschnittenen Äpfeln, der feingehackten Zwiebel und dem Dill mischen. In eine Porzellan- oder Keramikschüssel geben und die Bismarckheringe zum Bad einlegen. Über Nacht sollten sie darin liegenbleiben. Erst danach herausnehmen und in mundgerechte Stücke schneiden.
Für die Dillsauce den Joghurt mit der Sahne und dem Zitronensaft vermengen. Die Apfelstücke aus der Marinade heben, durch ein Sieb streichen, zum Joghurt geben und mit Salz, Zucker, Cayennepfeffer und Dill würzen. In diese Sauce dann die Heringsstücke geben, noch 1 Stunde ziehen lassen und dann servieren. Mit Charme!

272 Marinierte Heringe „Böhmische Art"

8 Salzheringe, 1/8 l Weinessig,
3/8 l Wasser,
1 Tasse Selleriestreifchen,
2 Karotten,
2 Eßl. geschnittene Petersilienwurzel,
1/2 Stange Porree, 1 Lorbeerblatt,
10 Pfefferkörner, 2 Zwiebeln,
2 Gewürzgurken, 1 Teel. Kapern,
2 Teel. gehackte Petersilie, 1/4 l Sahne,
1/2 Zitrone.

Die über Nacht gewässerten Salzheringe von Kopf, Schwanz, Flossen und Mittelgräte befreien. Den Weinessig mit dem Wasser, Sellerie, gestiftelten Karotten, Petersilienwurzel, Porree, Lorbeerblatt und Pfefferkörnern 15–20 Minuten kochen lassen. Die Heringe in einen Steintopf schichten, darüber die in Ringe geschnittenen Zwiebeln, die in Streifchen geschnittene Gewürzgurke, die Kapern und die gehackte Petersilie geben. Dann den etwas abgekühlten Weinessig-Sud mit der Einlage darübergießen. Erst am Schluß, sozusagen obenauf, die Sahne mit der abgeschnittenen Schale der Zitrone geben. Den Heringstopf zudecken und mindestens 4–5 Tage an einem kühlen Ort stehen lassen. Nicht vorher naschen, das Warten lohnt sich, denn nur so haben Sie das Originalrezept für „Marinierte Heringe auf böhmische Art".

273 Heringe in Remouladensauce

6 Salzheringe, 1 Zwiebel;
Sauce:
2 hartgekochte Eier, 2 Eßl. Olivenöl,
2 Eßl. Zitronensaft,
2 Eßl. feingehackte Zwiebel,
2 Eßl. gehackte Kräuter,
1 Teel. Selleriesalz,
1 Messerspitze Pfeffer,
1 Messerspitze Zucker,
3 Eßl. Mayonnaise, 4 Eßl. Sahne,
Petersilie.

Die gut gewässerten und entgräteten Salzheringe in mundgerechte Stückchen schneiden. Auf einer Platte anordnen. Die Zwiebel in Ringe schneiden und darüber verteilen. Die hartgekochten Eier sehr fein hacken, langsam das Olivenöl zugießen, den Zitronensaft, die feingehackte Zwiebel, Kräuter wie Petersilie, Estragon und Schnittlauch, Selleriesalz, Pfeffer und Zucker zufügen. All diese Zutaten sehr gründlich vermengen. Dann die Mayonnaise mit der Sahne einrühren. Diese dickliche Sauce über die Heringe gießen und etwa 1 Stunde kühlstellen, bevor die Heringe in Remouladensauce serviert werden. Mit gehackter Petersilie kann noch garniert werden.

274 Feiner Curryhering

4 Bismarckheringe,
1 Orange,
2 Zwiebeln,
1/8 l Essig,
1/8 l Wasser,
4 Eßl. Mayonnaise,
1 Eßl. Zitronensaft,
1 Teel. Johannisbeergelee,
1 Teel. Paprikapulver, edelsüß,
2 Teel. Curry hot,
1 Messerspitze Nelkenpfeffer,
1 Messerspitze Zucker,
1/4 Teel. Salz.

Die Bismarckheringe in Stücke, das Fruchtfleisch der geschälten Orange in Würfel schneiden. Beides vermischen. Die Zwiebeln in Scheiben teilen und in dem Essig-Wasser kurz blanchieren. Dann zu den Bismarckheringen geben. Die Mayonnaise mit dem Zitronensaft, dem Johannisbeergelee, Paprikapulver, Curry hot, Nelkenpfeffer, Zucker und Salz abschmecken und die Heringe damit würzen. Gut gekühlt servieren. – Anstelle von Curry hot kann auch normales Currypulver verwendet werden. Curry hot ist die schärfste Zusammenstellung dieses feinen Gewürzes.

275 Herings-Rouladen

6 Salzheringe (davon 2 Milchner),
1/2 l Milch,
2 Eßl. feingehackte Zwiebel,
2 Teel. gehackte Kapern,
1/2 Zitrone,
1 Eßl. Senf,
1 Eßl. geriebener Meerrettich,
4 Eßl. Weinessig,
1 Zitrone,
2 Lorbeerblätter,
1/2 Teel. Senfkörner.

Die gut gewässerten Salzheringe von Kopf, Flossen, Schwanz und Gräten befreien. Der Länge nach teilen. Diese Heringsfilets dann einen ganzen Tag in die Milch legen.
Die Zwiebel mit den gehackten Kapern, der abgeriebenen Zitronenschale, dem Senf und Meerrettich verrühren. Die Heringsfilets mit dieser würzigen Masse bestreichen und aufrollen. Mit einem Holzstäbchen jedes einzeln zusammenhalten. In einen Steintopf schichten. Die Heringsmilch von den beiden Heringen durch ein Sieb passieren, mit dem Weinessig verrühren und Zitronenscheibchen, Lorbeerblätter und Senfkörner dazugeben. Diese Mischung über die Heringsrouladen gießen und an kühlem Ort mindestens 2–3 Tage stehenlassen, bevor an rustikal gedecktem Tisch guter Appetit gewünscht wird.

276 Gewürz-Rollmöpse

6 Bismarckheringe,
1/2 Zwiebel,
1 Eßl. Meerrettich,
1/2 Teel. Selleriesalz,
1/2 Teel. Zucker,
1/2 Teel. Estragon,
1/2 Teel. gehackte Kapern,
1 Teel. gehackte Petersilie,
2 Teel. mittelscharfer Senf,
6 kleine Gewürzgurken,
1 Zwiebel,
1/2 Salatkopf.

Die Bismarckheringe auf einer Platte zurechtlegen. Aus der geriebenen Zwiebel, dem möglichst frischgeriebenen Meerrettich und den angegebenen Gewürzen eine Creme rühren und damit die Bismarckheringe bestreichen. Auf jeden Hering eine kleine Gewürzgurke legen, aufrollen und sorgfältig mit einem Holzstäbchen zusammenhalten. Die geschälte Zwiebel in Ringe schneiden, die Möpschen damit belegen und die ganze Pracht auf grünen Salatblättern Ihrer Familie anbieten.

277 Rollmöpse, Hausfrauenart

8 Salzheringe,
1 Eßl. Meerrettichsenf,
1 Tasse Sauerkraut,
1 Apfel,
2 Scheiben Ananas,
1 Gewürzgurke,
1 Zwiebel,
1/2 rote Paprikaschote,
1 große Zwiebel,
1/2 l Buttermilch,
1 Eßl. Zitronensaft,
1 Spritzer Worcestershiresauce,
1 Messerspitze Zucker,
1/2 Teel. Salz,
2 Eßl. gehackte Kräuter.

Die Salzheringe gut wässern, von Kopf, Flossen und Schwanz befreien und sorgfältig entgräten. Die Fische auseinanderklappen und auf der Innenseite mit Meerrettichsenf bestreichen. Das Sauerkraut, den in Stücke geschnittenen Apfel, die Ananasstücke, die Gewürzgurkenscheibchen, die Zwiebelringe und die marinierten Paprikastreifchen auf die Heringe gleichmäßig verteilen. Jeden einzeln fest aufrollen und mit einem Holzstäbchen zusammenstecken. Die Rollmöpse in eine Schüssel legen. Schön nebeneinander, nach Hausfrauenart. Die Buttermilch mit dem Zitronensaft, der Worcestershiresauce, Zucker, Salz und den frisch gehackten Kräutern verrühren und über die Rollmöpse gießen. So sollten sie mindestens 3 bis 4 Stunden kalt stehen, bevor sie serviert werden. Kartoffelsalat mit Mayonnaise oder Butter-Graubrot paßt ausgezeichnet dazu.

278 Stockholmer Hering

6 Salzheringe (Milchner)
1 Liter Buttermilch,
2 Zwiebeln,
1 Eßl. Kapern,
3 Eßl. Öl,
1 Eßl. Zitronensaft,
1 Eßl. mittelscharfer Senf.

Die Salzheringe im ganzen in der Buttermilch einen Tag entschärfen. Sie sollten ein richtiges Vollbad nehmen. Dann kurz abspülen, mit Küchenkrepp abtupfen und auf einer Platte anrichten. Die Zwiebeln in Ringe schneiden, darüberlegen und mit den Kapern überstreuen.
Die Heringsmilch durch ein Sieb streichen und mit dem Öl, Zitronensaft und Senf verschlagen. Diese Mischung über die Heringe gießen und nach Geschmack zusätzlich mit Petersilie und Tomatenschnitzen garnieren. Der Stockholmer Hering kann ruhig Ihre persönliche Note erhalten!

279 Hering der Fischerin

4 Bismarckheringe,
4 Matjesheringe,
1/2 Tasse geschnittene Senfgurke,
1/2 Tasse geschnittene Gewürzgurke,
2 Zwiebeln,
1/2 Tasse Tomatenpaprika,
1 Tasse grüne Bohnen aus der Dose;

Sauce:
5 Eßl. Essig,
5 Eßl. Öl,
1/2 Teel. Salz,
1 Teel. Paprikapulver,
15 Tropfen Tabasco,
1 Eßl. gehackte Kräuter,
5 Oliven.

Die Bismarckheringe und Matjesfilets in Stücke schneiden, dazu in eine Schüssel die kleingeschnittene Senfgurke, Gewürzgurke, die in Ringe geschnittene Zwiebel, Paprikastücke und die garen Bohnen aus der Dose geben. Alles mit einem Salatbesteck mischen. Den Essig mit dem Öl verrühren, die aufgeführten Gewürze dazugeben und zum Schluß die gehackten Kräuter wie Dill, Schnittlauch, Petersilie und die Oliven. Mit dieser Sauce das Heringsgemisch anmachen und mindestens 2 Stunden ziehen lassen. So möchte es die Fischerin haben!

280 Thunfisch, besondere Art

2 Dosen Thunfisch in Öl,
4 gare Kartoffeln, 3 Gewürzgurken,
2 Karotten, 2 Zwiebeln,
1/2 Tasse Sahne, 1/2 Tasse Joghurt,
2 Eßl. Essig, 1/2 Zitrone,
1/2 Teel. Salz,
1 Messerspitze Zucker,
1 Messerspitze Ingwerpulver,
1 Messerspitze Cayennepfeffer.

Den aus der Dose genommenen Thunfisch mit 2 Gabeln auseinanderziehen oder in Würfelchen schneiden. Die Kartoffeln und die Gewürzgurken in Scheiben schneiden, die Karotten stifteln und die Zwiebeln in Ringe teilen. Diese Zutaten gut vermischen und in eine Glasschüssel füllen. Die Sahne mit dem Joghurt, Essig, dem ausgepreßten Zitronensaft verrühren und mit den Gewürzen abschmecken. Diese schmackhafte Sauce über den Thunfisch in der Schüssel gießen und für 1 Stunde in den Kühlschrank zum Durchziehen geben. In der Zwischenzeit Eiswürfel zerstoßen, diese auf eine größere Platte füllen, die Glasschüssel mit dem Thunfisch daraufsetzen und so servieren.

▼

281 Fischstäbchen mit Musik

1 Paket Fischstäbchen aus der Tiefkühltruhe,
2 Eßl. Öl, 1 große Zwiebel,
1 Gewürzgurke, 2 hartgekochte Eier,
1/2 Glas Weißwein, 4 Eßl. Essig,
2 Eßl. Öl,
einige Drehungen aus der Pfeffermühle,
1/4 Teel. Salz,
1 Eßl. gehackte Kräuter.

Die Fischstäbchen entweder von beiden Seiten in Öl im Tiegel knusprig braten oder kurz unter den Grill setzen. Erkalten lassen. Auf einer Platte anrichten, mit der in Ringe geschnittenen Zwiebel, der in Streifen geschnittenen Gewürzgurke und den Eischeiben belegen.
Weißwein, Essig und Öl verrühren, Pfeffer, frisch gemahlen, Salz und die Kräuter zusetzen und diese Sauce über die Fischstäbchen gießen. Mindestens 1 Stunde im Kühlschrank ziehen lassen. Mit Graubrot auftragen. Besser schmeckt's noch, wenn das Graubrot knusprig getoastet wird.

282 Heilbuttschnitten „Benny“

4 Heilbuttscheiben à 150–200 g,
4 Eßl. Essig, 1 Eßl. Salz,
1 Zwiebel, 5 Pfefferkörner,
3 Pimentkörner, 1 Gewürznelke,
1 Lorbeerblatt,
2 Tassen Maiskörner aus der Dose,
1/2 Tasse Tomatenpaprika,
4 Eßl. Kräuterdressing,
2 hartgekochte Eier,
4 Eßl. Tomatenketchup,
1/2 Teel. Worcestershiresauce.

Den Essig mit Salz und Wasser in einem großen Topf zum Kochen bringen. Die geviertelte Zwiebel, Pfefferkörner, Piment, Nelke und Lorbeerblatt dazugeben, die Heilbuttscheiben einlegen und bei mäßiger Hitze gardünsten. Aus dem Sud herausheben und auf einer Platte erkalten lassen. In der Zwischenzeit die Maiskörner mit dem gewürfelten Tomatenpaprika und dem fertig gekauften Kräuterdressing abschmecken und über die Heilbuttscheiben verteilen. Die beiden hartgekochten Eier in Scheiben teilen, den Fisch damit dekorieren. Tomatenketchup mit der Worcestershiresauce vermengen und am Schluß noch über die Heilbuttschnitten gießen. Eine delikate Angelegenheit, zu der man am besten Toast reicht.

283 Steinbuttschnitten mit Olivensauce

4 Steinbuttschnitten (Koteletts mit Mittelgräte),
1/2 Teel. Salz, Saft 1 Zitrone,
4 Eßl. Öl, 1/2 Kopfsalat,
1/2 Tasse Mayonnaise,
1/2 Tasse Sahne, 1 hartgekochtes Ei,
1/2 Tasse ungefüllte, grüne Oliven,
1 Eßl. gehackte Petersilie,
1 Eßl. feingehackte Zwiebel,
1 Messerspitze Knoblauchpulver,
1 Messerspitze Ingwerpulver,
1/2 Teel. Paprikapulver,
1/2 Teel. Salz, 1 feste Tomate.

Die Steinbuttschnitten kurz abspülen, mit Küchenkrepp abtupfen, mit Salz und Zitronensaft von beiden Seiten einreiben. Das Öl in einem Tiegel erhitzen und die Fischschnitten von beiden Seiten knusprig braten oder aber im Herd grillen (Grillen im Herd ist besonders beim Fisch geeignet. Sie können nach Bedarf hier das Öl auch ganz weglassen.) Die Steinbuttschnitten erkalten lassen. Eine schöne Platte mit Salatblättern auslegen, die erkalteten Steinbuttschnitten darauf anordnen.
Die Mayonnaise mit der Sahne verrühren. Das hartgekochte Ei und die entsteinten Oliven fein hacken, unter die Sahne-Mayonnaise ziehen. Die gehackte Petersilie, Zwiebel, Knoblauchpulver, Ingwer, Paprika, Salz zufügen, gut vermischen und über die Fischschnitten gießen. Die Tomate achteln und die Fischplatte damit recht dekorativ verzieren.

284 Seezunge in Weißwein

8 Seezungenfilets aus der Truhe,
3/8 l Weißwein, 1/8 l Weinessig,
1 Lorbeerblatt, 10 Pfefferkörner,
1 Zweiglein Thymian,
einige Estragonblätter,
2 Teel. Salz, 2 Zwiebeln,
1/2 Zitrone, 1 Petersilienstrauß.

Die aufgetauten Seezungenfilets aus der Tiefkühltruhe in eine feuerfeste Form legen. Den Weißwein mit dem Weinessig in einem Topf erhitzen, das Lorbeerblatt, die Pfefferkörner, Thymian, Estragonblätter und Salz zusetzen. Die in Ringe geschnittenen Zwiebeln, die Zitronenschale und die Petersilie, kleingeschnitten, ebenso zugeben und das Ganze zum Kochen bringen. Über die Seezungenfilets in der feuerfesten Form gießen. Die Form dann mit einem fest schließenden Deckel oder Alu-Folie gut abdecken und im vorgeheizten Backofen 12–15 Minuten garen lassen. Die Seezungenfilets völlig abkühlen und mindestens 24 Stunden stehen lassen, bevor sie mit Petersilienzweig und Zitronenscheibchen auf einer Silberplatte serviert werden.

285 Seezungenröllchen „Elisabeth“

8 Seezungenfilets aus der Tiefkühltruhe, 1 Sträußchen Dill, 1 Karotte,
1/4 l Weißwein, 2 Eßl. Weinessig,
1/4 l Wasser, 2 Teel. Salz,
8 Artischockenböden,
1/2 Tasse Schlagsahne,
3 Eßl. Mayonnaise,
1 gehäufter Eßl. geriebener Meerrettich, 1 Eßl. gehackter Dill,
1/2 Teel. Salz, Saft 1/2 Zitrone,
8 Scheiben Trüffel.

Die aufgetauten Seezungenfilets auf einem Brett auslegen, jeweils ein Zweiglein Dill und einen Streifen Karotte darauflegen und jedes Filet aufrollen. Mit einem Holzstäbchen zusammenhalten. Weißwein, Essig, Wasser und Salz zum Kochen bringen, die Seezungenröllchen hineinlegen und leise garziehen lassen. Herausheben, schön behutsam, damit sie nicht zerfallen und erkalten lassen. Die Artischockenböden auf einer Platte verteilen und auf jede ein Seezungenröllchen setzen. Die Schlagsahne mit der Mayonnaise verrühren, frischgeriebenen Meerrettich, gehackten Dill, Salz und Zitronensaft dazugeben. Von dieser Sahnecreme jeweils ein Häubchen auf jedes Röllchen setzen und mit je einer Trüffelscheibe abschließen. Diese raffinierten Seezungenröllchen wird es nur zu einem festlichen Anlaß, z. B. als Vorspeise, zu Toast und Butterkügelchen geben.

286 Kalte Schollen „Seeland“

2 Schollen, $^1/_4$ l Weißwein,
$^1/_4$ l Wasser, 1 Lorbeerblatt,
2 Teel. Salz, 10 Pfefferkörner,
3 Eßl. Mayonnaise, 1 Eßl. Joghurt,
2 Teel. Zitronensaft,
1 Messerspitze Cayennepfeffer,
2 Eßl. gehackte Kräuter,
100 g gekochte Krabben oder Langostinenschwänze,
1 Strauß Dill.

Von den Schollen mit einer kräftigen Küchenschere die Flossen und den Kopf abschneiden. Den Schwanz stutzen. Unter fließendem Wasser die Fische abspülen. Auf beiden Seiten an der Mittelgräte der Fische einen Längsschnitt anbringen, damit der Kochsud eindringen kann.
Den Weißwein mit Wasser in einen Topf geben, Lorbeerblatt, Salz, Pfefferkörner zusetzen, diesen Sud zum Kochen bringen und die Schollen einlegen. So sollten die Fische mehr ziehend als kochend in etwa 8 Minuten gar sein. Im Sud erkalten lassen und vorsichtig auf einen Teller heben.
Die Mayonnaise mit dem Joghurt und Zitronensaft verrühren, den Cayennepfeffer und die frischgehackten Kräuter zugeben und erst ganz am Schluß die gut gekühlten Krabben oder Langostinenschwänze unterheben. Nicht mehr rühren! Die köstliche Sauce über die Fische gießen oder separat dazu reichen.

287 Bemooster Seefisch

1 schönen Seefisch, z. B. Heilbutt oder Kabeljau,
2 l Wasser, 1 Bund Suppengrün,
2 Teel. Salz, 1 Glas Mayonnaise,
4 hartgekochte Eier,
4 Eßl. feingehackte Kräuter,
$^1/_2$ Teel. Salz,
1 Messerspitze weißer Pfeffer,
1 Glas kleine Champignons,
1 Glas Rote Beete.

Den vorbereiteten Fisch in einem großen Topf in dem kochenden Wasser mit Suppengrün und Salz garziehen lassen. Vorsichtig herausheben, die obere Haut abziehen und den Fisch auf einer Platte erkalten lassen. Die Mayonnaise mit den ausgelösten Eidottern glatt verrühren und die Kräuter unterziehen. Mit dem Salz und Pfeffer würzen. Diese Kräutermayonnaise über den Fisch streichen und mit Champignonköpfen und ausgestochener garer Roter Beete hübsch garnieren. Dazwischen Kräuterblättchen stecken. Das Eiweiß klein würfeln. Rote-Beete-Scheiben um den Fisch legen, das Eiweiß häufchenweise daraufgeben.
Zu Weißbrot zelebrieren und einen Weißwein nicht vergessen!

288 Lachsscheiben „Christin“

4 Lachsscheiben aus der Tiefkühltruhe,
Saft $^1/_2$ Zitrone, 2 Eßl. Butter,
1 Teel. Salz, 1 Paket Brunnenkresse;

Sauce:
1 kleines Glas Mayonnaise,
1 Becher saure Sahne,
3 Knoblauchzehen, 1 Teel. Salz,
1 Messerspitze zerriebene Chilischoten.

Die aufgetauten Lachsscheiben aus der Tiefkühltruhe mit dem Zitronensaft abreiben. Die Butter mit dem Salz verrühren. Den Elektrogrill vorheizen, die Lachsscheiben auf Alu-Folie dicht unter die Infrastrahlen legen und von einer Seite 4 Minuten grillen. Umwenden, mit der gesalzenen Butter bestreichen und auf der zweiten Seite noch 5 Minuten grillen. Herausnehmen und auf einer Platte erkalten lassen. In die Mitte der erkalteten Lachsscheiben einen dicken Tuff Brunnenkresse setzen.
Für die Sauce die Mayonnaise mit der sauren Sahne mit dem Rührgerät verschlagen. Die Knoblauchzehen auf dem Salz mit einem breiten Messer zerdrücken, zur Mayonnaise geben und mit der in den Fingern zerriebenen Chilischote würzen. Diese kräftige Sauce separat zum Fisch reichen. Endiviensalat dazu.

289 Kanadische Lachskoteletts

2 große oder 4 kleine Lachsscheiben aus der Tiefkühltruhe,
$^1/_2$ Zitrone, 1 Teel. Salz,
80 g Butter, 4 Eßl. Mayonnaise,
1 Eßl. geriebener Meerrettich,
$^1/_4$ Teel. weißer Pfeffer,
1 Messerspitze Zucker,
2 hartgekochte Eier,

Salatzutaten:
1 kleine Dose Maiskörner,
1 Tasse Erbschen aus der Tiefkühltruhe,
2 Eßl. gehackte Paprikaschoten aus dem Glas,
4–5 Eßl. italienische Salatsauce,
Zitronenscheibchen.

Die aufgetauten Lachsscheiben mit dem Zitronensaft und Salz einreiben. Die Butter im Tiegel erhitzen und die Lachsscheiben von beiden Seiten schön braun brutzeln. (Dauer: je nach Größe etwa 4 Minuten pro Seite.) Aus der Pfanne heben und erkalten lassen.
Die Mayonnaise mit dem sehr fein geriebenen Meerrettich (es sollte nur eine frische Meerrettichstange verwendet werden!) vermischen, Pfeffer, Zucker dazugeben und am Schluß die geschälten, hartgekochten, feingewürfelten Eier unterziehen. Die erkalteten Lachsscheiben auf einer Platte anordnen, mit der Sauce übergießen und mit Zitronenscheibchen hübsch garnieren. Dazu gibt's Maiskornsalat, der aus den angegebenen Zutaten bereitet wird.

290 Sardinen-Torte

2 Dosen Ölsardinen,
3/8 l Milch,
4 Eier,
1/2 Teel. Salz,
einige Drehungen aus der Pfeffermühle,
1 Teel. edelsüßes Paprikapulver,
1 Eßl. Butter,
2 Eßl. Mayonnaise,
1/2 Kopfsalat,
2 Eßl. Kräuterdressing (fertig gekauft).

Für diese Sardinen-Torte Ölsardinen ohne Haut und Gräten verwenden. Milch mit den Eiern, Salz, Pfeffer und Paprikapulver mit einem Schneebesen kräftig schlagen. (Mit dem Rührgerät geht's schneller!) Eine Kasserolle mit der Butter ausstreichen und die Eiermilch hineingießen. In einem entsprechend großen Topf im Wasserbad bei geringer Hitze (das Wasser darf nicht sprudeln) den Eierstich festwerden lassen. Den Eierstich dann stürzen und wie eine Torte in Segmente teilen. Jedes Segment mit einer Ölsardine belegen und mit einem Mayonnaisentupf versehen.
Mit den vorbereiteten Salatblättern eine Platte auslegen, Salatdressing darüber verteilen und dann die Eierstich-Tortenstückchen wie zu einer Torte zusammengesetzt daraufheben. Schön vorsichtig, daß die Sardinen nicht verrutschen! Eine delikate Vorspeise oder das Rechte für Gäste kurz vor Mitternacht.

291 Fürstliche Lachsröllchen

300 g echten Räucherlachs (in großen Scheiben),
1/4 l süße Sahne,
1/4 Teel. Salz,
1/4 Teel. Zucker,
1 Messerspitze Cayennepfeffer,
3 Eßl. Meerrettich,
1 Ananasscheibe,
1 Orange,
1 Eßl. Cognac.

Die Räucherlachsscheiben auf einem Brett hübsch säuberlich auseinanderlegen. Die Sahne mit dem Salz, Zucker und Cayennepfeffer steifschlagen. Dann den frischgeriebenen Meerrettich unterziehen. Eine Ananasscheibe aus der Dose herausnehmen, ablaufen lassen, fein würfeln. Die Orange schälen, den weißen Pelz gründlich entfernen und das Fruchtfleisch ebenfalls in Würfel schneiden. In ganz kleine! Diese beiden Zutaten unter die steifgeschlagene Sahne ziehen und erst am Schluß den Cognac kurz unterrühren. Diese köstliche Sahnemischung über die Lachsscheiben verteilen und jede einzeln vorsichtig aufrollen. Mit einem Holzspießchen durchstechen. Eine delikate Sache, zu der Butterkugeln mit Toast passen.

292 Störfleischröllchen

8 Scheiben geräuchertes Störfleisch,
1 Tasse Schlagsahne, ungesüßt,
2 Eßl. Meerrettich,
etwas frischgemahlener Pfeffer,
1 Messerspitze Zucker,
1 Messerspitze Salz,
1 Dose Palmenmark.

Die großen, geräucherten Störfleischscheiben auf einem Brett ausbreiten. Die Schlagsahne mit dem frischgeriebenen Meerrettich, Pfeffer, Zucker und Salz verrühren und die Störfleischscheiben damit bestreichen. Auf jede Scheibe nun eine Stange Palmenmark aus der Dose legen und diese in die Störfleischscheibe einrollen. Die Röllchen mit einem Holzspieß durchstechen. Auf grünen Salatblättern sieht es sehr dekorativ aus.

293 Gravadlaks (Schwedische Spezialität)

1–1 1/2 kg Lachs,
1 großer Strauß Dill,
2 gehäufte Eßl. grobes Salz,
1 gestrichener Eßl. Zucker,
1 Eßl. grob gestoßener weißer Pfeffer.

Den Lachs (ein Mittelstück verlangen) schuppen, Rückgrat und Gräten auslösen. Diese beiden Filetstücke auseinanderklappen. Den vorbereiteten Dill darauf verteilen. Das Salz mit dem Zucker und Pfeffer vermischen und ebenfalls über die Lachsfilets streuen. Die beiden Filets zusammenklappen. Das Lachsstück in eine entsprechend große Schüssel legen, mit Alu-Folie abdekken. Dann ein Holzbrett, das in der Größe in die Schüssel passen muß, auf den Fisch legen und mit Gewichtsteinen beschweren. Der Lachs muß richtig gepreßt werden. So muß er mindestens 2 bis 3 Tage ruhen, wobei er alle 12 Stunden gewendet werden sollte, damit die entstandene Beize den Fisch bedeckt.
Ist die schwedische Spezialität fertig, hebt man den Gravadlaks aus der Schüssel. Mit Küchenkrepp etwas abtupfen und auf einem Brett mit einem scharfen Messer in gleichmäßige Scheiben schneiden. Diese werden auf einer schönen Platte angerichtet. Dazu reicht man eine kalte Senfsauce (fertig gekauft) und garniert die Platte mit Zitronenachteln. In der Mitte der Platte kann man einen Tuff von Endivie geben. Besonders gut schmeckt zu dieser schwedischen Spezialität getoastetes Graubrot, das ganz dünn mit Knoblauch abgerieben werden kann. Auch als Brotbelag (nicht ganz billig) ist der Gravadlaks geeignet. Dann anstelle von Butter eine Schicht Mayonnaise unter den exclusiven Fisch streichen.

294 Exquisiter Lachsteller

300 g echter Räucherlachs in Scheiben,
1 kleines Glas russischer Kaviar,
2 hartgekochte Eier,
1 Tasse Schlagsahne, ungesüßt,
1/2 geriebener Apfel,
1 Eßl. Meerrettich,
1/4 Teel. Salz,
1 Messerspitze Zucker.

Die Räucherlachsscheiben auf einer Platte im Uhrzeigersystem hübsch ausbreiten. Den Kaviar im geöffneten Glas in die Mitte stellen. Die geschälten Eier achteln und zwischen dem Lachs anrichten. Die Schlagsahne mit dem geriebenen Apfel, dem frischgeriebenen Meerrettich, Salz und Zucker vermengen und als Berg neben den Kaviar häufen. Dazu ein kräftiges Landbrot servieren, das auch getoastet sein kann. Oder Stangenweißbrot.

295 Geräucherte Makrelen

2 geräucherte Makrelen,
1/2 Salatgurke,
3 Eßl. Tousand Island Sauce (fertig gekauft),
3 Eßl. Mayonnaise,
1 Eßl. Zitronensaft,
1 Teel. frischer, grüner Pfeffer,
1 Messerspitze Salz,
1 Messerspitze Zucker,
1 Teel. Paprikapulver, edelsüß.

Die Makrelen enthäuten und filetieren. Die geschälte Gurke dünn hobeln oder grob raspeln und mit der Thousand Island Sauce anmachen. Mit der Gurke eine Platte auslegen und die Makrelenfilets darauf anordnen. Die Mayonnaise mit dem Zitronensaft, mit dem zerdrückten grünen Pfeffer, Salz und Zucker sowie dem Paprikapulver würzen. Als dicken Streifen über die angerichteten Makrelenfilets ziehen.

296 Dill-Forellen

4 frische Forellen,
1 Sträußchen Dill,
5 Eßl. Essig,
1 Eßl. Salz,
Schale ½ Zitrone,
⅛ l Weißwein,
2 Blatt weiße Gelatine,
1 Messerspitze Salz,
1 Messerspitze Zucker,
2 Eßl. gehackter Dill,
2 Eßl. Mayonnaise,
2 Eßl. Fondue-Relish
(fertig gekauft),
4 Zitronenscheiben,
1 Eßl. eingelegte rote Paprika.

Die ausgenommenen Forellen kurz abspülen und in die Bauchhöhle jeweils ein Dillsträußchen einlegen. Entsprechend viel Wasser in einem Topf zum Kochen bringen. Essig, Salz und Zitronenschale zufügen, aufkochen lassen und die Forellen vorsichtig hineingleiten lassen. In dem Wasser langsam garziehen lassen. Dies dauert ungefähr 6 bis 8 Minuten. Die Forellen wieder behutsam herausheben und zwischen Kopf und Schwanz die Haut abziehen. Auf einer Platte nebeneinander anrichten – wie auf unserem Foto – und die Forellen vollständig erkalten lassen. In der Zwischenzeit den Weißwein erhitzen. Die Gelatine in wenig kaltem Wasser einweichen, wieder ausdrücken und in dem heißen, nicht kochenden Wein auflösen. Salz und Zucker zugeben und am Schluß den gehackten Dill. Den Wein abkühlen lassen und erst dann über die Forellen gießen. Die Mayonnaise mit Fondue-Relish vermischen und als dicken Streifen über die Forellen ziehen. Mit den Zitronenscheiben und Paprikakringeln garnieren. Für Gäste reicht man zu Dill-Forellen Toast und einen herben Weißwein.

297 Karpfenschnitten, Großmütterchens Art

1 Karpfen von ca. 3 Pfund,
3 Eßl. Weinessig,
1 Eßl. Salz,
1/2 Porreestange,
1/2 Petersilienwurzel,
1 Stückchen Sellerieknolle,
1 Karotte,
1 Zwiebel,
10 Pfefferkörner,
1 Lorbeerblatt,
3 Pimentkörner,
1 Gewürznelke,
2 Eigelb,
1/2 Tasse Mayonnaise,
1 Teel. Paprikapulver,
frischgemahlener Pfeffer.

Den vorbereiteten, ausgenommenen Karpfen sehr sorgfältig abspülen und die großen Schuppen entfernen. Mit einem scharfen Messer in etwa 2 cm dicke Scheiben schneiden. Das Schwanzende und den Kopf beiseite legen. Den Weinessig und das Salz in einer Kasserolle mit genügend Wasser (die Karpfenschnitten müssen davon bedeckt sein), der kleingeschnittenen Porreestange, Petersilienwurzel, ebenfalls kleingeschnitten, der Sellerieknolle und Karotte sowie Zwiebel, Pfefferkörnern, Lorbeerblatt, Pimentkörnern, Gewürznelke zum Kochen bringen. Die Karpfenscheiben vorsichtig hineinlegen und garziehen lassen. Dann vorsichtig herausheben und auf einer Platte erkalten lassen. Kopf und Schwanzende erst jetzt in die Brühe geben und darin auskochen. Es soll eine kräftigschmeckende, reduzierte Fischbrühe entstehen. Die Brühe erkalten lassen und abseihen. Die Eigelb jetzt mit 1 Tasse Fischbrühe mit dem Schneebesen kräftig schlagen, die Mayonnaise unterrühren und mit Paprikapulver und Pfeffer abschmecken. Die Karpfenstücke auf einer Platte hübsch anordnen, mit der Sauce überziehen. Und mit Tomatenachteln und Petersilie hübsch verzieren. Kleine Tuffs aus Brunnenkresse sehen auch dekorativ aus.

298 Karpfen in Dillsauce

1 Karpfen (ca. 1 kg),
1 Dillsträußchen,
4 Eßl. Essig,
1 Eßl. Salz,
1 Stückchen Sellerieknolle,
1 Karotte,
1 Lorbeerblatt,
1 Gewürznelke,
5 Pfefferkörner,
1 Tasse frische Sahne,
1 Eßl. Zitronensaft,
3 Eßl. gehackter Dill,
1/2 Teel. Salz,
1/2 Teel. Zucker,
1 Messerspitze Cayennepfeffer,
1 Zitrone,
1 Dillstrauß.

Den ausgenommenen Karpfen gründlich abspülen und die Schuppen entfernen. In die Bauchhöhle den Dillstrauß einlegen. In einen entsprechend großen Topf soviel Wasser einfüllen, daß der Fisch davon bedeckt ist. Dem Wasser Essig, Salz, die kleingeschnittene Sellerieknolle und Karotte sowie das Lorbeerblatt, Gewürznelke und Pfefferkörner beigeben. Diesen Sud 5 Minuten kochen lassen und erst dann den vorbereiteten Karpfen einlegen und bei schwacher Hitze mehr garziehen als kochen lassen. Den Fisch herausnehmen und solange er noch warm ist, zwischen Kopf und Schwanz die Haut entfernen. Den Karpfen auf eine Platte legen. Nun die Sahne kurz schlagen, sie soll nicht steif, sondern nur cremig sein. Darunter den Zitronensaft, den gehackten Dill, das Salz, den Zucker und Cayennepfeffer ziehen. Diese würzige Sauce, oder besser Creme, über den enthäuteten Teil des Karpfens gießen und mit der in Scheibchen geschnittenen Zitrone und den Dillzweigen hübsch garnieren.

299 Hecht in Kräutermayonnaise

1 Hecht (1 bis 1 1/2 kg),
4 Eßl. Essig,
1 Eßl. Salz,
1 Zwiebel,
1 Karotte,
1 Stückchen Selleriewurzel,
1/2 Petersilienwurzel,
1/2 Stange Porree,
5 Pfefferkörner,
1 Lorbeerblatt,
1 Zweig Estragon,
1 Tasse Mayonnaise,
4 Eßl. Sahne,
2 Eßl. Zitronensaft,
etwas frischgemahlener Pfeffer,
1 Teel. Selleriesalz,
3 Eßl. frische Kräuter,
1 Tasse Champignons aus der Dose,
1 Zitrone,
1 Tomate,
Petersilienstrauß.

Den Hecht schuppen, ausnehmen und sehr gründlich abspülen. In einem entsprechend großen Topf Wasser mit dem Essig und Salz erhitzen, die in Scheiben geschnittene Zwiebel, das kleingeschnittene Suppengrün (Karotte, Sellerie, Petersilienwurzel, Porree), Pfefferkörner, Lorbeerblatt und Estragon dazugeben und den Sud zum Kochen bringen. Den vorbereiteten Hecht hineinlegen und garziehen lassen. Das Wasser darf dabei nicht kochen. Läßt sich die Rückenflosse ganz leicht herausziehen, ist das das Zeichen, daß der Fisch gar ist. Den Hecht vorsichtig aus dem Sud heben und auf eine große Platte legen.
Für die Sauce die Mayonnaise mit der Sahne, dem Zitronensaft, einigen Drehungen aus der Pfeffermühle, Selleriesalz, den gehackten Kräutern wie Schnittlauch, Petersilie, Estragon, Zitronenmelisse, Kerbel und Kresse verrühren und erst am Schluß die aus der Dose genommenen, abgelaufenen kleinen Champignons zufügen. Diese schmackhafte Sauce über den Hecht gießen und diesen mit Zitronenscheiben, Tomatenscheiben und Petersilie verzieren. Sehr kalt servieren.

300 Gefüllter Zander

1 Zander (etwa 1 kg),
Saft 1 Zitrone,
1 rohes Eigelb,
1 hartgekochtes Ei,
1 Eßl. gehackte Zwiebel,
1 Eßl. gehackte Kräuter,
3 Oliven,
1/2 Teel. Kapern,
1/4 Teel. Salz,
frischgemahlener Pfeffer,
2 Eßl. Öl,
1 Karotte,
1 Stück Selleriewurzel,
1 Tasse Fleischbrühe,
150 g Feldsalat,
2 Eßl. italienische Salatsauce
(fertig gekauft).

Den ausgenommenen, geschuppten und abgespülten Zander mit dem Zitronensaft innen und außen einreiben. Das rohe Eigelb mit dem feingewürfelten, hartgekochten Ei, der Zwiebel, den frischen Kräutern, Oliven, Kapern (alles fein gehackt), Salz und Pfeffer vermischen und damit den Zander füllen. Die Öffnung mit einem Baumwollfaden zunähen oder einfach mit Holzspießchen zustecken. In einer entsprechend großen, feuerfesten Form das Öl erhitzen, die gehackte Karotte und den gewürfelten Sellerie zugeben und den Zander vorsichtig hineinlegen. Die Fleischbrühe darübergießen und die Form mit einem Deckel oder besser mit Alu-Folie sehr gut verschließen. Den Zander im Ofen gardünsten und in der Form erkalten lassen.
Den verlesenen und gründlich gewaschenen Feldsalat mit der Salatsauce anmachen. Damit eine Fischplatte auslegen und den gefüllten Zander daraufsetzen. Kalt servieren und nach freier Phantasie mit Ei- und Tomatenscheiben verzieren.

301 Schleien in Kräutersauce

2 Schleien (à etwa 500 g),
3/4 l Wasser,
1/4 l Weißwein,
5 Eßl. Weinessig,
1 Zwiebel,
1 Karotte,
1 Stückchen Selleriewurzel,
1 Stück Petersilienwurzel,
1 Lorbeerblatt,
10 Pfefferkörner,
2 Pimentkörner,
Schale 1 Zitrone,
1/2 Tasse Mayonnaise,
1/2 Becher Joghurt,
3 Eßl. frischgehackte Kräuter,
Saft 1/2 Zitrone,
1/4 Teel. Salz,
10 Tropfen Tabasco,
1 Zitrone zur Garnitur.

Die Schleien sauber abspülen. Aus Wasser, Weißwein, Essig, der geviertelten Zwiebel, dem Suppengrün (Karotte, Sellerie, Petersilienwurzel) und den Gewürzen einen Sud bereiten. Diesen 5 Minuten kochen lassen. Erst dann die Schleien einlegen und bei ganz milder Hitze garziehen lassen. Am besten im Sud erkalten lassen und dann herausnehmen. Kopf und Schwanz abtrennen. Die Haut abziehen und das Fleisch von den Gräten lösen. Die filetierten Schleien auf eine Platte legen. Die Mayonnaise mit dem Joghurt verschlagen, die gehackten Kräuter wie Petersilie, Schnittlauch, Zitronenmelisse, Kerbel, Estragon, Borretsch zugeben, mit Zitronensaft abschmecken und mit Salz und Tabasco würzen. Diese Sauce über die Schleien gießen und die Platte hübsch mit Zitronenscheibchen oder -schnitzen garnieren.

302 Forellen „Astoria"

4 frische Forellen,
2 Eßl. Essig,
2 gestrichene Teel. Salz,
1 Glas Stangenspargel, eingelegt,
1 Tasse Schlagsahne,
4 Eßl. Mayonnaise,
2 Eßl. Zitronensaft,
1 Messerspitze Cayennepfeffer,
1 kleines Glas russischer Kaviar.

Die frischen Forellen ausnehmen (besser ist es, das gleich vom Fischhändler erledigen zu lassen). Dabei darauf achten, daß die Haut nicht verletzt wird, da sonst die Forellen an diesen Stellen nicht blau werden. Die Fische einzeln kurz unter fließendem Wasser abspülen und „dressieren", d. h., Schwanz und Kopf mit einem Baumwollfaden zusammenbinden. Am einfachsten geht das, wenn der Faden mit der Nadel durch Schwanz und Kiemen gestochen wird. Sie sollen ganz rund gebunden sein. Genügend Wasser in einem Topf mit Essig und Salz zum Kochen bringen, die Forellen vorsichtig hineinheben. Das Wasser darf nur ganz leicht weiterköcheln. Nach 6 bis 7 Minuten von der Kochstelle nehmen und die Fische im Sud erkalten lassen. Sie lassen sich dann leichter herausnehmen und sind etwas fester. Die Forellen dann zusammen mit dem Stangenspargel aus dem Glas auf einer Platte anrichten.
Für die Sauce, die man extra zu dieser Platte serviert, die Schlagsahne mit der Mayonnaise verrühren, Zitronensaft und Cayennepfeffer dazugeben und zum Schluß den Kaviar leicht unterziehen. Die Forellen noch mit Petersilie und Tomatenschnitzen verschönen. Und wer aus dem Essen eine Show machen will, setzt die Platte mit den Forellen und dem Spargel noch auf gestoßenes Eis, bevor sie hereingetragen wird. Unter das Eis eine tiefblaue Papierserviette legen, das wirkt kälter!

303 Forellen „Kopenhagen"

¹/₂ Kopf Endiviensalat,
2 Eßl. italienische Salatsauce (fertig gekauft),
8 geräucherte Forellenfilets,
¹/₂ Becher Joghurt,
Saft einer Zitrone,
2 Eßl. geriebener Meerrettich,
1 Orange,
¹/₄ Teel. Salz,
frischgemahlener Pfeffer,
1 Messerspitze Ingwerpulver,
1 Messerspitze Zucker,
1 Tomate.

Den verlesenen und gewaschenen Endiviensalat in dünne Streifchen schneiden. Mit der italienischen Salatsauce anmachen und eine Platte damit auslegen. Die geräucherten Forellenfilets darauf im Uhrzeigersystem anrichten.
Den Joghurt mit der Zitrone und dem frischgeriebenen Meerrettich verrühren. Die geschälte Orange in kleinste Würfel schneiden und unter die Joghurtsauce rühren. Am Schluß mit den angegebenen Gewürzen abschmecken. Die Sauce von der Mitte her über die Forellen gießen und mit der in Scheibchen geschnittenen Tomate verzieren. Wenn Sie keine Tomate zur Hand haben, geht auch was anderes.

304 Blaue Geleeforellen

4 frische Forellen,
4 Eßl. Essig,
1 Eßl. Salz,
5 Pfefferkörner,
¹/₈ l Weißwein,
4 Blatt weiße Gelatine,
¹/₂ Teel. Salz,
frischgemahlener Pfeffer,
1 Gewürzgurke,
2 hartgekochte Eier,
¹/₂ Tasse eingelegte, rote Paprika,
1 Eßl. Kapern,
1 Dose Krebsfleisch.

Die frischen ausgenommenen und unter fließendem Wasser abgespülten Forellen beiseitelegen. Reichlich Wasser mit Essig, Salz und Pfefferkörnern aufkochen. Die Forellen vorsichtig einlegen und etwa 8 Minuten garziehen lassen. Sofort herausheben. Den Weißwein mit ¹/₈ l von dem Fischsud verrühren und die vorher in kaltem Wasser eingeweichte und wieder ausgedrückte Gelatine darin auflösen. Salzen und pfeffern. Die Forellen auf einer Platte anrichten, mit der in Scheiben geschnittenen Gewürzgurke, den Eiachteln, Paprikastreifchen, Kapern und den Krebsfleischstücken belegen. Jetzt das inzwischen abgekühlte Gelee darübergießen und alles erkalten lassen.

305 Languste „Grand Chef"

1 Languste von ca. 1000 bis 1500 g,
1 1/2 l Wasser, 1/2 l Weißwein,
2 Karotten, 1/2 Staude Bleichsellerie,
1 Zwiebel, 2 Lorbeerblätter,
1 Zweig Thymian, 1 Bund Petersilie,
15 Pfefferkörner, 2 Eßl. Salz,
3 Tomaten, 6 hartgekochte Eier,
1 Eßl. Butter, 1 Eßl. Mayonnaise,
1/4 Teel. Salz,
1 Messerspitze Cayennepfeffer,
1/2 Teel. Currypuder,
1 Eßl. Sahne,
15 gefüllte grüne Oliven,
6 schwarze Oliven, 1 Döschen Trüffel.

Es gibt zwei Möglichkeiten der Zubereitungsart. Entweder Sie haben die Chance, eine bereits fertig gekochte Languste zu erhalten, oder Sie bereiten sie selbst vor; zweifellos für das Rezept die schmackhaftere Art der Zubereitung.
Wasser und Wein mit dem vorbereiteten und kleingeschnittenen Gemüse, den Gewürzen und Kräutern aufkochen. Das Wasser soll sprudelnd kochen, wenn die lebende Languste hineingegeben wird. Sie ist sofort tot. Zwischen 30 und 40 Minuten – je nach Größe – soll sie bei Mittelhitze leicht kochen. Nach dieser Zeit aus der Brühe nehmen und kaltwerden lassen. Mit einem sehr scharfen Messer (besser noch mit einer handfesten Küchenschere) die Unterseite der Languste aufschneiden und das Fleisch, vor allem aus dem dicken Schwanzende, möglichst in einem Stück herauslösen und in Scheibchen schneiden. Die Languste selbst auf eine große Platte legen. Auf dem Rücken der Languste schuppenartig das Fleisch auflegen. Mit Olivenscheiben und Truffelscheiben garnieren.
Tomatenscheiben um die Languste legen. Die hartgekochten Eier nach dem Schälen längs halbieren, das Eigelb herauslösen und mit der Butter schaumig rühren. Erst am Schluß die Mayonnaise, das Gewürz und die frische Sahne zufügen. Diese Masse in einen Spritzbeutel geben und damit die hartgekochten Eihälften füllen. (Die Eihälften unten etwas abschneiden, damit sie fester stehen.) Diese gefüllten Eier auf die Tomatenscheiben setzen und jedes dieser Eier abwechselnd mit einer grünen gefüllten und einer schwarzen Olive belegen. Petersilienstengel noch dazwischenstecken.
Tip: Das Langustenfleisch kann noch mit Gelee überglänzt werden. Dafür etwas Weißwein erhitzen und etwas weiße, vorher in kaltem Wasser aufgelöste und wieder ausgedrückte Gelatine einrühren. Erkaltet über die Langustenscheibchen streichen. Das sieht noch appetitlicher aus.
Ein großartiges Essen für einen festlichen Abend zu einem Rosé oder Weißwein. Dazu schmeckt nur Toast. Goldgelber!

306 Hummer mit Dillcreme

1 gekochter Hummer,
5 Eßl. Mayonnaise,
1/8 l Sahne,
3 Eßl. gehackter Dill,
1/4 Teel. Salz,
1 Messerspitze Cayennepfeffer.

Der Hummer – etwas für Feinschmecker – erhält seine wunderschöne rote Farbe erst durchs Kochen. Noch lebend ist er schwarzblau mit braunen oder violetten Tönen. Man kann Hummer in Delikateß- oder Fischgeschäften fertig gekocht kaufen. Man kann das Tier auch lebend erhalten. Dann muß es in einem Sud (siehe Rezept ,,Languste Grande Chef" Nr. 305) je nach Größe zwischen 30 und 40 Minuten gekocht werden. Oder aber man kauft den Hummer tiefgekühlt. Dann ist er nur blanchiert, d. h. in kochendem Wasser getötet und muß noch fertiggegart werden. Das dauert in dem angegebenen Sud je nach Größe noch etwa 20 Minuten.
Die Arbeit beginnt beim fertiggekochten Hummer mit dem Zerlegen. Dazu ist erforderlich, daß man ein sehr starkes Messer oder eine stabile Küchenschere und ein kräftiges Holzbrett hat. Zuerst die Scheren und die Füße ausbrechen. Dann den Hummer mit dem Rücken nach oben auf das Holzbrett legen und mit dem starken Messer (notfalls mit einem kurzen Schlag mit dem Hammer nachhelfen) den Panzer längs, vom Kopf angefangen, durchschneiden, so daß zwei Teile vor Ihnen liegen. Den gelatineartigen Sack im Kopf entfernen und wegwerfen. Er ist der einzige nicht eßbare Teil des Hummers. Der Darm des Hummers sollte entfernt werden. Es schadet aber nichts, wenn er mitgegessen wird. Zwei Delikatessen im Hummer werden herausgeschält, wenn sie vorhanden sind, und zwar die braungrüne Leber und das schwarze Mark. (Beides kann mit in die Sauce gerührt werden, oder vom Mark gibt es eine gerührte Hummerbutter, die speziell für Canapés eine Delikatesse ist.)
Das gesamte köstliche Hummerfleisch nun aus den Schalen heben und in große Stücke schneiden. Die Scheren aufbrechen (man sollte dazu eine Hummerzange benutzen) und auch hier das Fleisch möglichst in großen Stücken herauslösen. (Notfalls mit der Hummergabel restliches Fleisch herausziehen.) Mit Geduld können auch die Beine aufgeknackt und das weiße Fleisch herausgezogen werden.
Die beiden Hummerschalen und nach Möglichkeit auch die wieder zusammengesetzten Scheren so auf die Platte legen, daß sie als Behälter für das Hummerfleisch verwendet werden können. Nun die Mayonnaise mit der cremig, nicht steifgeschlagenen Sahne vermischen, den gehackten Dill unterziehen und mit Salz und Cayennepfeffer würzen. Mit dieser Mischung das Hummerfleisch vorsichtig vermengen und in die auf die Platte gelegten Hummerschalen füllen.
Hummer sollte eiskalt serviert werden. Als Garnitur passen Zitronenstückchen und Kresse oder Petersilie. Frischer Toast und Butter wird als Beigabe gereicht.

307 Hummer ,,exquisit"

1 gekochter Hummer, 1 kleine Gewürzgurke,
1/2 Tasse Champignons aus der Dose,
1/2 Tasse Erbsen, 2 hartgekochte Eier,
5 Eßl. Mayonnaise, 1/2 Teel. Kapern,
1 Teel. Paprikapulver edelsüß,
1 Messerspitze Cayennepfeffer,
1 Eßl. gehackte Trüffeln.

Den Hummer wie im Rezept ,,Hummer mit Dillcreme" vorbereiten, teilen und das Hummerfleisch aus Scheren und Körper herauslösen. In möglichst gleichmäßige Scheiben schneiden. Die Gewürzgurke feinhacken, die in Scheibchen geschnittenen Champignons aus der Dose und die gargedünsteten Erbschen in einer Schüssel vermengen. Die beiden hartgekochten, gewürfelten Eier dazugeben. Nun aus der Mayonnaise, den feingehackten Kapern, Paprikapulver und Cayennepfeffer eine würzige Sauce rühren, damit das Gurken-Champignon-Erbsen-Eier-Gemisch binden. Dabei vorsichtig umgehen, damit die Zutaten nicht zerdrückt werden!
Eine exquisite Platte – weil es dieses Rezept so erfordert! – mit den leeren Hummerschalen belegen, dahinein das Salatgemisch füllen und das Hummerfleisch treppenartig darauf anordnen. Am Schluß mit den gehackten Trüffeln bestreuen. Als Dekoration kann in Frage kommen: Petersilientuff, Zitronenscheibchen. Dazu passen nur goldgelber Toast und ein auserlesener Tropfen!

308 Hummerschaum in Tomaten

1 Dose Hummerfleisch, 1/8 l Sahne,
1/2 Teel. Paprikapulver, 1/4 Teel. Salz,
1 Messerspitze Muskatnuß,
1 Messerspitze Fleischwürze,
1 Teel. gehackte Petersilie,
6–8 Tomaten, einige Salatblätter.

Das Hummerfleisch aus der Dose heben und sehr fein hacken. Die Sahne steifschlagen, die Gewürze nach und nach zugeben. Die Tomaten ,,köpfen", d. h. oben ein Deckelchen abschneiden und das Innere herauslöffeln. (Kann für eine Tomatensuppe verwendet werden.) Die Tomaten ganz kurz in das Eisfach stellen.

In der Zwischenzeit das gehackte Hummerfleisch mit der steifgeschlagenen Sahne und den Gewürzen vermengen, in die vorgekühlten Tomaten füllen und diese gefüllten Tomaten nach Möglichkeit auf gestoßenem Eis, das mit Salatblättern belegt wurde, servieren. Besonders dekorativ sieht es aus, wenn die gefüllten Tomaten noch mit einigen Hummerstückchen und Petersilie garniert werden. Dieser Hummerschaum ist eine anspruchsvolle Vorspeise für erlesene Gäste!

309 Krebse mit Kaviarcreme

1 Dtzd. Krebse,
4 Eßl. geschlagene Sahne,
3 Eßl. Mayonnaise, 1 Eßl. Zitronensaft,
1 Messerspitze Cayennepfeffer,
1 Glas echter russischer Kaviar (56,8 g).

Ein Krebsessen ist nichts für ungeduldige und sehr hungrige Leute. Es ist wie bei anderen Delikatessen aus dem Meer: man muß sich erst heranarbeiten. Pro Person sollte man etwa 6 Stück rechnen, für 4 Personen also 2 Dtzd. kaufen. Werden die „Hummer" des Süßwassers lebend gekauft, werden sie in einem großen Topf in reichlich sprudelndem Salzwasser mit Karotte, einem Stück Sellerie, einem Lorbeerblatt und einigen Pfefferkörnern gegart. Die Kochzeit beträgt etwa 12 Minuten. Wichtig ist nur, daß die Tiere nacheinander in das kochende Wasser gegeben werden, damit sie auch sofort tot sind. Die garen Krebse in dem Sud erkalten lassen. Eine große Platte mit Eisstücken belegen, die Krebse darauf schichten.

Für die Kaviarcreme die geschlagene Sahne (für 4 Personen auch hier die doppelte Menge rechnen) mit der Mayonnaise vermengen, Zitronensaft und Cayennepfeffer unterziehen und erst am Schluß den Kaviar zugeben. Vorsicht dabei, damit der Kaviar nicht zerdrückt wird.

Die Krebsplatte in die Mitte des Tisches heben, daneben die Kaviarcreme stellen, Butter und frischgerösteten Toast. Jeder nimmt sich nun seine Krebse. Die Scheren mit dem Krebsmesser (Messer mit Loch) aufbrechen und mit der Krebsgabel das Fleisch herausziehen. (Aussaugen ist hier auch erlaubt.) Den Schwanz vom Brustpanzer ablösen, seitlich öffnen und das Fleisch herausnehmen. In die Kaviarcreme stippen.

Anstelle der Kaviarcreme kann auch eine gewürzte, schaumiggerührte Butter mit Knoblauch, Salz und Kräutern oder eine würzige Mayonnaise, die mit gehackten Schalotten, frischer Sahne, gehackten Kräutern, Paprika und Salz verrührt wurde, dazu gereicht werden. Beide Zutaten müssen im Kühlschrank vor dem Servieren durchkühlen.

Zu Krebsen paßt Weißwein, aber auch ein gut gekühltes Bier.

310 Frühlings-Langostinos

250 g Langostinos, tiefgekühlt,
5 Pfefferkörner,
1 Lorbeerblatt,
1 Stückchen Zitronenschale,
1 Teel. Salz,
1 Becher Hüttenkäse,
3 Eßl. gehackte Kräuter,
1 Eßl. Zitronensaft,
1 Messerspitze Salz,
1 Messerspitze Zucker,
1 Teel. frischer, grüner Pfeffer.

Die Langostinos, noch gefroren, mit den Pfefferkörnern, dem Lorbeerblatt, der Zitronenschale, dem Salz in reichlich sprudelndem Wasser weichkochen. Dauer: etwa 12 Minuten. Die Tiere in der Brühe erkalten lassen. In der Zwischenzeit den Hüttenkäse mit den frischgehackten Kräutern (z. B. Schnittlauch, Dill, Estragon, Zitronenmelisse, Brunenkresse usw.) und den Gewürzen gut verrühren. Ist die Masse zu trocken, noch 1 bis 2 Eßl. Dosenmilch zufügen. Dann die aus der Brühe genommenen und ausgekühlten Langostinos dazugeben und das kleine Vorgericht auf grünen Salatblättern oder Endivie sehr kalt servieren. Frischen, grünen Pfeffer gibt es in Feinkostgeschäften in der Tiefkühltruhe. Er wird mit einem Nudelholz fein zerdrückt. So entfaltet er sein volles Aroma.

311 Langostinenschwänze „Johann“

300 g Langostinenschwänze aus der Tiefkühltruhe,
1 Messerspitze Salz,
1 Eßl. Zitronensaft,
50 g Butter,
1 Zwiebel,
3 hartgekochte Eier,
3 Eßl. Öl,
1 Eßl. Essig,
1 Eßl. mittelscharfer Senf,
3 Eßl. frischer Meerrettich,
$1/2$ Teel. Salz,
12 Tropfen Tabasco.

Die noch tiefgefrorenen Langostinenschwänze mit dem Salz bestreuen und mit dem Zitronensaft beträufeln. So sollen sie bei Zimmertemperatur langsam auftauen. Dann die Butter erhitzen, die feingehackte Zwiebel zufügen und die aufgetauten Langostinenschwänze zufügen. Von beiden Seiten werden sie hellbraun gebraten. Nach dem Erkalten werden sie auf einer schönen Platte angerichtet. Die hartgekochten, geschälten Eier werden getrennt, d. h. das Eiweiß fein würfeln und über die Langostinenschwänze streuen. Das Eigelb mit dem Öl, Essig, dem Senf, dem frischgeriebenen Meerrettich, Salz und Tabasco zu einer Sauce rühren und über die Langostinenschwänze gießen.

312 Meerrettich-Krabben

250 g frische Krabben,
3 Eßl. Weißwein,
3 Eßl. geriebener Meerrettich,
$1/2$ Teel. Salz,
$1/2$ Teel. Zucker,
1 Messerspitze Cayennepfeffer,
2 Eßl. Zitronensaft,
1 Teel. gehackte Petersilie,
1 hartgekochtes Ei.

Die Krabben in eine große Schüssel füllen und mit dem Weißwein beträufeln. 1 Stunde marinieren. In der Zwischenzeit den frischgeriebenen Meerrettich mit dem Salz, Zucker, Cayennepfeffer, Zitronensaft und der Petersilie verrühren. Diese würzige Mischung über die marinierten Krabben geben, einmal kurz umrühren, kaltgestellt nochmals ziehen lassen und auf kleinen Glastellern mit den Eischeiben oder -achteln garniert auftragen. Wegen des Farbkontrasts sieht es natürlich hübscher aus, wenn noch etwas Grün dazwischengesteckt wird.

Diese Vorspeise läßt sich abwandeln, wenn $1/8$ l steifgeschlagene Sahne unter die Krabben gezogen wird.

313 Feinschmecker-Krabben

400 g Nordsee-Krabben,
100 g roher Sellerie,
2 Ananasscheiben aus der Dose,
2 Eßl. gehackte Zwiebel,
$1/2$ Teel. Salz,
$1/2$ Teel. Zucker,
Saft 1 Zitrone,
10 Tropfen Tabasco;
Sauce:
$1/8$ l saure Sahne,
1 Messerspitze Zucker,
1 Messerspitze Salz,
2 Eßl. russischer Kaviar.

Die gekochten Nordseekrabben mit dem feingeraffelten, rohen Sellerie, der feingeschnittenen Ananas sowie der gehackten Zwiebel und den Gewürzen wie Salz, Zucker, Zitronensaft und Tabasco verrühren. Mindestens $1/2$ Stunde gutgekühlt marinieren lassen. In der Zwischenzeit die Sauce rühren. Dafür die saure Sahne leicht schlagen, damit sie cremig wird. Mit Zucker, Salz würzen und zum Schluß vorsichtig den Kaviar unterziehen. Vorsichtig deshalb, damit die einzelnen Kaviareier nicht zerdrückt werden! Diese Sahne-Kaviar-Sauce über die eisgekühlte Krabbenmischung gießen und dazu Weißbrot oder goldgelben Toast für die Feinschmecker reichen.

314 Krabbentörtchen

8 Mürbeteigtörtchen (fertig gekauft),
200 g gekochte Nordsee-Krabben,
100 g gekochter Schinken,
50 g Goudakäse,
3 Eßl. Mayonnaise,
1 Messerspitze Cayennepfeffer;
für die Garnitur:
2 Ananasscheiben,
8 Kirschen.

Die fertiggekauften Mürbeteigtörtchen parat stellen. Die Nordsee-Krabben (sie werden stets an Bord der Kutter schon gekocht) in eine Schüssel füllen. Den gekochten Schinken in ganz feine Streifchen schneiden, den Goudakäse fein würfeln. Diese beiden Zutaten mit den Nordsee-Krabben in der Schüssel vermengen. Die Mayonnaise mit dem Cayennepfeffer würzen, die Krabbenmischung damit anmachen. Diese Masse auf die acht Mürbeteigtörtchen verteilen. Als Clou jedes Tortelett mit einem Ananasviertel und einer Kirsche verzieren.

315 Krabben-Gaumenkitzel

1 Paket Tiefseekrabben aus der Tiefkühltruhe,
Saft 1/2 Zitrone,
1/4 Kopf Endivie,
1 Traube blaue Weinbeeren;
Sauce:
4 Eßl. Mayonnaise,
2 Eßl. Sahne,
1 Eßl. Cognac,
1 Eßl. Chilisauce (fertig gekauft),
1 Messerspitze Cayennepfeffer.

Die fix und fertig gekochten und geschälten Tiefseekrabben aus der Tiefkühltruhe nehmen und auftauen lassen. Mit Zitronensaft vorsichtig beträufeln. (Tiefseekrabben sind auch unter der Bezeichnung Camarones oder Coronas in den Tiefkühltruhen ausgelegt.) Hübsche Glastellerchen mit kleingeschnittener knackfrischer Endivie auslegen, Tiefseekrabben behutsam darauflegen, die blauen Weinbeeren dazwischenstecken und mit der nachfolgend aufgeführten scharfen Sauce überkleppern. Die Mayonnaise mit der cremiggeschlagenen Sahne verrühren, den Cognac zufügen und mit der Chilisauce und einer Messerspitze Cayennepfeffer würzen. Dazu schmeckt ausgezeichnet ein goldgelber Toast mit Butter. Je nach Anzahl der Gäste sollten Sie entsprechend mehr Tiefseegarnelen verwenden.

316 Scampi in Teufelssauce

12 rohe Scampi aus der Tiefkühltruhe,
1/2 l Wasser,
2 Eßl. Essig,
1/2 Teel. Salz,
5 Pfefferkörner;
Teufelssauce:
1 Döschen Tomatenmark,
2 Eßl. Tomatenketchup,
2 Eßl. Öl,
1 Eßl. Essig,
1/2 Teel. Selleriesalz,
1/2 Teel. Curry,
1 Teel. Rosenpaprika,
12 Tropfen Tabasco,
1 Messerspitze Zimt,
1 Messerspitze Zucker.

Die Scampi werden noch gefroren in dem Sud aus Wasser, Essig, Salz und Pfefferkörnern einige Minuten gargekocht (etwa 4 bis 5 Minuten). Auspulen und erkalten lassen. Auf einer schönen Platte ausbreiten. Und die Teufelssauce separat dazu reichen. Dazu das Tomatenmark aus der Dose mit dem Tomatenketchup, Öl und Essig sehr gut verschlagen, mit dem Selleriesalz, Curry, Rosenpaprika, Tabasco, Zimt und Zucker sehr würzig abschmecken. Sollte die Sauce zu dick sein, kann etwas Wasser oder kalte Fleischbrühe untergerührt werden. In einer stillen Stunde genießen mit Weißbrot oder Toast.

317 Platte mit Meeresfrüchten

1 Dose Muscheln, naturell,
1 Dose geräucherte Muscheln,
1 Dose geräucherte Austern,
1 Dose gekochte Crevetten,
1 Dose Krebsfleisch, 1 Dose Champignons,
1 Glas Artischockenherzen in Öl,
1 Glas Mixed Pickles,
1 Tube Kräuter-Remoulade,
1 Tube Mayonnaise,
1 Glas Exotic-Relish,
1 Kopfsalat, kleine Holzspießchen.

Eine möglichst große Platte mit den säuberlich verlesenen und gewaschenen Salatblättern auslegen. Die Dosen mit den Meerestieren öffnen und den Inhalt ohne die Flüssigkeit zu kleinen Bergen nebeneinander auf die Salatblätter legen. Jede Tierart sollte für sich liegen. Daneben die feinen Gemüse aus den Dosen ebenfalls getrennt legen. Die Platte sollte gut gefüllt davon sein.
Die Kräuter-Remoulade, Mayonnaise, Exotic-Relish (Fertigsauce) in kleine Schüsseln füllen und separat dazustellen. Wichtig ist, daß alle Zutaten sehr kalt sind. Es ist also ratsam, die Dosen und Gläser über Nacht im Kühlschrank zu lagern. Mit den kleinen Holzspießen kann sich jeder Gast von der Platte bedienen, kann Muscheln mit einem Artischockenherz aufspießen oder auch die geräucherte Auster „solo" in die Kräuterremoulade tauchen. Variationsmöglichkeiten gibt es genug. Pumpernickel, Weißbrot oder Crackers können dazugestellt werden. Diese Platte ist für Leute gedacht, die nicht am Wasser wohnen und trotzdem mal in Urlaubserinnerung schwelgen wollen.

318 Geräucherte Muscheln „Estoril"

2 Dosen geräucherte Muscheln,
1 Eßl. Muschelsauce,
5 Eßl. Tomatenketchup,
5 Eßl. Mayonnaise,
2 Eßl. Madeirawein,
1 Eßl. gehackter Dill,
1 Teel. gehackte Petersilie,
1 Teel. geriebener Meerrettich,
1 Messerspitze Cayennepfeffer,
1/2 Teel. Selleriesalz.

Die Muscheln aus der Dose nehmen und ablaufen lassen. Einen Eßlöffel von der Sauce abnehmen und diesen mit dem Tomatenketchup, der Mayonnaise und dem Madeirawein verrühren. Dill, Petersilie, den frischgeriebenen Meerrettich, Cayennepfeffer und Selleriesalz dazugeben und alles zusammen zu einer würzigen Sauce vermengen. Am Schluß erst die Muscheln zugeben. Gut gekühlt in Glasschalen oder auf goldgelbem Toast anrichten. Noch mit Dillzweig verzieren, damit's hübscher aussieht.

319 Muscheln in Weißwein

2 Dosen Muscheln, naturell,
2 Gläser Weißwein, 1 Zwiebel,
1 Eßl. gehackte Petersilie,
1 Eßl. gehackter Dill,
1/2 Teel. Selleriesalz,
1/4 Teel. weißer Pfeffer,
1/4 Teel. Zitronenschale,
1 Messerspitze Zucker,
2 Teel. Zitronensaft,
1 Tasse Champignons aus der Dose,
2 feste Tomaten.

Die Muscheln aus den Dosen nehmen und ohne die Flüssigkeit auf eine schöne Platte legen.
Den Weißwein, es sollte ein herber sein, mit der feingehackten Zwiebel, der Petersilie, dem Dill, Selleriesalz, Pfeffer, dem Abgeriebenen der Zitrone, Zucker und Zitronensaft vermischen. Die Champignons aus der Dose in dünne Scheiben schneiden. Die Tomaten kurz in kochendes Wasser tauchen. Die Schale abziehen, die Kerne entfernen und das Fruchtfleisch in Würfel schneiden. Champignons und Tomaten über die Muscheln geben und darüber die würzige Weißweinsauce gießen. Die Muscheln sollten so etwa 2 bis 3 Stunden im Kühlschrank marinieren, bevor sie eiskalt serviert werden. Eine späte Gästebewirtung, zu der getoastetes Weiß- und auch Graubrot gleichermaßen gut passen.

320 Indische Sahnemuscheln

2 Dosen Muscheln, naturell,
5 Eßl. Sahne,
1 Eßl. Mayonnaise,
2 Teel. Curry hot,
1 Teel. Paprikapulver, edelsüß,
1/2 Teel. Salz,
3 Ingwerpflaumen,
2 Teel. Zitronensaft,
1 Tasse Champignons aus der Dose,
2 feste Tomaten.

Die Muscheln aus der Dose nehmen und ablaufen lassen. Die frische Sahne mit der Mayonnaise verschlagen und mit Curry hot, Paprikapulver und Salz gut würzen. Die Ingwerpflaumen (sie sind im Glas zu kaufen) in sehr dünne Streifen oder kleine Würfel schneiden und zusammen mit den Mandeln unter die Sauce rühren. Erst am Schluß die Muscheln unterziehen. Möglichst in Glasschälchen auf gestoßenem Eis, garniert mit den gehackten Pistazien, servieren.
Als Abwandlung ist zu empfehlen, der Sauce noch 1/2 in kleine Würfel geschnittene Banane unterzurühren. Sie gibt der Sauce eine leichte Süße.

321 Abalone „mexicana“

1 Dose Abalone (Tiefseemuscheln aus dem Golf von Mexiko),
1 Zwiebel, 1 Knoblauchzehe,
3 Eßl. Essig, 1 Eßl. Öl,
1/2 Teel. Salz, 2 Eßl. Mayonnaise,
3 Eßl. Tomatenketchup,
1 Teel. Worcestershiresauce,
1/2 Teel. Tabasco,
2 Teel. Paprikapulver, edelsüß,
1/2 grüne Paprikaschote,
1 Gewürzgurke,
1 Salzgurke, 1 Teel. Kapern.

Die Abalone aus der Dose heben und in hauchdünne Scheiben schneiden. Die geschälte Zwiebel und die Knoblauchzehe sehr fein hacken und mit dem Essig, Öl und Salz vermengen. Diese Mischung über die Abalone in einer Schüssel gießen. Für mindestens 4 bis 5 Stunden in den Kühlschrank zum Durchziehen geben. Dann die Flüssigkeit wieder abgießen und die Abalone mit der gehackten Zwiebel auf einer Platte anrichten. Mayonnaise und Tomatenketchup zusammen verrühren und mit der Worcestershiresauce, der Tabascosauce und dem Paprikapulver würzen. Die entkernte Paprikaschote, Gewürz- und Salzgurke ganz fein hacken und unter die Sauce rühren. Sie sollte herzhaft und scharf sein. Diese nun über die Abalone gießen und zu Weißbrot mit Butter servieren. Frischer Toast schmeckt dazu.

322 Herzmuscheln, wie man sie in Neapel ißt

Herzmuscheln,
Saft 1 Zitrone,
1 Eßl. Öl,
frischgemahlener Pfeffer,
1 Messerspitze Estragon,
1 Messerspitze Salbei.

Dieses Rezept, das eigentlich gar keines ist, soll Ihnen nur den Mund wäßrig machen. Wenn Sie nicht am Meer wohnen, sollten Sie sich unseren Vorschlag einfach mit in den nächsten Urlaub ans Wasser nehmen und dort einmal ausprobieren. Herzmuscheln kaufen. Den Zitronensaft mit dem Öl, Pfeffer, Estragon und Salbei kräftig verschlagen. Die rohen Muscheln mit einem spitzen Messer vorschriftsmäßig vorsichtig öffnen, damit das köstliche Seewasser nicht ausläuft, auf jede Muschel einige Tropfen des Zitronen-Öl-Gemischs träufeln und hinunterschlucken. Sie werden staunen, was für eine wohlschmeckende Art es ist, Muscheln zu verspeisen. Dazu sollte es als Beigabe Weißbrot geben, das mit einer frischen Knoblauchzehe abgerieben, im Ofen kurz überbacken wurde. Weißwein dazutrinken.

323 Jacobsmuscheln in scharfer Sauce

300 g Jacobsmuscheln, tiefgefroren,
1/8 l Weißwein, 5 Pfefferkörner,
1 Lorbeerblatt, 1 Stück Zitronenschale, 1 Teel. Salz, 1/2 Zwiebel,
1 Dose Tomatenmark, 2 Eßl. Olivenöl,
4 Schalotten, 1 Knoblauchzehe,
1 Pfefferschote,
1 Teel. grüner Pfeffer,
1 Teel. Worcestershiresauce,
1/2 Teel. Curry,
2 Teel. Paprikapulver, 1/2 Teel. Salz.

Die Jacobsmuscheln aus der Tiefkühltruhe auftauen lassen. Den Weißwein mit Pfefferkörnern, Lorbeerblatt, Zitronenschale, Salz und in Stücke geschnittener Zwiebel aufkochen, die Jacobsmuscheln in diesem Sud 10 Minuten ziehen, in der Brühe erkalten lassen. Herausnehmen, in Scheibchen schneiden oder auch nur halbieren und auf einer Platte oder in einer Schüssel anrichten. Das Tomatenmark mit dem Olivenöl, den gehackten Schalotten, der zerdrückten Knoblauchzehe, der kleingeschnittenen Pfefferschote und den zerdrückten oder im Mörser zerstoßenen grünen Pfefferkörnern verrühren. Die Worcestershiresauce, Curry, Paprika und Salz zufügen und diese köstliche scharfe Sauce über die Jacobsmuscheln gießen. Eiskalt auftragen.

324 Austern in Grapefruits

2 Grapefruits,
2 Dosen japanische Austern,
5 Eßl. Tomatenketchup,
2 Eßl. Sahne,
3 Eßl. Grapefruitsaft,
1 Teel. Worcestershiresauce,
3 Tropfen Tabasco,
1 Messerspitze Salz,
1 Messerspitze Zucker,
2 Eßl. gehackte Tomatenpaprika,
3 Eßl. gewürfelter Sellerie.

Die Grapefruits quer halbieren, auspressen und mit einem Löffel das Fruchtfleisch herausschälen. Die Austern aus der Dose heben und das Öl abtropfen lassen. Tomatenketchup mit der Sahne, dem Grapefruitsaft, Worcestershiresauce, Tabasco, Zucker, Salz, verrühren und erst am Schluß die eingelegte und gehackte Tomatenpaprika sowie den gewürfelten, gekochten Sellerie darunterrühren. Mit 2 Löffeln die abgetropften Austern unterziehen, recht vorsichtig, damit sie nicht zerdrückt werden und diese würzige Mischung dann in die Grapefruithälften füllen. Möglichst auf gehacktem Eis servieren. Besonders hübsch sieht es aus, wenn die Grapefruithälften noch mit hartgekochten Eischeiben und Brunnenkressentuffs verziert werden.
Mehr über Austern lesen Sie, wenn Sie umblättern!

Mit der Auster ist es wie mit dem Hummer: der Respekt vor dem Äußeren hält uns ab, sie zu genießen. Und tatsächlich: ein wenig Schweiß steht vor dem Genuß. Man sollte das offen sagen.
Austern findet man, wo sich Süß- mit Seewasser mischt, wo durch Ebbe und Flut oder aus anderen Ursachen Strömung herrscht, die Algen und Plankton transportiert. Geschichtlich begründete Tradition und die Kenntnis regionaler Eigentümlichkeiten haben die Küstenbevölkerung von Dänemark bis zu den südlichen Atlantikküsten Frankreichs in die Lage versetzt, Austern zu fangen und Austern zu züchten. Nach ihren Fanggebieten haben sie ihren Namen, und ohne Ansehen der Qualität wollen wir die dänische Region von Limfjord und die französische von Arcachon nennen. Es gibt Austern, deren äußere Schale flach und platt ist und ebensolche mit bizarr verformter äußerer Schale. Die Tiere sind unterschiedlich fest, unterschiedlich fleischig und unterschiedlich fett. Herkunft und Qualitäten bestimmen auch die unterschiedlichen Preise.
Bei einem gesunden Tier schließen die Schalen wasserdicht und sind aufs feinste aufeinander eingepaßt. Beim Öffnen soll der wäßrige Inhalt (da er mit dem Tier genossen wird) nicht verlorengehen. Der Schluß der Schalen ist so dicht, daß das Öffnen der Auster ein bestimmtes Vorgehen erfordert. Die Auster soll ein tierärztliches Fangzeugnis haben (der gesamte Korb ist gekennzeichnet) und beim Kauf fest geschlossen sein. Will man sie lebend genießen, wird sie auf Eis serviert. Zitronenspalten werden zur Garnierung verwendet. Pumpernickel (auch Graubrot), Butter und auf besonderen Wunsch frischgebrochener Pfeffer werden gereicht. Getrunken wird dazu ein trockener Weißwein, z. B. der auf unserer Abbildung gezeigte trockene „Entre-Deux-Mers", der aus dem Gebiet der Gironde-Mündung stammt. Ebenfalls bevorzugt werden trockene weiße Burgunder, z. B. Chablis und Meursault.
Wir sagten anfangs, daß vor den Genuß etwas Schweiß und der Preis gesetzt sind. Im Gebiet des Fanges (z. B. den Halles von Arcachon) kaufen Sie kleine Austern das Dutzend für 1 Franc. Bei sehr guter Qualität bekommen Sie die Austern ein bis drei Stück für 1 Franc. Für ein reines Austernessen, also nicht als Vorgericht, ißt ein guter Schlemmer 15 bis 20 Stück. Als Vorgericht reicht man 6 pro Person. Das Öffnen obliegt dabei, neben der anderen Bedienung der Gäste, dem Hausherrn.
Das *Öffnen* der Austern erfordert Kraft, aber keine rohe Gewalt. Wenn man es richtig macht und kann, läuft die Sache recht gut. Zur Schonung der Hände empfiehlt sich das Tragen von derben, am besten ledernen Handschuhen. Als zweites Utensil benötigen Sie ein Austernmesser. Die besten sind die billigsten. Die billigsten bekommt man in den Orten, wo die Austern gezüchtet werden. Wichtigster Teil des Austernmessers ist ein metallischer, etwa 2,5 cm breiter, kreisrunder Kragen, der fest mit dem Messer verbunden ist und Griff vom Messer trennt. Dieser Kragen schützt, wenn Sie abrutschen, ganz wesentlich Ihre Hände. Die Auster wird beim Öffnen waagerecht gehalten, bei Rechtshändern in der linken Hand. Sie soll sich dabei mit dem Schalenrand am linken Daumenballen anstemmen. Dann zeigt das Gelenk nach rechts. Die rechte Hand drückt den Vorderteil der Schneide mit kräftigem Druck in das Gelenk. Wenn sich beide Schalen lockern, geht die Spitze des Messers ein und durchtrennt den Schließmuskel. Nunmehr fährt das Messer am Dach der oberen Schalenhälfte entlang und löst das Tier spielend leicht von dieser ab. Die untere Schalenhälfte mit dem Meerwasserinhalt und dem Tier (das Meerwasser nicht verschütten) werden vorsichtig auf Eis der Servierplatte gelegt. Beim Essen wird das Tier mit kleiner Austerngabel vom Inneren der Schale abgelöst und zusammen mit dem Meerwasser ausgeschlürft. Dazu wird die Schale also direkt an den Mund geführt.
Zweifellos sind das Auffinden des Gelenkspaltes und richtiger Messerdruck das entscheidende Moment zum Öffnen der Auster. Nach wenigen Austern weiß man Bescheid.
Man sollte sich aber nicht täuschen: 60 bis 80 Austern für einen Kreis von 4 bis 6 Personen zu öffnen, erfordert seine Zeit. Rechnen Sie für den Anfang dazu 1 Stunde, auch wenn es kürzer geht.

EntreDeuxMers
SEC

Ein Wort unter Freunden: Respekt erfordert beim Kaviar nur der Preis. Jeder Genuß ist seinen Preis wert, und das gilt eben wegen seines unglaublichen Geschmacks und der Seltenheit auch für den Kaviar.

Echter Kaviar stammt aus dem Kaspischen Meer und seinen Anliegern Rußland und Iran. Es sind die Eier (der Rogen) des Stör. Je nach Größe des Stör finden Sie hier die Ausdrücke:

a) *Beluga-Kaviar* (höchste Qualität) in der Farbe schwarz, dunkelgrau oder grau, hat große unbeschädigte Körner.

b) *Osetr-Kaviar* – kommt von den mittleren Stören, und die Körnung liegt zwischen dem Beluga und dem Sevruga.

c) *Sevruga-Kaviar* – kommt vom kleinsten Stör.

Das Wort „*Malossol*"-Kaviar bezeichnet lediglich den Begriff „leicht gesalzen". Es ist also keine Kaviar-Sortenbezeichnung. Der Salzgehalt ist nämlich bei der Konservierung wichtig und neben der Körnung und der Farbe das dritte Qualitätsmerkmal für wirklich guten Kaviar. Leicht gesalzen schmeckt Kaviar besser und kann so sein volles Aroma entfalten.

Zweifellos sind die Sorten a), b) und c) die delikatesten und teuersten. Es gibt aber auch billigere und recht gutschmeckende andere Arten von Kaviar. So zum Beispiel die Eier des Lachs, genannt *Keta-Kaviar*. Er hat große rote Eier. Es ist ausschließlich in Seegewässern gefangener Lachs, und zwar liegen die Fanggebiete um den nordamerikanischen Kontinent, vor allem Alaska und die Westküste der Vereinigten Staaten. Aber auch Rußland „produziert" roten Lachskaviar. (Der Schah von Persien ißt auch die Störeier nur, wenn sie rosa sind. Und das ist extrem selten.)

Der sogenannte *deutsche Kaviar* ist der Seehasen-Rogen, der allerdings nachträglich schwarzgefärbt wird. Manchmal kann man ihn auch in seiner Naturfarbe (leicht rötlich) kaufen. Der Seehase wird in der Regel in isländischen Gewässern gefangen.

Wer echten Kaviar genießt (also den Störkaviar), sollte dazu Weißbrot und Butter nehmen und den Kaviar eiskalt servieren, d. h. (keine große Ausgabe) im Kaviarglas auf Eis, dazu das große stumpfe Kaviarmesser. Man darf den Kaviar mit Zitrone dekorieren. Bitte große Vorsicht mit Wasserspritzern, die den Kaviar weiß färben. Und den eiskalten Wodka dazu nicht vergessen!

Soweit Sie den Kaviar zur Garnierung benutzen (auf kalten Platten, belegten Broten, Canapés) genügt auch der deutsche Kaviar, also der Rogen vom Seehasen.

Auf unserem Foto gegenüber zeigen wir, rechts beginnend, den kleinen Kaviar, den es als deutschen Kaviar gibt, darunter folgt der schwarze Beluga (dunkelgrau bis schwarz), darunter mit großen roten Eiern der Keta-Kaviar vom Lachs. Dann der graue Beluga, vom schwarzen nur durch die Farbe unterschieden und schließlich nach links ansteigend am Brotmesser der Sevruga-Kaviar.

Wer als Feinschmecker diesen Leckerbissen nicht entbehren oder erst kennenlernen möchte, muß für die kleinen schwarzglänzenden Kügelchen 70,– bis 80,– DM für 125 Gramm ausgeben. Da der Stör immer seltener wird, ist der Preis zu verstehen. Und nun guten Appetit: Genießen Sie die kleine Portion in langen Zügen. Es ist ganz gleich, was danach kommt.

Fleisch von seiner besten Seite

(Das Kapitel über Viechernes)

Fleisch! Lassen Sie uns ein wenig nachsinnen. Vielleicht haben Sie gerade ein saftiges Steak genossen, vielleicht ergötzt Sie der Anschnitt unserer nebenstehend abgebildeten Amerikanischen Schweinskeule (Rezept Nr. 328).
Sie haben also richtig Appetit.
Wie immer es sei: Fleisch hat der besten Seiten viele. Da ist einmal die Seite, die uns seine Herkunft offenbart: zartes Kalb, saftiges Schwein, würzig-mageres Rind. Und den Hammel nicht vergessen und nicht das Milchlamm. Dann ist da die Seite seiner köstlichen Zubereitung, die erst wahren Genuß ermöglicht und zufriedenes Verzehren. Und während ein abgehangenes Filet auf der Zunge zergeht, kann der Feinschmecker noch einen Gedanken daran verschwenden, daß Fleisch natürlich auch eine völkerkundliche, eine kulturgeschichtliche und eine geographische Seite hat.
Völkerkundlich: da meinen wir die delikaten Unterschiede, wie ferne Völker ihr Fleisch zubereiten. Denn sie haben ja nicht immer nur roh verzehrt. Aus jenen Zeiten, wo von unseren Ahnen nur noch die Kinnladen übriggeblieben sind, verraten die gefundenen Zähne etwas von den damals üblichen Gebräuchen.
Fleisch war also damals nur zu erlangen durch primitive Jagd. Seßhaftwerdung und Haustierhaltung waren der Anbeginn jener feinen Unterscheidung zwischen Wild und Fleisch, zwischen dem Jagdbaren und dem Gezüchteten. (Deshalb auch bei uns ein eigenes Kapitel übers Wild.)
Mit der Primitivbehausung gewannen dann die Vorväter auch das Feuer für sich, und Braten und Garen wurden Bestandteil der Kulturgeschichte als eine der vielen charmanten Seiten, von der aus Sie Fleisch betrachten sollten. Läuft Ihnen schon das Wasser im Munde zusammen? Jetzt lohnt sich's erst recht, weiterzulesen.

327 Englisches Roastbeef

1000 g ausgelöste Rindslende,
1 Teel. Salz,
1/4 Teel. Pfeffer,
1 Teel. scharfer Senf,
100 g Pflanzenfett,
1 Zwiebel,
1 kleine Porreestange,
1 Karotte,
1/4 Sellerieknolle.

Das Roastbeef (also die Rindslende) am besten gleich vom Metzger auslösen lassen. An der Unterseite die Hautreste abschneiden. Ist die obere Fettschicht zu dick, etwas abtrennen und mit einem scharfen Küchenmesser ein Karo einschneiden. Das Fleischstück von allen Seiten mit Salz und Pfeffer einreiben und die Oberseite mit Senf bestreichen. In einer Pfanne das Fett heiß werden lassen, die Rindslende einlegen. Zwiebel, Porree, Karotte und Sellerie vorbereiten, grob würfeln oder kleinschneiden, über das Roastbeef streuen und alles zusammen im vorgeheizten Ofen bei etwa 220 Grad garen. Kein Wasser zugießen, jedoch das Bratenstück mit dem austretenden Fleischsaft hin und wieder begießen.
Die Bratzeit für 1 kg Roastbeef, wenn es gut englisch sein soll, beträgt 20 Minuten. Wer es lieber nicht blutig mag, rechnet etwas länger. Für jedes weitere Kilo Fleisch rechnet man etwa 18 Minuten. Das fertig gegarte Roastbeef auf einem Fleischbrett ausruhen und auskühlen lassen und erst dann in dünne, gleichmäßige Scheibchen schneiden.

328 Amerikanische Schweinskeule

1500 g Schweinefleisch aus der Keule,
2 Teel. Salz,
1 Eßl. Zucker,
1/2 Teel. weißer Pfeffer,
10 Nelken,
50 g Schweine- oder Pflanzenfett,
1 Tasse Wasser,
1 Glas Whisky.

Das Schweinefleisch mit oder ohne Schwarte (dann oben karoweise einschneiden) von allen Seiten mit dem Salz, Zucker und Pfeffer einreiben. Die Oberseite mit den Nelken spicken. Das Fett in der Pfanne zerlaufen lassen, den Braten einlegen und brutzeln. Garzeit bei 200–210 Grad etwa 60 bis 80 Minuten. Während des Bratens nach und nach das Wasser über den Braten gießen, damit der Bratfond nicht zu dunkel wird. Kurz vor Ende der Garzeit das Fleisch mit dem Whisky übergießen, der in Verbindung mit den Gewürzen ein hervorragendes Aroma hinterläßt. Das Fleisch vollständig abkühlen lassen, bevor es in dicke Scheiben geschnitten auf einem derben Holzbrett angerichtet wird.

329 Bauernbraten

1000 g Schweinehals, gut durchwachsen,
1 Teel. Salz,
1/2 Teel. grobgemahlener Pfeffer,
1 Teel. Paprikapulver, edelsüß,
1 Knoblauchzehe,
2 Zwiebeln,
50 g Schweinefett.

Der Schweinehals ergibt einen besonders saftigen Braten, wenn er kalt aufgeschnitten wird, da er recht gut mit Fett durchsetzt ist. Bei ihm muß man aber gut mit Gewürzen umgehen können, er braucht eine kräftige Dosis davon.
Das gewaschene und vorbereitete, also wieder trockengetupfte Fleisch mit dem Salz, dem ganz grob gemahlenen Pfeffer sowie dem Paprika gleichmäßig abreiben. Die Knoblauchzehe schälen, in dünne Stiftchen schneiden und diese ringsum in das Bratenfleisch einstecken. Das geht am besten durch Einstiche mit einem spitzen Küchenmesser. Die geschälten Zwiebeln grob würfeln. Das Fett erhitzen, die Zwiebeln dazugeben und darauf den Braten legen. Bei 210 Grad im Backofen etwa 60 Minuten garen. Dabei den Braten öfter mit dem austretenden Fett begießen. Nach dem Abkühlen in schöne Scheiben schneiden.

330 Kalbsbraten

1000 g Kalbfleisch aus der Keule,
1 1/2 Teel. Selleriesalz,
10 Tropfen Tabasco,
1 Spritzer Worcestershiresauce,
1 Teel. scharfer Senf,
3 Eßl. Öl.

Von dem Kalbfleisch sämtliche Hautreste abschneiden, das Fleisch abspülen und mit Küchenkrepp abtupfen. Das Selleriesalz mit dem Tabasco, Worcestershiresauce, Senf und Öl verrühren und damit den Kalbsbraten von allen Seiten gleichmäßig einstreichen. Richtig schön einmassieren! So sollte der Braten mindestens 1 Stunde ruhen. Dann den Backofen auf 210 Grad vorheizen und den vorbereiteten Braten ohne weiteren Fettzusatz etwa 40 bis 50 Minuten braten. Es empfiehlt sich, bei Kalbsbraten eine Garprobe zu machen, damit er auch wirklich durch ist. Beim Druck mit dem Finger auf das Fleisch sollte dieses nicht mehr stark nachgeben. Während der Bratzeit etwas Wasser aufgießen, damit der Bratfond nicht zu dunkel wird. Das Fleisch auskühlen lassen, in gleichmäßige Scheiben schneiden.

331 Türkische Hammelkeule

1 kleine, magere Hammelkeule,
(etwa 1000 g reines Fleischgewicht),
$1^1/_2$ Teel. Salz,
2 Zehen Knoblauch,
$^1/_4$ Teel. weißer Pfeffer,
1 Messerspitze Kardamom,
1 Messerspitze Nelkenpfeffer,
Saft 1 Zitrone,
6 Eßl. Öl,
$^1/_8$ l französischer Rotwein,
2 Zwiebeln.

Die Hammelkeule sollte von einem jungen Tier sein. Sie darf kaum Fett haben. Das ausgelöste Fleischstück noch von vorhandenem Fett befreien. Unter Wasser kurz abspülen, mit Küchenkrepp von allen Seiten trockentupfen. Das Salz auf einen Teller geben, die geschälten und kleingeschnittenen Knoblauchzehen dazugeben und mit einem breiten Messer zerdrükken. Diese Mischung mit dem Pfeffer, Kardamom und Nelkenpfeffer vermengen und damit das Fleischstück von allen Seiten einreiben. Richtig einmassieren, und zwar mit den Fingern! Den Saft der Zitrone ebenfalls über das Fleisch träufeln. Die ausgelöste Hammelkeule mit einem Baumwollfaden zusammenbinden. Das Öl in einer Pfanne erhitzen und die Hammelkeule einlegen. Die geschälten und in Viertel geschnittenen Zwiebeln dazugeben. Im vorgeheizten Backofen bei etwa 210 Grad garen. Zwischendurch immer wieder mit dem Rotwein begießen und mit dem Bratfett beschöpfen. Ist die Hammelkeule gar (Bratzeit etwa 1 Stunde), die Hammelkeule auf Küchenkrepp legen, damit das Fett einziehen kann. Die Hammelkeule völlig erkalten lassen und erst dann in gleichmäßige Scheiben schneiden. Diese schmekken besonders gut, wenn sie zu einem mit reichlich Zwiebeln angemachten Bohnensalat und gepfeffertem Joghurt serviert werden.

332 Kalbsbraten „Taiwan"

500 g kalter Kalbsbraten,
2 Orangen,
1 kleine Dose Mandarinen,
3 Eßl. Mayonnaise,
1 Eßl. frische Sahne,
50 g Frischkäse,
2 Eßl. eingelegte Tomatenpaprika,
1 Eßl. gehackte Walnüsse,
1 Messerspitze Ingwerpulver,
1 Messerspitze Salz,
1/2 Glas Orangenlikör.

Den garen kalten Kalbsbraten (Rezept siehe Nr. 330) in Scheibchen schneiden. Auf einer dekorativen Platte mit einer in Scheiben geschnittenen Orange und den gut abgelaufenen Mandarinen aus der Dose anrichten. Die zweite Orange zu einem Körbchen formen – wie auf unserem Foto zackenförmig ausgeschnitten –.
Die Mayonnaise mit der Sahne und dem Frischkäse in einer Schüssel schaumig rühren, die gewürfelte, eingelegte Tomatenpaprika zugeben, die gehackten Walnüsse, Ingwerpulver und Salz. Erst am Schluß den Orangenlikör unterziehen und diese wohlschmeckende Mischung in die ausgehöhlte Orange füllen. Diese gefüllte Orange mit auf die Platte setzen, einen Tuff Petersilie dazustecken und anrichten. Mit Toast.

▼

333 Flämische Kalbsnuß

1000 g Kalbsnuß,
1 Teel. Salz,
1 Teel. Zucker,
1/2 Teel. weißer Pfeffer,
2 Teel. Paprikapulver, edelsüß,
100 g Butter,
1/2 Glas Sherry,
1 Tasse Fleischbrühe,
100 g Kalbsleberpastete,
1 Eßl. gehackte Morcheln aus der Dose,
1 kleine Dose Pfifferlinge,
1/2 Zwiebel,
1 Eßl. gehackter Schnittlauch,
3 Eßl. Mayonnaise,
4 Eßl. frische Sahne,
4 Salatherzen,
2 Eßl. Kräuter-Salatsauce.

Das Kalbfleisch von allen Hautresten befreien. Mit dem Salz, Zucker, Pfeffer und Paprikapulver von allen Seiten kräftig abreiben. Die Butter in der Pfanne zerlaufen lassen, das vorbereitete und gewürzte Fleischstück einlegen und im vorgeheizten Backofen bei 200–220 Grad braten. Wenn das Fleisch etwas Farbe angenommen hat, mit dem Sherry überduschen. Nach und nach mit der heißen Fleischbrühe während des Garens übergießen. Ist die Kalbsnuß gar, vollständig erkalten lassen und in etwa 1 cm starke Scheiben schneiden. Jede Scheibe mit etwas Kalbsleberpastete bestreichen, diese Scheiben dann wieder zur Bratenform zusammensetzen, auf einer Platte anrichten und mit den gehackten Morcheln überstreuen. Die Pfifferlinge aus der Dose nehmen, gut ablaufen lassen und grob hacken. Die geschälte Zwiebelhälfte fein würfeln und mit dem gehackten Schnittlauch und den Pfifferlingen vermengen. Das Ganze mit der Mayonnaise und der frischen Sahne binden. Diese würzige, feine Mischung um die ganze Kalbsnuß geben. Die Salatherzen halbieren, gründlich unter fließendem Wasser säubern, ausschwenken, mit der Kräutersalatsauce marinieren und ebenfalls um die Pfifferlingsmischung rings um die Kalbsnuß geben. Es soll richtig großzügig aussehen und entsprechend schmecken!

334 Kalbskoteletts „Bellevue"

2 schöne Kalbskoteletts,
2 Eßl. Öl,
1 Teel. Salz,
1/2 Teel. weißer Pfeffer,
1/4 Teel. Basilikum,
1 Teel. Worcestershiresauce,
1/2 Tasse gare, gewürfelte Karotten,
1/2 Tasse gare Erbsen,
1/2 Tasse garer, gewürfelter Sellerie,
1 Staude gekochter Bleichsellerie.

Die Kalbskoteletts von beiden Seiten mit Öl einreiben, mit dem Würzgemisch aus Salz, Pfeffer, Basilikum und der Worcestershiresauce einmassieren. Die Koteletts übereinanderlegen und einige Zeit stehen lassen, damit alles richtig einziehen kann. Im knallheißen Tiegel von beiden Seiten ohne weitere Fettzugabe knusprig braun braten oder auch grillen. Sofort auf Küchenkrepp zum Auskühlen lagern, damit überschüssiges Fett in das Papier einziehen kann. Auf einer hübschen Platte anrichten. Die gewürfelten Karotten, die Erbschen und die Selleriewürfel vermengen und damit die Koteletts überhäufen. Die gare Bleichsellerie-Staude einmal teilen und je eine Hälfte auf ein Kotelett legen. Diese dekorierten Koteletts dann noch mit einer Fertigsauce oder einer gerührten Kräutersauce übergießen und eiskalt zu goldgelbem Toast servieren. Ein Gericht für zwei Verliebte! Für 4 Personen 4 Koteletts rechnen.

335 Schweinesteaks „Windsor“

4 Schweinesteaks à 120 g,
1 Teel. Salz,
1/4 Teel. weißer Pfeffer,
2 Teel. Sojasauce,
4 Spritzer Worcestershiresauce,
4 Eßl. Öl,
125 g Schweineleberpastete,
1 Tasse Schlagsahne,
1 Eßl. gehackte Kräuter,
2 Scheiben Ananas aus der Dose,
4 Cocktailkirschen.

Die Schweinesteaks mit Salz, Pfeffer, Sojasauce und Worcestershiresauce von beiden Seiten einreiben. In einer Pfanne das Öl erhitzen, die Steaks knusprig braten. Herausnehmen, auf Küchenpapier ablaufen lassen und nach dem vollständigen Erkalten weiterverarbeiten.
Die Schweineleberpastete (es darf auch Kalbsleberpastete sein) mit der Schlagsahne, die gut steifgeschlagen sein sollte und den gemischten, gehackten Kräutern vermischen. Nach Geschmack noch nachsalzen. Diese Masse in einen Spritzbeutel mit Sterntülle geben und die erkalteten Schweinesteaks damit garnieren. Mit jeweils einer halben Ananasscheibe und einer Cocktailkirsche verzieren. Möglichst auf frischen grünen Salatblättern servieren. Mit Toast! – Ein Kranz aus Feldsalat paßt auch.

336 Puszta-Schweinekoteletts

4 Schweinekoteletts,
1 Teel. Salz,
1 Knoblauchzehe,
1/4 Teel. grob gemahlener Pfeffer,
2 Teel. Paprikapulver, edelsüß,
50 g Butter,
4 Paprikaschoten,
200 g Sauerkraut,
4 Eßl. Tokayer,
1 Tasse Weintrauben.

Die vorbereiteten Schweinekoteletts mit Salz, der zerdrückten Knoblauchzehe, Pfeffer und Paprikapulver von beiden Seiten einreiben. Butter oder auch Margarine in der Pfanne heiß werden lassen und die Koteletts von beiden Seiten knusprig braun braten. Aber nicht zu lange, sonst werden sie zäh. Aus dem Bratfett nehmen und vollständig abkühlen lassen. In der Zwischenzeit in dem Bratfett die vier entkernten und in Ringe geschnittenen Paprikaschoten garen. Diese nach dem Auskühlen über die Schweinekoteletts häufen. Das Sauerkraut mit dem Tokayer marinieren (darauf achten, daß das Kraut nicht zu salzig ist!), die halbierten Weintrauben unterziehen und ebenfalls über die Koteletts häufen. Auf derbem Holzbrett mit Graubrot und einer Kräuter-Remouladensauce servieren. Bier dazu! Und Klaren!

337 Hackbraten „kalte Pracht“

300 g Schweinehack,
300 g Rinderhack,
3 Brötchen,
etwas Milch,
1 Ei,
3 Zwiebeln,
1 Karotte,
50 g Sellerie,
40 g Butter,
100 g Pinienkerne,
1/2 Tasse Tiefkühlerbschen,
1 Teel. Salz,
1 Messerspitze Pfeffer,
1/2 Teel. Majoran,
50 g Butter.

Schweine- und Rinderhack mit den in Milch eingeweichten und fest wieder ausgedrückten Brötchen vermischen. Das Ei zufügen. Die gewürfelten Zwiebeln, die kleingeschnittene Karotte sowie den Sellerie in der Butter (Margarine tut's auch) im Tiegel glasig dünsten, dieses bunte Gemüse zum Fleischteig geben. Die gehackten Pinienkerne, die aufgetauten Erbschen, Salz, Pfeffer und Majoran unterarbeiten. Aus diesem glatten Fleischteig ein oder zwei Brote formen. In einer Bratpfanne die restliche Butter erhitzen, die Fleischbrote einlegen und bei etwa 200 Grad im Backofen garen. Erkalten lassen, in Scheiben schneiden und mit reichlich gescheibelter Tomate, Gurkenscheiben und Mixed Pickles zu Tisch bringen. Graubrot nicht vergessen und Bier.

338 Kalbsbries „Ambassador“

350 g Kalbsbries,
350 g Kalbsfilet,
1 Teel. Salz,
2 Teel. edelsüßes Paprikapulver,
1 Messerspitze Cayennepfeffer,
1 Messerspitze Nelkenpfeffer,
1 Messerspitze Ingwerpulver,
100 g Butter,
4 Eßl. Mayonnaise,
1/8 l Sahne,
1/2 Becher Joghurt,
2 Eßl. scharfer Senf,
1/2 Teel. Salz,
1 Teel. Zucker,
2 gehackte Gewürzgurken,
1 Eßl. gehackte Petersilie,
1 Eßl. gehackte Pistazien.

Das Kalbsbries sehr gründlich abspülen und in leicht gesalzenem Wasser gar dünsten. Das Wasser darf nicht sprudelnd kochen. Nach 15 Minuten sollte das Kalbsbries gar sein. Abkühlen lassen, die Haut sorgfältig entfernen. Von dem so vorbereiteten Kalbsbries und vom Kalbsfilet etwa 1 cm dicke Scheiben schneiden. Salz, Paprikapulver, Cayennepfeffer, Nelkenpfeffer und Ingwerpulver vermengen, damit die Fleischscheiben bestreuen. Die Butter in der Pfanne erhitzen und alle Fleischscheiben von beiden Seiten rasch und brutzlig braun braten. Auf Küchenkrepp erkalten lassen. In der Zwischenzeit die Mayonnaise mit der steifgeschlagenen Sahne und dem Joghurt mit dem Schneebesen kräftig durchschlagen, den Senf, das Salz, Zucker dazugeben und am Schluß die feingehackten Gurken sowie die Petersilie. Die erkalteten Bries- und Filetscheiben auf einer ovalen Platte treppenartig anrichten, mit der köstlich gerührten Sauce überziehen und mit den gehackten Pistazien bestreuen. Etwas für Feinschmecker! Dazu schmeckt leichter Weißwein.

339 Kalbsbries mit Pökelzunge

500 g Kalbsbries,
1 Lorbeerblatt,
2 Gewürznelken,
5 Pfefferkörner,
1 Eßl. Essig,
4 Eßl. Öl,
400 g gare Rinderpökelzunge,
2 Eßl. scharfer Senf,
1/2 Kopfsalat,
2 Eßl. italienische Salatsauce,
1 Tasse fertige Meerrettichsauce.

Das Kalbsbries sauber und sorgfältig waschen, in Salzwasser, dem das Lorbeerblatt, Gewürznelken, Pfefferkörner und Essig zugesetzt wurde, gar dünsten. Das Wasser soll dabei nicht sprudelnd kochen! Garzeit: etwa 15 Minuten. Das Kalbsbries erkalten lassen und die Haut sorgfältig abziehen. Danach in Scheiben schneiden. Das Öl im Tiegel erhitzen, die Kalbsbriesscheiben einlegen und von beiden Seiten kurz braten. Auf Küchenkrepp legen, damit das Öl ablaufen kann. Vollständig erkalten lassen. Die Rinderpökelzunge ebenfalls in Scheiben schneiden und nun alle Fleischscheiben mit dem Senf bestreichen. Den vorbereiteten Kopfsalat grob hacken und mit der Salatsauce beträufeln. Damit eine große Platte auslegen. Die Bries- und Zungenscheibchen treppenförmig darauf anrichten. Mit der Meerrettichsauce übergießen. Dazu schmeckt vorzüglich ein gebutterter Toast.

340 Rinder-Pökelzunge, englische Art

1 Rinder-Pökelzunge,
1 Glas Bleichsellerie,
1 Tasse Tiefkühlerbschen,
1 Glas Artischockenherzen,
1/2 Becher Joghurt,
3 Eßl. Öl,
Saft einer Zitrone,
1 Eßl. gehackte Petersilie,
1 Teel. frische Pfefferminze,
1/2 Teel. Salz,
1/4 Teel. Zucker,
1/4 Teel. weißer Pfeffer,
2 hartgekochte Eier,
2 Tomaten,
1 Bund Petersilie.

Die fix und fertig gekaufte Pökelzunge (man kann sie natürlich unter größerem Zeitaufwand auch selbst kochen) in dünne Scheiben schneiden und treppenartig auf einer schönen, dekorativen Platte anrichten. Den Bleichsellerie aus der Dose oder dem Glas in Scheiben schneiden, die aus dem Glas genommenen und abgelaufenen Artischocken vierteln und beides mit den angetauten Erbschen vermengen. Dieses Gemüse um die Zunge anrichten.
Dann den Joghurt mit dem Öl kräftig verschlagen und nach und nach den Zitronensaft zugeben. Die gehackte Petersilie und die frische, gehackte Pfefferminze sowie Salz, Zucker, Pfeffer folgen lassen und diese schmackhafte Sauce über Zunge und Gemüse gießen. Die hartgekochten, geschälten Eier grob würfeln, desgleichen die festen Tomaten (es empfiehlt sich, vorher die Haut abzuziehen) und beides über die Zunge streuen. Das erst gibt den richtigen Farbeffekt. Mit Petersilie noch dick überstreuen. Fertig! Sehr zu empfehlen, wenn sich kurzfristig Gäste angesagt haben und man einen guten Fleischer in der Nähe hat.

341 Italienische Kalbsbrust, gefüllt

1 1/2 bis 2 kg Kalbsbrust,
1 Teel. Salz,
1 Brötchen,
1/2 Tasse Milch,
100 g Kalbfleisch,
150 g Schweinefleisch,
100 g durchwachsener Speck,
150 g Kalbsbries,
50 g Butter,
1 feingehackte Zwiebel,
2 Teel. Salz,
1/4 Teel. weißer Pfeffer,
1/4 Teel. Majoran,
1/4 Teel. Thymian,
1/2 Knoblauchzehe,
1 Ei,
1 Tasse Tiefkühlerbschen,
1/2 Tasse Pistazien,
1 Eßl. frischgehackte Kräuter,
1 1/2 l Fleischbrühe,
1 Zwiebel,
1 Lorbeerblatt,
1 Karotte,
1/2 Petersilienwurzel.

Die Kalbsbrust am besten gleich vom Metzger entbeinen und eine Tasche zum Einfüllen des Fleischteiges schneiden lassen. Nachdem das Fleisch gesäubert und trockengetupft wurde, ringsum mit dem Teelöffel Salz abreiben. Beiseitestellen. Das Brötchen in dicke Scheiben schneiden und in der Milch einweichen. Kalbfleisch, Schweinefleisch und den durchwachsenen Speck zusammen, möglichst zweimal, durch die Fleischmaschine drehen. Das Kalbsbries in der Zwischenzeit in leicht gesalzenem Wasser etwa 10 Minuten leise kochen lassen. Die Haut abziehen und danach grob hacken. Die Kalbsbrieswürfel unter die Fleischmasse ziehen. Die Butter, die gehackte Zwiebel, Salz, Pfeffer, Majoran, Thymian, die zerdrückte Knoblauchzehe und das Ei ebenfalls unterrühren. Nun die Tiefkühlerbschen, die abgezogenen, grob gehackten Pistazien und die Kräuter folgen lassen. Diese würzige Fleischmasse in die vorbereitete Kalbsbrust einschieben, mit einem Baumwollfaden die Öffnung zunähen. Dabei darauf achten, daß die Kalbsbrust nicht zu prall gefüllt wird, da sonst beim Garen die Füllung austritt.
Die Fleischbrühe mit der geschälten, geviertelten Zwiebel, dem Lorbeerblatt, der grob geschnittenen Karotte und der gehackten Petersilienwurzel zum Kochen bringen, die Kalbsbrust einlegen und gar kochen. Die Kochzeit beträgt etwa 1 1/2 bis 2 1/2 Stunden. Die Kalbsbrust danach abkühlen lassen und in gleichmäßige Scheiben teilen. Auf einer schönen Platte – wie hier auf unserem Foto rechts – anrichten und mit geviertelten, aus der Dose genommenen Artischockenherzen, Tomatenschnitzen und grünen Salatblättern umlegen. Mit einer Kräutersauce die Salatzutaten besprengeln. Die Pfeffermühle dazustellen und den Rotwein nicht vergessen. Dazu paßt ein derbes Graubrot oder getoastete, mit Knoblauchzehe abgeriebene Bauernschnitten.

Hoch dekorierte Medaillons

½ Rindsfilet,
1 Teel. Salz,
½ Teel. grob gemahlener Pfeffer,
1 Teel. Paprikapulver, edelsüß,
1 Kalbsfilet,
1 Teel. Salz,
¼ Teel. weißer Pfeffer,
¼ Teel. Ingwerpulver,
1 Schweinefilet,
½ Teel. Salz,
1 Messerspitze Pfeffer,
1 Messerspitze gemahlener Kümmel,
150 g Butter,
½ Tasse Fleischbrühe,
¼ l entfettete Fleischbrühe,
⅛ l Madeirawein,
¼ Teel. Salz,
4–5 Blatt Gelatine.

Diese hoch dekorierten Medaillons sind kulinarische Leckerbissen, die auf keinem kalten Büfett fehlen sollten. Sicherlich kein billiges Vergnügen! Und diese liebevoll hergerichteten „Kleinigkeiten" kosten auch eine Menge Arbeit, die man aber schon ein paar Stunden vorher verrichten kann. Die Platte kann vorsichtig mit einer Frischhaltefolie abgedeckt und kühl gestellt werden. Wir geben Ihnen hier nur einige Zusammenstellungen, die Sie farblich und geschmacklich mit reger Phantasie immer wieder abwandeln und variieren können. Bevor es an's Dekorieren geht, erst einmal das Grundrezept:
Das Rindsfilet sehr sorgfältig von sämtlichen Haut- und Sehnenresten befreien. Mit der Mischung aus Salz, grobgemahlenem oder gestoßenem Pfeffer und Paprikapulver einreiben. Das vorbereitete Kalbsfilet ebenfalls mit der Gewürzmischung aus Salz, Pfeffer und Ingwerpulver einreiben. Zu guter Letzt das Schweinefilet gründlich von Hautresten befreien und ebenfalls mit der Gewürzmischung aus Salz, Pfeffer, gemahlenem Kümmel kräftig ringsum einreiben. Die Butter oder auch Margarine in der Pfanne zerlaufen lassen und die Filets einlegen. Bei etwa 220 bis 230 Grad die Filets von allen Seiten anbraten und nach etwa 5 bis 8 Minuten etwas von der Fleischbrühe aufgießen. Die verschiedenen Filets haben auch unterschiedliche Garzeiten: Das Schweinefilet ist nach ungefähr 15 bis 18 Minuten gar, das Kalbsfilet nach weiteren 5 Minuten und nach nochmaligen 5 Minuten auch das Rindsfilet. Die drei Fleischstücke nach dem Braten erkalten lassen und erst dann in etwa 1 cm starke Scheiben schneiden. Die größeren Scheiben vom Rindsfilet können so belassen, oder aber kleiner geschnitten werden.
Diese so vorbereiteten Filetscheiben können nun mit den verschiedensten Zutaten belegt werden. Damit sie ihr dekoratives Aussehen auch über Stunden erhalten, bekommen sie vorher einen Überzug aus glänzendem Gelee. Dafür die entfettete Fleischbrühe erhitzen, den Madeirawein aufgießen und das Salz zugeben. Die vorher in kaltem Wasser eingeweichte und wieder ausgedrückte Gelatine in der heißen, nicht kochenden Fleischbrühe auflösen. Die Flüssigkeit fast erkalten lassen und dann die garnierten Medaillons mit einem Pinsel abglänzen. Medaillons erst nach dem Überglänzen mit Gelee mit Sahnetuffs, Käsecreme oder frischem Grün verzieren.

Unsere Zusammenstellung von dekorierten Medaillons von links oben beginnend:

Medaillon Nr. 1 – Rindsfiletscheibe, Spargelspitzen aus der Konserve mit roter Paprikamanschette.

Medaillon Nr. 2 – Kalbsfiletscheibe mit Mandarinenspalten, mit Cocktailkirsche begrenzt.

Medaillon Nr. 3 – Kalbsfiletscheibe mit einer Scheibe Bleichsellerie aus der Konserve, mit Kalbsleberpastetendreieck und einer Morchel dekoriert.

Medaillon Nr. 4 – Schweinefiletscheibe mit Frischkäsecreme als Rosette, in der Mitte Cocktailkirsche.

Medaillon Nr. 5 – Kalbsfiletscheibe mit quergeschnittener Tomatenscheibe, Eiachtel und Olivenhälfte belegt.

Medaillon Nr. 6 – Rindsfiletscheibe mit einem Artischockenboden aus der Konserve belegt, mit frischer Brunnenkresse und gehacktem Eiweiß verziert.

Medaillon Nr. 7 – Kalbsfiletscheibe mit einer Scheibe Kalbsleberpastete abgedeckt, mit Eischeibe und schwarzer Trüffelscheibe dekoriert.

Medaillon Nr. 8 – Schweinefiletscheibe mit Tomatenscheibe abgedeckt, mit gehacktem Madeiragelee und einer Silberzwiebel verziert.

Medaillon Nr. 9 – Kalbsfiletscheibe mit Fächer aus Delikateßgurke und Bleichselleriescheibe belegt.

Medaillon Nr. 10 – Schweinefiletscheibe, verziert mit Ananassegment und einer halben Cocktailkirsche.

Medaillon Nr. 11 – Rindsfiletscheibe mit Artischockenboden aus der Konserve, überdeckt mit süßsauren Maiskörnern aus der Dose und Paprikastückchen.

Fortsetzung nächste Seite

1
2
3
4
6
7
8
9
10
11
12
13
15
16
17
18
19
20

Medaillon Nr. 12 – Rindsfiletscheibe mit Frischkäsecreme bespritzt, mit Kapern belegt.

Medaillon Nr. 13 – Schweinefiletscheibe mit Viertel einer Orangenscheibe verziert, mit Edamer Käse und Cocktailkirsche belegt.

Medaillon Nr. 14 – Schweinefiletscheibe mit gedünsteten Champignonscheiben und gehackten, gedünsteten Schalotten verziert.

Medaillon Nr. 15 – Kalbsfiletscheibe, bedeckt mit Eischeibe, Anchovisfilet und gefüllter Olivenscheibe.

Medaillon Nr. 16 – Schweinefiletscheibe mit gefüllter Riesenolive aus dem Glas.

Medaillon Nr. 17 – Kalbsfiletscheibe mit Eischeibe und weißen Trüffelscheiben verziert.

Medaillon Nr. 18 – Rindsfiletscheibe mit eingelegtem Tomatenpaprika, belegt mit Gänseleberpastete und Zuckergurkenscheibchen.

Medaillon Nr. 19 – Schweinefiletscheibe mit Frischkäsecreme, grobem schwarzem Pfeffer und einer Chilischote.

Medaillon Nr. 20 – Schweinefiletscheibe mit Roquefortscheibe bedeckt und einer Mandarinenspalte verziert.

343 Filet „royal"

1200 g Rindsfilet,
1 Teel. Salz,
2 Eßl. Sherry,
3 Eßl. Öl,
12 Tropfen Tabasco,
2 Spritzer Worcestershiresauce,
1 Teel. scharfer Senf,
1 Messerspitze Knoblauchpulver,
1/4 l Wasser,
1/8 l Madeira,
1/8 l Sherry,
1/2 Teel. Salz,
1 Messerspitze Ingwerpulver,
6 Blatt Gelatine,
8 feste Tomaten,
4 Eßl. Mayonnaise,
1 Eßl. gehackte Pinienkerne,
1 Eßl. gehackter Schnittlauch,
5 Tropfen Tabasco,
1 Messerspitze Knoblauchpulver,
2 Eßl. frische Sahne,
8 Trüffelscheiben,
1 Eßl. gestiftelte Pistazien.

◀ Das gut abgehangene Rindsfilet von allen Hautresten befreien. Aus Salz, Sherry, Öl, Tabasco, Worcestershiresauce, Senf und

Knoblauchpulver eine Marinade rühren, das Filet damit ringsum bestreichen und am besten in Alu-Folie verpackt einige Stunden stehen lassen. Den Backofen auf 220 Grad vorheizen, das marinierte Filet ohne weiteren Fettzusatz in der Pfanne braten. Rosig oder durchgebraten beträgt die Bratzeit zwischen 20 bis 30 Minuten. Es soll vollständig erkalten und erst dann wird es in etwa 1 cm dicke Scheiben geschnitten. Für das Gelee das Wasser mit Madeirawein und Sherry erhitzen, mit Salz und Ingwer würzen. Die Gelatine in kaltem Wasser einweichen, wieder ausdrücken und in der heißen Flüssigkeit auflösen. Etwas abkühlen lassen. In der Zwischenzeit die Filetscheiben – wie auf unserem Foto – auf einer Platte anrichten, die Scheiben mit etwas Gelee bepinseln. Das übrige Gelee in einer Form etwa 1/2 cm hoch erkalten lassen. Ist es fest, wird es in kleine Würfel geschnitten. Diese Würfel um das Fleisch geben. Die Tomaten „köpfen" und aushöhlen. Die Mayonnaise mit den gehackten Pinienkernen, Schnittlauch, Tabasco und Knoblauch verrühren und mit der Sahne verdünnen.
Diese Sauce in die Tomaten füllen, jede Tomate mit einer Trüffelscheibe belegen und diese Exemplare um das Filet setzen. Das Ganze noch mit Pistazienstiften bestreuen.

344 Tessiner Steaks

4 Kalbssteaks à 100 g,
1/2 Teel. Salz,
1 Messerspitze weißer Pfeffer,
1 Messerspitze Knoblauchpulver,
4 Eßl. Öl,
1 Gläschen Grappa,
4 Scheiben Kalbsleberpastete,
1 Eßl. gehackte Walnüsse,
1/2 Tasse Weintrauben,
1/2 Kopfsalat,
2 Eßl. ital. Salatsauce.

Die Kalbssteaks mit Salz, Pfeffer und Knoblauch einreiben. Das Öl in der Pfanne erhitzen und die Steaks von beiden Seiten knusprig braun braten. Kurz vor Ende der Garzeit das Gläschen Grappa (oder einen anderen Obstschnaps) über die Steaks träufeln, nochmals wenden, herausnehmen und auf Küchenkrepp abtropfen lassen. Jedes erkaltete Steak mit einer Scheibe Kalbsleberpastete belegen, die gehackten Walnüsse darüberstreuen und die halbierten Weintrauben daraufgeben. Den Kopfsalat verlesen und abspülen, mit der Salatsauce marinieren, damit eine Platte auslegen und die Steaks darauf hübsch anordnen.

345 Gegrillte Schinkensteaks

4 Scheiben gekochter Schinken à 150 g,
1 Eßl. Öl,
10 Tropfen Tabasco,
1 Teel. Paprikapulver, edelsüß,
4 Scheiben Orangen,
2 Scheiben Ananas aus der Dose,
1/8 l Sahne,
2 Eßl. Mayonnaise,
1/4 Teel. Salz,
1/2 Teel. Zucker,
1 Messerspitze Ingwerpulver,
1 Orange,
1/2 Glas Orangenlikör.

Die Schinkenscheiben auf einem Brett auslegen. Öl mit Tabasco und Paprikapulver verschlagen, damit die Schinkenscheiben einpinseln. Auf dem knallheißen Grillrost die Scheiben von beiden Seiten brutzlig grillen. Erkalten lassen. Auf einer Platte anrichten, jede Scheibe mit einer Orangenscheibe und einer halben Ananasscheibe belegen. Die Sahne steif schlagen und mit der Mayonnaise verrühren, mit Salz, Zucker und Ingwer würzen. Erst dann den Saft und die abgeriebene Schale der Orange zufügen und mit dem Orangenlikör veredeln. Diese köstliche Mischung auf die Schinkenscheiben verteilen und nach Belieben noch mit einer Maraschinokirsche bestecken.

346 Fleischkugeln mit Pfiff

200 g Rinderhack,
300 g Schweinehack,
1 Teel. Salz,
1/2 Teel. Majoran,
1/4 Teel. Thymian,
1 Teel. Tabasco,
1 Glas Cognac,
1 Ei,
5 gehackte Oliven,
4 Eßl. Semmelbrösel,
Öl zum Braten,
2 Gewürzgurken,
10 kleine Maiskolben,
1/2 Tasse Silberzwiebeln.

Rinder- und Schweinehack mit den angegebenen Gewürzen vermischen, den Cognac, Ei, die gehackten Oliven und die Semmelbrösel unterrühren. Daraus einen glatten Fleischteig kneten und davon kleine, etwa 3 cm im Durchschnitt große Kugeln formen. Diese Kugeln im erhitzten Öl von allen Seiten rasch kroß braten und auf Küchenkrepp legen, damit überschüssiges Fett ablaufen kann. Die erkalteten Bällchen abwechselnd mit Gurkenstückchen, Maiskolben und Silberzwiebeln auf Holzspieße stecken. Diese besteckten Spieße auf Salatblätter legen und dazu verschiedene Fertigsaucen, wie z. B. Meerrettich, Senf, Chili, Cumberland oder auch Mayonnaisensaucen servieren. Die Kugeln werden dann in die verschiedenen Saucen gedippt.

347 Beefsteak Tatar

500 g Tatar,
3 Eigelb,
80 g Zwiebeln oder Schalotten,
2 Teel. scharfer Senf,
3 Eßl. Öl,
1 Teel. Salz,
1/2 Teel. Selleriesalz,
10 Tropfen Tabasco,
2–3 Spritzer Worcestershiresauce,
1 Eßl. Tomatenketchup,
1 kleine Gewürzgurke,
2 Teel. Kapern,
1 Glas Cognac.

Bei der Zubereitung eines Tatars kommt es bei Feinschmeckern immer zu Diskussionen, denn es gibt kein Universalrezept. Die einen lieben das, die anderen jenes mehr. Außerdem dürfte wohl kein anderes kaltes Gericht so zum Experimentieren reizen, wie eben Tatar. Die Tatsache, daß in guten Restaurants sämtliche Zutaten für ein Tatar extra serviert werden und erst der Ober bei Tisch die rechte Mischung nach Wunsch des Gastes herstellt, zeigt, daß es hier sehr differenzierte Vorstellungen gibt. Und das ist gut so.
Wir stellen Ihnen nachfolgend ein Grundrezept vor, das Sie wiederum nach Belieben abwandeln können. Wichtig ist, daß Sie ein gutes Stück Fleisch bekommen. Tatarfanatiker behaupten, nur die Filetspitzen vom Rind sind geeignet. Ein versnobter und recht teurer Spaß.
Das ganze Filet eignet sich, es kann die Lende oder ein Stück aus der Keule verwendet werden. Das allerwichtigste ist jedoch, daß das Fleisch möglichst erst kurz vor dem Servieren geschabt bzw. durch den Fleischwolf gedreht wird. Und das am besten zweimal. Und dazu verwendet man die feine Scheibe des Fleisch-

wolfes. Wenn Sie das Tatar fertig kaufen, achten Sie unbedingt darauf, daß das Fleisch jetzt nicht mehr gedrückt wird, da es sonst rasch dunkelt, also braun wird.
Für die Zubereitung zunächst die Eigelb mit den sehr fein gehackten Zwiebeln oder den Schalotten und dem Senf mit einem Schneebesen schlagen, richtig schaumig. Nach und nach das Öl, Salz, Selleriesalz, Tabasco, Worcestershiresauce, Tomatenketchup, Gewürzgurke, die Kapern und den Cognac zufügen. Mit dieser Mischung das Fleisch mit einer Gabel rasch vermengen. Auf einer großen Platte anrichten.

Und was paßt zum Tatar?
In erster Linie frisch gerösteter, goldgelber Toast mit Butter. Hervorragend schmeckt ein getoastetes Landbrot, das in warmem Zustand sofort mit einer Knoblauchzehe abgerieben wird. Es passen Brötchen dazu, Weißbrot oder ein nicht zu sauer schmeckendes Schwarzbrot.
Als Varianten können dem Tatar beigegeben werden: fein zerdrückte Anchovisfilets, die ihm einen sehr pikanten Geschmack verleihen. An Gewürzen schmeckt gemahlener Kümmel und Cayennepfeffer, grob gestoßener schwarzer oder weißer Pfeffer. Einige Tropfen Zitronensaft geben eine pikante Note, gehackte Petersilie oder andere Kräuter machen das Tatar frühlingsfrisch, und eine Spur frisch geriebener Knoblauch ist etwas für Knoblauchfans.
Ganz modern ist es, dem Tatar eine Alkoholdusche zu geben. Whisky, Wodka oder Gin wird in kleiner Menge aufgeträufelt. Vielleicht fällt Ihnen noch etwas Neues ein?

348 Bratenspieße für Kenner

200 g garer Schweinebraten,
200 g garer Kalbsbraten,
200 g Roastbeefscheiben,
2 Teel. scharfer Senf,
125 g Edamer Käse,
125 g roher Schinken in Scheiben,
3–4 Gewürzgurken,
1/2 Kopfsalat,
1 Zwiebel,
2 Eßl. Essig,
3 Eßl. Öl,
1 Teel. gehackte Kapern,
1 Eßl. gehackte Petersilie,
1/2 Eßl. gehackter Dill,
1/2 Teel. Salz,
1 Messerspitze Cayennepfeffer.

Den Schweine- und Kalbsbraten in gleichmäßige Würfel schneiden. Die Roastbeefscheiben auf einem Holzbrett auslegen. Diese dünn mit dem Senf bestreichen, jeweils ein Stückchen Edamer Käse darauflegen und die Fleischscheiben aufrollen. Den dünngeschnittenen rohen Schinken ebenso auf dem Holzbrett auslegen. Diesen mit Gurken-Stückchen aufrollen. Auf Holzspießchen nun die Fleischwürfel (sie sollten eine Größe von etwa 2–3 cm haben) spießen, die Roastbeefröllchen und die Schinkenrollen. In bunter Reihenfolge. Den vorbereiteten grünen Salat grob hacken, damit eine Platte auslegen und die Spieße darauf dekorieren. Die Zwiebel schälen, in Ringe schneiden und die Fleischspieße damit bedecken. Nun aus dem Essig, Öl, den gehackten Kapern, der Petersilie und Dill, Salz und Cayennepfeffer eine Sauce rühren und diese über die ganze Pracht gießen. Im Kühlschrank sollte alles mindestens 30 Minuten kalt stehen, bevor es mit Weißbrot serviert wird.

349 Kalbsbratenrollen „Provence"

8 Scheiben Kalbsbraten,
80 g Butter,
1 Eßl. Mayonnaise,
4 Eßl. feingehackte Walnüsse,
1 hartgekochtes Ei,
2 Knoblauchzehen,
1/4 Teel. Salz,
1 Messerspitze Cayennepfeffer,
1/4 Teel. Curry,
8 kleine, hauchdünne rohe Schinkenscheiben,
1/2 Kopfsalat,
1 Orange,
4 Eßl. Sauce Vinaigrette,
1 Bund Petersilie.

Die Kalbsbratenscheiben zum Füllen auf ein Holzbrett legen. Die Butter schaumig rühren und die Mayonnaise unterziehen. Die sehr feingehackten Walnüsse, das fein gehackte, hartgekochte Ei und die auf Salz zerdrückten Knoblauchzehen sowie Cayennepfeffer und Curry zufügen. Damit die Bratenscheiben bestreichen und die wirklich hauchdünn geschnittenen Schinkenscheiben auflegen. Sie sollten etwas kleiner als die Bratenscheiben sein. Die gefüllten Fleischscheiben aufrollen und mit einem Holzstäbchen feststecken.
Die gewaschenen Salatblätter klein verzupfen. Die Orange sauber schälen, in Würfel schneiden und zum Salat geben. Das Ganze mit der Sauce Vinaigrette marinieren und damit eine Platte auslegen. Darauf die gefüllten Kalbsrollen legen und mit Petersilie garniert auftragen.

350 Schinkenrollen „Miami"

6 große Scheiben gekochter Schinken,
1 Eßl. scharfer, englischer Senf,
2 Bananen,
1/2 Teel. Curry hot,
6 Teel. Mayonnaise,
6 große Scheiben roher Katenschinken,
3 Eßl. Kräuterremoulade,
1 Glas Mixed Pickles,
6 große Salatblätter,
1/2 Chinakohl,
1 kleine Dose Mandarinen,
3 Eßl. Öl,
2 Eßl. Zitronensaft,
3 Eßl. Mandarinensaft,
1/4 Teel. Salz,
1 Messerspitze Cayennepfeffer.

Die gekochten Schinkenscheiben auf einem Holzbrett auslegen und alle dünn mit dem englischen Senf bestreichen. Die geschälten Bananen in Scheiben schneiden und auf dem Schinken verteilen. Mit etwas Curry bestreuen. Jeweils einen Eßlöffel Mayonnaise darüberhäufen, die Schinkenscheiben einzeln aufrollen und falls nötig mit einem Holzspieß feststecken. Den rohen Schinken ebenfalls auslegen, jede Scheibe mit einem halben Eßlöffel Kräuterremoulade bestreichen, darauf die gut abgelaufenen Mixed Pickles häufen (große Stücke vorher zerkleinern) und mit je einem Salatblatt abdecken. Diese Schinkenscheiben ebenfalls einzeln aufrollen. Notfalls mit einem Spießchen feststecken.
Nun den gut gewaschenen Chinakohl grob schneiden und die abgetropften Mandarinen unterziehen. Aus dem Öl, Zitronensaft, Mandarinensaft, Salz und Cayennepfeffer eine Sauce rühren, damit den Salat anmachen und 30 Minuten ziehen lassen. Den Salat auf einer Platte verteilen und die beiden Schinkenrollensorten abwechselnd auflegen.

351 Kalbssteaks „Colmar"

4 Kalbssteaks à 125 g,
1 Teel. Salz,
1/2 Teel. weißer Pfeffer,
1/2 Teel. Salbei,
4 Eßl. Öl,
1 Dose Gänseleberpastete,
1 kleine Dose Stangenspargel,
4 Trüffelscheiben.

Die Kalbssteaks mit dem Salz, Pfeffer und Salbei ringsum abreiben und in dem erhitzten Öl von beiden Seiten kroß braten. Auf Küchenkrepp ablaufen und erkalten lassen. Die Gänseleberpastete auf die vier Steaks verteilen, glattstreichen, mit dem abgelaufenen Stangenspargel belegen. Jedes Steak noch mit einer Trüffelscheibe als Feinschmeckerzutat garnieren.
Sie sollten Toast dazu reichen!

352 Cordon bleu, kalt serviert

8 Scheiben garer Kalbsbraten,
1 Eßl. süßer Kräutersenf,
4 Scheiben Roquefort,
2 Birnen,
Saft 1/2 Zitrone,
2 Eßl. Cognac,
2 Eßl. gehackte Walnüsse.

4 Scheiben Kalbsbraten auf einem Holzbrett auslegen. Dünn mit dem Senf bestreichen. Jeweils eine Roquefortscheibe oder auch Danablu auflegen. Die geschälten und entkernten Birnen in sehr dünne Scheiben schneiden. In einem Gefäß mit dem Zitronensaft und Cognac einige Minuten marinieren. Dann diese duftenden Birnenscheiben auf dem Käse verteilen, die gehackten Walnüsse darüberstreuen und mit der zweiten Bratenscheibe abdecken.
Wie bei allen vorher zubereiteten, kalten Fleischgerichten kann auch dieses kalte Cordon bleu mit etwas Madeiragelee überglänzt werden. Dadurch behält es länger sein schönes Aussehen, die Fleischscheiben werden nicht grau. Dieses delikate Cordon bleu auf einer Platte anrichten und nach Belieben noch mit Petersilie, Zitronenschnitzen und Salatblättern umkränzen.

353 Schweizer Bratenrollen

8 Scheiben garer Schweinebraten aus der Keule,
150 g Appenzeller Käse,
100 g italienische Salami,
2 Gewürzgurken,
1 Eßl. gehackte, eingelegte Paprikaschoten,
3–4 Eßl. Mayonnaise,
2 Tomaten,
2 hartgekochte Eier,
1 Bund Petersilie.

Die möglichst großen und nicht zu dünngeschnittenen Bratenscheiben auf einem Brett auslegen. Den Appenzeller Bergkäse würfeln, und zwar etwas gröber als die italienische Salami. Die Gewürzgurken fein hacken und diese Zutaten mit der gehackten Paprikaschote in eine Schüssel füllen. Diese Mischung mit der Mayonnaise verrühren und auf die Bratenscheiben streichen. Aufrollen und mit einem Holzspießchen feststecken. Auf einer Platte nebeneinander anrichten. Mit den in Scheiben geschnittenen Tomaten, den geviertelten geschälten Eiern und der Petersilie hübsch verzieren. Gut zu einem kräftigen Landbrot!

354 Gerolltes Roastbeef mit Spargel

12 Scheiben Roastbeef,
2 hartgekochte Eier,
2 Eßl. gemischte, gehackte Kräuter,
1 Teel. scharfer Senf,
1 Messerspitze Cayennepfeffer,
1/2 Teel. Selleriesalz,
1/2 Teel. Paprikapulver, edelsüß,
Saft 1/2 Zitrone,
2–3 Eßl. Öl,
36 Stangen gekochter Spargel.

Das nicht zu dünn geschnittene Roastbeef auf einem Küchenbrett auslegen. Die hartgekochten, geschälten Eier fein würfeln und mit den gehackten Kräutern, dem Senf, Cayennepfeffer, Selleriesalz und Paprikapulver vermischen. Nun noch Zitronensaft und Öl zufügen. Diese feine Mischung auf die Roastbeefscheiben streichen und auf jede Fleischscheibe 3 Stangen Spargel aus der Dose legen und in die Scheibe einrollen. Falls nötig, mit einem Holzspießchen feststecken.
Auf einem Bohnensalat oder grob geschnittenem Chicorée anrichten. Dazu französisches Weißbrot reichen.

355 Parmaschinken, ganz exclusiv

8 Scheiben Parmaschinken, dick geschnitten,
1 schöne Zuckermelone,
1 Eßl. Cognac,
1/8 l Sahne,
2 Eßl. Preiselbeerkompott.

Die Schinkenscheiben auf einem Holzbrett auslegen und zur Hälfte mit einer Spalte der geschälten Zuckermelone belegen. Diese mit einigen Tropfen Cognac beträufeln. Die Sahne ganz steifschlagen und mit dem Preiselbeerkompott vermengen. Davon jeweils einen dicken Klecks auf die Melonenspalte geben. Die leergebliebene Schinkenhälfte über die anderen Zutaten klappen und diesen exclusiven Schinken auf einer Platte – vielleicht eingebettet in Endiviensalat – anrichten.
Sie sollten verschiedene Brotsorten dazu reichen. Soll der Parmaschinken als Vorspeise gereicht werden, bekommt jede Person nur eine gefüllte Schinkenscheibe. Diese wird mit Brunnenkresse begrenzt auf einem Tellerchen gereicht.

356 Schinkenrollen zum Verwöhnen

8 Scheiben roher Schinken, nicht zu dünn geschnitten,
1/8 l Sahne,
1 Eßl. geriebener Meerrettich,
1/2 Teel. Zucker,
1/4 Teel. Salz,
1 Messerspitze Cayennepfeffer,
32 gare Spargelstangen,
4 hartgekochte Eier,
1 Eßl. gehackte Petersilie.

Die Schinkenscheiben (großer Katenschinken oder Ardennenschinken eignet sich besonders gut dafür) auf einem Küchenbrett auslegen. Die Sahne steif schlagen, den frischgeriebenen Meerrettich, Zucker, Salz und Cayennepfeffer unterziehen. Damit die Schinkenscheiben gleichmäßig bestreichen. Auf jede Scheibe 4 Spargelstangen legen und diese in den Schinken einrollen. Falls die Scheiben nicht groß genug sind, mit einem Holzspießchen feststecken. Diese gefüllten Schinkenrollen auf einer großen Platte anrichten, mit den in Scheiben geschnittenen, geschälten Eiern belegen und mit der gehackten Petersilie bestreuen. Richtig frühlingsfrisch sollte es aussehen!

357 Illustrierte Rippchen

4 gepökelte, gekochte Schweinerippchen,
1/2 Teel. Senf,
200 g Sauerkraut aus der Dose,
1 Essiggurke,
1 Salzgurke,
2 kleine Zuckergurken,
3 Eßl. gehackter Tomatenpaprika,
1 feste Tomate,
4 Eßl. Kräuterremoulade.

Die Rippchen, mit oder ohne Knochen, auf einer Seite mit dem Senf bestreichen. Wer's gern scharf mag, kann entsprechend mehr Senf verwenden! Auf den Senf die Schicht Sauerkraut aufteilen. Die drei Gurkensorten grob hacken, Tomatenpaprika aus dem Glas daruntermischen und diese Zutaten ebenfalls auf dem Sauerkraut verteilen. Die Tomate quer in 4 Scheiben schneiden und je eine davon auf das Rippchen als Abschluß legen. Darauf noch je einen Eßlöffel Kräuterremoulade häufen. Zu dieser deftigen Pracht kräftiges Landbrot reichen und einen frischen, pikanten Möhrensalat anrichten. Das Bier vorher kaltstellen!

358 Mortadella-Röllchen

8 Scheiben große Mortadella, nicht zu dünn geschnitten,
3 Eßl. Mayonnaise,
1 Messerspitze Pfeffer,
1 Messerspitze Ingwerpulver,
1 Eßl. gehackte Oliven,
1 Eßl. gehackte Pistazien,
1/2 Eßl. gehackte Kapern,
8 große Salatblätter,
8 Teel. Tomatenketchup,
4 Chicoréestauden,
1 kleine Dose Mandarinen,
5 Eßl. italienische Salatsauce.

Die Mortadellascheiben auf einem Holzbrett auslegen. Die Mayonnaise mit dem Pfeffer und Ingwerpulver verrühren, die gehackten Oliven und Pistazien sowie die Kapern zugeben. Diese Mischung auf die Mortadellascheiben streichen. Die Salatblätter verlesen und abspülen, jeweils ein Salatblatt auf die Mayonnaise legen und darauf je einen Teelöffel Tomatenketchup geben. Die Wurstscheiben aufrollen und mit einem Holzspießchen durchstechen.
Die vorbereiteten Chicoréestauden in Scheiben schneiden, mit den Mandarinen vermengen, mit der Fertigsauce würzen und mit den Mortadellarollen auf einer Platte anrichten.

359 Fleischkäse-Rollen

8 Scheiben Fleischkäse à 80 g,
1 kleine Dose Champignons,
1 Essiggurke,
1 Zwiebel,
10 gehackte Oliven,
1 Eßl. gehackte Petersilie,
4 Eßl. Mayonnaise,
2 feste Tomaten,
1 Essiggurke,
1 Bund Petersilie.

Die Fleischkäsescheiben (in Bayern schlicht der Leberkäs) auf einem Brett auslegen. Die Champignons aus der Dose gut ablaufen lassen und in dünne Scheibchen schneiden, Essiggurke und Zwiebel fein würfeln. Diese Zutaten in eine Schüssel geben und mit den gehackten Oliven, der Petersilie und der Mayonnaise binden. Damit die Fleischscheiben bestreichen, aufrollen und mit einem Holzstäbchen zusammenhalten. Auf einer Platte anrichten und mit den in Spalten geschnittenen Tomaten, in Scheibchen geschnittener Essiggurke und der Petersilie garnieren. Dazu schmecken frische Brezeln und ein helles Bier!

360 Ganz pikante Leberwurst

250 g grobe Leberwurst,
1 Eigelb,
1 Zwiebel,
2 Eßl. gehackte Paprikaschote,
2 Gewürzgurken,
4 feingehackte Oliven,
1/2 Knoblauchzehe,
1/4 Teel. weißer Pfeffer,
1/2 Teel. Paprikapulver,
2 Teel. gehackte Kräuter,
hartgekochte Eier zur Garnitur.

Die grobe Leberwurst in eine flache Schüssel geben, dazu das Eigelb. Die Zwiebel hacken, desgleichen die Paprikaschote, Gurken und Oliven. Die Knoblauchzehe zerdrücken und mit dem Pfeffer, Paprikapulver und den gehackten frischen Kräutern (wie Schnittlauch, Zitronenmelisse, Dill, Petersilie, Borretsch, kurz, was Sie gerade da haben) zu den übrigen Zutaten geben. Alles mit der groben Leberwurst in der Schüssel gut vermischen. Das Ganze gibt einen wohlschmeckenden Brotaufstrich, der besonders auf einem kräftigen Landbrot hervorragend schmeckt. Für das Auge erhält jede Brotscheibe als Garnitur noch hartgekochte Eischeiben. Viel Bier dazu reichen und einen Klaren!

Hohe Jagd und reiche Strecke

(Wild und zartes Geflügel)

Wir haben wegen der vielen kulinarischen Verwandtschaftlichkeiten Wild und Geflügel in einem Kapitel zusammengefaßt, woraus niemand schließen wird, daß das Haushuhn vor der Zubereitung mit Schrot zu erlegen sei.
Dennoch gibt es genügend Gemeinsames zwischen Wild und Geflügel, welches auch in einem Vorwort zu erwähnen und zu verfolgen sich lohnt. Denn schon bei der Ente spalten sich die Geister (und die Zungen) und lassen fragen, ob die Wildente oder die Mastente gemeint seien. Ortega y Gasset, der noble Spanier, hatte sicher sein helles Vergnügen, als er „Über die Jagd" schrieb und philosophierte und uns geschichtliche Hintergründe und genüßliche Vordergründe des Problems schilderte.
Ob Rehrücken „Waldhaus" (Foto nebenstehend, Rezept Nr. 361) oder Putenbrust „Gärtnerinnen Art": die Zunge wird Ihre Gedanken schweifen lassen. Der eine wird an die Verfeinerung eines Gelees durch Zugabe von Portwein denken, darin Gänseleber eingebettet. Der andere schießt sich seinen Fasan, lädt alte Jagdfreunde zum Essen ein, und ein alter Rotwein gestattet danach noch den Ausflug in die Historie. Dann werden vielleicht die Jagdchroniken der Könige von Kastilien lebendig oder europäische Ritterromane erzählen von den edlen Gebräuchen der hohen Jagd.
Jagd ist nicht mehr Vorrecht des Adels. Geblieben aber ist das Vorrecht von Zunge und Gaumen, ohne Ansehung von Person und Stand, aber mit viel Verstand für köstliches Wild und zartes Geflügel.

361 Rehrücken „Waldhaus"

1 Rehrücken,
1 1/2 Teel. Salz,
1/2 Teel. Zucker,
3 zerdrückte Wacholderbeeren,
1/2 Teel. Paprikapulver, edelsüß,
1/2 Teel. Oregano,
1 Messerspitze Estragon,
1 Messerspitze Basilikum,
150 g grüner Speck,
2 Eßl. Öl,
1 Glas Kirschwasser,
1 Orange,
1 Glas Rotwein,
1 Messerspitze Zimt,
1 Eßl. Zucker,
1 Teel. Speisestärke,
2 Tassen Sauerkirschen.

Den Rehrücken am besten schon vom Wildhändler sorgfältig abziehen lassen, damit keine Haut- und Sehnenreste mehr vorhanden sind. Das Salz, den Zucker, Wacholderbeeren, Pfeffer, Paprika, Oregano (wilder Majoran), Estragon und Basilikum vermischen und mit diesem Gewürz den Rehrücken von allen Seiten kräftig abreiben. Den Speck in dünne Scheiben schneiden und den Rücken damit abdecken. Das Rehfleisch soll schön gleichmäßig vom Speck bedeckt sein. In der Pfanne des Backofens das Öl erhitzen, den Rücken einlegen und bei etwa 210-220 Grad gar braten. Nach Vorschrift kann der Rehrücken auch im Römertopf gegart werden, er bleibt darin besonders saftig. Das Kirschwasser erwärmen (in einer Schöpfkelle am besten), über den fertig gegarten Rücken gießen, anzünden und den Alkohol abbrennen lassen. Das Aroma zieht so gut in das Fleisch ein. (Vorher die Speckscheiben natürlich abnehmen.) Eine schöne Platte oder besser ein dickes zünftiges Holzbrett bereitstellen, den erkalteten Rehrücken daraufsetzen. Die ungespritzte Orange in dünne Scheiben schneiden und diese nochmals halbieren. Diese Orangenscheibenhälften – wie auf unserem Foto auf der Seite vorher – auf dem Rehrücken anordnen. Den Rotwein mit dem Zimt und Zucker aufkochen, die Speisestärke mit einem Eßlöffel Wasser anrühren und damit den Rotwein leicht binden. Sofort die gut abgelaufenen Sauerkirschen aus der Dose dazugeben und verrühren. Die Sauerkirschen erkaltet als dicken Streifen auf die Orangen häufen. Als Beigabe Remoulade oder eine Kräuterremoulade dazustellen. Jetzt kann man nur noch sagen: „Hinsetzen, die Lieben rufen und den Rehrükken nach ‚Waldhaus Art' mit Toastbrotscheiben und einem Bordeauxwein bei Kerzenlicht genießen."

362 Rehkeule „schwedische Art"

1 ausgelöste Rehkeule,
1 Teel. Salz,
15 Tropfen Tabasco,
2 zerdrückte Wacholderbeeren,
1 Eßl. gehackte Petersilie,
150 g Speckscheiben,
3 Eßl. Öl,
200 g Gänseleberpastete,
2 Boskopäpfel,
1/4 l Weißwein,
1 Nelke,
1 Stückchen Zimtrinde,
1 Eßl. Zucker,
2 Ananasscheiben,
8 kleine Tomaten,
1/8 l Schlagsahne,
1/2 geriebener Apfel,
1 Eßl. Meerrettich,
1 Messerspitze Salz,
1 Messerspitze Zucker.

Die Rehkeule vom Knochen lösen und möglichst sorgfältig von allen Hautresten befreien. Das Salz, Tabasco, Wacholderbeeren und die gehackte Petersilie in einem Schüsselchen vermischen und damit das Fleisch ringsum einreiben. Das Fleisch mit einem Baumwollfaden zusammenbinden und mit den dünnen Speckscheiben bedecken. In der Fettpfanne das Öl erhitzen, die Rehkeule aufsetzen und im Backofen bei 210 bis 220 Grad gar braten. Das gare Fleisch herausheben und auf einem Brett vollständig erkalten lassen. Erst dann in etwa 1 cm starke Scheiben schneiden. Diese Scheibchen treppenartig auf einer Platte anrichten und dazwischen jeweils eine Schicht der cremig gerührten Gänseleberpastete streichen.

Nun die Äpfel schälen, das Kernhaus ausstechen und die Äpfel würfeln. Den Weißwein mit Nelke, Zimtrinde und Zucker aufkochen und die Apfelwürfel darin glasig dünsten. Nicht zu weich werden lassen. Die Äpfel in der Flüssigkeit völlig erkalten, auf einem Sieb ablaufen lassen und mit der in kleinste Segmente geschnittenen Ananas vermischen. Dieses Obstgemisch über die Rehkeule geben.

Die kleinen festen Tomaten „köpfen" und das Innere mit einem Teelöffel herauslösen. Die Schlagsahne mit dem geriebenen Apfel, dem Meerrettich, Salz und Zucker vermengen und in die 8 Tomaten füllen. Diese gefüllten Tomaten um die Rehkeule setzen. Ein Schlemmeressen, zu dem ein wohltemperierter Rotwein und französisches Stangenweißbrot gut passen.

(Den Bratenfond mit den Speckscheiben am nächsten Tag durchpassiert zum Fleischrest warm auftragen.)

363 Hirschrücken „große Schau“

1 Hirschkalbrücken oder
1/2 Hirschrücken,
200 g geräucherter, fetter Speck,
2–3 Teel. Salz,
1/2 Teel. schwarzer Pfeffer,
1 Teel. Majoran,
1/4 Teel. Thymian,
1/4 Teel. Salbei,
3 Teel. Paprikapulver, edelsüß,
150 g Butter,
3 Eßl. Portwein,
1 Glas Rotwein,
200 g Kalbsleberwurst,
50 g gehackte Walnüsse,
1 Eßl. gehackte Schalotten,
1 Eßl. frische Sahne,
2 Orangen,
12–15 Maraschinokirschen,
2 Eßl. Orangenlikör.

Vielleicht haben Sie einen Freund, der Jäger ist, dann sind Sie ein Glückskind. Wenn Sie dann noch einen Hirschkalbsrücken bekommen, ist es für unser nachfolgendes Rezept prächtig. Haben Sie keinen Freund und keinen Kalbsrücken vom Hirsch, dann suchen Sie Ihr Glück in den Tiefkühltruhen der Kaufhäuser oder in einem Wildgeschäft. Dann genügt auch ein halber Hirschrücken für 6 Personen. Den Hirschrücken mit Knochengerüst von allen Haut- und Sehnenresten befreien. Den Speck in dünne Streifchen schneiden und mit einer Spicknadel diesen durch die beiden Hirschlenden von der Seite schräg durchziehen. Aus Salz, Pfeffer, Majoran, Thymian, Salbei und Paprika eine Gewürzmischung herstellen, damit den Rücken einreiben. Die Butter in Würfel schneiden, auf dem Rücken verteilen. Den Backofen auf 220 Grad vorheizen, den vorbereiteten Rücken einlegen und nach 10 bis 15 Minuten den Portwein über das Fleisch gießen. Nach weiteren 20 Minuten den Rotwein aufgießen. Je nach Stärke des Rückens beträgt die Garzeit zwischen 35 und 45 Minuten. Das Fleisch soll innen noch zart rosa sein. Voraussetzung ist, daß das Fleisch gut abgehangen ist. Während des Bratens immer wieder mit dem austretenden Brat-Specksaft begießen. Den fertig gebratenen Rücken erkalten lassen und mit einem scharfen Messer die beiden Hirschlenden auslösen. Die übrigen Fleischreste sauber von Knochen lösen und kleinwürfeln. Diese werden mit der Kalbsleberwurst, den gehackten Walnüssen, den gehackten Schalotten und der Sahne zu einer glatten Masse gerührt. Diese wohlschmeckende Farce wird auf das sauber ausgelöste Knochengerüst gestrichen. Die beiden Hirschlenden werden sorgfältig in Scheibchen geschnitten und treppenförmig auf das mit Wurstmasse bestrichene Knochengerüst aufgebaut. Die ungespritzten Orangen in Scheiben schneiden, vierteln und mit den Maraschinokirschen auf dem Rücken garnieren. Am Schluß über alles den Orangenlikör träufeln. Besser geht's nicht! Bordeaux-Rotwein dazu.

364 Ganz wilder Hackbraten

600 g schieres Reh- oder Hirschfleisch,
400 g Schweineleber,
250 g Speck,
2 Brötchen,
1/4 l Milch,
2 Eier,
1 feingehackte Zwiebel,
1 Eßl. Petersilie,
1 Glas Cognac,
3 Teel. Salz,
2 Teel. Paprikapulver,
1/2 Teel. Pfeffer,
1/2 Teel. Majoran,
1/4 Teel. Salbei,
1/4 Teel. Thymian,
1 Messerspitze Piment,
150 g Speckscheiben.

Die Hälfte des Wildfleisches und die Schweineleber durch die Fleischmaschine drehen. Das restliche Wildfleisch in kleine Würfel schneiden, desgleichen den Speck. Alles zusammen in eine große Schüssel füllen. Die in Milch eingeweichten und wieder ausgedrückten beiden Brötchen dazugeben, die beiden Eier, die gehackte Zwiebel, Petersilie und den Cognac. Das Ganze mit Salz, Paprika, Pfeffer, Majoran, Salbei, Thymian, Piment würzen.
Entweder eine einfache Form oder eine Rehrückenform mit Schweineschmalz ausstreichen oder besser mit in sehr dünne Scheiben geschnittenen Speck die Form auslegen. Die vermengte Wildmasse einfüllen, den Backofen auf 210 Grad vorheizen und den wilden Hackbraten garen. Die Garzeit beträgt etwa 1 1/2 Stunden. Den wilden Hackbraten dann herausnehmen, erkalten lassen und erst dann in 1/2 bis 1 cm dicke Scheiben schneiden. Diese auf einer Platte hübsch anordnen und nach Belieben noch mit Tomate, Ei und Petersilie garnieren. Graubrotscheiben dazu reichen.

365 Wildschweinbraten „Beskiden"

1000 g Wildschwein, möglichst aus der Keule,
1 1/2 Teel. Selleriesalz,
2 Teel. Paprikapulver, edelsüß,
1/4 Teel. Chilipuder,
1 Messerspitze Kardamom,
1 Messerspitze Ingwerpulver,
1 Messerspitze Piment,
1/4 Teel. Majoran,
1/4 Teel. Thymian,
1/2 Zitrone,
150 g Speck in dünnen Scheiben,
1 Glas Rotwein,
1 kleine Dose Pfifferlinge,
2 Eßl. Zwiebelwürfel,
1 Eßl. Petersilie,
2 Eßl. Mayonnaise,
1 Eßl. frische Sahne,
1 Dose Bleichsellerie,
2 Eßl. Kräuter-Salatsauce.

Das Wildschweinfleisch von allen Hautresten befreien. Aus den angegebenen Gewürzen wie Selleriesalz, Paprikapulver, Chilipuder, Kardamom, Piment, Majoran, Thymian, der abgeriebenen Zitronenschale eine Mischung rühren, damit das Fleisch von allen Seiten einreiben. Richtig einmassieren mit den Händen. Das Fleisch in die Speckscheiben einhüllen und mit einem Baumwollfaden alles umbinden. Ohne Fettzusatz das Fleisch im vorgeheizten Backofen in der Pfanne garen (Hitze 210–220 Grad). Zwischendurch mit dem Rotwein beträufeln. Nach 40–50 Minuten Garzeit die Speckscheiben herunternehmen, damit der Braten Farbe annimmt. Garzeit insgesamt 60–70 Minuten. Das gare Fleisch herausnehmen, erkalten lassen und in Scheiben schneiden. Auf einer Platte anrichten. Die Pfifferlinge aus der Dose gut ablaufen lassen, mit den Zwiebelwürfeln und der gehackten Petersilie vermengen und mit der Mayonnaise und der Sahne anrühren. Die Pfifferlinge auf die eine Seite der Bratenplatte legen und auf die andere Seite den kleingeschnittenen Bleichsellerie aus der Dose geben. Über den Bleichsellerie die Kräutersauce gießen. Mit Cumberlandsauce und Weißbrot als Festessen zu einem wohltemperierten Rotwein auftragen.

366 Burgunder Hasenlendchen

1 Hasenrücken,
2 Gläser Burgunder,
4 zerdrückte Wacholderbeeren,
1 Lorbeerblatt,
10 Pfefferkörner,
1 Karotte,
2 Eßl. gewürfelter Sellerie,
4 Schalotten,
1/2 Teel. Salz,
2 Eßl. Öl,
1 kleine Zucker- oder Honigmelone,
2 Eßl. Cognac,
3 Eßl. fruchtiger Weißwein.

Den Hasenrücken sorgfältig putzen, die Haut abziehen. Die beiden Fleischstränge entlang dem Rückgrat, nämlich die Lendchen, auslösen. Den Burgunderwein mit den zerdrückten Wacholderbeeren, dem Lorbeerblatt und Pfefferkörnern nur eben erhitzen und über die beiden Hasenlendchen in einem Gefäß gießen. Die geputzte gewürfelte Karotte, Selleriewürfel und die geschälten, halbierten Schalotten über das Fleisch streuen und den Rücken so mindestens 3–4 Stunden marinieren. Aus dem Sud nehmen, mit Küchenkrepp abtupfen, salzen und in einer Pfanne im erhitzten Öl schön knusprig braun braten. Aber nicht zu lange, denn das Fleisch soll innen noch schön rosa sein. Das Fleisch erkalten lassen, danach in etwa 1/2 cm dicke, schräge Scheiben schneiden. Die Melone halbieren und aus dem Fruchtfleisch (ohne die Kerne) mit einem Kartoffelausstecher Kugeln ausstechen. Die untere Melonenhälfte unten etwas abschneiden, damit sie besser steht. In diese Hälfte die Melonenkugeln füllen. Den Cognac mit Weißwein vermischen und die Melonenkugeln damit übergießen. So sollten sie einige Zeit durchziehen. Diese gefüllte Melone dann auf eine große Platte setzen und ringsum die Scheiben der Hasenlende anordnen. Auch hier Toast dazu reichen.

367 Wildschweinrouladen „Gute Hausfrau"

4 Wildschweinschnitzel aus der Keule,
1/2 Teel. Salz,
1 Teel. Paprikapulver,
150 g Schweinehackfleisch,
1 Eigelb,
1 Gewürzgurke,
2 Eßl. Pinienkerne,
1 rote gehackte Paprikaschote,
1 Eßl. gehackte Zwiebeln,
1/2 Teel. Salz,
1 Messerspitze Majoran,
1 Messerspitze Thymian,
1 Messerspitze Salbei,
1 Messerspitze schwarzer Pfeffer,
3 Eßl. Öl,
1/2 gewürfelte Karotte,
1 Eßl. gewürfelte Sellerieknolle,
1/2 gewürfelte Zwiebel,
1 Tasse Fleischbrühe,
1/2 Tasse Rotwein,
1 Eßl. Cognac,
2–3 Eßl. Mayonnaise,
1 Teel. Paprikapulver, edelsüß.

Vom Wildhändler gleich 4 schöne Schnitzel aus der Wildschweinkeule schneiden lassen. Nach Belieben noch etwas klopfen, damit sie eine schöne Roulade ergeben. Die Schnitzel mit Salz und Paprikapulver einreiben. Das Schweinehack mit dem Eigelb, der feingehackten Gewürzgurke, Pinienkernen, Paprikaschote und Zwiebel vermengen. Mit den Gewürzen abschmecken. Diese Masse auf die 4 Schnitzel verteilen und breitstreichen. Zu Rouladen aufrollen, mit einem Baumwollfaden umbinden. Das Öl erhitzen, die gewürfelte Karotte, Sellerie und Zwiebelwürfel darin glasig dünsten. Die Rouladen einlegen, bei starker Hitze anbraten, mit der Fleischbrühe übergießen, Rotwein und Cognac hinzugeben. Die Rouladen zugedeckt etwa 20–30 Minuten schmoren lassen. Die Sauce soll dabei einkochen.
Die fertigen Rouladen herausnehmen und erkalten lassen. Die Sauce in heißem Zustand durch ein Sieb streichen, und wenn auch sie vollständig erkaltet ist, mit der Mayonnaise vermengen und mit dem Paprikapulver würzen. Die Rouladen auf einer Platte anrichten und mit der würzigen Mayonnaisensauce überziehen. Salatblätter als grüne Tupfen dazwischenstecken, für das Auge!

368 Rehsteaks „Alexander“

4 Rehsteaks à ca. 100 g,
1/2 Teel. Salz,
12 Tropfen Tabasco,
1 Messerspitze Oregano,
1 Messerspitze Salbei,
1 Messerspitze Ingwerpulver,
50 g Butter,
2 Eßl. Portwein,
1 Glas Cognac,
2 Eßl. Madeiragelee,
4 halbe Kompottpfirsiche,
4 Teel. Preiselbeerkompott,
4 Scheiben Toastbrot.

Die sorgfältig von der Haut befreiten Rehsteaks mit der Würzmischung aus Salz, Tabasco, Oregano, Salbei und Ingwerpulver einreiben. Schön gleichmäßig ringsum. Die Butter im Tiegel zergehen lassen, die Steaks einlegen und von beiden Seiten knusprig braten. Wenn sie fast gar sind, mit dem Portwein beträufeln. Sind sie fertig, aus dem Tiegel heben. Mit dem erwärmten Cognac den Bratfond anreichern, anzünden und abbrennen. Das Madeiragelee nun der Sauce zusetzen, eine Platte mit dieser Köstlichkeit ausgießen und erkalten lassen. Die kalten Steaks daraufsetzen, jedes Steak mit einem halben Pfirsich belegen und darauf jeweils 1 Teelöffel Preiselbeeren häufen. Das getoastete Brot in Dreiecke schneiden und diese um die Steaks legen. Sieht nicht nur hübsch aus, sondern schmeckt auch vorzüglich.

369 Wildschweinsteaks „Isabell“

500 g Wildschweinlende (ausgelöst),
100 g Speck im Streifen,
1 Teel. Salz,
2 Teel. Paprikapulver, edelsüß,
1 Messerspitze Thymian,
2 zerdrückte Wacholderbeeren,
2 Eßl. Rotwein,
2 Eßl. Cognac,
3–4 Eßl. Öl,
1 kleine Dose Gänseleberparfait,
4 Eßl. Maronenpüree aus der Dose,
2 Eßl. frische Sahne,
4 Scheiben schwarze Trüffel.

Die ausgelöste Wildschweinlende gut vorbereitet mit dünnen Speckstreifen mit der Spicknadel spicken, d. h. die Speckstreifen der Länge nach durch die Lende ziehen. Dann die Lende in 4 gleichmäßige Scheiben schneiden. Diese einzeln mit Salz, Paprika und Thymian und den fein zerdrückten Wacholderbeeren abreiben. Den Rotwein mit dem Cognac vermischen, die Steaks damit tränken, einige Zeit durchziehen lassen und danach trocken abtupfen (mit Küchenkrepp). In der Pfanne das Öl erhitzen und die vier Steaks bei starker Hitze braun braten. Auf einem saugfähigen Papier erkalten lassen. Aus dem Gänseleberparfait 4 Scheiben schneiden, jede davon auf ein Steak heben. Das Maronenpüree mit der Sahne gut durchrühren, einen Löffel davon als Haube auf die Steaks geben. Maronenpüree kann auch mit der Sterntülle mit Spritzbeutel als Rosette aufgesetzt werden. Die vier Trüffelscheiben krönen die ganze Pracht.

370 Hirschsteaks der Gärtnerin

4 Hirschsteaks aus der Keule à 120 g,
1 Teel. Salz,
1/4 Teel. weißer Pfeffer,
1 Teel. Paprikapulver, edelsüß,
1 Messerspitze Salbei,
1 Messerspitze Rosmarin,
1 Messerspitze Oregano,
3 Eßl. Öl,
16 Spargelstangen aus der Dose,
4 Streifen Tomatenpaprika,
1 Tasse Tiefkühlerbschen,
1 Tasse gehackte Schnittbohnen,
1 Tasse Maiskörner aus der Dose,
2 Eßl. Mango-Chutney,
3 Eßl. italienische Salatsauce.

Die sehr sorgfältig von Hautresten befreiten Hirschsteaks mit der Gewürzmischung aus Salz, Pfeffer, Paprika, Salbei, Rosmarin und Oregano einreiben. Das Öl über diese Steaks gießen, diese übereinandersetzen, in Alu-Folie einschlagen und einige Stunden stehen lassen, damit das Gewürzaroma einziehen kann. Dann mit Küchenkrepp trocken abtupfen. Eine Pfanne knallheiß werden lassen, die vier Steaks einlegen und rasch von beiden Seiten braun braten. Erkaltet mit je vier Stangen Spargel belegen und eine rote Tomatenpaprika-Manschette darüberlegen. Die aufgetauten Tiefkühlerbschen (es sind die besten und farbenfrohesten!) mit den garen Schnittbohnen und Maiskörnern aus der Dose, dem fertig gekauften Mango-Chutney und der Salatsauce vermischen. Diesen Gärtnerinnen-Salat auf eine Platte häufen und die dekorierten Hirschsteaks daraufsetzen. So möchte es die Gärtnerin gern haben. Und wir sicherlich auch!

371 Rehsteaks „excellent“

4 schöne Rehsteaks à 100 g,
2 Glas Bordeaux-Rotwein,
4 Wacholderbeeren,
10 Pfefferkörner,
1 Eßl. gehackte Petersilienwurzel,
1/2 Teel. Salz,
50 g Butter,
4 Scheiben Kalbsleberpastete,
1 Becher Schlagsahne,
1/2 Teel. Curry hot,
Schale 1/2 Orange,
1 Teel. gehackte Pistazien.

Die vier Rehsteaks in eine flache Schüssel nebeneinanderlegen. Aus dem Rotwein, den zerdrückten Wacholderbeeren, Pfeffer-

körnern und der Petersilienwurzel eine Marinade rühren, diese über die Steaks gießen und 1 bis 2 Stunden darin liegen lassen. Herausnehmen, salzen und trockentupfen. Die Butter im Tiegel erhitzen und die Steaks von beiden Seiten rasch braun braten. Erkaltet jeweils mit einer Scheibe Kalbsleberpastete belegen. Die Schlagsahne mit dem Curry hot und der abgeriebenen Orangenschale vermischen. Jeweils eine Haube davon auf die Steaks setzen. Mit den gehackten Pistazien überstreuen.

372 Rehlendchen in Roquefortsauce

½ Rehrücken,
1 Teel. Salz,
2 Teel. Paprikapulver, edelsüß,
1 Messerspitze Cayennepfeffer,
1 Messerspitze Salbei,
1 Messerspitze Oregano,
150 g Speckscheiben,
einige Salatblätter,
½ Birne,
2 Eßl. Preiselbeerkompott.

Von einem halben Rehrücken die Haut abziehen und die beiden Lendchen auslösen. Schön vorsichtig! Diese beiden Lendchen mit Salz, Paprika, Cayennepfeffer, Salbei und Oregano abreiben und in die dünnen Speckscheiben einzeln einwickeln. Ohne weiteres Fett diese Lendchen in der knallheißen Pfanne gar braten. Nicht zu lange, sie sollten innen noch leicht rosig sein. Erkaltet auf einem Brett in schräge Scheiben schneiden. Diese auf einer Holzplatte oder einem großen Teller anordnen. In die Mitte einige schöne Salatblätter legen. Aus der halbierten Birne die Kerne lösen, dahinein das Preiselbeerkompott füllen. Auf die Salatblätter setzen. Dazu servieren Sie einmal eine Roquefortsauce, das ist apart! Das Rezept finden Sie im Saucenkapitel.

373 Finnischer Jägerimbiß

350 g Rentierschinken, in dünnen Scheiben,
1 Tasse Schlagsahne,
1 Eßl. geriebener Meerrettich,
1 Messerspitze Salz,
½ Teel. Zucker,
1 Messerspitze Cayennepfeffer,
4 Eßl. Preiselbeerkompott.

Den Rentierschinken (ihn gibt es seit einigen Jahren bei uns in guten Feinkostgeschäften) möglichst gleich vom Geschäft in dünne Scheiben schneiden lassen. Diese Scheiben fächerförmig auf einer Platte anrichten oder zu Röllchen formen. Die Schlagsahne mit dem frisch geriebenen Meerrettich (nur dieser schmeckt wirklich gut!), Salz, Zucker und Cayennepfeffer verrühren. Diese Meerrettichsahne in die Mitte der Platte geben. Und darum vier Häufchen Preiselbeerkompott setzen. Wer es finnisch servieren will, verwendet anstelle von Preiselbeeren Multebeerkompott, das es bei uns zu kaufen gibt.

374 Fasan, Jägers Art

1 bratfertiger Fasan,
1/2 Teel. Salz,
1 Messerspitze Cayennepfeffer,
1 Messerspitze Oregano,
1 Messerspitze Salbei,
1/2 Teel. Orangenschale, abgerieben,
50 g Räucherspeck,
1 Teller grüne Weintrauben,
50 g Butter,
1 Eßl. gehackte Schalotten,
1 Glas herber Weißwein,
4–5 Chicoréestauden,
3 Eßl. italienische Salatsauce,
2 Eßl. frische Sahne.

Den bratfertigen, d. h. sauber gerupften und ausgenommenen, abgespülten und mit Küchenkrepp abgetupften Fasan innen und außen mit der Gewürzmischung aus Salz, Cayennepfeffer, Oregano, Salbei und der abgeriebenen Orangenschale einreiben. Den kleingewürfelten Speck mit den Weintrauben vermischen und in die Bauchhöhle des Fasans füllen und zustecken. Die Butter (Margarine tut's natürlich auch) in der Pfanne zerlaufen lassen, den Fasan einlegen und mit den gehackten Schalotten überstreuen. Den Fasan bei guter Hitze gar braten (Garzeit für einen mittleren Fasan etwa 30 Minuten). Zwischendurch den Weißwein aufgießen und den Fasan immer wieder mit dem austretenden Bratfett belöffeln. Den garen Fasan erkalten lassen, in Viertel schneiden und auf einer Platte anrichten. Die würzige Trauben-Speck-Füllung darübergeben und den Fasan mit dem in dicke Scheiben geschnittenen Chicorée umkränzen. Direkt vor dem Auftragen über den Chicorée erst die italienische Salatsauce, die mit der frischen Sahne verrührt wurde, gießen. Toast dazu reichen.

375 Feine Fasanenbrüstchen

2 bratfertige Fasanen,
2 Teel. Salz,
2 Teel. Paprikapulver, edelsüß,
150 g Speckscheiben,
1 Eßl. Öl,
1 kleine Dose Pfifferlinge,
1 kleine Zwiebel,
2 Eßl. Walnüsse, gehackt,
4 Eßl. Mayonnaise,
2 Eßl. frische Sahne,
1 Messerspitze Cayennepfeffer,
1 Eßl. gehackte Petersilie,
1/2 Kopfsalat,
2 Eßl. Kräuter-Salatsauce,
2 Eßl. Maronenpüree,
1 Eßl. Sahne,
2 Teel. gehackte Pistazien.

Die bratfertigen, d. h. fix und fertig ausgenommenen, gerupften, abgespülten und mit Küchenkrepp wieder abgetupften Fasanen innen und außen mit der Gewürzmischung aus Salz, Paprika einreiben und mit den Speckscheiben ordentlich bedecken. In der Fettpfanne des Backofens das Öl erhitzen, die Fasanen einlegen und bei 210 Grad etwa 30 bis 35 Minuten braten. Kurz vor Ende der Garzeit den Speck herunterheben, damit die lieben Tierchen bräunen. Die Fasanen erkalten lassen, die Brüstchen auslösen und das übrige Fleisch sorgfältig von den Knochen lösen. In kleine Stücke schneiden. Die Pfifferlinge aus der Dose ablaufen lassen, grob hacken, mit dem kleingeschnittenen Fasanenfleisch, den gehackten Zwiebeln und den gehackten Walnüssen vermengen. Nun die Mayonnaise mit der Sahne verrühren, mit dem Cayennepfeffer abschmecken – vielleicht verwenden Sie auch ein bißchen mehr davon, wenn Sie Schärfe gewöhnt sind – und die gehackte Petersilie unterziehen. Diese Mischung über die Zutaten mit den Pfifferlingen gießen und durchziehen lassen. In der Zwischenzeit den Kopfsalat verlesen, die Blätter einzeln abspülen und eine Platte damit auslegen. Über die Salatblätter die Kräuter-Salatsauce träufeln, die es fertig in Flaschen gibt. Darüber den Fasanen-Pfifferlingssalat ausbreiten und in der Mitte die 4 Fasanenbrüstchen anordnen. Sie dürfen etwas Weißbrot unterschieben, damit die Brüstchen richtig zur Geltung kommen. Am Schluß das Maronenpüree (gibt es fertig in Dosen) mit der Sahne schaumig schlagen, in einen Spritzbeutel füllen. Damit die Fasanenbrüstchen garnieren und die Pistazien über alles streuen. Ein Luxusessen!

376 Rebhühner „Kayserberg"

4 junge Rebhühner,
1 Teel. Salz,
1/4 Teel. Pfeffer,
1/4 Teel. Thymian,
1/4 Teel. Basilikum,
100 g Speckscheiben,
1/8 l Rotwein,
8 Scheiben roher Schinken,
300 g Sauerkraut,
1/2 Paprikaschote,
1 Apfel,
4 Eßl. Essig,
3 Eßl. Öl,
1 Messerspitze Pfeffer,
1 Messerspitze Knoblauchpulver,
1/2 Teel. Salz,
2 Tomaten,
1 Bund Petersilie.

Es sollten nach Möglichkeit junge Rebhühner sein, damit sie schön zart sind. Die ausgenommenen, gesäuberten und mit Küchenkrepp trocken abgetupften Rebhühner mit der Gewürzmischung aus Salz, Pfeffer, Thymian, Basilikum einreiben, innen und außen. Die Speckscheiben bereitlegen und diese wie ein Mäntelchen um die Rebhühner wickeln. Damit die Angelegenheit hält, ist es besser, einen Baumwollfaden fest umzubinden. In einer Kasserolle die 4 Rebhühner von allen Seiten bei starker Hitze anbraten, den Rotwein zugießen und bei schwächerer

Hitze garen. Man rechnet pro Rebhuhn etwa 25–30 Minuten. Nach dem Erkalten die Rebhühner längs teilen und jede Hälfte in eine Scheibe zarten, rohen Schinken einwickeln. Das rohe Sauerkraut mit der feingewürfelten, entkernten Paprikaschote vermischen, die Apfelwürfel zufügen und mit dem Essig, Öl, Pfeffer, Knoblauch und Salz anmachen. Diesen Sauerkrautsalat auf einer Platte anhäufen und die eingewickelten Rebhuhnhälften darum drapieren. Noch mit Tomatenscheiben und Petersilientuffs verzieren, recht hübsch bitte!

377 Luxus-Wachteln

6 tiefgefrorene Wachteln,
1/2 Teel. Salz,
100 g feinste Kalbsleberwurst,
1 Eßl. Sherry,
1 Teel. gehackte Trüffeln,
6 Weinbeeren,
4 Eßl. Butter,
4 Eßl. Fleischbrühe,
6 Paprikastreifen,
1 kleine Dose Mandarinen,
1 Traube Weinbeeren.

Wachteln werden in England gezüchtet wie die Hühner und kommen in bester Qualität zu uns im tiefgefrorenen Zustand. Wachteln auftauen, innen und außen mit Salz abreiben. Kalbsleberwurst mit Sherry und Trüffeln vermischen. Die Wachteln damit und mit je einer Weinbeere füllen. Zunähen. In der Pfanne die Butter erhitzen, die Wachteln von allen Seiten knusprig anbraten und zugedeckt gar schmoren lassen. Die Fleischbrühe vorher aufgießen. Garzeit 12–15 Minuten. Erkaltet mit Paprikamanschette umlegen und mit den Mandarinen und Weinbeeren hübsch garnieren. Toast dazu, noch warm in der Serviette.

378 Antillen-Hähnchen

1 Hähnchen etwa 1000 g,
1/2 Teel. Salz,
2 Teel. Paprikapulver,
40 g Butter,
3 Blatt Gelatine,
1 Tasse Ananassaft,
1 Messerspitze Cayennepfeffer,
4 Chicoréestauden,
1 Grapefruit,
1 Orange,
4 Scheiben Ananas,
2 Tomaten,
2 Eßl. Essig,
2 Eßl. Öl,
1 Messerspitze Salz,
1 Messerspitze Pfeffer,
1/2 Teel. Zucker.

Das vorbereitete, bratfertige Hähnchen trocken abtupfen und innen und außen mit Salz und Paprika kräftig einreiben. Im Grill oder auf dem Bratrost im Herd garen und zwischendurch immer wieder mit der Butter bepinseln. (Falls Sie das Hähnchen grillen, ist es empfehlenswert, das Paprikapulver wegzulassen, da es durch die große Hitzeeinwirkung rasch verbrennt und einen unangenehmen Geschmack entwickelt.) Das gare Hähnchen erkalten lassen. In der Zwischenzeit die Gelatine in wenig kaltem Wasser einweichen, nach 10 Minuten wieder ausdrücken. Den Ananassaft erhitzen, die Gelatine einrühren und auflösen. Den Cayennepfeffer zugeben. Diese Mischung fast erkalten lassen. Damit das Hähnchen glasieren, d. h. mit der Geleeschicht bedecken. Von den verlesenen und gewaschenen Chicoréestauden den bitteren Teil nach Belieben ausschneiden und die Stauden in Scheiben schneiden. Die geschälte Grapefruit und Orange ebenfalls scheibeln. Ananas in Segmente teilen, Tomaten in Scheiben schneiden. Mit diesen Zutaten eine Platte auslegen. Essig, Öl, Salz, Pfeffer und Zucker verschlagen, über die Früchte gießen. In die Mitte das überglänzte Hähnchen setzen und nach Belieben noch mit Orangenscheiben und Maraschinokirschen verzieren. So können Sie aus einem einfach gegrillten Hähnchen ein Superhähnchen servieren. Erst bei Tisch portionieren.

379 Hähnchenbrüste „Elvira"

8 tiefgefrorene Hähnchenbrüste,
1/2 Teel. Salz,
1 Teel. Paprikapulver,
1–2 Eßl. Sherry,
60 g Butter,
8 Hummerkrabben, (King Prawns),
2 Tomaten,
2 Eßl. Mayonnaise,
2 Eßl. frische Sahne,
5 Tropfen Tabasco,
1 Teel. gehackter Dill,
1 Zitrone,
1 Dillstrauß.

Die tiefgefrorenen Hähnchenbrüste auftauen. Abspülen, mit Küchenkrepp recht trockentupfen. Ringsum mit dem Gemisch aus Salz, Paprika und Sherry einreiben. Die Butter in der Pfanne zerlaufen lassen, die Brüste einlegen und von beiden Seiten knusprig braun braten. Erkalten lassen. Die Hummerkrabben (meistens erhält man sie tiefgefroren) 10 Minuten in Salzwasser kochen, die Schalen ablösen und die Tierchen erkalten lassen. Auf einer schönen Platte die Hähnchenbrüste anrichten, jeweils eine Tomatenscheibe darauf anrichten und darauf eine Hummerkrabbe legen, die mit der gerührten Sauce aus Mayonnaise, Sahne, Tabasco, gehacktem Dill übergossen wird. Mit Zitronenschnitzen und Dillzweigen hübsch garnieren. Goldgelben Toast und einen Weißwein dazu.

380 Ingwer-Brüstchen

8 Hähnchenbrüste, tiefgefroren,
1/2 Teel. Salz,
1/4 Teel. weißer Pfeffer,
1/4 Teel. Ingwerpulver,
50 g Butter,
1 Eßl. Gin,
1 Tasse streifig geschnittene Ingwerfrüchte aus dem Glas,
3 Eßl. Mayonnaise,
2 Eßl. Joghurt,
1 Teel. Curry hot,
etwas abgeriebene Zitronenschale,
8 Maraschinokirschen.

Die aufgetauten Brüstchen (frische dürfen Sie natürlich ebenfalls verwenden!) mit der Mischung aus Salz, Pfeffer und Ingwer kräftig abreiben. Die Butter in der Pfanne erhitzen, die Hähnchenbrüste darin von beiden Seiten goldbraun braten. Kurz vor Ende der Garzeit den Gin darüberträufeln. Die Ingwerfrüchte aus dem Sirup nehmen, in dünne Streifchen schneiden. Damit die Brüstchen belegen. Nun die Mayonnaise mit dem Joghurt verschlagen, kräftig mit dem Curry abschmecken, die abgeriebene Zitronenschale unterziehen. Davon jeweils einen Löffel voll über die Brüstchen gießen und noch mit einer Maraschinokirsche verzieren. Auf einer Platte zusammen auftragen oder auf Portionstellerchen auf grünen Salatspitzen mit goldgelb gerösteten Weißbrot-Dreiecken servieren. Ein lukullischer Abend-Imbiß zu einem Glas Weißwein.

381 Ente mit Sauerkirschen

1 Ente,
1½ Teel. Salz,
¼ Teel. weißer Pfeffer,
1 Messerspitze Salbei,
1 Messerspitze Ingwerpulver,
3–4 Eßl. Öl,
3 Eßl. Sherry,
100 g Gänseleberparfait oder Gänseleberpastete,
2 Eßl. Schlagsahne,
1 Eßl. gehackte Walnüsse,
3 Eßl. Orangenmarmelade,
1 kleine Dose Sauerkirschen,
⅛ l Rotwein,
1 Eßl. Zucker,
½ Zitrone,
1 Messerspitze Zimt,
2 Teel. Speisestärke.

Die bratfertige Ente, möglichst eine junge Fleischente, innen und außen mit dem Gemisch aus Salz, Pfeffer sowie dem Ingwerpulver einreiben. Das Öl in der Pfanne erhitzen, die Ente einlegen und bei 200–210 Grad im Backofen garen. Zwischendurch immer wieder mit dem austretenden Bratsaft begießen. Nach der halben Garzeit, also etwa nach 30 Minuten, den Sherry über die Ente träufeln. Nach weiteren 30–35 Minuten, wenn die Ente ringsum schön knusprig ist, herausnehmen und auskühlen lassen. Mit einem scharfen Messer (besonders schön sind die Messer mit braunem Lederbändchen von der Firma Felix, die ein Schmuckstück in jeder Küche sind) zunächst am Rückgrat entlang und dann unter der Schulter die beiden Brüste auslösen. Das Gänseleberparfait mit der Schlagsahne schaumig schlagen und die gehackten Walnüsse unterziehen. Mit dieser würzigen, köstlichen Paste die ausgelösten Stellen der Ente dick bestreichen. Die ausgelösten Brüste schräg in Scheibchen schneiden und treppenartig auf der Ente anordnen. Die Orangenmarmelade in einem Gefäß kurz erhitzen, damit die Bruststücke bestreichen. Die Sauerkirschen aus der Dose ablaufen lassen, den Saft mit dem Rotwein vermengen, den Zucker, die abgeriebene Zitronenschale und den Zimt zufügen. Diese Mischung bis zum Kochen bringen. Die Speisestärke mit etwas kaltem Saft anrühren, in die heiße Flüssigkeit einrühren, die abgetropften Kirschen in die heiße Sauce geben und zusammen alles erkalten lassen. Eine ovale Platte mit den Sauerkirschen ausgießen und darauf die fertige Ente setzen. Haben Sie das schon probiert?

382 Orientalische Poulardenbrüstchen

1 Poularde (etwa 1300 g),
1 Teel. Salz,
2 Teel. Paprikapulver, edelsüß,
3 Eßl. Öl,
1 Tasse Mangofrüchte aus der Dose,
2 Scheiben Ananas,
1 rote Paprikaschote,
4 Eßl. Mayonnaise,
2 Eßl. Ananassaft,
1 Teel. Curry,
1 Eßl. gehackte Mandeln,
1 Banane,
1 Eßl. Cumberlandsauce.

Die bratfertige Poularde mit Salz und Paprika innen und außen einreiben. Das Öl in der Pfanne erhitzen und die Poularde im Backofen gar braten, zwischendurch immer mal wieder mit Öl bepinseln. Garzeit beträgt 45–50 Minuten. Erkaltet werden die beiden Brüste sorgfältig ausgelöst. Das übrige Fleisch vom Knochengerüst lösen und in kleine Würfel schneiden. Zu diesem Fleisch die gewürfelten Mangofrüchte, die in Segmente geschnittene Ananas und die Paprikawürfel geben. Die Mayonnaise mit dem Ananassaft verrühren, mit dem Curry abschmekken. Zuletzt die gehackten Mandeln unterziehen und mit dieser Mayonnaise die Fleisch-Frucht-Mischung binden. Diesen Salat auf einer Platte anrichten. Die Poulardenbrüstchen in schräge Scheiben schneiden und auf dem Salat anordnen. Zu guter Letzt die geschälte Banane scheibeln, auf die Brüstchen legen und diese mit der Cumberlandsauce überziehen.

383 Gefüllte Täubchen

4 Täubchen,
½ Teel. Salz,
1 Glas Cognac,
100 g Kalbsleber,
100 g Schweinefleisch, gehackt,
1 Eßl. Schalotten, gehackt,
½ Teel. Salz,
1 Messerspitze Pfeffer,
1 kleine Dose Morcheln,
1 Eigelb,
60 g Butter,
1 Dose Champignons,
1 Paprikaschote,
2 hartgekochte Eier,
1 Eßl. gehackte Petersilie,
2 Eßl. Mayonnaise,
2 Eßl. frische Sahne,
¼ Teel. Selleriesalz,
½ feingehackte Zwiebel,
8 Scheiben Gänseleberpastete,
1 Teel. gehackte Trüffel, schwarz.

Die ausgenommenen Täubchen (vom Fachgeschäft erhalten Sie sie fix und fertig) abspülen, mit Küchenkrepp trocken tupfen. Innen und außen mit Salz abreiben. Den Cognac in das Innere träufeln. Die kleingeschnittene Kalbsleber, das Schweinefleisch mit den Schalotten, Salz und Pfeffer verkneten. Die Morcheln, ebenfalls grob gehackt, mit dem Eigelb zur Fleischmasse geben. Damit die 4 Täubchen füllen und mit einem Baumwollfaden zunähen. Die Butter in einer Kasserolle erhitzen, die Täubchen darin anbraten und im Bratrohr fertig garen. Sie sollen schön knusprig sein. Garzeit beträgt etwa 30 Minuten. Erkalten lassen. In der Zwischenzeit die Champignons aus der Dose nehmen, abtropfen lassen, halbieren, die entkernte Paprikaschote in dünne Streifchen schneiden, die hartgekochten Eier fein würfeln. Diese Zutaten mit der gehackten Petersilie vermengen. Die Mayonnaise mit der Sahne, dem Selleriesalz und der feingehackten Zwiebel verrühren, damit den Salat anmachen. Eine Platte damit auslegen, die erkalteten Täubchen daraufheben und jedes Täubchen als Clou noch mit 2 Scheiben Gänseleberpastete belegen und mit den gehackten schwarzen Trüffeln bestreuen. Wer möchte da nicht gleich zulangen, wenn warmer Toast in der Serviette dazu herumgereicht wird?

384 Gänse-Weißsauer

$^{1}/_{2}$ Gans,
1 $^{1}/_{2}$ l Wasser,
1 Teel. Salz,
1 Lorbeerblatt,
10 Pfefferkörner,
1 Stück Petersilienwurzel,
Saft $^{1}/_{2}$ Zitrone,
$^{1}/_{2}$ Teel. Salz,
$^{1}/_{2}$ Teel. Zucker,
1 Messerspitze Ingwerpulver,
1 Eßl. Essig,
$^{1}/_{4}$ l Weißwein, herber,
12 Blatt Gelatine,
$^{1}/_{2}$ Zitrone,
1 Tomate.

Die fix und fertig ausgenommene Ganshälfte abspülen, trockentupfen. Das Wasser mit dem Salz, Lorbeerblatt, Pfefferkörnern und der Petersilienwurzel zum Kochen bringen. Die Gänsehälfte einlegen und darin weich kochen. Die Kochzeit beträgt etwa 70 bis 80 Minuten. Die Gans herausheben und abkühlen lassen. Die Brühe ebenfalls. Das erstarrte Fett an der Oberfläche abheben und die Bouillon durch ein Sieb gießen. Die Brühe mit dem Zitronensaft, Salz, Zucker, Ingwer, Essig und Weißwein vermischen. Die Gelatine in kaltem Wasser einweichen, nach 10 Minuten wieder ausdrücken. Die Brühe mit den angereicherten Gewürzen in einem Topf erhitzen und die eingeweichte Gelatine darin auflösen. Das Gänsefleisch in Portionsstückchen schneiden (nach Belieben auch vorher auslösen), diese in einer Schüssel anrichten. Mit dem Gelee übergießen und erstarren lassen. Vor dem Servieren hübsch mit Zitronenschnitzen und Tomatenscheiben dekorieren.

385 Gänseleber in Portweingelee

1 große Gänseleber,
1 schwarze Trüffel,
$^{1}/_{2}$ Teel. Salz,
1 Messerspitze Cayennepfeffer,
$^{1}/_{8}$ l Portwein,
$^{1}/_{4}$ l Hühnerbrühe,
6 Blatt weiße Gelatine.

Die Gänseleber (auch tiefgefroren gut) mit der in dünne Streifchen geschnittenen Trüffel spicken. Die Leber mit Salz und Cayennepfeffer abreiben. Den Portwein in einem Gefäß erhitzen, die Leber einlegen und bei schwacher Hitze die Leber gar dünsten. Kocht der Portwein stark ein, noch etwas nachfüllen. Die Gänseleber herausheben, erkalten lassen, die Haut der Leber sorgfältig abziehen. Die Leber in eine kleine Silber- oder Glasschüssel legen. Den Portweinsud mit der Hühnerbrühe vermischen und erkaltet entfetten. Die vorher in kaltem Wasser eingeweichte Gelatine in die wiederum erhitzte Portweinflüssigkeit einrühren und vollständig auflösen. Diese Flüssigkeit über die Leber gießen und erstarren lassen. Noch mit einigen Trüffelscheibchen nach Belieben hübsch verzieren.

386 Gefüllter Gänsehals

1 Gänsehals,
1 Eßl. Gänsefett oder Butter,
2 Eßl. feingehackte Zwiebel,
120 g Gänseleber,
200 g durchwachsenes Schweinefleisch,
$^{1}/_{2}$ Teel. Salz,
$^{1}/_{4}$ Teel. weißer Pfeffer,
1 Messerspitze Majoran,
1 Messerspitze Basilikum,
1 Messerspitze Ingwerpulver,
1 Eßl. gehackte Petersilie,
1 Teel. Mehl,
1 Liter Wasser,
2 Teel. Salz,
1 Lorbeerblatt,
10 Pfefferkörner,
2 Wacholderbeeren.

Zur Zeit der frischen Gänse, also im Spätherbst, können Sie neben Gänseklein bei Ihrem Geflügelhändler bestimmt auch einen Gänsehals kaufen. Diesen brauchen Sie zum Rezept. Den Gänsehals sorgfältig waschen und die Haut über den Hals ziehen. Mit einem spitzen Messer die Haut etwas lösen, dann geht das ganz leicht. Die Haut nicht verletzen! Das Fleisch vom Hals sorgfältig ablösen. Gänsefett oder Butter erhitzen, die Zwiebel darin anrösten. Die Gänseleber, das Fleisch vom Gänsehals und das Schweinefleisch zusammen mit der gerösteten Zwiebel durch den Fleischwolf drehen. Mit Salz, Pfeffer, Majoran, Basilikum, Ingwer würzen, dann erst die Petersilie und das Mehl zufügen. Gut durchgeknetet in den Gänsehals einfüllen. Nicht zu prall füllen! Die beiden Enden mit einem Baumwollfaden zunähen. Das Wasser mit Salz, Lorbeerblatt und Pfefferkörnern sowie Wacholderbeeren zum Kochen bringen, den gefüllten Hals einlegen und ohne weiter zu kochen etwa 35 bis 40 Minuten leise, mehr ziehend, garen lassen. Aus der Brühe nehmen, erkalten lassen und dann wie eine Wurst aufschneiden. Mit frischem Toast und Butter schmeckt dieses Gericht besonders fein.

387 Putenbrust „Gärtnerinnen Art“

1 Putenbrust, etwa 1000 g,
1 Teel. Salz,
1/4 Teel. weißer Pfeffer,
1/2 Teel. Selleriesalz,
1 Messerspitze Ingwerpulver,
3 Eßl. Öl,
1/2 Tasse Fleischbrühe,
2 Eßl. Cognac,
1 kleine Dose Champignons,
1 Tasse gedünstete Erbschen,
1/2 Tasse gedünstete Karotten,
3 Scheiben Ananas,
1 Tasse Staudensellerie, gewürfelt,
4 Eßl. Mayonnaise,
2 Eßl. Ananassaft,
2 Eßl. frische Sahne,
8 Tropfen Tabasco,
1 hartgekochtes Ei,
2 Tomaten,
1 Bund Petersilie.

Die vorbereitete Putenbrust sorgfältig von Hautresten befreien und mit der Mischung aus Salz, Pfeffer, Selleriesalz und Ingwerpulver einreiben. In einer Pfanne das Öl erhitzen und die Putenbrust ganz rasch von allen Seiten anbraten, die Fleischbrühe aufgießen und nun die Putenbrust darin mehr gar dünsten als braten. Die Fleischbrühe kann dabei einkochen. Die Garzeit beträgt etwa 50 bis 60 Minuten. Wenige Minuten vor Ende der Garzeit den Cognac übergießen. Dann die Putenbrust erkalten lassen und anschließend in gleichmäßige Scheibchen schneiden. Die Champignons aus der Dose nehmen, gut ablaufen lassen. Diese in dicke Scheiben schneiden, die Erbsen und die gewürfelten Karotten zugeben. Ananas in Segmente teilen und zusammen mit dem gewürfelten Staudensellerie aus der Dose zum Champignongemisch geben. Alles sorgfältig vermengen, ohne es dabei zu zerdrücken!
Die Mayonnaise mit dem Ananassaft und der frischen Sahne verrühren, mit der Tabascosauce schärfen. Damit das Gemüse anmachen, notfalls etwas nachsalzen. Diesen köstlichen Salat auf einer Platte anrichten und die Putenbrustscheibchen darauf anordnen – wie auf unserem Foto rechts –. Das geschälte, hartgekochte Ei und die festen Tomaten in Achtel teilen und damit mit Petersilientuffs die Putenbrust nach Gärtnerinnen Art hübsch verzieren. Blätter vom Feldsalat sind auch gut.

Sülzen, nicht nur hausgemacht

(Bürgerliches für den Hunger)

Auf den Tafeln der Staatsmänner und Könige finden Sie die Sülze nie, Gelee gelegentlich und Aspik häufig. Es mag das mehr eine Sache des Fremdwortes sein, denn so fremd sind sich die drei Brüder gar nicht. Dennoch stammen sie aus unterschiedlichen Jahrgängen – man halte sie nicht für Drillinge! Gemeinsam ist ihnen der Clan: die gelierende Substanz. Die erste schimmert mit Inhalt, die beiden anderen klar oder mit Farbe. Die erste offenbart ein Innenleben, von dem Sie sich nichts träumen lassen, wenn Sie nur die hausbackene Schweinesülze kennen. Die beiden anderen garnieren, bewahren die Farbe und dienen mit fremden Namen der Attraktion. Zum Schluß bleiben sie immer auf der Platte. Wenden wir uns also der Sülze zu. Das ist eine runde Sache zu Bier und frischem Graubrot, zu heißem Hunger und zu später Nacht, wenn es einen Schnaps zuviel gab. Hausmachersülze! Hausgemachte Sülze! Da ist der Mann wieder bei Muttern. Und die Kinder schmatzen. Das klappt mit Schweineschnauze wie mit Kalbsfüßchen, mit Hering und Gemüse. Kommen Sie mal nach Mitternacht heim und im Kühlschrank wartet noch ein Hasenfilet in Rotweinsülze. Wetten, daß Sie nicht schlafen gehen!

388 Sülze, Gelee, Aspik

Die unter diesen Begriffen bekannten Speisen besagen, daß es sich um gelierte Speisen mit den verschiedenen Zusätzen handelt. Sie unterscheiden sich in einem Punkt: Es gibt Nahrungsmittel, die selbst genügend gallertartige Stoffe enthalten, wie z. B. Kalbsfüße, Schweinefüße, Schweineschwarte oder auch Fischgräten, um eine Flüssigkeit gelieren zu lassen. Sind diese gallertartigen Stoffe in den Nahrungsmitteln nicht enthalten, so werden gelierfähige Zusätze, wie z. B. Gelatine oder Aspikpulver, der Flüssigkeit zugegeben, um diese erstarren zu lassen.
Die Herstellung der erstgenannten Sülzen ist etwas umständlicher und zeitraubender, aber von unübertrefflichem Geschmack. Gelatine (in Blattform und pulverisiert) oder die bereits gewürzten Aspikpulver werden heute in bester Qualität angeboten und können unbedenklich verwendet werden.
Eine gute Qualitätsgelatine beeinträchtigt den Geschmack einer Speise in keiner Weise. Etwas anders ist es mit den bereits fertig gewürzten Aspikpulvern, die zwar sehr praktisch und schnell in der Anwendung sind, aber eine eben bereits vorgegebene Geschmacksrichtung haben, die höchstens durch Zugabe von weiteren Gewürzen verändert werden kann.

389 Schweinsfüßchen-Sülze

2 Schweinsfüßchen,
1 1/2 l Wasser,
2 Teel. Salz,
1 Lorbeerblatt,
8 Pfefferkörner,
1 Zwiebel,
50 g Sellerieknolle,
3–4 Eßl. Essig,
1 Glas Mixed Pickles,
4 hartgekochte Eier,
Petersiliensträuß.

Die gewaschenen Schweinsfüßchen mit dem Wasser, Salz, Lorbeerblatt, den Pfefferkörnern, der geviertelten Zwiebel und dem Sellerie sowie dem Essig zum Kochen bringen. Die Schweinsfüßchen in dem Sud etwa 1 Stunde weichkochen. Herausnehmen, die Brühe durch ein Sieb gießen. Die Flüssigkeit weiterkochen, bis sie auf ca. 1/2 Liter reduziert ist. Diese Brühe erkalten lassen und wenn nötig abfetten. Je nach Geschmack noch mit etwas Essig nachsäuern. Von den erkalteten Schweinsfüßchen das Fleisch ablösen und auf 4 tiefe Teller verteilen. Die Mixed Pickles und die in Achtel geteilten Eier mit in den Tellern anrichten. Darüber ganz vorsichtig die fast erkaltete Sülzenbrühe gießen. Im Kühlschrank erstarren lassen. Vor dem Servieren hübsch mit einem Petersilientuff verzieren. Wer will, kann eine Remouladensauce dazu reichen. Und gutes kräftiges Graubrot oder auch deftige Bratkartoffeln schmecken dazu. Und Bier!

390 Sult (estnische Kalbfleischsülze)

2 Schweinsfüße,
1000 g Kalbfleisch (Schulter),
500 g Zwiebeln,
2 Karotten,
2 l Wasser,
1 Eßl. Salz,
10 Pfefferkörner,
1/2 Teel. Senfkörner,
2 Lorbeerblätter,
1 Knoblauchzehe,
3–4 Blatt weiße Gelatine.

Die gewaschenen Schweinsfüße, das Kalbfleisch, die geschälten und geviertelten Zwiebeln und die ganzen Karotten in eine große Kasserolle geben und das Wasser darübergießen. Zum Kochen bringen, Salz, Gewürzkörner, Lorbeerblätter und die zerdrückte Knoblauchzehe hinzugeben. Diese Mischung zusammen 2 bis 3 Stunden leise kochen lassen. Das Kalbfleisch muß sehr weich sein. Dann das Kalbfleisch und die Schweinsfüße herausheben und die Brühe durch ein sehr feines Sieb seihen. Diese Brühe etwas erkalten lassen und das Fett an der Oberfläche abschöpfen. Dann die Brühe weiterkochen, bis sie auf etwa 1 Liter eingekocht ist. Die Gelatine in der Zwischenzeit in kaltem Wasser einweichen, wieder ausdrücken und in der heißen Brühe auflösen. Die Brühe erkalten lassen. Die Schweinsfüße und das gare Kalbfleisch sehr sorgfältig von den Knochen lösen und das Fleisch in Würfel schneiden. Mit der fast erkalteten Brühe eine hübsche Form oder Porzellanschüssel ausgießen, so daß der Boden gut bedeckt ist. Die gare Karotte in Scheibchen schneiden (möglichst mit dem Buntmesser) und diese Scheiben auf die Geleeschicht verteilen. Darauf wiederum eine dünne Geleeschicht gießen und diese fast erstarren lassen. Die restliche Brühe mit den Fleischwürfeln vermengen und zum Schluß in die Schüssel geben. Diese deftige Sülze im Kühlschrank völlig erstarren lassen. Danach ganz kurz in heißes Wasser tauchen und die Sülze auf eine Platte stürzen.
Frei nach Phantasie mit Petersilie, mit hartgekochten Eischeibchen, mit Tomatenschnitzen oder mit Brunnenkresse umlegen. Oder mit Mayonnaisenröschen umspritzen. Richtig schön!

391 Fisch-Tomatensülze

500 g Goldbarschfilet,
Saft 1 Zitrone,
1/2 l Wasser,
1 Teel. Salz,
1 Lorbeerblatt,
5 Pfefferkörner,
1 Zwiebel,
1/4 l Fischbrühe,
1/4 l Tomatensaft,
1 Glas herber Weißwein,
1 Eßl. Essig,
1 Teel. Selleriesalz,
1 Teel. Paprikapulver,
1/4 Teel. Estragon,
10 Blatt weiße Gelatine,
1 Tasse Erbsen aus der Dose,
2 hartgekochte Eier,
2 Eßl. italienische Salatsauce.

Das abgespülte und trockengetupfte Fischfilet mit dem Zitronensaft säuern. Das Wasser zum Kochen bringen und Salz, Lorbeerblatt, Pfefferkörner, die geviertelte Zwiebel dazugeben. Das Fischfilet einlegen und in der Brühe gar dünsten. In der Brühe erkalten lassen und dann in Würfel schneiden. Von der Fischbrühe 1/4 Liter abmessen, durchseihen und mit dem Tomatensaft, Weißwein, Essig, Selleriesalz, Paprika und Estragon vermischen. Erhitzen, nicht kochen! Die vorher in kaltem Wasser eingeweichte und nach 10 Minuten wieder ausgedrückte Gelatine in der heißen Brühe auflösen. Abkühlen, jedoch nicht erstarren lassen. Eine Ringform bereitstellen und den Boden mit der Sulzbrühe ausgießen. Im Kühlschrank erstarren lassen. Dann abwechselnd das in Würfel geschnittene Fischfilet und die Sulzbrühe einfüllen, bis alles aufgebraucht ist. Diesen Ring erkalten lassen, bis er vollständig erstarrt ist. Erst dann auf eine Platte stürzen. Die Erbschen aus der Dose nehmen und mit den in Achtel geteilten, hartgekochten und geschälten Eiern vermischen, mit der italienischen Fertigsauce anmachen und in die Mitte des Rings füllen. Mit feingehackter Petersilie kann natürlich noch bestreut werden. Und Weißbrot dazu reichen.

392 Herings-Tellersülze

1 Sülzenpulver,
2–3 Eßl. Essig,
1/4 Teel. weißer Pfeffer,
4 Bismarckheringe,
1 Zwiebel,
2 hartgekochte Eier,
1/2 Tasse eingelegte Maiskölbchen,
1/2 Tasse gare Karottenstreifen,
2 Essiggurken,
1/2 Tasse eingelegte Tomatenpaprika,
1 Bund Petersilie.

Das Sülzenpulver nach Vorschrift auflösen und die Sülzenflüssigkeit sehr pikant mit dem Essig und Pfeffer abschmecken. Nach Bedarf und Geschmack noch nachsalzen. Die Bismarckheringe sorgfältig abspülen und entgräten. In jeden tiefen Teller einen Bismarckhering legen und mit der in Ringe geschnittenen Zwiebel, den hartgekochten und geschälten, in Scheiben geschnittenen Eiern, den Maiskölbchen, den in Streifchen geschnittenen Karotten, den Gurkenstreifchen und den Paprikastücken hübsch belegen. Die abgekühlte Sülzbrühe vorsichtig darübergießen und auf jeden Teller einen Petersilientuff geben. Die Sülzenteller in dem Kühlschrank erstarren lassen.

▼

393 Saure Rindfleisch-Tellersülze

1/2 l Fleischbrühe,
3–4 Eßl. Essig,
1 Teel. Salz,
1/2 Teel. schwarzer Pfeffer,
2 Lorbeerblätter,
6–8 Blatt weiße Gelatine,
500 g gekochtes Rindfleisch,
1 große Zwiebel,
2–3 Essiggurken,
1 Tasse eingelegte Tomatenpaprika,
2 hartgekochte Eier,
2 Eßl. Mayonnaise,
1 Bund Petersilie.

Die Fleischbrühe (vom gekochten Rindfleisch) vollständig erkalten lassen und die obere Fettschicht abnehmen. Diese Fleischbrühe mit dem Essig, Salz, dem grob gemahlenen Pfeffer und Lorbeerblättern ganz kurz aufkochen. Die vorher in kaltem Wasser eingeweichte Gelatine ausdrücken und in die heiße, nicht mehr kochende Fleischbrühe einlaufen lassen und darin auflösen. 4 tiefe Teller bereitstellen. Dahinein das in Scheiben geschnittene (möglichst fettlose) Rindfleisch verteilen. Darüber die in Ringe geschnittene, geschälte Zwiebel legen, die Gurkenscheibchen, kleingeschnittene Tomatenpaprika und die Eischeiben. Die etwas abgekühlte Fleischbrühe vorsichtig darübergießen. Die Teller in den Kühlschrank stellen und die Sülze erstarren lassen. Vor dem Servieren die Sülze mit Mayonnaisentuffs und Petersilienzweigen hübsch garnieren.

394 Hasenfilet-Rotweinsülze

1 gebratener Hasenrücken,
1 Tasse blaue Weintrauben,
$^1/_2$ l Rotwein,
1 Eßl. Zitronensaft,
1 Teel. Salz,
$^1/_2$ Teel. Zucker,
8 Tropfen Tabasco,
1 Spritzer Worcestershiresauce,
4 Blatt weiße Gelatine,
4 Blatt rote Gelatine,
1 Salatkopf,
2 Zitronenscheibchen.

Den gebratenen, gut gewürzten Hasenrücken vollständig erkalten lassen und dann die beiden Filets (Lenden) vorsichtig auslösen. Die Weintrauben abspülen und trockentupfen. Den Rotwein mit dem Zitronensaft, dem Salz, Zucker, Tabasco, der Worcestershiresauce vermischen und in einem Topf nur erhitzen, nicht kochen. Die weiße und rote Gelatine in kaltem Wasser einweichen, fest ausdrücken und zum Rotweinsud geben und auflösen. Das Gelee abkühlen lassen. Eine kleine Kastenform bereitstellen, den Boden mit dem Rotweingelee ausgießen und zum Erstarren in den Kühlschrank stellen. In der Zwischenzeit die Hasenfilets in dickere Scheiben schneiden und treppenartig auf die erstarrte Geleeschicht legen. Die Weintrauben auf das Hasenfleisch legen. Die restliche Rotweinsülze aufgießen und das Ganze im Kühlschrank zum Erstarren bringen. Eine schöne Platte mit vorbereiteten Salatblättern auslegen. Die erstarrte Sülze auf die Salatblätter stürzen (Form vorher kurz in heißes Wasser halten) und mit den Zitronenscheibchen belegen.

395 Gelierte Langostinos im Glas

$^1/_8$ l Weißwein,
1 Eßl. Zitronensaft,
$^1/_4$ Teel. Salz,
$^1/_4$ Teel. Zucker,
1 Messerspitze weißer Pfeffer,
5 Blatt Gelatine,
300 g gekochte Langostinos,
6 Artischockenböden aus der Dose,
1 kleine Dose Champignons,
$^1/_2$ Tasse gare, gewürfelte Karotten.
2 Tassen Schlagsahne,

Den Weißwein erhitzen, nicht kochen. Zitronensaft, Salz, Zucker und Pfeffer zufügen. Die Gelatine 10 Minuten in kaltem Wasser einweichen, gut ausdrücken und in der heißen Weißweinmischung auflösen. Diese Mischung soll noch warm sein, wenn die Schlagsahne untergezogen wird. Dann die gekochten Langostinos, die gewürfelten, aus der Dose genommenen Artischockenböden, die kleingeschnittenen Champignons und die Karottenwürfel dazugeben. Diese bunte Mischung auf 4 bis 6 Gläser – je nach Größe – verteilen und im Kühlschrank erstarren lassen. Vor dem Servieren jedes Glas mit Zitronenscheibe dekorieren.

396 Fasan in Aspik

1 gebratener oder gegrillter Fasan,
1 Dose Artischockenböden,
$^1/_4$ l entfettete Fleischbrühe,
$^1/_4$ l Weißwein,
1 Messerspitze Zucker,
1 Messerspitze Cayennepfeffer,
$^1/_2$ Teel. Salz,
2 Teel. Zitronensaft,
1 Teel. Sojasauce,
8–10 Blatt weiße Gelatine,
3 Scheiben Orange,
2 Eßl. Mayonnaise,
1 Tomate,
2 Orangenscheiben,
2 Teel. Preiselbeeren.

Den gebratenen oder gegrillten Fasan vollständig erkalten lassen, häuten und zunächst die beiden Brustfilets auslösen. Diese zur Seite legen. Das restliche Fleisch von den Knochen lösen und in Würfel schneiden. Die Artischockenböden aus der Dose nehmen, ablaufen lassen und ebenfalls würfeln. Fasanenwürfel und Artischockenwürfel vermengen.
Die entfettete Fleischbrühe mit dem Weißwein erhitzen, Zucker, Cayennepfeffer, Salz, Zitronensaft und Sojasauce würzen. Die vorher in kaltem Wasser eingeweichte und wieder ausgedrückte Gelatine in der heißen Brühe vollständig auflösen und die Brühe erkalten lassen. In eine längliche oder auch ovale Form etwas von der Sulzbrühe gießen und zum Erstarren in den Kühlschrank stellen. Auf diese Schicht werden die 3 Orangenscheiben und die ausgelösten, im ganzen gelassenen Fasanenbrüstchen gelegt. Darauf wieder Sulzbrühe gießen, wiederum erstarren lassen. Auf diese Sulzschicht nun das mit den Artischocken vermischte Fasanenfleisch füllen und die restliche Brühe darübergießen. Die ganze Sülze im Kühlschrank vollständig erstarren lassen. Eine Platte bereitstellen. Die Form mit der erstarrten Sülze kurz in heißes Wasser halten, stürzen. Mit der Mayonnaise einen Rand um die Sülze spritzen, die in Scheibchen geschnittene Tomate ringsum legen und auf die Oberfläche der Sülze die beiden Orangenscheiben geben, die mit jeweils einem Teelöffel vom Preiselbeerkompott aus der Dose garniert werden. Eine wohlfeine Sache!

397 Feine Wurstsülze

200 g Jagdwurst,
200 g Fleischwurst,
1 Paar Wiener Würstchen,
1 große Zwiebel,
2 hartgekochte Eier,
2 Essiggurken,
2 feste Tomaten,
1 Sülzenpulver,
1 Spritzer Worcestershiresauce,
$^{1}/_{2}$ Eßl. gehackte Petersilie,
$^{1}/_{2}$ Eßl. gehackter Schnittlauch.

4 tiefe Teller bereitstellen und dahinein die in nicht zu dünne Scheibchen geschnittene Wurst verteilen. Die geschälte und in Ringe geschnittene Zwiebel darüberlegen, die Ei- und Gurkenscheiben sowie die Tomatenscheiben ebenfalls. Alles schön gleichmäßig verteilen.
Das Sülzenpulver nach Vorschrift auflösen und mit der Worcestershiresauce und den gehackten Kräutern verfeinern. Kurz in den Kühlschrank zum Abkühlen stellen. Dann über die bunten Zutaten in den 4 Tellern gießen und im Kühlschrank voll erstarren lassen. Mit einem kräftigen Landbrot auftragen.

398 Hausmacher Sülzenteller

4 gekochte Schweinerippchen, bereits ausgelöst,
4 Käsescheiben, Emmentaler,
2 hartgekochte Eier,
4 kleine Essiggurken,
$^{1}/_{2}$ Tasse gare Karottenstifte,
1 Zwiebel,
$^{1}/_{2}$ Tasse eingelegte Paprikaschote,
1 Sülzenpulver,
2 Eßl. Madeirawein,
2 Eßl. Essig,
1 Messerspitze Knoblauchpulver,
1 Messerspitze Ingwerpulver,
6–8 Tropfen Tabasco.

4 tiefe Teller bereitstellen. In jeden ein Schweinsrippchen als Mittelpunkt legen. Eine Käsescheibe daraufgeben, Eischeiben dazu und eine geteilte, in Fächer geschnittene Essiggurke. Die Karottenstifte, Zwiebelringe und Paprikastücke ringsum drapieren. Wie auf unserem Foto rechts. Das Sülzenpulver nach Vorschrift auflösen und mit dem Madeira, Essig, Knoblauch, Ingwerpulver und Tabasco sehr pikant abschmecken. Die Sülzflüssigkeit etwas abkühlen lassen, über die vier Teller verteilen und zum Erstarren in den Kühlschrank stellen. Mit gebutterten Landbrotschnitten und einem kühlen Bier ein deftiges Abendessen. Besonders von Männern geschätzt!

399 Frühlings-Sülzchen

$^{1}/_{4}$ l Weißwein,
$^{1}/_{4}$ l Wasser,
1 Teel. Salz,
2 Eßl. Zitronensaft,
1 Spritzer Worcestershiresauce,
6 Tropfen Tabasco,
10 Blatt weiße Gelatine,
3 Eßl. gehackte, gemischte Kräuter,
2 hartgekochte Eier,
$^{1}/_{2}$ Tasse gewürfelte, gare Karotten,
$^{1}/_{2}$ Tasse Erbschen aus der Dose,
1 Tasse gekochte Krabben.

Den Weißwein mit Wasser erhitzen, nicht kochen und das Salz, den Zitronensaft oder auch Essig, die Worcestershiresauce und Tabasco zugeben. Die vorher in kaltem Wasser eingeweichte und fest wieder ausgedrückte Gelatine in der heißen Flüssigkeit auflösen. Erst jetzt die gehackten Kräuter unterrühren. Die Brühe abkühlen lassen. Dann kleine Förmchen bereitstellen, den Boden der Förmchen mit der Brühe ausgießen. In jedes Förmchen 1 bis 2 Eischeiben legen, darauf die Karotten, Erbschen und Krabben füllen und die Sulzbrühe darübergießen. Im Kühlschrank erstarren lassen, auf Salatblätter auf Tellerchen stürzen und zu gebuttertem, goldgelbem Toast servieren.

400 Käse-Pfirsich-Sülze

1 Tasse Milch,
8 Blatt weiße Gelatine,
1 Eigelb,
$^{1}/_{2}$ Teel. Salz,
1 Messerspitze Cayennepfeffer,
2 Teel. Zitronensaft,
$^{1}/_{4}$ l Schlagsahne,
300 g holländischer Gouda,
50 g Walnüsse,
4 halbe Kompottpfirsiche,
1 Cocktailkirsche.

Die Milch in einem Topf erhitzen, nicht kochen. Die Gelatine in kaltem Wasser einweichen, fest wieder ausdrücken und in der heißen Milch vollständig auflösen. Das Eigelb, Salz, Cayennepfeffer, Zitronensaft in die Milch rühren und dann die Schlagsahne unterziehen. Den Gouda in kleine Würfel schneiden, die Walnüsse grob hacken und 2 halbe Pfirsiche in grobe Stücke schneiden. Diese Zutaten unter die Sahnemasse ziehen und in eine vorher kalt ausgespülte Form füllen. Im Kühlschrank vollständig erstarren lassen. Die Form kurz in heißes Wasser halten, die Sülze stürzen und mit den beiden übriggebliebenen Pfirsichhälften, die in Spalten geteilt werden, und der Cocktailkirsche hübsch verzieren, wie auf unserem Foto. Appetitlich!

401 Weißbrot mit Aspikfülle

$^{1}/_{2}$ l Wasser,
$^{1}/_{2}$ Teel. Salz,
3–4 Eßl. Essig,
1 Teel. gekörnte Brühe,
$^{1}/_{4}$ Teel. weißer Pfeffer,
$^{1}/_{4}$ l Weißwein,
6 Blatt weiße Gelatine,
1 kleines Weißbrot (500 g),
2 Paar Wiener Würstchen,
2 hartgekochte Eier,
1 Tasse Erbsen aus der Dose,
$^{1}/_{2}$ Tasse gewürfelte Karotten aus der Dose,
$^{1}/_{2}$ Tasse eingelegte Paprikaschoten.

Das Wasser mit dem Salz, Essig, der gekörnten Brühe und dem Pfeffer zum Kochen bringen. Dann den Weißwein zugießen. Die Gelatine in kaltem Wasser einweichen, nach etwa 10 Minuten wieder fest ausdrücken und in der heißen Brühe auflösen. Von dem Weißbrot, das mindestens einen Tag alt sein muß, eine Kappe abschneiden und das Innere mit einem langen, scharfen Messer ausschneiden. Dabei die Rinde nicht verletzen. Die Wiener Würstchen, die hartgekochten, geschälten Eier in Scheibchen schneiden und mit dem Gemüse in das Brot füllen. (Paprikaschoten in Streifchen schneiden.) Das Brot aufrecht halten und die schon erkaltete, jedoch nicht erstarrte Aspikbrühe eingießen. Es ist hier besonders wichtig, daß die Brühe schon fast anzieht, da sonst die Flüssigkeit in das Brot eindringt und es weich und unappetitlich macht. Das gefüllte Brot in den Kühlschrank legen, bis die Füllung vollständig erstarrt ist. In Scheiben geschnitten wird es serviert.
Dieses gefüllte Brot ist gut geeignet für ein Picknick im Freien. Es wird im ganzen mitgenommen und an Ort und Stelle erst in Scheiben geschnitten.

402 Spargelgelee mit Schinken

500 g Stangenspargel,
1$^{1}/_{2}$ Teel. Salz,
1 Eßl. Essig,
$^{1}/_{8}$ l Weißwein,
$^{3}/_{8}$ l Spargelbrühe,
2 Eßl. Essig,
$^{1}/_{2}$ Teel. Selleriesalz,
5 Tropfen Tabasco,
$^{1}/_{2}$ Eßl. gehackter Dill,
10 Blatt weiße Gelatine,
250 g gekochter Schinken,
2 hartgekochte Eier.

Den geputzten und geschälten Stangenspargel zu einem Bund zusammenbinden und aufrecht stehend in einem großen Topf in Wasser mit dem Salz und Essig weich kochen. In der Brühe erkalten lassen.
Den Weißwein mit der abgemessenen Spargelbrühe erhitzen, nicht mehr kochen, den Essig, Selleriesalz, Tabasco und den gehackten Dill zufügen. Die vorher in kaltem Wasser eingeweichte und wieder ausgedrückte Gelatine in der heißen Weißwein-Spargelbrühe auflösen. Eine kleine Kastenform bereitstellen. Mit einer Schicht Sülze ausgießen und im Kühlschrank erstarren lassen. In der Zwischenzeit die hartgekochten Eier schälen und in Scheiben schneiden. Mit diesen Eischeiben die Kastenform auslegen, darauf wieder eine Schicht Sülzbrühe gießen und erstarren lassen. Darauf schichtweise abwechselnd den Stangenspargel und die Schinkenscheiben legen. Die restliche Brühe aufgießen und das Ganze im Kühlschrank restlos erstarren lassen.
Eine große Platte mit grünen Salatblättern auslegen, die Sülze darauf stürzen und mit ein paar Dillzweigen garnieren.

403 Gemüse-Schinken-Sülze

½ l Fleischbrühe,
1 Glas Weißwein,
2 Eßl. Essig,
8 Blatt weiße Gelatine,
3 hartgekochte Eier,
3 Tassen Mixed Pickles,
1 kleine Dose Spargelstücke,
250 g gekochter Schinken.

Die gekochte Fleischbrühe vollständig erkalten lassen und abfetten. Zusammen mit dem Weißwein erhitzen, nicht kochen und den Essig zugießen. Die Gelatine etwa 10 Minuten in kaltem Wasser einweichen, fest wieder ausdrücken, in die heiße Flüssigkeit einrühren und auflösen. Eine Kastenform (Königskuchenform) bereitstellen, mit Alu-Folie auslegen. Von der fast erkalteten Sülzenbrühe eine halbe Zentimeter starke Schicht eingießen und diese erstarren lassen. Auf diese erstarrte Schicht eine Lage Eischeiben legen, Mixed Pickles und Spargelstücke. Darauf wiederum Sülzenbrühe gießen, die Schinkenscheiben auflegen, Brühe aufgießen. Lagen immer wieder im Kühlschrank erstarren lassen, bevor die nächste Schicht aufgelegt wird. Die vollständig gefüllte Kastenform zum Erstarren in den Kühlschrank stellen. Dann auf ein dickes Holzbrett stürzen und als Abendessen zu kräftigem Landbrot und einer Remouladensauce reichen.

404 Eier-Aspik

¾ l Wasser,
1 Teel. Salz,
¼ Teel. flüssige Würze,
4–5 Tropfen Tabasco,
1 Spritzer Worcestershiresauce,
2 Eßl. gehackter Dill,
2 Eßl. gehackte Petersilie,
1 Eßl. gehackter Schnittlauch,
1 Eßl. gehackter Kerbel,
8 Blatt weiße Gelatine,
¼ l Weißwein,
1 Tasse geviertelte Artischockenherzen aus der Dose,
2 Tomaten,
6 hartgekochte Eier.

Das Wasser mit Salz, der flüssigen Würze, Tabasco und Worcestershiresauce zum Kochen bringen. Die gehackten Kräuter in die heiße Brühe geben. Die Gelatine in kaltem Wasser 10 Minuten einweichen, dann ausdrücken und in der noch heißen Brühe auflösen. Erst jetzt den Weißwein eingießen und umrühren. Diese Brühe erkalten lassen und eine dünne Schicht in eine möglichst flache Form gießen. Diese Schicht im Kühlschrank erstarren lassen. Dann die geviertelten Artischockenherzen, die in Scheiben geschnittenen Tomaten und Eischeiben in die Form auf die erstarrte Aspikschicht verteilen. Die restliche Sülzbrühe aufgießen und alles im Kühlschrank fest werden lassen. In der Form auftragen oder gestürzt auf grünen Salatblättern.

Salate - Salate

(Offenbares und Hintergründiges)

Die Geschichte der Küche ist – auch eine Geschichte der Salate. Die Salate sind das Varieté des Gaumens.

Ihre Zubereitung und ihr Raffinement können ebenso lustig und verständlich wie raffiniert und hintergründig sein. Da finden sich der Salatkopf und die Möhre ebenso ein wie Hummerschwanz und Spargelspitze.

Im Salat begegnen sich die Küsten von Agadir wie die rauhen Buchten der Inseln der Beringstraße.

Wenn Sie einen Salat komponieren, sind Sie Kolumbus: Sie wollen nach Indien und entdecken Amerika.

Es gibt Erprobtes und es gibt das Walten der freien Phantasie, und wenn Sie Öl verschwenderisch, Essig sparsam, Salz und Gewürze mit Verstand handhaben, wenn Ihnen Estragon vertraut und Dill gut bekannt sind, dann wissen Ihre Salate zu berichten vom Mittelmeer und von Florida, vom Hauch der Provence und von den kühlen Fjorden Norwegens.

405 Bunter Kopfsalat

1 Kopfsalat,
1 große oder 2 kleine rote Zwiebeln,
4 Tomaten,
Etwa 15 gefüllte Oliven;

Sauce:
4 Eßl. Öl,
3 Eßl. Essig,
1 Eßl. Cognac,
1/2 Teel. Salz,
1/2 Knoblauchzehe,
reichlich grob gestoßener schwarzer Pfeffer.

Den vorbereiteten und gewaschenen Kopfsalat vorsichtig zerpflücken. Die geschälte Zwiebel quer in Scheiben schneiden. Die festen Tomaten ebenso scheibeln. Den grünen Salat auf eine Platte geben, darauf bunt gemischt die Zwiebelringe, Tomatenscheiben und die ganzen gefüllten Oliven häufen.
Für die Sauce das Öl mit dem Essig, Cognac, Salz, der zerdrückten Knoblauchzehe und dem schwarzen Pfeffer vermischen. Diese gut gewürzte Sauce über den Salat gießen, kurze Zeit durchziehen lassen und zu deftigem Graubrot mit Butter servieren. Das Graubrot vorher toasten.

406 Gefüllter Kopfsalat

1 großer Kopfsalat,
2 Eßl. Öl,
1 Eßl. Essig,
1/4 Teel. Salz,
2 feste Bananen,
1 große Grapefruit,
250 g gares Hühnerfleisch,
6 Eßl. Rosinen;

Sauce:
4 Eßl. Öl,
2 Eßl. Essig,
1 Eßl. Cognac,
1/2 Teel. Salz,
1 Messerspitze Ingwerpulver,
1 Messerspitze Knoblauchpulver,
schwarzer, frischgemahlener Pfeffer nach Geschmack.

Von einem schönen Kopfsalat die äußeren schlechten Blätter entfernen. Den ganzen Salat unter fließendem Wasser gründlich abspülen. Auf einem Sieb abtropfen lassen oder ausschwenken. Den ganzen Salat auf eine große Platte legen, die inneren Blätter etwas nach außen drücken, Öl, Essig und Salz etwas verschlagen und über den Kopfsalat träufeln. Nun die geschälten Bananen in nicht zu dünne Scheiben, die geschälte Grapefruit in kleine Stücke schneiden. Das gare Hühnerfleisch in Streifchen oder Würfel teilen. Die Rosinen in etwas lauwarmem Wasser kurze Zeit einweichen. Diese 4 Zutaten in einer Schüssel mischen und mit der gerührten Sauce aus Öl, Essig, Cognac, Salz, Ingwer, Knoblauch und Pfeffer übergießen. Zugedeckt ganz kurz durchziehen lassen. Erst jetzt das würzige Frucht-Huhn-Gemisch auf dem ganzen Salatkopf anrichten. Alles noch mit frischgemahlenem Pfeffer überstreuen. – Ein leicht süßlicher Salat mit pikanter Note. Ein gefüllter Salat für Feinschmecker!

407 Grüner Kräutersalat

1 großer Kopfsalat,
1 Strauß grüne Kräuter;
Zitronenmelisse,
Schnittlauch,
Pimpinelle,
Petersilie,
Dill,
Kerbel;

Sauce:
1/8 l saure Sahne,
2–3 Eßl. Mayonnaise,
1/2 Teel. Salz,
frischer schwarzer Pfeffer aus der Mühle.

Den Kopfsalat verlesen und die Blätter einzeln unter fließendem Wasser gründlich abspülen. Zum Abtropfen auf ein Sieb geben. Die Kräuter waschen, auf einem Brettchen fein hacken oder wiegen. Die Sahne mit der Mayonnaise tüchtig verschlagen, mit Salz und einigen Drehungen aus der Pfeffermühle würzig abschmecken. Die gehackten Kräuter am Schluß unterziehen. Die Salatblätter – große etwas zerzupfen – auf eine Platte geben und mit der Kräutersauce übergießen. Mit Blättern von Zitronenmelisse verzieren oder ein Sträußchen in die Mitte stecken. Knoblauchfans reiben die Salatschüssel oder -platte vorher mit einer auf Salz zerdrückten Knoblauchzehe aus oder würzen die Sahnesauce mit einer Spur Knoblauch. Anstelle saurer Sahne kann auch immer süße Sahne verwendet werden. Und wer keine frischen Kräuter zur Hand hat, verwendet eine Gewürzmischung aus getrockneten Kräutern.

408 Salatmix

1 großer Kopfsalat,
3 Tomaten,
$^1/_2$ Salatgurke,
$^1/_2$ Staude Sellerie,
2 Orangen,
1 große Zwiebel;

Sauce:
Saft 1 Zitrone,
$^1/_2$ Teel. Salz,
$^1/_2$ Teel. Zucker,
1 Messerspitze Cayennepfeffer,
$^1/_2$ Becher Joghurt.

Den verlesenen Kopfsalat unter fließendem Wasser gründlich waschen und die einzelnen Blätter zerpflücken. Die Tomaten in Scheiben schneiden, die ungeschälte Salatgurke ebenfalls. Den Sellerie in kleine Stücke teilen, die geschälten Orangen in kleine Segmente schneiden. Alles in einer Schüssel mit der in dünne Ringe geschnittenen Zwiebel vermengen.
Für die Sauce den Zitronensaft mit Salz, Zucker, Cayennepfeffer und Joghurt verrühren und vor dem Servieren über die Salatzutaten in der Schüssel gießen.

409 Frühlings-Endiviensalat

1 Endivie,
8–10 Radieschen,
1 Glas grüne, gefüllte Oliven;

Sauce:
1 Stückchen frischer Meerrettich,
2 hartgekochte Eigelb,
1 Eßl. Öl,
1 Eßl. Essig,
1 Teel. Senf,
$^1/_2$ Teel. Salz,
1 kleine Zwiebel.

Von der Endivienstaude die äußeren harten Blätter entfernen. Die übrige Staude in Achtel schneiden, diese unter fließendem Wasser kurz abspülen. Auf einem Sieb abtropfen lassen. Die vorbereiteten Radieschen grob hacken, die Oliven in Scheibchen schneiden. Diese 3 Zutaten in einer großen Salatschüssel mischen. Die frische Meerrettichstange reiben, mit dem gehackten Eigelb, dem Öl, Essig, Senf, Salz und der kleingehackten Zwiebel verrühren. Direkt vor dem Servieren über die Salatzutaten gießen, einmal umrühren und sofort knackfrisch auftragen. Zur Abwechslung dem Salat gehackte Kresse zufügen.

410 Grüner Salat mit Eier-Olivensauce

1 großer oder 2 kleine Kopfsalate;

Sauce:
3 Eßl. Essig,
5 Eßl. Öl,
3 Eßl. Weißwein,
2 hartgekochte Eier,
15 gefüllte Oliven,
2 Eßl. gehackte, gemischte Frühlingskräuter,
$^1/_2$ Teel. Salz,
$^1/_4$ Teel. weißer Pfeffer,
$^1/_4$ Teel. Zucker.

Den Kopfsalat verlesen, unter fließendem Wasser gründlich abspülen und zerzupfen.
Für die Sauce Essig mit Öl und Weißwein verrühren, dazu die gehackten Eier, die gehackten Oliven und die Kräuter geben. Zum Schluß mit den Gewürzen kräftig abschmecken. Als Pfeffer nur frischgemahlenen verwenden!
Den Salat auf eine Platte legen und die schmackhafte Eier-Olivensauce obenauf verteilen.

411 Grüner Salat, exotisch

1 schöner Kopfsalat,
2 Scheiben Ananas aus der Dose,
1 Orange,
1/2 Tasse Mangoscheiben,
5 Maraschinokirschen;

Sauce:
3 Eßl. Öl,
1 Eßl. Zitronensaft,
1 Eßl. Orangensaft,
1 Messerspitze Zucker,
1/2 Teel. Salz,
1 Messerspitze Cayennepfeffer.

Den verlesenen Kopfsalat gründlich waschen und die Blätter etwas zerzupfen. Die Ananasscheiben in Segmente teilen, die geschälte Orange in Würfel schneiden und mit den Mangoscheiben aus der Dose und den Maraschinokirschen vermischen. Aus Öl, Zitronensaft, Orangensaft, Zucker, Salz und Cayennepfeffer eine Sauce bereiten und damit den Salat kurz vor dem Servieren übergießen. Dieser Salat darf nicht stehen, er muß sofort knackfrisch gegessen werden.
Wer keine Mangoscheiben in der Dose vorrätig hat, kann auch Melone verwenden.

412 Kressesalat

5 Tassen Kresse,
1 Tasse dünn geraffelter,
roher Sellerie;

Sauce:
4 Eßl. Öl,
2 Eßl. Zitronensaft,
1/2 Teel. Salz,
1 Messerspitze Zucker,
1 Eßl. gemischte Kräuter.

Die Kresse sauber verlesen und mit dem geraffelten Sellerie lokker in einer Schüssel oder auf einer Platte vermischen. Das Öl mit dem Zitronensaft verrühren, die Gewürze und die feingehackten Kräuter dazugeben und den Salat damit anmachen.
Besonderer Tip: Soll der Kressesalat an heißen Tagen besonders erfrischend sein, so können 3 bis 4 Eiswürfel fein zerkleinert unter den Salat gemischt werden.

413 Eissalat, amerikanisch

2 Köpfe Eissalat,
2 Orangen,
1 Tasse Prinzeßbohnen,
1 Dose Artischockenböden;

Sauce:
2 Eßl. Essig,
5 Eßl. Weißwein,
6 Eßl. Öl,
12 Tropfen Tabasco,
1 gestrichener Teel. Salz,
1 zerdrückte Knoblauchzehe,
1/2 Teel. frischer, gehackter Estragon.

Den Eissalat waschen, schlechte Blätter entfernen, die übrigen Blätter etwas zerkleinern. Die Orangen schälen und in Scheiben schneiden und mit den Prinzeßbohnen und den in Würfel geschnittenen Artischockenböden aus der Dose zum Salat geben. Alles sorgfältig in einer großen Schüssel vermischen. Für die Sauce den Essig, den Wein und das Öl verkleppern, die Gewürze zugeben und diese Salatsauce kurz vor dem Servieren über den Salat gießen. Nur noch einmal umrühren. Fertig! Dieser Salat ist für mehrere Personen ausreichend, besonders dann, wenn noch Weißbrot und Butter dazu gereicht werden.

414 Endivien-Melonen-Salat

1 Endivie,
1 Honigmelone;

Sauce:
1/8 l süße Sahne,
2 Teel. scharfer Senf,
1 Messerspitze Ingwer,
1 Messerspitze Salz,
1 Zweig Zitronenmelisse.

Von der Endivie die äußeren, tiefgrünen Blätter entfernen und alle übrigen nach dem gründlichen Waschen und Ausschwenken in feine Streifchen schneiden. Die gekühlte Melone halbieren, die Kerne mit einem Löffel herauslösen und das feste Fleisch in dünne Scheiben schneiden. Die Endivie auf eine flache Platte geben, die gelbe Honigmelone darauf hübsch anordnen und darüber die gerührte Sauce aus Sahne, Senf, Ingwer und Salz gießen. Als Krönung in die Mitte des Salates den Zweig Zitronenmelisse stecken.
Zur Abwandlung kann man auch die rote Wassermelone für den Salat verwenden. Hübsch und dekorativ sieht der Salat auch aus, wenn das Melonenfleisch mit einem Kartoffelausstecher zu kleinen Bällchen geformt wird. Dann auf Glastellern servieren.

415 Frühlings-Invasion

300 g frischer Spinat,
1 große Zwiebel,
1 grüne Paprikaschote,
1 säuerlicher Apfel,
2 feste Tomaten,
$^1/_2$ Salatgurke,
$^1/_2$ Päckchen Brunnenkresse,
3 hartgekochte Eier;

Sauce:
3 Eßl. Öl,
4 Eßl. Essig,
$^1/_2$ Teel. Salz,
einige Drehungen aus der Pfeffermühle,
1 Messerspitze Knoblauchpulver,
1 Messerspitze Zucker.

Den verlesenen Spinat gründlich waschen, große Blätter zerkleinern und den Spinat auf ein Sieb zum Abtropfen geben. Die geschälte Zwiebel und die entkernte Paprikaschote kleinhakken. Den ungeschälten, entkernten Apfel in Segmente teilen. Die Tomaten ohne die Kerne in Streifchen schneiden, die Salatgurke mit der Schale scheibeln. Alle Zutaten mit der Brunnenkresse und den in Achteln geschnittenen Eiern in einer großen Schüssel vorsichtig vermengen.
Für die Sauce Öl, Essig und die Gewürze ordentlich verrühren, über den Salat in der Schüssel gießen, einmal umrühren und für kurze Zeit zum Durchziehen beiseite stellen. Ein sättigender Salat.

416 Rapunzelsalat

250 g Rapunzel (Feldsalat),
2 hartgekochte Eier,
1 Zwiebel;

Sauce:
3 Eßl. Öl,
1 Eßl. Zitronensaft,
3 Eßl. Joghurt,
1 Eßl. gehackte Petersilie,
1/2 Teel. Salz,
1 Messerspitze Cayennepfeffer,
1/2 Teel. edelsüß Paprikapulver.

Die Rapunzel sauber verlesen und unter fließendem Wasser gründlich abspülen. Auf einem Sieb ablaufen lassen. Die hartgekochten Eier in Achtel schneiden, die Zwiebel fein hacken. Alle Zutaten auf einer großen runden Platte vermengen.
Aus Öl, Zitronensaft, Joghurt, der gehackten Petersilie, Salz, Cayennepfeffer und Paprikapulver eine würzige Sauce rühren und diese über den Salat gießen. Kurz ziehen lassen und sogleich auftragen. Schmeckt nur frisch gut, knackfrisch!

417 Salat-Gurke

1 Salatgurke,
2 mittelgroße Orangen,
1/2 Staude Sellerie,
1 Apfel,
1/2 oder 1 kleiner Kopfsalat;

Sauce:
2 Eßl. Mayonnaise,
4 Eßl. süße Sahne,
Saft 1/2 Zitrone,
1 Messerspitze weißer Pfeffer,
1/2 Teel. Selleriesalz,
1/4 Teel. Salz,
1 Teel. Dill.

Die Salatgurke abwaschen und wie auf unserem Foto aushöhlen. Das ausgelöste Fruchtfleisch, ohne die Kerne, in Würfel schneiden. Die geschälten Orangen ebenfalls würfeln, desgleichen Selleriestaude und den ungeschälten, entkernten Apfel. Den verlesenen und gewaschenen Kopfsalat klein zerpflücken. Alle Zutaten vorsichtig vermischen.
Für die Sauce die Mayonnaise mit der süßen Sahne und dem Zitronensaft verrühren, das Ganze mit dem Pfeffer, Selleriesalz und Salz würzen, über die Salatzutaten gießen, einmal kurz verrühren und das würzige Salatgemisch in die ausgehöhlte Gurke füllen. Zart mit Dill überstreuen. Zu Toastbrot servieren.

418 Weißkraut-Rohkost

500 g Weißkraut,
1 Teel. Salz,
50 g geräucherter Speck;
1 große Zwiebel,
1 Tasse Öl,
2 Eßl. Essig.

Das vorbereitete Weißkraut in feine Streifen schneiden oder hobeln und mit Salz überstreuen. Den in kleine Würfel geschnittenen Speck mit der kleingehackten Zwiebel im Tiegel rösten, über das Weißkraut geben und mit dem Öl und Essig anmachen. Zugedeckt ziehen lassen und erst dann servieren.

419 Gesundheitssalat

1 fester Kopfsalat,
1 Grapefruit,
1 Teel. Zucker,
1 Becher Joghurt.

Den verlesenen Kopfsalat waschen, die Blätter zerzupfen und abtropfen lassen. Mit der geschälten, in kleine Segmente geteilten Grapefruit vermengen. Den Zucker mit dem Joghurt verrühren, am Schluß über den Salat gießen und nach Belieben mit kleingeschnittenem Schnittlauch überstreuen.

420 Rote Vitaminkost

500 g Rotkraut,
1 Apfel,
1 Stückchen frischer Meerrettich,
Saft 1/2 Zitrone,
2 Eßl. Weinessig,
1 Eßl. Rotwein,
1 Teel. Salz,
1 Messerspitze Kümmelpulver oder Kümmelkörner,
1 Teel. Zucker,
6 Eßl. Öl.

Das vorbereitete Rotkraut fein raspeln, mit dem geriebenen Apfel und Meerrettich vermengen. Die übrigen Zutaten verrühren, über den Salat gießen, umrühren und durchziehen lassen.

421 Geraffelte Mohrrüben

3 Möhren,
1 kleiner Apfel,
1 Eßl. Zitronensaft,
1 Teel. Zucker,
1 Teel. Meerrettich,
gehackte Nüsse.

Die gewaschenen und geschälten Möhren und den Apfel raffeln, mit dem Zitronensaft beträufeln und mit dem Zucker süßen. Den frisch geriebenen Meerrettich dazugeben, den Salat umrühren und am Schluß nach Belieben mit gehackten Nüssen überstreuen.

422 Hollywoodsalat

4 Orangen,
1 kleine Salatgurke,
100 g Salamischeiben,
1 kleiner Kopfsalat;

Sauce:
4 Eßl. Öl,
1 Messerspitze Zucker,
1 Eßl. Essig,
1 Messerspitze Salz.

Die geschälten Orangen in Scheiben schneiden, die gewaschene, aber ungeschälte Gurke in dünne Scheiben. Die Salamischeiben dazugeben. Das ganze mit einem vorbereiteten und zerzupften Kopfsalat vermischen und mit der gerührten Sauce überziehen. Sofort servieren.

423 Chicorée-Frischkost

2–3 Chicoréestauden,
3 Eßl. Öl,
1 Eßl. Essig,
1 Zwiebel,
1 Eßl. gehackte Kräuter
(Schnittlauch, Dill, Zitronenmelisse).

Die Stauden vom Chicorée unter fließendem Wasser gründlich abspülen, den bitteren Keil am unteren Ende nach Geschmack herausschneiden. Die Stauden in Streifen schneiden, mit den übrigen Zutaten (Zwiebel kleingehackt) vermengen und nach Bedarf noch kleingeschnittene Orange dazugeben.

424 Spargelsalat

1000 g Spargel,
1 Eßl. Weinessig,
2 Teel. Salz;

Sauce:
2 Eßl. Öl,
4 Eßl. frische Sahne,
Saft 1 Zitrone,
je 1/4 Teel. Salz
und frischgemahlener Pfeffer,
1 Eßl. gehackter Dill,
1 Eßl. gehackte Petersilie.

Den geschälten Spargel in reichlich Wasser mit dem Weinessig und Salz garkochen. Im Kochwasser erkalten lassen. Als ganze Stangen auf einer hübschen Platte anrichten. Für die Sauce das Öl mit der Sahne, dem Zitronensaft, Salz, Pfeffer und den Kräutern verrühren und am Schluß über den Spargel gießen.
Dazu schmeckt gut frisches Toastbrot mit Butter und gekochter oder roher Schinken.

425 Spargelsalat „Excelsior"

500 g Spargel,
200 g gekochtes Hühnerfleisch,
1/2 Kopfsalat,
200 g Räucheraal;

Sauce:
4 Eßl. frische Sahne,
1 Eßl. Weinessig,
1/2 Teel. Salz,
1 Messerspitze Zucker,
10 Tropfen Tabasco,
1/2 Eßl. gehackte Petersilie,
1/2 Eßl. gehackter Dill.

Den vorbereiteten Spargel wie üblich in reichlich Salzwasser garkochen. Ablaufen und abkühlen lassen und in 3 bis 4 cm lange Stücke schneiden. Das gare Hühnerfleisch in Streifen schneiden und zum Spargel geben. Für die Sauce die Sahne mit dem Essig, den Gewürzen und Kräutern verrühren und damit den Spargel anmachen.
Eine runde Platte mit den gewaschenen, nach Geschmack mit etwas Essig und Öl marinierten Salatblättern auslegen und darauf die Spargel-Huhn-Mischung häufen. Den Räucheraal enthäuten, entgräten und in Scheiben schneiden. Diese Aalstückchen dann in lockerer Form über den Salat verteilen.

426 Spargelsalat mit Mayonnaise

750 g Spargel,
2 Teel. Salz;

Sauce:
5 Eßl. Mayonnaise,
1 Eßl. Weinessig,
3 Eßl. frische Sahne,
1/4 Teel. Salz,
1 Messerspitze Cayennepfeffer,
1 Eßl. gehackter Dill;

Garnitur:
2 Tomaten,
1 Sträußchen Dill.

Den geputzten, geschälten und gebündelten Spargel aufrecht stehend in reichlich Salzwasser garkochen, erkalten lassen und dann in 3–4 cm lange Stücke schneiden.
Die Mayonnaise mit dem Essig, der Sahne und Salz sowie Cayennepfeffer und Dill verrühren, die Spargelstücke damit übergießen und vorsichtig einmal unterheben. Den Salat gut gekühlt mindestens 30 Minuten durchziehen lassen. Die Tomaten quer in dünne Scheiben schneiden, den Salat damit umlegen und das Sträußchen Dill in die Mitte stecken. Sieht nicht nur hübsch aus, sondern schmeckt auch gut.

427 Spargelspitzen-Variante

1 große Dose Spargelspitzen,
3 Chicoréestauden,
2 Tomaten,

Sauce:
1–2 Tassen Mayonnaise,
2 Eßl. gehackter Dill,
1/2 Teel. Salz,
1 Messerspitze Zucker,
1 Messerspitze Rosenpaprika.

Die Spargelspitzen auf einem Sieb abtropfen lassen. In der Zwischenzeit die Chicoréestauden von den äußeren, braunen Blättern befreien. Die übrigen Blätter von den Stauden lösen, kurz unter fließendem Wasser abspülen und abtropfen lassen. Die Tomaten häuten (mit kochendem Wasser überbrühen und die Haut abziehen) und in Viertel oder Achtel schneiden. Die Mayonnaise mit dem gehackten Dill begrünen, mit Salz, Zucker und Rosenpaprika würzen. Die Chicoréeblätter in Streifchen schneiden und mit den übrigen Zutaten und der gedillten Mayonnaise vermengen. Sofort auftragen und genießen. Möglichst zu goldgelbem Toast mit Butterkugeln.

428 Spargel-Überraschung ▲

1000 g frischer Spargel;

Sauce:
5 Eßl. Öl,
3 Eßl. Weinessig,
1/2 Teel. Salz,
1 gestrichener Teel. scharfer Senf,
8–10 Tropfen Tabasco,
4 Eßl. gehackter Dill,
3 hartgekochte Eier,
1 gehäufter Teel. Kapern.

Den Spargel schälen und im Topf in reichlich Salzwasser garkochen. Etwa 30 Minuten. Das Wasser abgießen und den Spargel auskühlen lassen. Danach – wie auf unserem Foto – auf eine Platte geben. Aus Öl, Weinessig, Salz, Senf, Tabasco und der Hälfte des Dills eine würzige Sauce mischen, über den Spargel gießen und so mindestens 1 Stunde stehen lassen. Erst dann die hartgekochten Eier in nicht zu dünne Scheiben schneiden, als Berg in der Mitte des Spargels auflegen. Das Ganze noch mit dem restlichen Dill und den Kapern bestreuen.

429 Spargel-Bohnen-Salat

500 g Spargel,
1 kleine Dose feine grüne Bohnen oder entsprechend frische Bohnen,
200 g Karotten,
2 Zwiebeln.

Sauce:
5 Eßl. Öl,
4 Eßl. Essig,
1/2 Teel. Salz,
8 Tropfen Tabasco,
1/4 Teel. Estragon,
1 Messerspitze Knoblauchpulver oder 1 Zehe frischer Knoblauch.

Den Spargel schälen und in reichlich Salzwasser etwa 30 Minuten weich kochen. Die Stangen aus dem Wasser heben und auskühlen lassen. Den Spargel in etwa 3 bis 4 cm lange Stücke schneiden und mit den aus der Dose genommenen Böhnchen und den in Stifte geschnittenen, vorher leicht blanchierten Karotten und den in Ringe geschnittenen Zwiebeln vermischen. Aus den angegebenen Zutaten für die Sauce eine würzige Marinade rühren, diese über die Salatzutaten in eine Schüssel gießen und einige Zeit zum Durchziehen beiseitestellen.
Blanchieren: Gemüse kurz in kochendes Wasser geben.

430 Schwetzinger Spargelsalat

600 g Spargel,
100 g gekochter Schinken,
100 g gare Rinderzunge,
4 Scheiben Ananas aus der Dose,
einige Blätter Kopfsalat;

Sauce:
4 Eßl. Mayonnaise,
3 Eßl. Sahne,
1 Eßl. Weinessig,
1 Messerspitze Cayennepfeffer,
1/4 Teel. Selleriesalz.

Den geschälten Spargel in reichlich Salzwasser etwa 30 Minuten weich kochen. Aus dem Wasser heben und erkalten lassen. Den Spargel in etwa 3–4 cm lange Stücke schneiden. Den gekochten Schinken und die gare Zunge in Streifen schneiden, die Ananasscheiben in Segmente teilen und alle Zutaten in einer Schüssel unterheben. Für die Sauce die Mayonnaise mit den übrigen Zutaten verschlagen, würzig abschmecken und über den Spargelsalat ziehen. Eine Platte mit Salatblättern auslegen, den Spargelsalat daraufgeben. Zu goldgelbem Toast und Butterkugeln eine Delikatesse.

431 Spargel-Komposition

500 g Spargel,
3 hartgekochte Eier,
1 Tasse Champignons aus der Dose,
3 Scheiben gekochter Schinken,
1 Orange;

Sauce:
1/2 Tasse Mayonnaise,
2 Eßl. Sahne,
1/2 Teel. Salz,
1/2 Teel. Paprikapulver,
1 Messerspitze frischgemahlener, weißer Pfeffer,
2 Eßl. Essig.

Den Spargel schälen, in reichlich Salzwasser kochen. Aus dem Wasser heben und auskühlen lassen. Danach in etwa 3 cm lange Stücke schneiden. Die hartgekochten Eier grob hacken, die Champignons aus der Dose in Scheibchen und den gekochten Schinken in feine Streifchen schneiden. Die gehackten Eier mit den Champignonscheiben, der geschälten, in Stücke geschnittenen Orange, den Schinkenstreifen und den inzwischen ausgekühlten Spargelstücken vermengen. Die Mayonnaise mit den übrigen Saucenzutaten verrühren, über den Salat gießen, durchziehen lassen und gut gekühlt auftragen.

432 Salat St. Raphael

1 Kopfsalat,
1 Dose Artischockenherzen,
1 kleine Dose Champignons,
1/2 Salatgurke,
1/2 Dose Spargelstücke,
1 hartgekochtes Ei,
1 Teel. gehackte Petersilie;

Sauce:
1 rohes Eigelb,
6 Eßl. Öl,
4 Eßl. Weinessig,
1 Teel. scharfer Senf,
1 Messerspitze frischgemahlener weißer Pfeffer,
1 Teel. gehackte Kapern,
1 Eßl. gewürfelte, eingelegte Tomatenpaprika,
1 Teel. gehackte Petersilie,
3 Eßl. Sahne.

Den vorbereiteten Kopfsalat in kleine Stücke zupfen. Die Artischockenherzen aus der Dose nehmen und halbieren. Die Champignons ebenfalls einmal durchteilen. Die Salatgurke gründlich waschen und mit der Schale hobeln. Alle Zutaten mit den aus der Dose genommenen Spargelstücken in einer Schüssel vermengen. Mit Eischeiben und Petersilie dekorieren. Die gerührte Sauce separat zum Salat reichen.

433 Gepfefferter Teufelssalat

1 Dose Weinsauerkraut,
5 Scheiben roher Schinken,
je 1 grüne und rote Pfefferschote,
1 gelbe Paprikaschote,
1 Glas gefüllte Oliven;

Sauce:
4 Eßl. Olivenöl,
1 Teel. Zitronensaft,
1 Messerspitze Salz,
1 Messerspitze Cayennepfeffer,
2 Eßl. gehackte Kräuter,
wie Zitronenmelisse, Pimpinelle,
Schnittlauch, Dill, Kresse,
Estragon, Petersilie, Kerbel.

Das Weinsauerkraut mit 2 Gabeln aus der Dose heben und auseinanderzupfen. Es soll schön locker sein. Den rohen Schinken in feinste Sauerkraut-Streifchen schneiden, ebenso die Pfeffer- und entkernte Paprikaschote. Dieses Gemisch mit der gerührten Sauce aus den angegebenen Zutaten vermischen, kurze Zeit durchziehen lassen und am Schluß mit den gefüllten Oliven hübsch verzieren. Ein scharfer Salat, wahrhaftig gepfeffert. Als Abwechslung kann der Teufelssalat einmal in rohe Schinkenrollen gefüllt werden.

434 Weißkraut-Kohlrabimischung

1/2 Weißkrautkopf,
350 g gares Rindfleisch
oder Rinderbraten,
1 Glas Oliven,
1 Bündel Schnittlauch;

Sauce:
1 Gläschen Joghurt,
1 Eßl. Essig,
4 Eßl. Öl,
je 1 Messerspitze Salz, Pfeffer und Zucker.

Das Weißkraut nach dem Vorbereiten in hauchdünne Streifen schneiden oder raspeln. Das gare Rindfleisch oder einen Bratenrest ebenso streifig schneiden. Beides zusammen mit den gescheibelten Oliven und dem gehackten Schnittlauch vermengen. Die gerührte Sauce aus Joghurt, Essig, Öl, Salz, Pfeffer und Zucker über den Salat gießen, kurz durchziehen lassen und knackfrisch servieren.

Diesen Salat in derben Bierbechern anrichten und 1 Zitronenscheibe an den Rand des Glases stecken. Sieht hübsch aus!

435 Paprika-Kohlrabi-Salat

3 große grüne Paprikaschoten,
2 junge Kohlrabi,
3 Scheiben gekochter Schinken;

Sauce:
2 Eßl. Essig,
5 Eßl. Olivenöl,
5–6 schwarze Pfefferkörner,
1 Teel. Salz,
1 Teel. Senf,
1/4 l saure Sahne.

Die gewaschenen Paprikaschoten entkernen und in schmale Streifen schneiden. Junge, wirklich junge Kohlrabi nach dem Schälen mit einem Buntmesser so schneiden, daß breite Späne entstehen. Beide Gemüse miteinander vermengen. Essig, Olivenöl, die Pfefferkörner, Salz, Senf im Topf erhitzen, noch heiß über das Gemüse gießen und erkalten lassen. Erst jetzt den streifig geschnittenen Schinken unter den Salat heben und alles mit der sauren Sahne überfließen. Ein gesunder Salat!

436 Scharfer Paprikasalat

5 grüne Paprikaschoten,
1 fester Kopfsalat,
1 große Zwiebel,
4 hartgekochte Eier,
1 Kaffeel. feingehackte Kapern,
1 Knoblauchzehe;

Sauce:
1/8 l saure Sahne,
4 Eßl. Mayonnaise,
1 Chilischote,
1/4 Teel. Salz,
1 Eßl. Curry hot.

Die Paprikaschoten waschen, entkernen, in dünne Ringe schneiden. Den vorbereiteten Kopfsalat nach dem Abspülen unter fließendem Wasser auf ein Sieb zum Abtropfen geben. Die geschälte Zwiebel in Ringe schneiden, die geschälten Eier achteln. Die Kapern bereitlegen. Eine Schüssel mit der Knoblauchzehe gleichmäßig ausreiben, die Salatzutaten hineingeben, einmal umrühren und vor dem Servieren mit folgender Sauce dick übergießen:

Die saure Sahne mit der Mayonnaise kräftig verschlagen, die in den Fingern zerriebene Chilischote dazugeben, salzen und mit dem Curry hot scharf abschmecken. Wer will, kann noch mit etwas Dosenmilch verlängern und mit kleingehackten Kräutern verfeinern. Und mit grobgehacktem Pfeffer bestreuen.

437 Budapester Bohnensalat

1 Dose feinste Prinzeßbohnen,
3 rote Paprikaschoten;

Sauce:
1 Zwiebel,
1 zerdrückte Knoblauchzehe,
1/2 Teel. Salz,
4 Eßl. Essig,
5 Eßl. Öl,
1 Messerspitze Zucker,
1/2 Teel. getrocknetes Bohnenkraut,
10 Tropfen Tabasco,
1 Teel. Worcestershiresauce.

Die Bohnen aus der Dose nehmen und auf ein Sieb zum Abtropfen geben. Die Paprikaschoten 10 Minuten in siedendem Salzwasser garen. Nach dem Auskühlen in kleinste Würfel schneiden. Für die Sauce die in Würfel geschnittene Zwiebel mit der auf dem Salz zerdrückten Knoblauchzehe, mit dem Essig, Öl und den übrigen Gewürzen zu einer Salatsauce rühren. Damit den Bohnensalat nach „Budapester Art" würzen. Vor dem Servieren gut durchziehen lassen.

438 Salat mit Pfiff

2 Paprikaschoten,
gelb und grün,
3 hartgekochte Eier,
1 Kopfsalat,
2 kleine oder 1 große Zwiebel,
400 g Spargel;

Sauce:
3 Eßl. Estragon-Essig,
4 Eßl. Öl,
1/2 Teel. Salz,
einige Drehungen aus der Pfeffermühle,
2 Eßl. Cognac.

Die gewaschenen und entkernten Paprikaschoten in dünne Ringe schneiden. Die geschälten Eier in Scheiben teilen. Den vorbereiteten Kopfsalat etwas zerpflücken. Die Zwiebel in dünne Ringe schneiden. Den garen, frischen, in etwa 4 cm lange Stücke geschnittenen Spargel (Spargelstücke aus der Dose sind ebenfalls geeignet) mit den übrigen Zutaten vermengen.
Aus dem Estragon-Essig, Öl, Salz, frischem Pfeffer und dem Cognac eine Sauce mit Pfiff rühren (Knoblauchfans geben noch eine Zehe zerdrückten Knoblauch dran), über die Zutaten in der Schüssel gießen, einmal umrühren, etwas durchziehen lassen und mit Genuß verzehren.

439 Feiner Chicoréesalat

2 Stauden Chicorée,
75 g geräucherter Lachs,
10 Walnußkerne,
125 g gares Hühnerfleisch;

Sauce:
1 Eßl. Sahne,
Saft von 1 Zitrone,
1 Eßl. Öl,
1 Messerspitze Salz,
1 Messerspitze weißer Pfeffer;
für die Garnitur: 1 hartgekochtes Ei,
10 gefüllte Oliven.

Von den Chicoréestauden das untere Ende abschneiden und nach Bedarf und Geschmack den bitteren Keil mit einem spitzen Messer herausschneiden. (Feinschmecker lieben aber gerade am Chicorée den leicht bitteren Geschmack!) Die ganzen Stauden in feine Streifen schneiden, diese unter fließendem Wasser kurz waschen und abtropfen lassen. Den Lachs in mundgerechte Stücke zerteilen und die ganzen Walnüsse grob hacken. Das Hühnerfleisch in gleichmäßige Würfel schneiden. Alle diese Zutaten miteinander in einer Schüssel vermengen. Für die Sauce die Sahne unter ständigem Rühren mit dem Zitronensaft und Öl verschlagen, Salz und Pfeffer zugeben und über die Salatzutaten gießen. Für die Dekoration das hartgekochte Ei in Scheiben teilen, ebenso die Oliven und den Salat nach eigener Phantasie damit verzieren.

440 Chicoréeblätter in Sauce

3–4 Chicoréestauden;

Sauce:
1 Tasse Mayonnaise,
1 Becher saure Sahne,
2 Eßl. Dosenmilch,
1 Eßl. Cognac,
1 Eßl. Chilisauce,
1 Messerspitze Cayennepfeffer,
1/2 Teel. Salz.

Die braunen, häßlichen Blätter von den Chicoréestauden entfernen, alle übrigen einzeln und vorsichtig lösen und unter fließendem Wasser abspülen. Zum Abtropfen beiseite stellen. In der Zwischenzeit die Sauce rühren: Dafür die Mayonnaise mit der sauren Sahne, der Dosenmilch, dem Cognac, der Chilisauce, Cayennepfeffer und Salz vermengen. Diese Sauce kann sehr scharf sein! Die Sauce bis zum Servieren in den Kühlschrank stellen. 4 schöne Gläser – am besten breite Whiskybecher – bereitstellen. Die Sauce auf die 4 Gläser verteilen und pro Glas 6–8 Chicoréeblätter aufrecht hineinstellen. Die Blätter bei Tisch einzeln mit der Hand herausnehmen, dabei in die Sauce stippen und abknabbern, bis alles ausgedippt ist.

441 Chicoréesalat „Oriental"

4 Stauden Chicorée,
1 kleine Dose Mandarinen,
1/2 Kästchen Brunnenkresse;

Sauce:
4 Eßl. Öl,
2 Eßl. Mandarinensaft,
Saft 1/2 Zitrone,
1/2 Teel. Selleriesalz,
einige Drehungen Pfeffer
aus der Pfeffermühle.

Von den Chicoréestauden das untere Ende abschneiden, den bitteren Keil mit einem spitzen Messer nach Geschmack herausnehmen. Die Chicoréestauden unter fließendem Wasser abspülen, in Ringe schneiden. Die Mandarinen aus der Dose nehmen, auf einem Sieb abtropfen lassen. Chicoréeringe, Mandarinen und die Brunnenkresse auf einer großen Salatplatte leicht mischen.

Für die Sauce das Öl mit 2 Eßlöffeln vom Mandarinensaft und Zitronensaft verrühren, mit Selleriesalz und Pfeffer nach Geschmack würzen, über das farblich schöne Salatgemisch gießen, ganz kurz durchziehen lassen und sofort servieren. – Chicoréesalat niemals lange in der Sauce stehen lassen. Er wird welk und schmeckt nicht mehr knackfrisch.

442 Chicoréeblätter, gefüllt

1–2 Chicoréestauden,
2 Ecken Gervais,
1 Eßl. Rum,
1 Messerspitze Cayennepfeffer,
1 Messerspitze Salz,
1 Tomate.

Die Chicoréestaude vorbereiten: die äußeren, braunen Blätter entfernen, alle übrigen einzeln und vorsichtig von der Staude lösen und unter fließendem Wasser abspülen, damit kein Sand mehr anhaftet. Ablaufen lassen. Wenn die Blätter ganz trocken sind, auf einer runden Platte im Uhrzeigersystem anordnen. Dann den Gervais in ein Schälchen geben, mit dem Rum, dem Cayennepfeffer und Salz abschmecken und mit einer Gabel gut verschlagen. Diese duftende Masse kurz vor dem Servieren auf die einzelnen Blätter streichen und auf Glastellerchen servieren. Vorher noch mit einem Tomatenschnitz verzieren, wegen des Farbkontrasts!

2 gefüllte Blätter pro Person, zum Beispiel als Vorspeise, rechnen. Wer es üppiger machen will, rechnet die doppelte Menge Gervais. Als Clou können Sie anstelle von Rum einen Eßlöffel voll Fruchtgemisch aus dem Rumtopf verwenden. Eine rumgetränkte Erdbeere oder Kirsche kann das Werk krönen.

443 Chicorée mit Walnüssen und Ingwer

4 bis 5 Stauden Chicorée,
60 g Walnüsse,
2 Ingwerfrüchte aus dem Glas
(in Sirup eingelegt);

Sauce:
3 Eßl. Essig,
3 Eßl. Öl,
1 Schüßchen Cognac,
1/4 Teel. Salz,
1 Messerspitze Zucker,
frischer, gemahlener weißer Pfeffer,
1 kleine Zwiebel.

Die vorbereiteten Chicoréestauden unter fließendem Wasser abspülen (notfalls das untere bittere Ende herausschneiden), die ganzen Stauden längs halbieren, die einzelnen Blätter lösen und noch einmal durchschneiden. Die Walnußkerne grob hacken, die Ingwerfrüchte aus dem Glas in kleine Würfel schneiden. Alle Zutaten vorsichtig vermischen. Für die Sauce Essig, Öl, Cognac und die Gewürze (Zwiebel fein hacken) zu einer würzigen Marinade verrühren, über die Salatzutaten gießen. Kurz durchziehen lassen und mit Toast und Butter genießen.

444 Chicorée für Snobs

6–8 Stauden Chicorée,
2 Tomaten,
200 g Emmentaler,
3 hartgekochte Eier;

Sauce:
3 Eßl. Essig,
1 Eßl. Zitronensaft,
5 Eßl. Öl,
1 Teel. Senf,
1 Messerspitze Zucker,
1/2 Teel. Salz,
1/4 Teel. weißer Pfeffer,
1 Messerspitze Salbeipulver,
1/2 Teel. Paprikapulver.

Von den Chicoréestauden die äußeren schlechten Blätter entfernen, die ganzen Stauden unter fließendem Wasser abspülen und auf einem Drahtkorb abtropfen lassen. Dann die ganzen Stauden je nach Größe längs in Viertel oder Achtel schneiden. Die Tomaten würfeln, ebenso den Emmentaler. Die hartgekochten Eier in Achtel teilen. Alle Zutaten in einem dekorativen Glas – einem Glas für Snobs – wie auf unserem Foto anrichten. Für die Sauce Essig, Zitronensaft, Öl, Senf, Zucker, Salz, Pfeffer, Salbeipulver und Paprikapulver verrühren, über die Salatzutaten gießen, nicht mehr umrühren und servieren.

445 Sommerlicher Salat

1 fester Kopfsalat,
8–10 Artischockenherzen aus der Dose,
4 feste Tomaten,
4 hartgekochte Eier,
1 Dose Thunfisch,
1 Bund Radieschen,
2 Zwiebeln,
5–6 Sardellenfilets aus dem Glas,
10–15 schwarze Oliven;

Sauce:
6 Eßl. Öl,
4 Eßl. Essig,
1/4 Teel. Salz,
einige Drehungen schwarzer Pfeffer aus der Pfeffermühle,
1 Messerspitze Knoblauchpulver,
1 Messerspitze Salbeipulver.

Den verlesenen Kopfsalat waschen, abtropfen lassen und die großen Blätter zerzupfen. Die Artischockenherzen aus dem Glas oder der Dose nehmen, nach Belieben noch zerkleinern. Die Tomaten und die hartgekochten, geschälten Eier in Achtel teilen. Den aus der Dose genommenen Thunfisch ohne das Öl mit 2 Gabeln zerpflücken. Die Radieschen waschen und in dünnste Scheiben schneiden, die geschälten Zwiebeln in feinste Ringe. Alle genannten Zutaten in einer großen Schüssel mit den ganzen Sardellenfilets und den ganzen Oliven (vorher unter fließendem Wasser einmal abspülen, damit der Salzgeschmack verschwindet) vermengen.
Dann aus Öl, Essig und den Gewürzen eine kräftige Sauce rühren – Knoblauchfans verwenden anstelle von Knoblauchpulver lieber eine frische, auf Salz ausgedrückte Knoblauchzehe –, diese über den sommerlichen Salat gießen, im Kühlschrank kurze Zeit ziehen lassen und dann servieren.

446 Schweizer Zwiebelsalat

8–10 schöne Zwiebeln,
3 Eßl. Butter;

Sauce:
3 Eßl. Essig,
einige Drehungen aus der Pfeffermühle,
1/2 Teel. Salz.

Schöne, gleichmäßig große Zwiebeln nach dem Schälen in dünne Scheiben schneiden und in der Butter goldgelb rösten. Nach dem Erkalten in eine Schüssel füllen und mit der gerührten und gut gewürzten Sauce aus Essig, Pfeffer und Salz vermengen. Für einige Zeit zum Durchziehen in den Kühlschrank stellen. Mit einem kräftigen Butter-Graubrot servieren. So ißt man den Zwiebelsalat in der Schweiz.

447 Salat mit Champignons

2 Tassen Champignons aus der Dose,
2 Stauden Chicorée,
100 g gekochter Schinken;

Sauce:
4 Eßl. Mayonnaise,
2 Eßl. Sahne,
2 Eßl. Weinessig,
1 Messerspitze Selleriesalz,
2 Eßl. gehackter Dill,
1 Messerspitze frischgemahlener weißer Pfeffer.

Die Champignons aus der Dose nehmen, ablaufen lassen und in feine Scheiben schneiden. Die vorbereiteten Chicoréestauden (gewaschen und nach Geschmack vom bitteren Ende befreit) und den gekochten Schinken in dünne Streifchen teilen. Alle 3 Zutaten in eine flache Schüssel füllen. Für die würzige Sauce die Mayonnaise mit der Sahne, dem Essig, den Gewürzen und Dill verrühren, damit den Salat übergießen, durchziehen lassen, noch mit Dillzweig bestecken und auftragen.

448 Waldorfsalat

1 große Sellerieknolle,
2 säuerliche Äpfel,
50 g Walnußkerne;

Sauce:
6 Eßl. Mayonnaise,
2 Eßl. Sahne,
1 Eßl. Zitronensaft,
1/2 Teel. Zucker,
1 Messerspitze Cayennepfeffer;

für die Garnitur:
grüne Salatblätter,
1 Ananasscheibe,
Maraschinokirschen.

Die Sellerieknolle gründlich waschen, schälen und auf einer Rohkostreibe in dünne Streifchen hobeln oder fein schneiden. Die geschälten und entkernten Äpfel ebenso in feine Streifchen schneiden. Die Walnüsse hacken.
Die Mayonnaise mit der Sahne, dem Zitronensaft und den Gewürzen verrühren, über die Salatzutaten in einer Schüssel gießen, einmal umrühren und zugedeckt zum Durchziehen beiseitestellen. In der Zwischenzeit schöne Whiskygläser mit gewaschenen Salatblättern auslegen, den Waldorfsalat daraufhäufen und jedes Glas obenauf mit einem Stückchen Ananas und einer Maraschinokirsche verzieren. Der Salat sollte gut gekühlt gegessen werden. Und goldgelben Toast nicht vergessen!

449 Exclusiver Tomatensalat

6–8 feste Tomaten,
4 große Orangen,
6 kleine Zwiebeln;

Sauce:
6 Eßl. Olivenöl,
3 Eßl. Estragonessig,
1/2 Teel. Salz,
1/2 Teel. frischgemahlener weißer Pfeffer,
1 Messerspitze Zucker.

Die Tomaten nach dem Waschen quer in Scheiben schneiden, die geschälten Orangen ebenso quer in Scheiben teilen. Die Zwiebeln in Ringe sägen. Alle 3 Zutaten nacheinander auf einen großen, flachen Teller legen (kranzförmig), mit der gerührten Sauce aus Olivenöl, Estragonessig, Salz, Pfeffer und Zucker übergießen, nicht mehr durchrühren, sondern nur einige Minuten ziehen lassen und mit Weißbrot genießen. Eine interessante Salatzusammenstellung, die noch exclusiver wird, wenn Sie die Salatzutaten in Portionen auf grünen Salatblättern anordnen.

450 Bäuerlicher Tomatenmix

1 Salatgurke,
2 Zwiebeln,
6 große Tomaten,
80 g roher Schinken,
150 g Schafskäse,
10 schwarze Oliven,
1 Tasse Maiskörner aus der Dose;

Sauce:
6 Eßl. Olivenöl,
4 Eßl. Weinessig,
1 Teel. Salz,
1/2 Teel. schwarzer Pfeffer,
2 zerdrückte Knoblauchzehen.

Die geschälte Gurke hobeln, die geschälten Zwiebeln in kleine Würfel schneiden, die Tomaten scheibeln. Den rohen Schinken in dünne Streifen teilen. Den Käse zerbröckeln, die Oliven entkernen, kleinschneiden. Alle Zutaten in eine Schüssel füllen, am Schluß die Maiskörner aus der Dose dazugeben und alles einmal untermengen.
Für die Sauce das Öl mit dem Essig und den Gewürzen verrühren, über die Salatzutaten gießen, kurz durchziehen lassen und nach bäuerlicher Art mit deftigem Graubrot, Butter und nach Belieben noch rohem Schinken servieren.

▲

451 Tomatensalat

750 g feste Tomaten,
2 Zwiebeln;

Sauce:
3 Eßl. Weinessig,
5 Eßl. Öl,
1/2 grüne Paprikaschote,
1 Eßl. gehackter Schnittlauch,
1/2 Teel. Salz,
1/4 Teel. frischgestoßener schwarzer Pfeffer,
1 Knoblauchzehe.

Die gut gewaschenen Tomaten in Scheiben schneiden, die geschälten Zwiebeln in Ringe. Beides vermischen.
Aus Weinessig, Öl, der ganz feingehackten Paprikaschote (wer es gern scharf mag, kann anstelle der Paprikaschote 1 Stückchen grüne frische Peperoni verwenden), Schnittlauch und den Gewürzen (Knoblauchzehe auspressen oder auf Salz zerdrükken) eine Sauce rühren, über den Tomatensalat gießen, einige Zeit ziehen lassen und auftragen. Als Beigabe zum Mittagessen oder zum kalten Abendbrot.

452 Juli-Salat

1/2 Tasse frische Erbschen,
1 Kopfsalat,
2 Bund Radieschen,
1/2 kleine, gare Sellerieknolle,
2 Tomaten,
1 kleine Dose Prinzeßbohnen,
200 g gare Zunge;

Sauce:
1/4 l saure Sahne,
2 Eßl. Mayonnaise,
1 Teel. Salz,
1 Messerspitze weißer Pfeffer,
1 Bund feingehackte Kräuter wie Schnittlauch, Zitronenmelisse, Dill.

Die frisch geernteten Erbschen (Tiefkühlerbschen sind auch geeignet) in eine Schüssel füllen. Den verlesenen, gewaschenen und in kleine Stücke zerzupften Kopfsalat dazugeben. Radieschen in Scheibchen schneiden. Sellerie mit dem Buntmesser in kleine Stücke teilen. Die Tomaten oben kreuzweise leicht einritzen, mit kochendem Wasser überbrühen, die Haut völlig abziehen, die Tomaten halbieren, die Kerne herausheben und die Tomaten in Stückchen schneiden. Alle Zutaten, die Prinzeßbohnen aus der Dose und die in Streifchen geschnittene Zunge in der Schüssel vermengen.
Die weiße Kräutersauce aus den angegebenen Zutaten rühren, über den Salat gießen, kurze Zeit zum Durchziehen beiseite stellen und mit Genuß verspeisen. Zu deftigem Graubrot mit Butter ein sättigendes Abendessen. Das Bier nicht vergessen!

453 Krakauer Salat

1 Tasse Karotten aus der Dose oder aus der Tiefkühltruhe,
1 Tasse tiefgekühlte feinste Erbschen,
1 Tasse kleine Champignons aus der Dose,
8 Artischockenböden aus dem Glas;

Sauce:
4 Eßl. Öl,
3 Eßl. Weinessig,
1 Teel. scharfer Senf,
1/2 Teel. Salz,
5 Tropfen Tabasco,
1 Eßl. frische, gehackte Kräuter.

Die Karotten aus der Dose mit dem Buntmesser würfeln und mit den angetauten Erbschen aus der Truhe, den in Scheiben geschnittenen Champignons aus der Dose und den gewürfelten Artischockenböden vermengen.
Aus Öl, Weinessig, Senf, Salz, Tabasco sowie den gehackten Kräutern (Pimpinelle, Zitronenmelisse, Schnittlauch, Dill, Petersilie) eine würzige Sauce rühren, über den Krakauer Salat fließen lassen und sofort servieren.

454 Amerikanischer Salat

1 Endivie,
2 Orangen,
2 kleine Zwiebeln,
2 Stengel Zitronenmelisse;

Sauce:
1 Eßl. Estragonessig,
3 Eßl. Öl,
je 1 Messerspitze weißer, frischgemahlener Pfeffer und Salz.

Die Endivie vorbereiten: die äußeren, harten Blätter entfernen, die übrigen unter fließendem Wasser abspülen, zerzupfen und auf einem Drahtkorb abtropfen lassen. In der Zwischenzeit die geschälten Orangen in hauchdünne Scheiben schneiden und einmal halbieren. Die geschälten Zwiebeln in Ringe teilen. Eine hübsche Schüssel abwechselnd mit Endivie und Orangenscheiben füllen, dazwischen Zwiebelringe legen und erst am Schluß mit der gerührten Sauce übergießen. So angerichtet auftragen und erst bei Tisch kurz umrühren. Mit der Zitronenmelisse den Salat obenauf verzieren.

455 Röschensalat vom Blumenkohl ▶

1 großer weißer Blumenkohl,
1 gelbe und 1 grüne Paprikaschote,
2 Essig- oder Gewürzgurken,
1 Zwiebel;

Sauce:
1 Becher Joghurt,
½ Teel. Salz,
2 Teel. Paprikapulver,
1 Bündchen Schnittlauch.

Den vorbereiteten Blumenkohl in reichlich Salzwasser gar, aber nicht weich kochen. Auf ein Sieb zum Abtropfen geben, nach dem Abkühlen in kleine Röschen teilen, da es ja ein Röschensalat werden soll! In der Zwischenzeit die Paprikaschoten waschen, entkernen, in dünne Ringe schneiden. Die Essig- oder Gewürzgurken in schmale Streifen teilen. Die geschälte Zwiebel ebenfalls in schmale Ringe schneiden. Alle Salatzutaten in einer Schüssel hübsch anordnen und mit folgender Sauce dick übergießen; Joghurt mit Gewürzen und dem gehackten Schnittlauch verrühren. Paßt gut zu einem gegrillten Schweineschnitzel oder zu einem Rollbraten vom Rost.

456 Gurkentürme, gedillt

1 Salatgurke;

Fülle:
100 g Mayonnaise,
2 Eßl. gehackte Haselnüsse,
2 rote Paprikaschoten aus dem Glas,
1/2 Teel. Salz,
1 Messerspitze Zucker,
einige Drehungen aus der Pfeffermühle,
1 Strauß Dill.

Die Salatgurke dünn mit einem Buntmesser schälen und in etwa 6–8 cm lange Stücke schneiden. Das Kernfleisch mit einem Teelöffel herauslösen. Die Gurkentürme auf eine Platte aufrecht stellen. Für die Fülle die Mayonnaise mit den gehackten Haselnüssen vermengen, die Paprika aus dem Glas in feinste Streifchen schneiden, dazugeben, mit den Gewürzen abschmecken. Diese Masse in die Gurkentürmchen füllen und mit reichlich gehacktem Dill bestreuen.
Sie legen natürlich unter die Gurkentürme noch grüne Salatblätter, das sieht einfach verlockender aus. Und wer die Grüntöne von Salat und Gurke noch unterbrechen möchte, kann zwischen die Türme noch ganze Tomaten setzen, die mit der Fülle aus Nußmayonnaise auch gut schmecken.

457 Raffinierter Nußsalat

250 g Haselnüsse,
4 feste Äpfel,
50 g Zitronat;

Sauce:
100 g Mayonnaise,
2 Eßl. süße Sahne,
1/2 Teel. Salz,
einige Drehungen aus der Pfeffermühle,
2 Eßl. Kirschwasser.

Entweder die Haselnüsse nach dem Abziehen in Scheiben schneiden oder am besten gleich gescheibelte Haselnüsse kaufen. Die Äpfel nach dem Schälen und Entkernen in kleine Würfel schneiden. Zitronat fein hacken. Alles zusammen auf kleine Dessertteller häufen und erst dann Portion um Portion mit der gerührten Sauce überfließen lassen. Dafür die Mayonnaise mit der süßen, geschlagenen Sahne, Salz und Pfeffer würzen, am Schluß das Kirschwasser unterziehen.
Zu diesem exclusiven Salat paßt nur Toastbrot. Und wer es ganz fein machen will, kann den Salat noch mit 1 bis 2 Kirschen verzieren, die in Kirschwasser getränkt wurden.

458 Roter Bällchensalat

2 große rote Rüben, oder entsprechend mehr,
Essigwasser,
1 Teel. Zucker,
1 Teel. Salz,
1 Messerspitze Kümmelpulver,
grüne Salatblätter,
1 Kästchen Brunnenkresse;

Sauce:
1/4 l saure Sahne, ganz frisch,
etwas Dosenmilch,
2 Eßl. Mayonnaise,
1 Chilischote,
1 Messerspitze Salz.

Große oder entsprechend kleine rote Rüben in reichlich Essigwasser mit Zucker, Salz und Kümmel gar, aber nicht zu weich kochen. Vorher natürlich mit einer Bürste gründlich säubern und etwas Kraut an der Knolle stehen lassen, damit beim Kochen nicht zuviel Saft verlorengeht. Abgießen und erkalten lassen. Schälen. Mit einem Kartoffelausstecher Bällchen ausstechen (Kartoffelausstecher sind in jedem Haushaltsgeschäft erhältlich) und diese als Berg auf grüne Salatblätter auf eine runde Platte geben. Ringsum mit Brunnenkresse umkränzen. Für die Sauce die Sahne mit etwas Dosenmilch verlängern, die Mayonnaise zugeben, mit der zerriebenen Chilischote und Salz kräftig würzen und in ein Schüsselchen gießen. Diese Sauce separat zu den roten Bällchen stellen. Jeder nimmt als Vorspeise von den Bällchen etwas auf seinen Teller und übergießt die Pracht mit etwas Sauce.

459 Salatblättchen mit Champignons

1 Kopfsalat,
125 g frische Champignons;

Sauce:
2 Eßl. Zitronensaft,
3 Eßl. Olivenöl,
2 Blätter Estragon aus dem Glas,
1 Messerspitze Salz,
1 Messerspitze Cayennepfeffer,
1 Eßl. gehackte Petersilie.

Den Salat Blatt für Blatt verlesen, kurz abspülen und abtropfen lassen. Die frischen Champignons mit kochendem Wasser überbrühen, die Häutchen abziehen und in dünne Scheiben schneiden. Erkalten lassen. Die Zutaten für die Sauce mit einer Gabel schlagen. Die Salatblätter in eine Schüssel als Unterlage geben, darauf die Pilze häufen und darüber die Sauce gießen. Sogleich frisch servieren. Noch mit der Petersilie bestreuen.

460 Vitaminkost

200 g Weißkraut,
1 fester Apfel,
Saft von 2 Orangen,
1 Eßl. Bienenhonig,
2 Bananen,
2 Eßl. Rosinen,
1 Orange.

Das Weißkraut nach dem Vorbereiten fein hobeln. Den Apfel auf einer Rohkostreibe reiben. Beides mit dem Orangensaft und Bienenhonig marinieren. Ein paarmal umrühren. Dann die Bananen schälen, in dünne Scheibchen schneiden und mit den Rosinen zur Vitaminkost geben. Noch mit einer geschälten und in dünne Scheiben geschnittenen Orange belegen. Sofort auftragen. Als kleine Zwischenmahlzeit für den Mittag geeignet.

461 Gefüllte Sommergurke

1 dunkelgrüne, schlanke Salatgurke,
1 Messerspitze Salz,
1 Eßl. Essig,
1 Eßl. Öl,
einige Drehungen aus der Pfeffermühle;

Fülle:
1 Rettich,
1 Eßl. Öl,
1 Eßl. Essig,
je 1 Messerspitze Zucker, Salz und Pfeffer,
nach Geschmack Kümmelpulver,
einige Tomaten,
1 bis 2 hartgekochte Eier.

Die Salatgurke waschen, aushöhlen und das Fruchtfleisch kleinschneiden. Mit Salz, Essig, Öl und Pfeffer abschmecken. Den vorbereiteten Rettich grob raffeln, ebenfalls mit den genannten Zutaten vermengen. Diese beiden Gemische abwechselnd mit ganzen Tomatenscheiben und Eiachteln in die ausgehöhlte Gurke füllen. Hübsch muß es aussehen! Dazu können Sie einen gekühlten Tomatensaft servieren. Erfrischend bei sommerlichen Temperaturen!

462 Großmutters Kartoffelsalat

750 g Kartoffeln,
1 schlanke Salatgurke,
125 g Speck,
1 Zwiebel;

Sauce:
1 Tasse Mayonnaise,
1/2 Teel. Salz,
Paprika nach Geschmack,
1 Teel. Zucker,
1 Eßl. Zitronensaft,
1–2 Tomaten,
1 Bündel Schnittlauch.

Die Kartoffeln, am besten Salatkartoffeln, nach dem Kochen erkalten lassen und nach dem Schälen in dünne Scheiben schneiden. Wer Lust und Liebe hat, kann sie auch würfeln! Die Gurke nach dem Schälen und Entkernen ebenfalls scheibeln. Den Speck würfeln und mit der kleingeschnittenen Zwiebel im Tiegel goldgelb rösten. Über die Kartoffelscheiben oder -würfel geben, durchziehen lassen. Nach dem Erkalten die Gurkenscheiben unterziehen. Die Sauce rühren, über den Salat gießen, nochmals zum Durchziehen in den Kühlschrank stellen. Auftragen und nach Großmutters Art noch mit Tomatenschnitzen bestecken und dick mit gehacktem Schnittlauch begrünen.

463 Kartoffel-Heringssalat

6–8 gare Kartoffeln,
2 Heringe,
etwas Milch,
1 kleiner, garer Sellerie,
125 g gares Kalbfleisch,
2 saure Äpfel,
2 Gewürzgurken,
1 Gläschen Kapern;

Sauce:
die Milch von den Heringen,
1 Teel. scharfer Senf,
1 Zwiebel,
1 Eßl. Essig,
4 Eßl. Öl,
1 Messerspitze Pfeffer.

Die garen, geschälten Kartoffeln in Würfel schneiden und in eine große Schüssel geben. Die Heringe wurden vorher in eine flache Schüssel gelegt und mit soviel Milch übergossen, daß sie gerade bedeckt sind. (Das kann schon am Tage vorher sein.) Nach dem Entgräten werden die Heringe in kleine Stückchen geschnitten. Den Sellerie, Kalbfleisch, Äpfel und Gurken ebenfalls würfeln oder in Streifen schneiden und alles zusammen mit dem Hering zu den Kartoffeln füllen. Am Schluß die Kapern zufügen. Vorsichtig mischen. Für die Sauce die Heringsmilch mit dem Senf, der gehackten Zwiebel, Essig, Öl und Pfeffer nach Geschmack würzen, den Salat damit übergießen, vermengen und kaltgestellt durchziehen lassen. Das ist ein würziger, sättigender Salat!

464 Insalata di Patate

500 g gare Kartoffeln,
1 große Zwiebel,
4–5 Sardellenfilets,
20 gefüllte Oliven,
1 grüne oder rote Paprikaschote,
1 Kopfsalat;

Sauce:
1 Knoblauchzehe,
1 Teel. Salz,
1 Teel. Senf,
etwas frischgemahlener Pfeffer, schwarz,
1 Messerspitze Zucker,
1–2 Eßl. Zitronensaft,
etwas frischer oder getrockneter Estragon,
1/2 Tasse Olivenöl.

Die gekochten Kartoffeln nach dem Schälen in Scheiben schneiden. Die Zwiebel schälen und grob würfeln. Die Sardellenfilets in dünne Streifen teilen, die Oliven halbieren und die entkernte Paprikaschote würfeln. Alle Zutaten vermengen. Mit zwei Gabeln. Den vorbereiteten Kopfsalat entblättern und damit eine große Schüssel auslegen. Die Salatzutaten daraufgeben. Für die Salatsauce zunächst die Knoblauchzehe auf dem Salz zerdrücken, in einem Gefäß mit Senf, Pfeffer, Zucker, Zitronensaft und Estragon verschlagen. Erst zum Schluß das Olivenöl langsam zugießen. Diese Sauce über den Salat gießen, nicht mehr umrühren, aber zugedeckt mindestens 30 Minuten im Kühlschrank ziehen lassen. Dazu schenken Sie einen italienischen Wein ein, grillen ein Steak und genießen diesen schmackhaften italienischen Kartoffelsalat, der den Originalnamen „Insalata di Patate“ trägt.

465 Deftiger Kartoffelsalat

500 g gekochte Kartoffeln,
1 Tasse süß-saurer Kürbis,
1 Tasse eingelegte Tomatenpaprika,
2 Zwiebeln,
150 g Schinken, gekocht,
2 Essiggurken;

Sauce:
4 Eßl. Mayonnaise,
2 Eßl. Sahne,
2 Teel. Kapern,
12 Tropfen Tabasco,
1 Eßl. Tomatenketchup,
1 Teel. Paprikapulver.

Die abgekühlten, geschälten Kartoffeln in Scheiben schneiden. Den Kürbis aus dem Glas (oder frisch gekochten) mit dem Buntmesser in Stücke teilen. Tomatenpaprika kleinschneiden, die geschälten Zwiebeln in Ringe zerteilen, den gekochten Schinken und die Gurken in Streifchen schneiden. Dieses bunte Salatgemisch in eine derbe Schüssel füllen und mit der gerührten Sauce aus den angegebenen Zutaten übergießen. Kurze Zeit ziehen lassen und auftragen.

Oder Sie servieren den deftigen Kartoffelsalat aus folgenden Zutaten: gare Kartoffelwürfel, Würfel von einer Salatgurke, gekochte Schinkenwürfel oder -streifen, 1 Bund frischen Dill, fein gehackt. Alles mischen und mit der Mayonnaisensauce binden. Mit einem frischen Dilltuff bestecken.

466 Kartoffel-Linsensalat

300 g gare Kartoffeln,
300 g Linsen,
250 g Fleischwurst,
3–4 rote Paprikaschoten;

Sauce:
6 Eßl. Öl,
je 1/2 Teel. Salz und Pfeffer,
1 Eßl. Senf,
2 Eßl. gehackte Petersilie.

Die geschälten Kartoffeln würfeln. Die in Salzwasser gekochten Linsen abtropfen lassen und erkaltet zu den Kartoffeln geben. Die Fleischwurst, die entkernten Paprikaschoten ebenfalls würfeln. Alles zusammen in einer Schüssel vermengen. Aus den übrigen Zutaten eine Sauce rühren, mit dem Salat vermengen und dick mit der gehackten Petersilie bestreuen.

467 Salat „Colmar“

200 g rohes Sauerkraut,
2 Eßl. Öl,
1/2 Glas Weißwein,
1 Eßl. Weinessig,
1/2 Teel. Zucker,
1/2 frische, reife Ananasfrucht,
200 g gares Kasseler,
1 säuerlicher Apfel;

Sauce:
2 Eßl. Mayonnaise,
Saft 1/2 Zitrone,
2 Eßl. Sahne,
1 Eßl. gehackter Dill,
1 Messerspitze Rosmarinpulver.

Das rohe Sauerkraut mit der Mischung aus Öl, Weißwein, Weinessig und Zucker in einer Schüssel marinieren. So sollte das Kraut mindestens zugedeckt 2–3 Stunden stehen! Dann die halbe, längsgeteilte Ananasfrucht aushöhlen, das Fruchtfleisch in Würfel schneiden und zum Sauerkraut geben. Das Kasseler ebenfalls in Würfel und den gewaschenen, ungeschälten aber entkernten Apfel in kleine Stückchen schneiden. Alles zusammen mit der Sauerkrautmischung vermengen und in die ausgehöhlte Ananas füllen. Der Sauerkrautsalat schmeckt in dieser Form ausgezeichnet. Wer jedoch eine Mayonnaisebindung liebt, dem sei die nachfolgende empfohlen: Dafür die Mayonnaise mit dem Zitronensaft, der Sahne sowie dem Dill und Rosmarin verrühren. Nach Geschmack und Belieben nachsalzen. Diese Sauce über den Salat „Colmar“ gießen und sofort auftragen. Mit Charme!

468 Kohlrabispäne im Glas

2 sehr zarte junge Kohlrabi,
1 Dose japanische Mandarin-Orangen,
200 g garer Kalbsbraten,
2 kleine Zwiebeln,
2 feste Äpfel;

Sauce:
2 Eßl. Essig,
1/8 l Apfelsaft,
4 Eßl. Öl,
1/2 Teel. Salz,
einige Drehungen aus der Pfeffermühle,
1–2 Eßl. Zitronensaft.

Die geschälten jungen Kohlrabi mit dem Buntmesser in geriffelte Späne schneiden. Die Mandarin-Orangen auf einem Sieb ablaufen lassen. Den garen Kalbsbraten in Streifchen schneiden. Die geschälte Zwiebel sowie den geschälten Apfel ebenso in dünne Streifen schneiden. Alles miteinander in einem großen Glas vermengen. Für die Sauce Essig mit dem Apfelsaft erhitzen, das Öl und die Gewürze zufügen, noch heiß über die Salatzutaten gießen und erst nach dem Erkalten mit dem Zitronensaft beträufeln. Schmeckt zart! Als Variante können an den Salat anstelle von Mandarin-Orangen Ananassegmente gegeben werden und anstelle von garem Kalbsbraten gekochter Schinken. Kohlrabispäne können aber auch mit jungen, in Stifte geschnittenen Karotten gemischt und mit einer Joghurt-Mayonnaisesauce angerichtet werden. Kleingehackte Petersilie am Schluß darüberstreuen. Dann ist der Salat reich an Vitaminen.

469 Weißkrautsalat

700 g Weißkraut,
125 g durchwachsener Räucherpseck,
1/2 Apfel,
1 Zwiebel;

Sauce:
3 Eßl. Öl,
2 Eßl. Essig,
1/2 Glas Weißwein,
2 Teel. Kümmelkörner oder Kümmelpulver,
1 gestrichener Teel. Salz,
1/4 Teel. frischgemahlener Pfeffer.

Das Weißkraut hobeln oder sehr fein schneiden und kurz blanchieren. Abkühlen lassen. Den Speck fein würfeln, in der Pfanne kurz anbrutzeln und das überschüssige Fett abgießen. Das Weißkraut mit dem Speck, dem feingeriebenen Apfel und der in feinste Würfel geschnittenen Zwiebel vermengen. Dann das Öl mit Essig, Weißwein und den Gewürzen zu einer schmackhaften Sauce rühren, damit den Salat übergießen. Der Salat sollte mind. 30 Minuten im Kühlschrank zugedeckt durchziehen, bevor er serviert wird.

470 Karottensalat „jeunesse"

8–10 junge Karotten,
2 Orangen,
1 Handvoll Rosinen,
6 Scheiben Roastbeef;

Sauce:
5 Eßl. süße Sahne,
1 Messerspitze Salz,
einige Drehungen aus der Pfeffermühle,
1 Messerspitze Zucker,
2 Eßl. Zitronensaft.

Die jungen Karotten nach dem Putzen und Schaben mit einem Buntmesser in dünne Scheibchen oder Stifte schneiden. Die Orangen nach dem Schälen in dünne Spalten teilen. Beides in einem großen Cognacschwenker vermengen, die Rosinen und das in Streifchen geschnittene Roastbeef immer wieder dazwischengeben. Für die Sauce die süße Sahne mit Salz und frischgemahlenem Pfeffer würzen, den Zucker und Zitronensaft zufügen und über den Salat im Glas gießen. Kurze Zeit durchziehen lassen. Ein genußreicher Salat zu gebuttertem Schwarzbrot oder Pumpernickel.

471 Rotkrautsalat

1/2 Rotkrautkopf,
1 Teel. Salz,
Saft 1 Zitrone,
1 Apfel,
2 Tassen blaue Weintrauben,
1 Zwiebel;

Sauce:
3 Eßl. Essig,
3 Eßl. Rotwein,
5 Eßl. Öl,
1/2 Teel. Salz,
1/2 Teel. Zucker,
je 1 Messerspitze Kümmelpulver und Cayennepfeffer.

Das vorbereitete und gehobelte Rotkraut im Wasser, dem Salz und Zitronensaft zugesetzt wurde, kurz blanchieren. Abtropfen und auskühlen lassen. Mit dem kleingeschnittenen Apfel und den halbierten Weintrauben in einer Schüssel mischen. Zum Schluß die gehackte Zwiebel zugeben.

Für die schmackhafte Sauce den Essig mit dem Rotwein, dem Öl, Salz, Zucker, Kümmelpulver und Cayennepfeffer verrühren, diese Sauce über die Salatzutaten gießen, zudecken und für einige Zeit zum Durchziehen in den Kühlschrank stellen. Erst dann zu deftigem Graubrot, zu einem gegrillten Schweinerollbraten oder nur so als Erfrischung servieren.

Oder Sie servieren den Rotkrautsalat auf folgende Art: Den vorbereiteten Rotkrautkopf in Viertel schneiden, ganz fein hobeln. Etwas fetten Speck klein schneiden, im Topf auslassen, das feingehobelte Rotkraut zugeben, umrühren und erhitzen. Etwas Wasser aufgießen und das Kraut weich dünsten. Noch warm sofort mit oben aufgeführter Salatsauce übergießen, einen frischgeriebenen Apfel unterziehen, auskühlen lassen und servieren.

472 Prinzeßbohnensalat

1 große Dose grüne Prinzeßbohnen,
1/2 Tasse eingelegte Paprikaschoten,
2 Zwiebeln;

Sauce:
3 Eßl. Öl,
2 Eßl. Weinessig,
1/2 Teel. scharfer Senf,
1 Messerspitze Cayennepfeffer,
2 Eßl. gehackte, frische Petersilie,
1 Eßl. gehacktes, frisches Bohnenkraut,
1/2 Teel. Salz.

Die Prinzeßböhnchen aus der Dose ablaufen lassen. Die gewürfelte Paprikaschote mit der in Scheiben geschnittenen Zwiebel unter die Böhnchen mischen.
Für die Salatsauce sämtliche Zutaten verrühren, über den Salat gießen und vor dem Servieren 30 Minuten ziehen lassen.

473 Gärtnerinnen-Salat

1 kleiner Blumenkohl,
1 kleine Dose grüne Erbschen,
1 kleine Dose grüne Bohnen,
250 g gekochte Kartoffeln,
4 Karotten,
1 Bund Radieschen,
1 kleine Dose Champignons,
2 hartgekochte Eier,
Sardellenfilets;

Sauce:
1 Tasse Öl,
3 Eßl. Estragonessig,
1 Teel. Salz,
einige Drehungen aus der Pfeffermühle,
2 Eßl. gehackte Petersilie.

Den Blumenkohl in Salzwasser gar, aber nicht weich kochen, in Röschen zerteilen. Nach dem Auskühlen mit den Erbschen, Bohnen, in Scheiben geschnittenen Kartoffeln, in Scheiben geschnittenen Karotten sowie den gescheibelten Radieschen und den ganzen Champignons in einer Schüssel vermischen. Diese Zutaten nun auf einer Platte pyramidenförmig anrichten, mit Eischeiben und Sardellenfilets hübsch garnieren. Mit der gerührten Sauce übergießen und mit gehackter Petersilie am Schluß überstreuen. Wie es die Gärtnerin machen würde!

474 Feiner Gemüsesalat

1 Tasse feinste Tiefkühl-Erbschen,
1 Tasse gare, gewürfelte Karotten (ebenfalls aus der Tiefkühltruhe),
10 Artischockenherzen (aus dem Glas),
3 Tomaten,
1 kleine Dose Champignons;

Sauce:
4 Eßl. Mayonnaise,
1 Eßl. Weinessig,
1 Eßl. Cognac,
1 Knoblauchzehe,
1 grüne Pfefferschote,
1 gestrichener Teel. Salz,
1 gehäufter Teel. edelsüßes Paprikapulver.

Die angetauten Tiefkühlerbschen mit den Karotten, den geviertelten Artischockenherzen und den abgezogenen, in Würfel geschnittenen Tomaten sowie den in Scheiben geschnittenen Champignons vermengen. Alles in einen Riesen-Cognac-Schwenker füllen.
Nun die Mayonnaise mit Weinessig und Cognac verrühren, die ausgepreßte Koblauchzehe, die ganz feingehackte Pfefferschote, Salz und Paprikapulver zugeben. Diese feine Sauce direkt vor dem Servieren über den Salat im Cognac-Schwenker gießen, nicht mehr umrühren.
Wer keinen Riesen-Cognac-Schwenker zur Hand hat, kann auch 2 oder 3 Kullerpfirsich-Gläser verwenden. Oder große Whisky-Becher. Die Hauptsache: den Salat in keiner normalen Schüssel servieren, da es ja ein „feiner" Salat werden soll.

475 Rettichsalat

4 weiße oder schwarze Rettiche;

Sauce:
1/2 Teel. Salz,
1 Messerspitze frischgemahlener weißer Pfeffer,
1 Teel. scharfer Senf,
1 Eßl. Essig,
2 Eßl. Olivenöl,
100 g zerdrückter Roquefort.

Die Rettiche nach dem Säubern mit einem Hobel in ganz feine Scheibchen schneiden. Die Zutaten für die Sauce mit einer Gabel tüchtig schlagen und über den Rettich gießen. (2 bis 3 Eßlöffel geschlagene süße Sahne macht den Rettichsalat milder.) Den Salat zugedeckt etwa 10 Minuten ziehen lassen. Mit rohen Schinkenscheiben und deftigem Graubrot auf einem derben Holzbrett auftragen.

Rettichvariante:
Die Rettiche nach dem Schälen längs halbieren und mit einer Gervaiscreme füllen. Dazu Gervais mit einer Gabel zerdrücken, mit Paprika und Salz würzen und als Berg auf die Rettichhälften häufen. Mit gehackten Kräutern noch überstreuen.

476 Erbschen-Paprikasalat

1 Paket feinste Erbschen aus der Tiefkühltruhe,
2 rote Paprikaschoten,
1/2 Ring Fleischwurst,
4 Scheiben Ananas aus der Dose;

Sauce:
1 Tasse Mayonnaise,
2 Eßl. geriebene Nüsse,
1 Messerspitze Salz,
1 Messerspitze Zucker,
1 Teel. Cognac,
1 Eßl. gehackte Kräuter.

Die Erbschen kurz in kochendes Wasser tauchen, in eine Schüssel geben. Die entkernten, gewaschenen Paprikaschoten in dünnste Ringe schneiden. Paprikaringe mit in Stücke geteilter Fleischwurst sowie in Segmente geschnittener Ananas zu den Erbschen geben.
Für die würzige Sauce die Mayonnaise mit den geriebenen Nüssen (auch gehackte süße Mandeln sind geeignet), Salz und Zukker mischen, mit dem Cognac verfeinern, über die Salat-Zutaten gießen, einmal kurz umrühren und für kurze Zeit zum Durchziehen kühlstellen. Vor dem Servieren mit den gehackten Kräutern überstreuen.
Besonders herzhaft wird der Salat, wenn die Schüssel vorher mit einer Knoblauchzehe ausgerieben wird.

477 Ungarische Salatmischung

250 g weiße Bohnen,
knapp 1 Teel. Salz,
2 grüne Paprikaschoten,
1/4 Weißkraut,
1 Zwiebel,
1 Tasse Maiskörner aus der Dose;

Sauce:
3 Eßl. Weinessig,
1 Teel. Salz,
2 Teel. Paprika,
1/2 Teel. Knoblauchpulver,
5 Eßl. Öl.

Die weißen Bohnen über Nacht in Wasser einweichen. Im gesalzenen Einweichwasser ca. 70 Minuten kochen. (Im Schnellkochtopf geht's ohne Einweichen nach Vorschrift viel rascher!) Die garen, aber nicht zu weichen Bohnen abtropfen lassen. Die Paprikaschoten entkernen, abspülen, in feine Streifchen schneiden. Bohnen und Paprika mit dem gehobelten Weißkraut, der geschälten, gewürfelten Zwiebel und den Maiskörnern vermischen.
Weinessig, Salz, Paprika, Knoblauchpulver (eine frische Zehe Knoblauch schmeckt natürlich besser!) und Öl zu einer Sauce verkleppern, über die Salatmischung gießen und kalt gestellt 1 bis 2 Stunden durchziehen lassen.

478 Käsekrönung in Kokosnuß

200 g Appenzeller Bergkäse,
2 säuerliche Äpfel,
3 Ananasscheiben,
1 Tasse blaue Weintrauben;

Sauce:
3 Eßl. Mayonnaise,
3 Eßl. Sahne,
1 Eßl. Kokosraspel,
1/2 Teel. Zucker,
1 Messerspitze Salz,
1 Messerspitze Cayennepfeffer,
1 Messerspitze Ingwerpulver.

Den Appenzeller Bergkäse in Streifen schneiden. Die gewaschenen Äpfel (möglichst einen Boskop verwenden) mit der Schale halbieren, das Kerngehäuse entfernen und die Apfelhälften in dünne Stücke teilen. Die Ananasscheiben in kleine Segmente schneiden, die Weintrauben halbieren. Die Zutaten zart mit 2 Löffeln unterheben.
Die Mayonnaise mit der Sahne, den Kokosraspeln, dem Zucker, Salz, Cayennepfeffer und Ingwerpulver verrühren, damit den Salat überziehen. 30 Minuten kaltgestellt ziehen lassen. Die Käsekrönung in halben Kokosnußschalen anrichten.

479 Köstlicher Käsesalat

300 g Emmentaler Käse,
100 g gekochter Schinken,
3 Tomaten,
je 1 grüne, gelbe und rote Paprikaschote,
1 Bund Radieschen,
1 Tasse gare Blumenkohlröschen,
einige Salatblätter;

Sauce:
4 Eßl. Öl,
3 Eßl. Weinessig,
1 Schüßchen Cognac,
1/2 Teel. Salz,
1 Teel. scharfer Senf,
1/4 Teel. grob gemahlener Pfeffer,
1 Messerspitze Knoblauchpulver,
1/2 Teel. Zwiebelpulver.

Den Emmentaler in breite, den gekochten Schinken in schmale Streifen schneiden. Die Tomaten in Scheiben, die entkernten und gewaschenen Paprikaschoten in Ringe und die vorbereiteten Radieschen in Scheiben schneiden. Alle Zutaten mit den Röschen vom Blumenkohl vermischen und auf eine mit schönen Salatblättern ausgelegte Platte oder Schüssel häufen.
In einem Extragefäß Öl, Weinessig und Cognac verrühren, mit Salz, Senf, Pfeffer, Knoblauch- und Zwiebelpulver würzen und diese Sauce über den Salat gießen. Diese köstliche Käsemischung kann sofort aufgetragen werden. Mit Charme!

480 Käsesalat mit Oliven

200 g Schweizer Käse,
1 großes Glas grüne Oliven,
2 Ananasscheiben aus der Dose,
je 1 rote und grüne Paprikaschote;

Sauce:
5 Eßl. Öl,
1 Eßl. Essig,
1 Teel. scharfer Senf,
1 Messerspitze weißer Pfeffer,
1/2 Teel. Salz,
100 g Roquefort.

Den Schweizer Käse in kleine Würfel schneiden. Die Oliven aus dem Glas nehmen, unter fließendem Wasser abspülen, damit der Salzgeschmack verschwindet. (Dekorativer sieht der Salat aus, wenn anstelle von 1 großem Glas grüner Oliven lieber 1 kleines Glas grüne und 1 kleines Glas schwarze Oliven verwendet werden.) Die Oliven in dünne Scheiben schneiden. Die Ananasscheiben in Segmente teilen. Die Paprika nach dem Entkernen würfeln. Alle Zutaten abwechselnd in einen großen Cognacschwenker (hat man diesen nicht, füllt man den Salat in Kullerpfirsichgläser) schichten. Für die Sauce Öl mit Essig und Senf verrühren, mit Pfeffer und Salz abschmecken und zuletzt den zerdrückten Roquefort zugeben. Diese würzige Masse über den Salat im Glas fließen lassen und mit einem Petersilientuff nach Belieben noch verschönern.
Variiert werden kann der Salat, wenn anstelle von Oliven grüne und blaue Weinbeeren genommen werden.

481 Käsesalat „Küchenfee"

150 g Emmentaler Käse oder Greyerzer,
100 g fester Roquefort,
150 garer Kalbsbraten,
1 Tasse feine Erbschen aus der Tiefkühltruhe;

Sauce:
3 Eßl. Mayonnaise,
3 Eßl. Joghurt,
2 Eßl. frischgehackte, gemischte Kräuter,
1/2 Knoblauchzehe,
10 Tropfen Tabasco,
1 Messerspitze Zucker.

Den Käse nach Wahl in Würfel schneiden, den Roquefort in dünne Scheiben. Den streifig geschnittenen Kalbsbraten mit den angetauten Erbschen vermischen. Ganz vorsichtig! Nun die Mayonnaise mit dem Joghurt verschlagen, die Kräuter, die zerdrückte Knoblauchzehe, Tabasco und Zucker zufügen und die Sauce über den Küchenfee-Salat gießen.

482 Flämischer Salat

2 Chicoréestauden,
6 gare Kartoffeln,
4 Zwiebeln,
1 Eßl. Butter,
4 Matjesfilets;

Sauce:
1 Tasse süße Sahne,
1 Teel. Zitronensaft,
1 Messerspitze Salz,
1 Messerspitze weißer Pfeffer,
1 Teel. scharfer Senf,
1 Strauß Kerbel und Petersilie.

Die Chicoréestauden von den äußeren, schlechten Blättern befreien, den bitteren Keil am unteren Ende der Staude nach Belieben mit einem spitzen Küchenmesser ausschneiden. Die übrigen Blätter einzeln unter fließendem Wasser abspülen, abtropfen lassen. In der Zwischenzeit die gekochten Kartoffeln schälen und in Würfel schneiden. Die gehackten, in der Butter gerösteten Zwiebeln und die gewässerten und in kleine Stücke geschnittenen Matjesfilets in die Schüssel geben. Die gerührte Sauce aus den angegebenen Zutaten auf die Zwiebeln mit Matjes gießen. Umrühren. Die Kartoffelwürfel zugeben. Umrühren. Die Kräuter fein wiegen und auf einem Brettchen mit den in Streifen geschnittenen Chicoréeblättern erst am Tisch unter die übrigen Zutaten ziehen. Sofort servieren. –
Wird Chicorée lange vorher unter den Salat gemischt, gibt es eine trübe, welke Angelegenheit, die nicht mehr schmeckt. Chicorée sollte in jeder Zubereitungsart nach dem Anrichten sofort serviert werden. Nur knackfrisch entfaltet er seine Apartheit!

483 Schnelle Bananen-Erfrischung

2 feste Bananen,
150 g Schweizer Käse,
1 Kästchen Brunnenkresse;
grüne Salatblätter;

Sauce:
1 Döschen saure Sahne,
2 Eßl. Dosenmilch,
1 Teel. Curry hot,
1/2 Teel. Salz,

Die geschälten Bananen sowie den Käse in kleine Würfel schneiden. In Portionen auf Salatblätter häufen, mit der vorbereiteten Brunnenkresse kranzförmig umlegen und mit der gerührten Sauce aus den angegebenen Zutaten übergießen. Geht husch-husch und schmeckt herrlich.

484 Feiner Nudelsalat

200 g Nudeln,
1 Zwiebel,
200 g Dauerwurst,
100 g Emmentaler Käse,
2 Essiggurken,
1 Tasse Kürbiswürfel;

Sauce:
3 Eßl. Öl,
2 Eßl. Essig,
1/2 Teel. grobgemahlener Pfeffer,
1/2 Teel. Salz,
1 Messerspitze Zucker,
1 Eßl. gehackte Petersilie.

Die Nudeln in Salzwasser gar, aber nicht weich kochen. Mit kaltem Wasser abschrecken und auf einem Sieb ablaufen lassen. In der Zwischenzeit die Zwiebel schälen und in Ringe schneiden. Die Dauerwurst in Würfel, den Käse und die Essiggurken in Streifchen teilen. Auch die Kürbiswürfel dazugeben. Alle Zutaten zusammen vermengen und mit nachfolgender Sauce übergießen: Dazu Öl, Essig, grob gemahlenen Pfeffer, Salz, Zucker und gehackte Petersilie gut verrühren. Den Salat 1/2 bis 1 Stunde vor dem Servieren noch kühl stellen. Dekorativ sieht es aus, wenn jeder seine Portion Nudelsalat auf einem grünen Salatblatt auf einem Teller gereicht bekommt.

485 Deftiger Hörnchensalat

200 g Hörnchen,
200 g gares Kalbfleisch,
1/2 Dose Schnittbohnen,
2 rote Paprikaschoten;

Sauce:
100 g Mayonnaise,
1 Teel. scharfer Senf,
1/2 Teel. Salz,
1 Messerspitze Rosenpaprika,
2 Eßl. gehackte grüne Kräuter.

Die Hörnchen in Salzwasser gar, aber nicht zu weich kochen. Auf einem Sieb kalt abschrecken und ablaufen lassen. Das Kalbfleisch in kleinste Würfel schneiden. Die Schnittbohnen aus der Dose nehmen, die Flüssigkeit ablaufen lassen. Die Paprikaschoten entkernen, waschen, in dünne Ringe teilen. Alles zusammen in einer Schüssel mit 2 Gabeln vermengen. Für die Sauce Mayonnaise mit Senf, Salz, Rosenpaprika und Kräutern verschlagen, zum Verlängern etwas Joghurt oder Dosenmilch zufügen, über die Salatzutaten gießen, zugedeckt im Kühlschrank durchziehen lassen. Als Dekoration für diesen deftigen Hörnchensalat Radieschenröschen oder Tomatenschnitze verwenden. –
Anstelle von Hörnchen können auch Makkaroni oder Nudeln verwendet werden. Auch körnig gekochter Reis ist geeignet.

486 Dekorativer Reisberg

2 Tassen körniger Reis,
1 Teel. Salz,
Saft 1/2 Zitrone,
frischgemahlener weißer Pfeffer,
1/2 Salatgurke,
1 Banane,
1 Orange,
3–4 Tomaten;

Kräutersauce:
1 Becher Joghurt,
4–5 Eßl. Sahne,
1/2 Teel. Salz,
1 Messerspitze Zucker,
1/2 Teel. Senf,
Saft 1/2 Zitrone,
1 Eßl. frischer Dill,
2 Eßl. frische Petersilie.

Den Langkornreis in reichlich Salzwasser sprudelnd 12 Minuten kochen, auf ein Sieb schütten, mit kaltem Wasser abschrecken und ablaufen lassen, bis er ganz trocken ist. Mit 2 Gabeln vorsichtig auseinanderziehen.
Eine dekorative Platte mit dem erkalteten, trockenen Reis bergartig anrichten, den Zitronensaft darüberträufeln und mit einigen Drehungen Pfeffer aus der Mühle übermahlen. Die gewaschene Salatgurke in Scheiben schneiden, ebenso die geschälte Banane und Orange. Die Tomaten achteln. Diese bunten Zutaten auf den Reisberg geben und mit nachfolgend gerührter Kräutersauce übergießen.
Dafür den Joghurt mit der Sahne verschlagen, Salz, Zucker, Senf, Zitronensaft und die frischen, feingehackten Kräuter dazugeben. Es muß schön grün aussehen und appetitlich, wie auf unserem Foto rechts!

487 Reisberg-Variante

Den körnig gekochten Reis (dem Salzwasser dieses Mal ein Prischen Safran zugeben) mit 2 feingehackten Zwiebeln, 4 in Würfelchen geschnittenen, festen Tomaten, 1 Glas Krabben und mit Mandeln gefüllten und halbierten Oliven in einer mit zerdrücktem Knoblauch ausgeriebenen Schüssel vermengen. Mit der Kräutersauce vom obigen Rezept (ohne Zucker und Senf) verrühren (besser ist, vorsichtig unterziehen!) und auf grünen Salatblättern dekorativ mit knackigen Brötchen servieren.

488 Italienischer Salat mit Pfiff

150 g Pellkartoffeln,
150 g Karotten, aus der Dose,
100 g Tiefkühlerbschen,
100 g Spargelstücke aus der Dose,
50 g Parmaschinken;

Sauce:
4 Eßl. Mayonnaise,
1 Messerspitze Cayennepfeffer,
1 Eßl. Weinessig,
$^1/_2$ Teel. Salz,
1 Teel. Petersilie,
1 Teel. Kapern,
1 Messerspitze Ingwerpulver,
1 Messerspitze Salbeipulver,
1 Kopfsalat,
2 Eßl. ital. Salatsauce (fertig gekauft),
1 hartgekochtes Ei,
1 Tomate,
2 Sardellenfilets.

Die gekochten Pellkartoffeln nach dem Auskühlen schälen und fein würfeln. Desgleichen die aus der Dose genommenen Karotten würfeln. Beides mit den angetauten Erbschen aus der Tiefkühltruhe und den Spargelstücken aus der Dose vermengen. Zum Schluß den feingewürfelten Parmaschinken zugeben. Die Mayonnaise mit Cayennepfeffer, Weinessig, Salz, der gehackten frischen Petersilie, den gehackten Kapern, Ingwerpulver und Salbei kräftig verrühren und über die Salatzutaten in der Schüssel geben. Für $^1/_2$ Tag zum Durchziehen in den Kühlschrank stellen. Vorher mit Alu-Folie abdecken.
Vor dem Auftragen die vorbereiteten Salatblätter ganz trocken ablaufen lassen, damit eine Platte oder Schüssel auslegen. Die italienische Salatsauce darübergießen. Dann den durchgezogenen Salat auf die Salatblätter häufen und hübsch mit Ei- und Tomatenscheiben sowie den Sardellenfilets garnieren. – Ein Salat mit Pfiff!

489 Salat „Hausmannskost"

Wenn Sie den „Italienischen Salat mit Pfiff" abwandeln, erhalten Sie einen handfesten Salat, der Ihren Lieben bestimmt auch gut schmeckt. Die gewürfelten Pellkartoffeln mit gewürfelter Fleischwurst, mit Knoblauch, mit geschälter, gewürfelter Salatgurke und mit gewürfelten Tomaten vermengen. Alles in einer Schüssel mit reichlich gewürzter Mayonnaise, die mit Joghurt angereichert wurde, binden. Am Schluß einen dicken Strauß gehackte Kräuter unterziehen. Das schmeckt zu einem kalten Bier.

490 Holländischer Salat

2 Bismarckheringe,
100 g gekochter Schinken,
100 g gare Zunge,
100 g garer Schweinebraten,
100 g Edamer Käse,
2 Essiggurken,
$^1/_2$ Tasse Silberzwiebeln,
3 Tomaten;

Sauce:
3 Eßl. Essig,
4 Eßl. Öl,
1 Teel. Senf,
1 Eßl. gehackte Kräuter,
$^1/_2$ Teel. Salz,
einige Drehungen aus der Pfeffermühle,
1 Eßl. Kapern.

Die Bismarckheringe entgräten, schön sorgfältig und in mundgerechte Stückchen schneiden. Den gekochten Schinken, die Zunge und den kalten Schweinebraten sowie den Käse in kleine Würfel teilen. Mit geschnittener Gurke, Zwiebeln und Tomatenscheiben in eine Schüssel geben und vermengen.
Aus dem Essig, Öl, Senf, den gehackten Kräutern, Salz, frischgemahlenem Pfeffer und den ganzen Kapern eine Salatsauce rühren, diese über die Salatzutaten gießen, kühlgestellt durchziehen lassen und mit Toastbrot auftragen.

491 Salat aus Bambusschößlingen

1 Zwiebel,
1 Dose Baumbusschößlinge (280 g),
200 g garer Schweinebraten,
1 Gewürzgurke,
$^1/_2$ Tasse Tomatenpaprika;

Sauce:
4 Eßl. Öl,
3 Eßl. Weinessig,
$^1/_2$ Teel. Salz,
1 Eßl. gehackte Kräuter,
1 Teel. Sojasauce,
10–12 Tropfen Tabasco,
1 Messerspitze Ingwerpulver.

Die geschälte Zwiebel fein würfeln. Die aus der Dose genommenen Bambusschößlinge und den kalten Schweinebraten in feine Streifen schneiden. Beides mit der gewürfelten Gurke und den Tomatenpaprikastreifchen in einer Schüssel vorsichtig vermengen. Für die Sauce das Öl mit dem Weinessig, Salz, den gehackten frischen Kräutern (Schnittlauch, Dill, Zitronenmelisse, Borretsch, Petersilie usw.), der Sojasauce, Tabasco und Ingwerpulver verrühren und sofort über die Salatzutaten in der Schüssel gießen. Etwa 1 Stunde zum Durchziehen in den Kühlschrank stellen, bevor dieser feine Salat serviert wird.

492 Partysalat „Casablanca“

4 Tomaten,
2 Bananen,
2 Orangen,
1 Staude Bleichsellerie,
10 gefüllte Oliven,
250 g garer Kalbsbraten,
1 grüne Paprikaschote;

Sauce:
4 Eßl. Sahne,
2 rohe Eigelb,
3 Eßl. Essig,
3 Eßl. Öl,
1/2 Teel. Salz,
1 frische Knoblauchzehe,
1 Messerspitze Cayennepfeffer,
1 Teel. scharfer Senf.

Die Tomaten kurz in kochendes Wasser halten, die Haut abziehen, die Kerne entfernen und das Fruchtfleisch in kleine Stücke schneiden. Die geschälten Bananen, die geschälten Orangen, den vorbereiteten und gewaschenen Bleichsellerie in Scheibchen teilen. Alle Oliven halbieren. Das gare kalte Kalbfleisch und die entkernte Paprikaschote ebenso in Streifen schneiden. Alle Zutaten vorsichtig mit einem Salatbesteck auf einer großen Platte vermengen.
Für die Sauce zuerst die Sahne mit dem Eigelb sehr gründlich verrühren, dann erst nach und nach die übrigen Zutaten folgen lassen. Diese schmackhafte Sauce (wobei die Knoblauchzehe auf etwas Salz zerdrückt wurde) erst kurz vor dem Servieren über die Salatzutaten gießen, nicht mehr umrühren. Frische, knackige Brötchen passen gut dazu.

493 Mitternachts-Salat

2 grüne Paprikaschoten,
2 gelbe Paprikaschoten,
2 rote Paprikaschoten,
200 g gebratene Kalbsleber,
2 feste Bananen,
2 Chilischoten,
50 g gehackte süße Mandeln;

Sauce:
2 Tassen Mayonnaise,
3 Eßl. Dosenmilch,
1 Teel. Salz,
1 Knoblauchzehe.

Die gewaschenen und entkernten Paprikaschoten in dünnste Streifchen schneiden. Die gebratene und völlig erkaltete Kalbsleber ebenso streifeln. Beides zusammen auf eine flache Platte häufeln, die geschälten und in Scheibchen geschnittenen Bananen, die in dünnste Ringe geschnittenen Chilischoten und die gehackten Mandeln vorsichtig unterheben. Die Chilischoten sollten gut verteilt sein.
Vor dem Auftragen, kurz vor Mitternacht, wenn der Hunger am größten und der Bierdurst am stärksten ist, rasch die Mayonnaise mit der Dosenmilch verkleppern, Salz und ausgedrückte Knoblauchzehe zugeben und diese Mischung über den Salat gießen. Nur noch einmal umrühren und sofort servieren.

494 Würziger Schweizer Salat

500 g Salatkartoffeln,
200 g Fleischwurst,
200 g Emmentaler Käse,
1 grüne Paprikaschote;

Sauce:
3 Eßl. Essig,
4 Eßl. Öl,
1 Eßl. scharfer Senf,
1 Teel. Selleriesalz,
frischgemahlener schwarzer Pfeffer,
1 Eßl. gehackter Schnittlauch.

Die Kartoffeln am besten am Tag vorher kochen. Nach dem Schälen in dünne Scheibchen schneiden. Die gepellte Fleischwurst (mit oder ohne Knoblauch) in Streifen teilen, den Käse klein würfeln. Die gewaschene und entkernte Paprikaschote streifeln. Alle Zutaten in einer hübschen Schüssel vermischen. Aus Essig, Öl, Senf, Selleriesalz, einigen Drehungen aus der Pfeffermühle und dem gehackten Schnittlauch eine würzige Sauce rühren, diese über die Salatzutaten gießen, für einige Zeit zum Durchziehen in den Kühlschrank stellen und dann genießen. Zu Bauern-Graubrot und Butter, wenn man nicht auf die schlanke Linie achten muß!

495 Feiner Zungensalat

250 g breite Nudeln,
2 dicke Zungenscheiben,
2 Eßl. Madeirawein,
4 Pfirsichhälften,
3 hartgekochte Eier,
3 Gewürzgurken,
1 Eßl. Kapern;

Sauce:
1 Tasse Mayonnaise,
$^1/_2$ Teel. Salz,
3 Teel. Zucker,
1 Teel. Senf,
1 Eßl. Öl,
2 Eßl. Dosenmilch,
2 Eßl. Kräuteressig.

Die Nudeln in reichlich Salzwasser gar, aber nicht weich kochen und sofort unter fließendem Wasser abschrecken. Auf einem Sieb ablaufen lassen. Die gare Zunge mit dem Madeirawein beträufeln und 10 Minuten ziehen lassen. Danach in Würfel schneiden. Pfirsichhälften aus der Dose, die geschälten Eier und die Gewürzgurken kleinschneiden und diese Zutaten in einer großen Schüssel mit den Kapern, den abgekühlten Nudeln und den Zungenwürfeln vermengen. Die Mayonnaise mit den angegebenen übrigen Zutaten kräftig verrühren, über den Zungensalat gießen, einmal mit 2 Löffeln unterheben und servieren.

496 Zungen-Wurstsalat

150 g gare Zunge,
200 g garer Kalbsbraten,
200 g Jagdwurst,
100 g rohe Champignons,
$^1/_2$ Salatgurke,
$^1/_2$ weißer Rettich,
einige Salatblätter,
$^1/_2$ Tasse italienische Salatsauce,
3 Eßl. Tiefkühlerbschen,
5 schwarze Oliven.

Die gare Zunge in Würfel, den Kalbsbraten in Streifen, die Jagdwurst in feine Scheibchen schneiden. Die rohen geputzten Champignons und die geputzte Salatgurke mit der Schale in Scheiben schneiden. Den Rettich grob raspeln. Eine Schüssel mit Salatblättern auslegen. Die Salatzutaten in einer anderen Schüssel mit der italienischen Fertigsauce mischen, über die Salatblätter in der anderen Schüssel häufen, mit den aufgetauten Tiefkühlerbschen bestreuen und den in feinste Streifen geschnittenen Oliven garnieren. Ein schöner Farbkontrast!

497 Wurstsalat „Schweizer Art“

250 g Fleischwurst,
200 g Emmentaler Käse,
1 große Zwiebel,
1 Gewürzgurke;

Sauce:
5 Eßl. Öl,
4 Eßl. Weinessig,
½ Teel. Salz,
12 Tropfen Tabasco,
1 Teel. Senf,
1 Messerspitze Knoblauchpulver.

Die Fleischwurst ohne Pelle und den Emmentaler Käse in feine Streifen schneiden. Die Zwiebel, geschält, und die Gewürzgurke fein hacken. Alle 4 Zutaten vermengen. Für die Salatsauce das Öl mit dem Essig und den Gewürzen verrühren, über die Salatzutaten gießen, 30 Minuten ziehen lassen und mit Buttergraubrot servieren. Noch herzhafter schmeckt es, wenn das Graubrot vorher getoastet wird.

498 Hühnersalat „Queen Victoria“

1 Suppenhuhn,
je ½ Teel. Salz und Pfeffer,
1 Dose Stangen- oder Bleichsellerie (etwa 300 g),
4 Tomaten,
2 Zwiebeln,
1 Dose Maiskörner;

Sauce:
½ Teel. Salz,
1 Messerspitze Pfeffer,
1 Teel. Paprikapulver,
3 Eßl. Essig,
4 Eßl. Öl.

Das Suppenhuhn im Schnellkochtopf nach Vorschrift weich kochen. Aus der Flüssigkeit nehmen (diese für eine Tasse Süppchen mit 1 Prise Safran und Salz verfeinert verwenden). Nach dem Erkalten das Suppenhuhn von den Knochen lösen und das Fleisch in mundgerechte Stücke schneiden. Das Fleisch in eine Schüssel geben und mit dem Salz und Pfeffer bestreuen. So für einige Zeit in den Kühlschrank stellen. In der Zwischenzeit den Stangen- oder Bleichsellerie in Stücke schneiden, die Tomaten enthäuten (vorher kurz in kochendes Wasser halten), von den Kernen befreien und vierteln. Die geschälten Zwiebeln in Ringe schneiden und zusammen mit den Maiskörnern aus der Dose unter das Hühnerfleisch mischen. Alle Zutaten vorsichtig untereinanderheben! Aus Salz, Pfeffer, Paprikapulver, Essig und dem Öl eine Sauce rühren, über die Salatzutaten am Schluß gießen, für eine halbe Stunde noch einmal zugedeckt in den Kühlschrank stellen und dann mit goldgelbem Toast nach Art der „Queen“ servieren. Fürs Auge Salatblätter dazwischenstecken!

499 Kalbfleischsalat

250 g Kalbsbraten, gar,
¼ Sellerieknolle,
2 Ananasscheiben aus der Dose,
½ fester Apfel;

Sauce:
4 Eßl. Mayonnaise,
1 Eßl. Sahne,
¼ Teel. Selleriesalz,
1 Messerspitze Cayennepfeffer,
Cocktailkirschen.

Den garen Kalbsbraten, die vorbereitete Sellerieknolle, die Ananasscheiben aus der Dose und den geschälten Apfel in sehr feine Streifchen schneiden. Mayonnaise rasch mit der Sahne verkleppern, mit Selleriesalz, Cayennepfeffer abschmecken, diese würzige Sauce über die Salatzutaten auf einer Platte gießen, einmal durchrühren und mit Cocktailkirschen nach Belieben obenauf verzieren. Hübscher sieht es aus, wenn der Salat portionsweise auf grüne Salatblätter gehäuft und mit den Kirschen verziert wird.

500 Orientalischer Geflügelsalat

1 kleines gekochtes Hühnchen,
1 kleine Dose Palmenherzen,
1 kleine Dose Bambussprossen,
2 Scheiben Ananas,
12 schwarze Oliven;

Sauce:
2 hartgekochte Eier,
2 rohe Eigelb,
4 Eßl. Öl,
4 Eßl. Essig,
2 Eßl. Rotwein,
1 Teel. scharfer Senf,
1 Messerspitze Cayennepfeffer,
1 Eßl. gehackte Petersilie,
½ Teel. Salz.

Das gare Hühnerfleisch möglichst ohne Haut und von den Knochen befreit in kleine Stückchen schneiden. Die Palmenherzen und die Bambussprossen aus den Dosen nehmen, beides in Scheiben schneiden. Die Ananas in kleine Segmente teilen. Alle Zutaten vermengen, die Oliven im ganzen gelassen, nicht vergessen! Für die Sauce die hartgekochten, geschälten Eier ganz fein hacken, mit dem rohen Eigelb, Öl, Essig, Rotwein gründlich verrühren, anschließend den Senf zugeben, mit dem Cayennepfeffer scharf würzen, mit der Petersilie begrünen und salzen. Diese Saucencreme über den Salat fließen lassen, kurze Zeit zum Durchziehen beiseite stellen und dann, vielleicht nach einem Dia-Vortrag über den Orient, herumreichen. Werden viele Gäste erwartet, empfiehlt es sich, 1 großes Huhn zu nehmen und die anderen Zutaten etwas reichlicher zu bemessen. Weißbrot oder kleine Brötchen können zum Salat gereicht werden.

501 Würziger Fleischsalat

250 g Fleischwurst oder magerer gekochter Schinken,
250 g Äpfel,
2 hartgekochte Eier,
1 bis 2 Essiggurken,
1 Teel. Kapern,
1 kleines Glas Mayonnaise,
1 Messerspitze Salz,
1 Messerspitze Cayennepfeffer.

Die gepellte Fleischwurst oder den gekochten Schinken in feine Streifchen schneiden. Die geschälten Äpfel, die gepellten hartgekochten Eier und die Essiggurken (wer mag, kann auch Gewürzgurken verwenden) klein schneiden, entweder in Stücke oder Würfel. Alles zusammen in einer großen Schüssel vermengen. Die Kapern darübergeben. Das Glas Mayonnaise mit Salz und Cayennepfeffer würzen, notfalls noch mit 1 bis 2 Eßlöffeln Joghurt verlängern und über die Salatzutaten fließen lassen. Kurz unterziehen und zugedeckt im Kühlschrank kalt stellen. Zu Graubrot und Butter reichen.

502 Geflügelsalat, amerikanisch

1/2 gekochtes oder gegrilltes Hähnchen,
1 Tasse gare Hörnchen,
100 g gare Rindszunge,
100 g gekochter Schinken,
1 Dose Artischockenherzen,
1 Zwiebel,
2 hartgekochte Eier,
1 Eßl. gehackte Petersilie,
1 Tasse Thousand Island Sauce (fertig gekauft)

Das Hühnerfleisch (gegrillt gekauft, wenn es fix gehen soll oder gekocht, damit es noch ein Süppchen geben kann) ohne Haut nach dem Erkalten in mundgerechte Stückchen zupfen. Die gargekochten Hörnchen mit dem Hühnerfleisch in einer Schüssel mit der Rindszunge und dem gekochten Schinken (beides in Streifchen geschnitten), den geviertelten Artischockenherzen aus der Dose vermischen. Die Zwiebel schälen, ebenso die hartgekochten Eier, beides hacken, zum Salat geben, die gehackte Petersilie darüberstreuen, die fertig gekaufte Sauce darübergießen, umrühren, fertig! Geht husch-husch!

503 Gemischter Wurstsalat

200 g Dauerwurst,
100 g Emmentaler Käse,
2 feste Äpfel,
1 Zwiebel,
2 Essiggurken;

Sauce:
3 Eßl. Öl,
2 Eßl. Essig,
frischgemahlener Pfeffer,
1/2 Teel. Salz,
1 Messerspitze Zucker.

Die gepellte Dauerwurst sowie den Emmentaler in dünne Streifen schneiden. Die geschälten Äpfel, die Zwiebel und die Essiggurken würfeln. Alle Zutaten in einer Schüssel mit einem Salatbesteck vermengen.
Aus Öl, Essig, frischgemahlenem Pfeffer, möglichst grob eingestellt, Salz und Zucker eine Sauce rühren, über die Salatzutaten gießen und zugedeckt etwa 30 Minuten ziehen lassen. Das i-Tüpfelchen bekommt dieser Salat, wenn er in einen Kranz von Brunnenkresse gesetzt wird. Aber auch Endivie paßt.

504 Exquisiter Hühnersalat

1 kleines, gekochtes Hähnchen,
1/2 Sellerieknolle,
3 Stauden Chicorée,
1 Paket feinste Tiefkühlerbsen,
8 Artischockenherzen aus der Dose;

Sauce:
2 hartgekochte Eier,
2 Eßl. Edelpilzkäse,
2 Eßl. Essig,
2 Eßl. Portwein,
2 Eßl. Öl,
1/2 Teel. Zucker,
1/4 Teel. weißer Pfeffer.

Das gargekochte Hähnchen von den Knochen lösen, die Haut abziehen und das Fleisch in mundgerechte Stückchen schneiden. Die Sellerieknolle schälen, waschen, in etwa 1 cm dicke Scheiben schneiden und im Salzwasser 10 Minuten kochen. Nach dem Abkühlen würfeln. Die einzelnen Blätter der Chicoréestauden unter fließendem Wasser gründlich abspülen und in Streifchen schneiden. Alles zusammen mit den fast aufgetauten Erbschen und den halbierten Artischockenherzen in einer schönen Glasschüssel vermischen. Vorsichtig, damit es kein Mus gibt! Für die Sauce die Eidotter aus den hartgekochten Eiern herauslösen und diese mit dem Käse mit einer Gabel fein zerdrücken. Die übrigen Zutaten einrühren und cremig schlagen.

505 Truthahnsalat „Fuengirola"

2 feste Äpfel,
1/2 Staude Bleichsellerie,
je 1 grüne und gelbe Paprikaschote,
2 Tomaten,
200 bis 300 g gebratene Putenbrust,
15 Oliven,
1 Orange;

Sauce:
4 Eßl. Essig,
6 Eßl. Olivenöl,
1 gestrichener Teel. Salz,
1 Teel. scharfer Senf,
1 Eßl. gehackte Petersilie,
1/2 Teel. Estragon,
1/2 Teel. Liebstöckel,
50 g Roquefortkäse.

Die Äpfel waschen, halbieren, entkernen und mit der Schale in feine Streifen schneiden. Bleichsellerie ebenfalls in Streifen, die Paprikaschoten, entkernt und gewaschen, in Ringe schneiden. Die Tomaten scheibeln und die gare Putenbrust in mundgerechte Stücke teilen. Die Oliven halbieren und die geschälte Orange ebenfalls scheibeln. Alle Zutaten in einer Schüssel vorsichtig mit 2 Gabeln vermischen. Aus Essig, Olivenöl, Salz, Senf, den gehackten Kräutern eine Sauce rühren, den gewürfelten Roquefort am Schluß dazugeben und diese pikante Sauce erst vor dem Servieren über den Salat gießen. Ein interessanter Salat für Genießer!

506 Fasanensalat

1 Fasan, gebraten,
2 Scheiben Ananas,
1 Orange,
1/2 Kopfsalat;

Sauce:
4 Eßl. Öl,
2 Eßl. Weinessig,
1 Messerspitze Cayennepfeffer,
2 Eßl. Ananassaft,
1/4 Teel. Salz.

Den vorbereiteten, im Speckmantel gebratenen Fasan nach dem Auskühlen entbeinen und das Fleisch in dünne Scheibchen schneiden. Die Ananasscheiben in Segmente teilen und die geschälte Orange scheibeln. Einen großen Teller mit den verlesenen und abgespülten Salatblättern auslegen und treppenartig darauf das Fasanenfleisch anordnen. Mit den Ananassegmenten und Orangenscheibchen ringsum verzieren. Aus dem Öl, Weinessig, dem Cayennepfeffer, Ananassaft und Salz eine würzige Sauce rühren, über das Fleisch träufeln, kurz durchziehen lassen und recht kalt servieren. Weißbrotscheiben toasten, in fingerlange Stücke schneiden und mit Butterkügelchen dazu auftragen. Einen guten Tropfen nicht vergessen!

▼

507 Salat „Halali"

2 Tassen Steinpilze aus der Dose,
300 g kalter, garer Wildbraten,
Reh oder Hirsch,
3 Tomaten,
1 grüne Paprikaschote,
1 Zwiebel,
1/2 Teel. Salz,
3 Eßl. Rotwein;

Salatsauce:
1/2 Gewürzgurke,
4 Oliven,
1/2 Tasse Mayonnaise,
2 Eßl. Sahne,
1 Teel. Paprikapulver,
10 Tropfen Tabasco,
1/2 Teel. Oregano,
1 Messerspitze Thymian.

Die Steinpilze aus der Dose nehmen und gut ablaufen lassen. Falls sie groß sind, kleinschneiden. Das gare Wildfleisch zu Streifen schneiden. Die Tomaten in kochendes Wasser halten, die Haut abziehen und das Fruchtfleisch in Würfel schneiden. Die entkernte Paprikaschote fein streifeln. Die Zwiebel würfeln. Alle diese Zutaten gut in einer großen Schüssel vermengen, mit dem Salz bestreuen und mit dem Rotwein beträufeln. Etwa 1 Stunde im Kühlschrank stehen lassen.
Für die Salatsauce die Gewürzgurke und die Oliven fein hacken, mit der Mayonnaise und Sahne verrühren. Das Paprikapulver, Tabasco, Oregano und Thymian zufügen. Diese würzige Sauce kurz vor dem Servieren über den Wildsalat gießen. Da kann man nur noch sagen „Halali"! Brot dazu reichen und einen dunklen Bordeaux! Samtweich und wohltemperiert wird er, z. B. der Chateau St. Georges aus St. Georges-St. Emilion in langsamen Zügen aus einem schönen Glas genossen.

508 Wildschwein-Salat

400 g Wildschwein
(aus der Keule oder Schulter),
1 Teel. Salz,
1 Messerspitze Cayennepfeffer,
1/2 Teel. Majoran,
50 g Butter,
1 Dose Pfifferlinge (250 g),
1 hartgekochtes Ei;

Sauce:
2 Eßl. Öl,
2 Eßl. Essig,
2 Eßl. Pfifferlingssaft aus der Dose,
1/2 Teel. Salz,
5 Tropfen Tabasco,
1 Eßl. gehackte Petersilie.

Das sorgfältig abgetupfte Wildschweinfleisch mit der Gewürzmischung aus Salz, Cayennepfeffer, Majoran einreiben und in der erhitzten Butter von allen Seiten anbraten und anschließend im Backofen fertig garen. Den Braten vollständig auskühlen lassen. In dünne Streifen schneiden und diese mit den aus der Dose genommenen Pfifferlingen vermengen.
Das Öl mit dem Essig, dem Saft der Pfifferlinge verrühren, mit Salz, Tabasco und der gehackten Petersilie würzen. Damit den Salat übergießen und mindestens 30 Minuten durchziehen lassen, bevor er in einer hübschen Glasschüssel serviert wird. Die Dekoration aus dem hartgekochten Ei nicht vergessen!
Auch hier paßt wieder Weißbrot, das man am besten bricht, und ein wohltemperierter Bordeaux dazu. Die blauen Weintrauben dienen nicht allein zur Dekoration (siehe unser Foto), sie dürfen zwischendurch abgeknabbert werden.

509 Reh-Orangen-Salat

1/2 Rehrücken,
1 Teel. Salz,
1 Teel. Paprikapulver, edelsüß,
1/4 Teel. Thymian,
1/4 Teel. Ingwerpulver,
1/4 Teel. Majoran,
4 zerdrückte Wacholderbeeren,
100 g grüner Speck,

3 Orangen,
1/2 Kopfsalat,
1 Eßl. Mayonnaise,
2 Eßl. Joghurt,
1 Teel. Zitronensaft,
1/4 Teel. Salz,
1/2 Teel. Currypuder.

Den vorbereiteten, gesäuberten und trockengetupften Rehrükken mit der Gewürzmischung aus Salz, Paprika, Thymian, Ingwer, Majoran und den zerdrückten Wacholderbeeren gleichmäßig einreiben und dann mit den dünngeschnittenen Speckscheiben abdecken. Diesen vorbereiteten halben Rehrücken (Sie können natürlich auch einen ganzen auf die gleiche Weise vor- und zubereiten und servieren ihn kalt aufgeschnitten o. ä.) im vorgeheizten Backofen bei ca. 200 Grad 20 bis 25 Minuten braten. Danach vollständig abkühlen lassen. Die beiden Lenden (Filets) sorgfältig auslösen und in dünne Scheibchen schneiden. Eine hübsche Schüssel mit den verlesenen und gewaschenen Salatblättern auslegen, darauf abwechselnd die Rehscheiben und dünngeschnittenen Orangenscheiben legen. Die Mayonnaise mit dem Joghurt, Zitronensaft, Salz und Curry würzen, gut verrühren und über die Zutaten in der Schüssel gießen. Gut gekühlt zu Stangenweißbrot ist dieser Salat eine Delikatesse.

510 Matjessalat „Prinzeß"

6 zarte Matjesfilets,
2 Zwiebeln,
1 kleine Dose Prinzeßbohnen,
2 feste Tomaten,
1 Bund Schnittlauch,
Saft 1/2 Zitrone;

Sauce:
1/2 Becher Joghurt,
1/4 Teel. grobgemahl. Pfeffer,
1 Messerspitze Zucker,
1 Messerspitze Salz,
2 Eßl. gehackte Kräuter,
1 Teel. Zitronensaft.

Die Matjesfilets gründlich entgräten, abspülen und trockentupfen. Mit Küchenkrepp. Die geschälten Zwiebeln in Ringe schneiden. Die Prinzeßbohnen aus der Dose nehmen und ablaufen lassen. Diese 3 Zutaten mit der gestückelten Tomate und dem gehackten Schnittlauch mit dem Zitronensaft überträufeln. Aus Joghurt, Pfeffer, Zucker, Salz, gehackten Kräutern und Zitronensaft eine würzige Sauce rühren und diese über den Salat gießen, der in einem hohen Glas aufgetragen wird.

511 Schwedischer „Sillsallad"

1 Salzhering,
1 Matjeshering,
200 g Kalbsbraten, gar,
100 g gare Pökelzunge,
1 Tasse gekochte Kartoffeln,
2–3 rote Beete,
1 fester Apfel,
1 Zwiebel,
1/2 Tasse Senfgurke,
1 Dillsträußchen,
1 Teel. Salz;

Salatmarinade:
2 hartgekochte Eier,
1 Eßl. scharfer Senf,
3 Eßl. Essig,
4 Eßl. Öl;

Sauce:
1 Tasse saure Sahne,
4 Eßl. Rote-Beete-Saft,
1 Teel. Zitronensaft,
1 Messerspitze Salz.

Die beiden vorbereiteten und entgräteten Heringe fein würfeln, bzw. in kleinste Stückchen schneiden. Kalbsbraten, Pökelzunge, die garen, geschälten Kartoffeln, die gare rote Beete, den abgeschälten Apfel, die geschälte Zwiebel und die Senfgurke in kleine Würfel schneiden. Alles zusammen mit dem gehackten Dill und Salz in einer Schüssel vorsichtig vermengen. Rasch die Salatmarinade rühren: Dafür die Eigelbe der hartgekochten Eier mit dem Senf, Essig und Öl verrühren, das feingehackte Eiweiß dazugeben. Über den Salat gießen, kurz umrühren und für 2 bis 3 Stunden zum Durchziehen kaltstellen. In der Zwischenzeit die Sauce, die extra zum Salat gereicht wird, verschlagen. Saure Sahne mit dem Rote-Beete-Saft verrühren und mit Zitronensaft und Salz abschmecken.

512 Portugiesischer Fischsalat

3 Bismarckheringe,
1 fester Apfel,
1 Birne,
50 g frische Champignons,
100 g Senfgurke,
einige Salatblätter,
1 kleine Orange,
4–6 schwarze Oliven;

Sauce:
3 Eßl. Mayonnaise,
1 bis 2 Eßl. Essig,
1 Eßl. Sahne,
1/2 Teel. Salz,
1/2 Teel. Curry,
1/4 Teel. Zucker.

Die vorbereiteten Heringe, schön säuberlich entgrätet, in kleinste Stückchen schneiden. Den geschälten Apfel und die Birne, die verlesenen und gewaschenen Champignons und die Senfgurke in Scheiben oder Streifchen schneiden. Alles vorsichtig vermengen. Aus der Mayonnaise, Essig, Sahne, Salz, Curry und Zucker eine würzige Sauce rühren, diese über die Salatzutaten gießen, im Kühlschrank durchziehen lassen. In der Zwischenzeit eine ovale Platte mit den verlesenen und abgespülten Salatblättern auslegen, den gekühlten Salat als Berg daraufhäufen und mit den Orangenscheiben und halbierten Oliven verzieren.

513 Räucher-Fischsalat

250 g Räucherfisch
(Steinbutt oder Heilbutt),
2 Tassen Tiefkühlerbschen,
1 Kästchen Brunnenkresse,
2 hartgekochte Eier,
50 g rote, eingelegte Paprikaschoten;

Sauce:
1/2 Becher Joghurt,
1 Bündchen frische Kräuter,
1/2 Teel. Salz,
frischgemahlener Pfeffer,
1 Teel. Paprikapulver,
Saft 1/2 Zitrone,
1 Teel. Kapern.

Den geräucherten Stein- oder Heilbutt ohne Haut und Gräten in kleine Stücke zerzupfen. Die Tiefkühlerbschen kurz in heißem Wasser durchschwenken. Die Kresse aus dem Kästchen abschneiden und die hartgekochten Eier achteln. Die Paprikaschoten aus dem Glas würfeln und all diese Zutaten in einer Schüssel vermengen. Mit einem Salatbesteck! Nun den Joghurt mit den frischgehackten Kräutern (Schnittlauch, Dill, Petersilie usw.), Salz, Pfeffer, Paprika, Saft der Zitrone und den gehackten Kapern gut vermischen. Den Salat damit anmachen, sich hinsetzen und genießen.

514 Budapester Heringssalat

5 Salzheringe,
250 g garer Kalbsbraten,
3 grüne Paprikaschoten,
1 säuerlicher Apfel;

Sauce:
100 g Quark,
5 Eßl. saure Sahne,
2 Teel. Paprikapulver, edelsüß,
1 Teel. Senf,
1 Eßl. Tomatenmark,
1 Gewürzgurke,
1 kleine gare rote Beete,
1 Teel. gehackte Kapern,
1 kleine Zwiebel.

Die 4 bis 5 Stunden gewässerten Salzheringe säubern, die Gräten entfernen und das Heringsfleisch in kleine Stücke schneiden. Den Kalbsbraten ebenfalls kleinschneiden. Die kurz in kochendes Wasser gehaltenen, von Stiel und Kernen befreiten Paprikaschoten würfeln, ebenso den geschälten Apfel. Alles in eine Schüssel füllen und umrühren.
Quark mit der sauren Sahne verrühren, nacheinander Paprikapulver, Senf, Tomatenmark, gehackte Gewürzgurke, kleingehackte rote Beete, die Kapern und die feingeschnittene, geschälte Zwiebel zufügen. Ist die Sauce etwas zu dick geraten, noch 1 bis 2 Eßlöffel Weinessig einträufeln. Mit dieser würzigen Sauce den Heringssalat übergießen, zugedeckt mindestens noch 1/2 Tag in den Kühlschrank stellen und erst dann servieren.

515 Nordseesalat

3 Bismarckheringe,
1 Bückling,
3 feste Tomaten,
3 hartgekochte Eier,
1 Zwiebel,
1 Kopfsalat;

Sauce:
4 Eßl. Öl,
3 Eßl. Essig,
1/2 Teel. Salz,
10 Tropfen Tabasco,
1 Teel. Paprikapulver
oder 1 Messerspitze Cayennepfeffer.

Die Bismarckheringe in Stückchen schneiden. Den Bückling enthäuten, entgräten und das Fleisch klein zerzupfen. Die Tomaten in Achtel teilen, die geschälten, hartgekochten Eier in große Stücke schneiden. Die geschälte Zwiebel fein würfeln oder grob hacken. All diese Zutaten in einer großen, flachen Schüssel gut vermischen. Den Kopfsalat verlesen, unter fließendem Wasser abspülen, ausschwenken.
Die Salatsauce aus den angegebenen Zutaten rühren, den Nordseesalat damit übergießen, mindestens 30 Minuten ziehen lassen, die zerzupften Salatblätter erst jetzt unterheben, nochmals kurz durchrühren und sofort servieren. Der Kopfsalat muß noch knackfrisch sein, deshalb erst kurz vor dem Servieren unter die übrigen Zutaten geben.

516 Krabben-Salat

270 g Nordsee-Krabben
aus der Dose,
oder Tiefkühlkrabben,
3 Chicoréestauden,
2 Gewürzgurken;

Sauce:
1/2 Tasse Mayonnaise,
1/2 Becher Joghurt,
Saft 1/2 Zitrone,
1 Teel. Paprika,
1/4 Teel. Salz,
10 Tropfen Tabasco.

Krabben aus der Dose auf einem Sieb ablaufen lassen, die tiefgekühlten Tierchen erst auftauen lassen. In der Zwischenzeit die Chicoréestauden unter fließendem Wasser gründlich abspülen, notfalls das bittere Ende keilförmig herausschneiden und die Staude oder die Blätter einzeln grob zerschneiden. Die geschälten Gewürzgurken klein würfeln. Ein Stückchen ungeschälte Gurke für die Garnitur zurückbehalten. Gurkenwürfel mit Krabben und Chicorée mischen.
Mayonnaise mit Joghurt verkleppern, Zitronensaft dazuträufeln, mit Paprika, Salz und Tabasco würzen. Die Salatsauce über den Salat gießen, einmal umrühren und sofort servieren. Vorher noch mit der Gurke garnieren. – Salate, die mit Chicorée bereichert werden, sollten nie lange stehen bleiben, weil Chicorée nur knackfrisch gut schmeckt!

517 Hechtsalat

1 gekochter Hecht von etwa 500 g,
1 kleine Dose Palmenherzen,
2 feste Tomaten,
1/2 Kopf Eissalat,
1 Tasse Prinzeßböhnchen
aus der Dose,
1 hartgekochtes Ei
für die Garnitur;

Sauce:
6 Eßl. Öl,
4 Eßl. Weinessig,
1/4 Teel. grobgemahlener Pfeffer,
1 Messerspitze Ingwerpulver,
1/2 Teel. Salz,
1/2 Teel. scharfer Senf.

Den gekochten Hecht sorgfältig enthäuten, entgräten und das Fleisch in Stücke teilen. Die Palmenherzen in Scheiben schneiden, ebenso die Tomaten. Den gewaschenen und sorgsam verlesenen Eissalat klein zerzupfen oder in Streifchen schneiden. Alle Zutaten mit den Böhnchen in einer Schüssel vermengen.
Für die Sauce Öl, Weinessig, Pfeffer, Ingwerpulver, Salz und Senf verrühren, über die Zutaten in der Schüssel gießen, einmal kurz durchrühren, etwa 20 Minuten kühlgestellt ziehen lassen und mit Genuß verzehren. Vorher noch mit dem in Scheiben geschnittenen Ei garnieren.

518 Dalmatinischer Fischsalat

1 Paket Tiefkühlfisch,
1 große Grapefruit,
1 säuerlicher Apfel,
1/2 Salatgurke,
1 kleine Dose Champignons,
100 g Krabben;

Sauce:
3 Eßl. Mayonnaise,
2 Eßl. Joghurt,
1 Eßl. gehackte Kräuter,
8 Tropfen Essig-Essenz,
1 Eßl. Slivowitz.

Den Tiefkühlfisch (da es ein Kochfisch ist, ist die Sorte gleich) in Salzwasser garziehen lassen. Nach Vorschrift auf der Packung! Die geschälte Grapefruit halbieren, das Fruchtfleisch mit einem Löffel herauslösen und in Würfel schneiden. Den ungeschälten, vom Kernhaus befreiten Apfel stifteln. Die gewaschene Salatgurke mit der Schale hobeln. Die Champignons aus der Dose ablaufen lassen und halbieren. Alle Zutaten in einer großen Schüssel mit den Krabben (die auch aus der Tiefkühltruhe sein können, dann aber aufgetaut verwenden) vermengen. Die Mayonnaise mit Joghurt, den gehackten frischen Kräutern, Essig-Essenz und Slivowitz verschlagen, über den Salat gießen, kaltstellen und zum Beispiel als Abendessen mit gebuttertem Graubrot auftragen.

519 Krevettensalat

250 g Krevetten aus der Tiefkühltruhe,
1 Salatgurke,
8 Artischockenherzen aus der Dose,
4 Pfirsichhälften aus der Dose;

Sauce:
1 Teel. Salz,
4 Eßl. Essig,
5 Eßl. Öl,
1 Eßl. Sojasauce,
1/2 Teel. Zucker,
1 Bund Dill,
1/2 Teel. Ingwerpulver.

Die Krevetten auftauen, unter kaltem Wasser abspülen und auf einem Sieb abtropfen lassen. Die gebürstete, ungeschälte Salatgurke in dünnste Scheiben schneiden. Artischockenherzen aus der Dose sowie die Pfirsichhälften zerkleinern. Alle Zutaten in einem sehr großen Cognacschwenker mischen. Salz, Essig, Öl, Sojasauce mit Zucker, gehacktem Dill und Ingwer verrühren, über den Salat fließen lassen, etwa 1 Stunde zugedeckt ziehen lassen und als Gaumenkitzel vor einem Essen auf grünen Salatblättern servieren.

520 Jacobsmuscheln-Salat

1 Paket tiefgekühlte Jacobsmuscheln, (450 g),
1 Eßl. Zitronensaft,
1 Teel. Salz,
6 Artischockenböden,
3 feste Tomaten,
einige Salatblätter;

Sauce:
4 Eßl. Mayonnaise,
3 Eßl. Joghurt,
2 Eßl. Tomatenketchup,
1 Teel. Paprikapulver,
1/4 Teel. Salz,
1 Messerspitze Cayennepfeffer,
1 Messerspitze Ingwerpulver.

Die Jacobsmuscheln in eine Kasserolle geben, mit Wasser bedecken, den Zitronensaft und das Salz zufügen und zugedeckt 15 bis 20 Minuten leise kochen lassen. Die Muscheln in der Brühe erkalten lassen. Herausnehmen und in kleine Stückchen schneiden. Die Artischockenböden würfeln. Die Tomaten in heißem Wasser kurz blanchieren und die Haut abziehen. Das Fruchtfleisch ohne die Kerne würfeln. Diese Zutaten mischen und auf den vorbereiteten, abgetropften Salatblättern anrichten. Die Mayonnaise mit dem Joghurt, Tomatenketchup, Paprikapulver, Salz, Cayennepfeffer und Ingwer zu einer Sauce verschlagen, über den Salat gießen, nicht mehr umrühren und noch 1/2 Stunde in den Kühlschrank stellen, bevor er serviert wird.

521 Bohnen-Fischsalat

500 g garer Fisch (Kabeljau oder Goldbarsch),
1 kleine Dose Prinzeßbohnen,
1 Tasse weiße Bohnen aus der Konserve;

Sauce:
2 Zwiebeln,
1 Eßl. geriebener Meerrettich,
1 Teel. frischer Estragon,
1 Teel. gehackte Petersilie,
1 Gewürzgurke,
4 Eßl. Essig,
4 Eßl. Öl,
1 Teel. Salz,
2 Eßl. Kräuter-Remoulade.

Den garen, abgekühlten Fisch entgräten und das Fleisch in gleichmäßige Würfel schneiden. Mit den grünen und weißen Bohnen aus den Dosen vermengen. Die geschälten, gehackten Zwiebeln mit dem frischgeriebenen Meerrettich, dem gehackten Estragon, der Petersilie, der gehackten Gurke, Essig, Öl und Salz verrühren. Mit dieser Sauce den Salat anmachen. Zugedeckt zum Durchziehen in den Kühlschrank stellen und erst vor dem Auftragen mit der Kräuter-Remoulade überziehen.

522 Sardinensalat „Lissabon"

2 Dosen Ölsardinen ohne Haut und Gräten,
1 kleine Dose Spargel,
1 Tasse Prinzeßbohnen aus der Konserve,
1 Zwiebel,
8 kleine Maiskolben aus dem Glas;

Sauce:
3 Eßl. Öl,
3 Eßl. Zitronensaft,
2 Eßl. Sahne,
10 gehackte Oliven,
1 Teel. gehackte Kapern,
1 Eßl. Petersilie,
1/2 Teel. Salz,
12 Tropfen Tabasco.

Die Ölsardinen aus der Dose nehmen und in kleine Stücke schneiden. Dazu in eine Schüssel den abgelaufenen Spargel geben und die Prinzeßböhnchen. Die geschälte Zwiebel in Ringe schneiden und mit den vorangegangenen Zutaten vermengen. Aus dem Öl, Zitronensaft, der Sahne, den gehackten Oliven, Kapern, der gehackten Petersilie, Salz und Tabasco eine würzige Marinade bereiten und damit den Salat anmachen. Diesen Salat sofort auf 4 schöne Gläser verteilen, mit je 2 Maiskölbchen bestecken und sogleich servieren.

523 Exclusiver Thunfischsalat

2 Dosen Thunfisch,
4 Scheiben Ananas aus der Dose,
1 Glas gefüllte Oliven,
2 feste Äpfel;

Sauce:
das Thunfischöl,
Saft 1/2 Zitrone,
1/2 Teel. Salz,
1 Messerspitze Cayennepfeffer.

Den Thunfisch aus der Dose vorsichtig herausheben und mit 2 Gabeln zerpflücken. Zusammen mit der in kleine Segmente geteilten Ananas, den in Scheiben geschnittenen Oliven sowie den geschälten, entkernten und in Stückchen geschnittenen Äpfeln in einer Schüssel unterheben.
Zugedeckt kühlstellen und erst bei Tisch mit der gerührten Sauce übergießen. Dazu das Thunfischöl aus den Dosen mit dem Zitronensaft, Salz, Cayennepfeffer abschmecken. Den Salat zu Portionen auf goldgelben Toast häufen, mit einem Blatt Endivie oder einem Tuff Brunnenkresse bestecken und sofort verzehren. Dazu schmeckt ein Gläschen guter Weißwein.

Feine Cocktails

524 Aal-Cocktail

300 g Räucheraal,
2 hartgekochte Eier,
1 kleine Dose Champignons,
2 Eßl. Maiskörner;

Sauce:
2 Eßl. Öl,
2 Eßl. Essig,
2 Eßl. Weißwein,
1 Eßl. Cognac,
1 Zwiebel,
5 Oliven,
1 Gewürzgurke,
1 Teel. Kapern,
1/2 Teel. Salz,
1 Teel. scharfer Senf,
1 Messerspitze Cayennepfeffer,
1/2 Teel. Paprikapulver.

Von dem Räucheraalstück das Rückgrat und die Haut entfernen. Das Aalfleisch in gleichmäßige Würfel schneiden, ebenso die hartgekochten, geschälten Eier. Die Champignons in Scheiben teilen. Alles zusammen mit den Maiskörnern aus der Dose in einer Schüssel vermengen.
Nun das Öl mit dem Essig, Weißwein und Cognac verrühren. Die Zwiebel ganz fein würfeln, ebenso die Oliven. Die Gurke und die Kapern fein wiegen. Alles zusammen mit Salz, Senf, Cayennepfeffer und Paprika würzen. Mit dieser Mischung die Zutaten in der Schüssel übergießen, zugedeckt durchziehen lassen und den Aalcocktail in Cognacschwenkern eiskalt servieren.

525 Krebs-Cocktail

1 Dose Krebsfleisch,
2 feste Tomaten,
1/2 grüne Paprikaschote;

Sauce:
3 Eßl. Mayonnaise,
1 Eßl. Sahne,
2 Eßl. Tomatenketchup,
1 hartgekochtes Ei,
1 Teel. Zitronensaft,
1 Messerspitze weißer Pfeffer,
1/2 Teel. Worcestershiresauce.

Das Krebsfleisch aus der Dose heben und in kleine Stücke zerpflücken. Die Tomaten kurz in kochendes Wasser halten, die Haut abziehen, die Kerne entfernen und das Fruchtfleisch in kleine Würfel schneiden. Die gewaschene Paprikaschote in feine Streifen teilen. Die Mayonnaise mit Sahne, Tomatenketchup, dem geschälten, gewürfelten Ei, Zitronensaft, Pfeffer (am besten frischer aus der Pfeffermühle!) und der Worcestershiresauce mischen. Alles zusammen in einem Gefäß unterheben, das Krebsgemisch in bereitstehende Gläser füllen und kalt servieren. Hübsch sieht der Cocktail aus, wenn er noch mit etwas Grün verziert wird.

526 Muschel-Cocktail

1 Dose Muschelfleisch,
8 Artischockenherzen aus der Dose,
1 kleine Zwiebel;

Sauce:
5 Eßl. Mayonnaise,
2 Eßl. Sahne,
1 Eßl. Zitronensaft,
2 Eßl. Tomatenketchup,
2 Eßl. Cognac,
1 Bund Dill,
1 Messerspitze Zucker,
1 Messerspitze Cayennepfeffer.

Das Muschelfleisch gut ablaufen lassen und notfalls etwas zerkleinern. Die Artischockenherzen aus der Dose vierteln und die geschälte Zwiebel kleinhacken. Diese Zutaten in einer Schüssel mischen. Für die Salatsauce sämtliche angegebenen Zutaten (Dill gehackt) verrühren, über die Muschelfleischmischung gießen. Diesen schmackhaften Cocktail in schöne Gläser verteilen, nochmals kaltstellen, mit kleinen Dillzweigen dekorieren und zu goldgelbem Toast auslöffeln.

527 Matjes-Cocktail

5 zarte Matjesfilets,
1/2 Flasche Mineralwasser,
2 Eßl. Weinessig,
3 Tomaten,
2–3 Ananasscheiben aus der Dose;

Sauce:
1 Tasse Sahne,
2 Eßl. geraffelter Sellerie,
1 Messerspitze Cayennepfeffer,
1/4 Teel. Salz,
1/2 Teel. Zucker,
1 Teel. Zitronensaft.

Die Matjesfilets ca. 20 Minuten in dem Mineralwasser und Weinessig marinieren. Nochmals gründlich nach Gräten sehen und die Filets in Würfel schneiden, ebenso die Tomaten und die Ananasscheiben. Die Sahne steif schlagen, mit dem Sellerie und den Gewürzen mischen. Die Cocktailzutaten in ein rundes hohes Glas füllen, die würzige Sahnesauce darüberfließen lassen und mit Salatspitzen auftragen.

528 Hummer-Cocktail

1 Hummer (etwa 700–800 g) oder
2 Dosen Hummerfleisch,
1 Staude Chicorée,
2 Scheiben Ananas aus der Dose,
1 kleine Dose Champignons,
1 Orange,
4 Cocktailkirschen;

Sauce:
1 Eßl. Mayonnaise,
3 Eßl. Schlagsahne,
1 Teel. Zitronensaft,
2 Teel. gehackter Dill,
1/4 Teel. Salz,
8 Tropfen Tabasco.

Den noch lebenden Hummer in einen sehr großen Topf in sprudelnd kochendes Wasser tauchen. Er ist sofort tot. Nach 10 Minuten die Hitze zurückdrehen und den Hummer weitere 15 Minuten leicht weitersieden lassen. Dann aus dem Wasser heben (er ist schön rot) und erkalten lassen. Den Hummer mit einem großen Messer der Länge nach aufschneiden und das Fleisch herauslösen. In mundgerechte Stücke zupfen. (Magen und Darm werden vorher entfernt.) Das Fleisch aus den Scheren ebenfalls auslösen und kleinzupfen oder schneiden. Wird Hummerfleisch aus Dosen verwendet, fällt dieser Vorgang weg.
Chicorée nach dem gründlichen Spülen unter fließendem Wasser in dünne Ringe schneiden (das bittere Ende keilförmig vorher ausschneiden). Ananas in Segmente teilen, die Champignons in dünne Scheibchen schneiden. Die Zutaten vorsichtig mischen. Aus den übrigen Zutaten eine Sauce schlagen, über den Cocktail gießen und das Ganze mit dünnen Orangenscheiben und Cocktailkirschen verzieren. Sehr kalt in Gläsern auftragen.

◀ 529 Crevetten-Cocktail

150 g Crevetten aus der Tiefkühltruhe,
5 Tomaten,
3 kleine Zwiebeln;

Sauce:
4 Eßl. Magerjoghurt,
10 Tropfen Tabasco,
1 Eßl. Tomatenketchup,
1 Teel. Zitronensaft.

Die Crevetten fast auftauen lassen, in eine Schüssel füllen. Die Tomaten kurz in kochendes Wasser halten, die Haut abziehen, die Kerne entfernen und das Fruchtfleisch in allerkleinste Würfel schneiden, ebenso die geschälten Zwiebeln. Aus dem Magerjoghurt, Tabasco, Tomatenketchup und Zitronensaft eine cremige Sauce schlagen und diese Marinade über Crevetten, Tomaten- und Zwiebelwürfelchen in einem Cocktailglas gießen. Diese Menge ist ausreichend für 2 Personen.

530 Austern-Cocktail

1 Dose geräucherte Austern,
1 Tasse Spargelspitzen,
1 Avocado,
200 g Krabben, tiefgekühlt,
1 kleine Dose Champignons;

Sauce:
1/2 Tasse Mayonnaise,
3 Eßl. Joghurt,
1 Messerspitze Cayennepfeffer,
2 Teel. gehackte Kräuter,
1/2 Teel. Salz,
einige Salatblätter.

Von den Austern aus der Dose das Öl abfließen lassen. Die Austern selbst mit den Spargelspitzen vermengen. Die Avocado schälen, den großen Kern entfernen und das Fruchtfleisch würfeln. Zusammen mit den aufgetauten Krabben und den in Scheiben geschnittenen Champignons vermischen. Schön vorsichtig, damit es keinen Brei gibt!
4 schöne Gläser bereitstellen. Als Grund je ein kleines Salatblatt legen, darauf das Austerngemisch füllen.
Die Mayonnaise mit Joghurt, Cayennepfeffer und den frischgehackten Kräutern wie Dill, Schnittlauch, Zitronenmelisse usw. sowie dem Salz verrühren, auf die Gläser verteilen, noch einmal für kurze Zeit in den Kühlschrank stellen und mit goldgelben Toastecken Ihre Gäste damit überraschen.

531 Spargel-Cocktail

250 g gekochter Spargel,
100 g gekochter Schinken,
100 g Krabben aus der Tiefkühltruhe,
4 Räucherlachsscheiben;

Sauce:
2 Eßl. Mayonnaise,
1 Eßl. Portwein,
1 Teel. Cognac,
1 Chilischote,
1 Messerspitze Ingwer,
1 Teel. gehackter Dill.

Den gekochten Spargel nach dem Erkalten in 2 bis 3 cm lange Stücke schneiden. Den Schinken klein würfeln.
Zusammen mit den aufgetauten Krabben vermengen. Die Mayonnaise mit Portwein, Cognac, der in den Händen zerriebenen Chilischote, Ingwerpulver und Dill verrühren. Das Spargelgemisch in 4 kleine Gläser verteilen, die Sauce darüberfließen lassen (man kann die Cocktailzutaten auch vorher in einer Schüssel mit der Sauce vermischen), jedes Glas mit einem Räucherlachsröllchen belegen und mit einem Dillzweig bestecken. Ein Cocktail für Verwöhnte!

532 Camembert-Cocktail

1 runder, fester Camembert,
1 Zwiebel,
1 Glas Mixed Pickles;

Sauce:
1 Eßl. Gewürzessig,
1 Eßl. Zitronensaft,
1/2 Teel. Zucker,
1/2 Teel. Salz,
1 Eßl. Chilisauce,
3 Eßl. Öl,
etwas Petersilie.

Den Camembert in Stücke schneiden, die geschälte Zwiebel in dünne Ringe. Die Mixed Pickles zerkleinern. Diese Zutaten in einem großen Kelchglas vermengen.
Eine Marinade aus Gewürzessig, Zitronensaft, Zucker, Salz, Chilisauce, Öl und kleingehackter Petersilie herstellen, diese über die Cocktailzutaten gießen, etwa 30 Minuten ziehen lassen und dann servieren. Mit getoastetem Graubrot, das mit wenig Knoblauch abgerieben werden kann. Dieser Cocktail ist ausreichend für 2–3 Personen.

533 Rohkost-Eiercocktail

1/2 Tasse Tiefkühlerbsen,
1/2 Tasse geraspelte Karotten,
1/2 Tasse Tomatenwürfel,
1/2 Tasse Paprikawürfel, grün,
4 hartgekochte Eier,
1 Tasse gekochte Krabben,
1/4 Teel. Salz;

Sauce:
2 Eßl. Quark,
2 Eßl. Öl,
2 Eßl. Essig,
1 Teel. Sojasauce,
1/2 Teel. Salz,
1 Teel. Paprikapulver,
1/2 Teel. Currypuder hot,
1 Messerspitze Cayennepfeffer.

Die angetauten Tiefkühlerbschen, Karottenwürfel, Tomatenwürfel sowie die grünen Paprikawürfel mit den in Achtel geschnittenen Eiern und den Krabben vermischen. Alles mit dem Salz vermengen.
Den Quark zunächst mit dem Öl schaumig schlagen, dann sämtliche restlichen Zutaten einrühren und diese Sauce über den Cocktail gießen. Gut kühlen und in schönen Gläsern auftragen.

534 Avocado-Cocktail

2 Avocados,
1 Eßl. Olivenöl,
2 Eßl. Weinessig,
1/2 Teel. Salz,
10 Tropfen Tabasco.

Sauce:
6 Eßl. Tomatenketchup;
1 Teel. scharfer Senf,
2 Teel. feingehackte Schalotten,
2 Teel. feingehackte Petersilie,
1 Teel. geriebener Meerrettich,
1 Teel. gehackter Dill,
1 Messerspitze Salz,
4 Salatblättchen.

Die Avocadofrüchte schälen, den großen Kern entfernen und das Fruchtfleisch würfeln. Olivenöl, Weinessig, Salz und Tabasco mischen und darin die Avocadowürfel 1/2 Stunde marinieren. Abtropfen lassen. In der Zwischenzeit Tomatenketchup, Senf, Schalotten, Petersilie, frischgeriebenen Meerrettich, Dill und Salz verrühren und die Avocadowürfel hineingeben. Wenn das Fruchtfleisch von der Sauce umgeben ist, in kleine Gläser füllen. Vorher noch ein Blättchen Salat unterlegen, damit's nach ,,mehr'' aussieht! Eine kleine aparte Vorspeise. Soll die Portion größer sein, dann die doppelte Menge rechnen.

535 Melonen-Cocktail

1/2 Ananas-Melone,
1/2 Wassermelone,
1/4 Teel. Salz,
1 Messerspitze Cayennepfeffer,
1/2 Teel. Paprikapulver,
1/2 Glas Sekt;

Sauce:
Saft 1 Orange,
1/2 Glas Cognac,
2–3 Eßl. Tomatenketchup.

Das Melonenfleisch ohne die Kerne zu Kugeln ausstechen (den Kartoffelausstecher gibt es in allen Haushaltgeschäften dafür) oder würfeln. Mit Salz, Cayennepfeffer, Paprika und dem Gläschen Sekt mindestens 30 Minuten zugedeckt sehr kalt stellen. Aus dem Orangensaft, Cognac und Tomatenketchup eine Sauce bereiten, in Sektschalen gießen und darüber die Melonenkugeln geben.
Die Melonenkugeln können auch in der vorsichtig ausgehöhlten Melonenhälfte angerichtet werden. Dann sieht es besonders hübsch aus, wenn der Rand oben mit einem spitzen Messer ausgezackt wird.
Oder Sie bieten die Melonenkugeln wie auf unserem Foto auf der zweiten Seite des Buches in einem Kelchglas in Sekt an.

536 Artischocken-Cocktail

1 Dose Artischockenherzen (400 g),
2 feste Tomaten,
2 hartgekochte Eier;

Sauce:
3 Eßl. Öl,
2 Eßl. Weinessig,
2 Eßl. Cognac,
1 Messerspitze Zucker,
1/2 Teel. Salz,
10 Tropfen Tabasco.

Die Artischockenherzen aus der Dose nehmen und ohne die Flüssigkeit je nach Größe halbieren oder vierteln. Die Tomaten halbieren, entkernen und in dünne Streifchen schneiden. Aus dem Öl, Weinessig, dem Cognac, Zucker, Salz und Tabasco eine würzige Sauce rühren, damit die Zutaten für den Cocktail anmachen und mindestens 2 Stunden kühlgestellt ziehen lassen. Auf dekorative Schälchen verteilen, mit den geschälten, in Achtel geschnittenen Eiern garnieren und mit knackfrischen kleinen Partybrötchen servieren.

Die Obst-salate

537 Ananassalat „Florida"

1 große, reife Ananasfrucht,
2 Orangen,
10 Maraschinokirschen,
1 Eßl. gestiftelte süße Mandeln,
1 Zitrone,
Saft 1 Orange,
2 Eßl. Honig,
2 Eßl. Wasser,
1 Glas weißer Rum,
$^1/_8$ l Sahne,
2 Teel. Zucker,
2 Teel. weißer Rum.

Die frische, reife Ananas sehr sorgfältig schälen. Dann die ganze Frucht in Achtel schneiden und den holzigen Kern vorn abschneiden. Die Fruchtachtel in kleine Stücke teilen. Die Orangen schälen, die weiße, pelzige Haut entfernen und in Spalten teilen und diese noch zu Stücken schneiden. Ananas- und Orangenstücke mit den Maraschinokirschen, die geviertelt wurden, und den gestiftelten Mandeln vermengen.
Den Saft der Zitrone, Orangensaft, Honig und Wasser in einer Kasserolle ganz kurz aufkochen, abkühlen lassen und den weißen Rum (Bacardi) zugießen. Mit dieser Mischung den Fruchtsalat mindestens 2–3 Stunden marinieren. Sehr gut gekühlt in einer Schüssel oder Schale anrichten. Die Sahne steif schlagen, mit dem Zucker und Rum abschmecken und als Haube auf den Fruchtsalat setzen. Ein nicht alltäglicher Nachtisch!

538 Salat „Louisiana"

4 große, feste Tomaten,
2 Orangen,
2 Bananen,
3 Eßl. Tomatenketchup,
2 Teel. Zitronensaft,
1 Teel. Zucker,
1 Messerspitze Salz,
1 Messerspitze Cayennepfeffer.

Die Tomaten in dünne Scheiben schneiden, desgleichen die sorgfältig geschälten Orangen und die geschälten Bananen. Das Fruchtgemisch vermengen und in einer Schüssel anrichten. Tomatenketchup mit dem Zitronensaft, Zucker, Salz und

Cayennepfeffer abschmecken und über den gut gekühlten Salat gießen. Dieser sehr pikante Salat paßt ausgezeichnet zu kalt aufgeschnittenem Fleisch, besonders Roastbeef.

539 Herbstlicher Fruchtsalat

4 Äpfel (Cox Orange oder Golden Delicious),
1 kleine Sellerieknolle,
1 Dose Mandarin-Orangen,
1 Tasse Weintrauben,
2 Eßl. geviertelte Walnüsse,
2 Eßl. Essig,
2 Eßl. Öl,
1 Eßl. Zitronensaft,
2 Teel. Zucker,
1 Messerspitze Salz,
1 Messerspitze Cayennepfeffer.

Die Äpfel schälen, das Kernhaus ausstechen und das Fruchtfleisch in kleine Würfel teilen. Die in Salzwasser gegarte Sellerieknolle sorgfältig schälen, so daß keine dunklen Stellen mehr vorhanden sind und ebenfalls würfeln. Wenn der Sellerie ausgekühlt ist, in einer Schüssel mit den Äpfeln, Mandarin-Orangen und den kleingeschnittenen Weintrauben sowie den Walnüssen vermischen. Zugedeckt kaltstellen.
In der Zwischenzeit aus dem Essig, Öl, Zitronensaft, Zucker, Salz und Cayennepfeffer eine Sauce rühren, den Fruchtsalat damit übergießen und nochmals mindestens 30 Minuten stehen lassen, bevor er auf Glastellern serviert wird.

540 Salat aus Meran

4 säuerliche Äpfel,
1 Stange Staudensellerie,
2 Orangen,
60 g Walnüsse (ohne Schale);

Sauce:
1/2 Becher Joghurt,
2 Eßl. Weinessig,
2 Eßl. Sherry,
1 Teel. Honig,
1 Messerspitze Salz,
3 Eßl. Roquefortkäse.

Die Äpfel nach dem Waschen mit der Schale in feine Streifen schneiden. Den vorbereiteten Sellerie kleinschneiden. Die geschälte Orange (die weiße pelzige Haut vorher sorgfältig entfernen) würfeln, die Walnüsse grob hacken.
Joghurt, Weinessig, Sherry, Honig und Salz verschlagen, den zerbröckelten Roquefort untermischen, über die Salatzutaten gießen und sofort servieren. In einer hübschen Schüssel!

541 Französischer Orangensalat

4 kernlose Orangen,
1 säuerlicher Apfel (Boskop),
1/2 Tasse gehackte Walnüsse,
2 Eßl. Pinienkerne,
1/2 Eßl. gehackte Pistazien,
2 Eßl. Honig,
1 Eßl. Zitronensaft,
1 Messerspitze Zimt,
1 Glas Armagnac.

Die Orangen schälen und die pelzige weiße Haut sorgfältig entfernen. Das Fruchtfleisch in Scheiben schneiden, diese wiederum halbieren oder vierteln. Den Apfel schälen, das Kerngehäuse ausstechen und den Apfel in kleine Stücke schneiden. Diese beiden Früchte mit den gehackten Walnüssen, den Pinienkernen und den gehackten Pistazien in einer Schale vorsichtig vermengen. Den Honig mit dem Zitronensaft und Zimt verrühren und am Schluß den Armagnac zugießen. Diese feine Salatsauce über das Obstgemisch gießen, durchkühlen lassen und in einem besonders schönen Glas auftragen. Wer will, kann noch 1 Gläschen vom guten Armagnac dazu trinken. Wenn vorher ein französisches Essen gereicht wurde, schmeckt dieser Salat besonders gut. Und hinterher an den Mokka denken!

542 Obstsalat „Lucienne"

400 g frische Himbeeren,
300 g Aprikosen,
1 Tasse gekochter Reis,
Saft 1 Zitrone,
1 Eßl. Zucker;

Sauce:
1/8 l Sahne,
2 Teel. Zucker,
1/2 Gläschen Himbeergeist,
1/2 Eßl. gescheibelte, geröstete Mandeln.

Die verlesenen, frischen Himbeeren in eine Schüssel füllen. Die Aprikosen kurz in siedendes Wasser tauchen, die Haut abziehen und das Fruchtfleisch in dünne Streifen schneiden. Himbeeren und Aprikosen vermengen, ganz vorsichtig, und den körnig gekochten Reis unterziehen. Den Zitronensaft mit dem Zucker verschlagen, über die Zutaten gießen und kühl gestellt einige Zeit durchziehen lassen.
Die Sahne mit dem Zucker schlagen, bis sie dickflüssig ist. Den Himbeergeist dazurühren und diese köstliche Sahnensauce über das Fruchtgemisch mit Reis auf einer schönen Schale gießen. Die gescheibelten, in wenig Butter goldgelb gerösteten Mandeln werden obenauf gestreut.

543 Mandarinensalat

4 Mandarinen, nicht zu klein,
2 Bananen,
50 g gestiftelte Mandeln,
8–10 Cocktailkirschen,
1 Glas Maraschino,
1 Eßl. Zitronensaft,
1/8 l Sahne,
1 Päckchen Vanillezucker.

Die Mandarinen schälen, die weiße pelzige Haut sorgfältig entfernen. Die Frucht in Spalten teilen. Die geschälten Bananen ebenfalls scheibeln und zusammen mit den Mandarinen und den gestiftelten Mandeln sowie den Cocktailkirschen vermengen. Dieses Salatgemisch mit dem Maraschino und Zitronensaft marinieren, mindestens 30 Minuten ziehen lassen. In der Zwischenzeit die Sahne mit dem Vanillezucker steif schlagen und damit den Salat überziehen. (Die Sahne sollte nicht zu steifgeschlagen sein, damit sie gut über den Salat fließen kann.)

544 Korsischer Fruchtsalat

2 Orangen,
2 Äpfel,
2 Birnen,
12 Pflaumen,
50 g Walnüsse,
2 Eigelb,
1 Glas Weißwein,
1 Eßl. Honig,
1 Eßl. Cognac,
1 Messerspitze Ingwerpulver,
Schale 1/2 Orange.

Orangen, Äpfel und Birnen schälen und entkernen. Das Fruchtfleisch in kleine Würfel schneiden. Die entkernten Pflaumen in Streifchen schneiden und die Walnüsse grob hacken.
Alle diese Zutaten mischen. Eigelb mit Weißwein und Honig im Wasserbad so lange schlagen, bis die Masse dick zu werden beginnt. Wieder kaltrühren und den Cognac, das Ingwerpulver und die abgeriebene Schale der Orange zugeben. Diese Sauce über das feine Fruchtgemisch gießen und genießen!

545 Schwarzwälder Fruchtsalat

2 große Williams Christ Birnen,
1 säuerlicher Apfel,
2 Tassen entsteinte Kompottpflaumen,
4 Pfirsichhälften aus der Dose,
2 Eßl. Bienenhonig,
2 Eßl. Zitronensaft,
2 Eßl. gehackte Mandeln,
1 Gläschen Zwetschgenwasser.

Die Birnen und Äpfel schälen, das Kernhaus entfernen und die Früchte in kleine Spalten teilen. Mit den Kompottpflaumen und den in Spalten geschnittenen Pfirsichhälften aus der Dose vermengen. Den Honig mit Zitronensaft, den gehackten Mandeln und dem Zwetschgenwasser zu einer Salatsauce rühren, über das Obst gießen und gut gekühlt und durchgezogen als Nachtisch am Sonntag servieren.

546 Apfelsalat „Eva“

6 mittelgroße Äpfel,
100 g Walnüsse,
100 g abgezogene Mandeln,
50 g kandierte Kirschen,
1 Eßl. Pistazien;

Sauce:
60 g Zucker,
Saft 1 Zitrone,
2 Gläschen Arrak,
1 Eßl. Honig,
1 Messerspitze Zimt,
Schale 1/2 Zitrone,
1 Eßl. Kokosraspel.

Die geschälten und entkernten Äpfel in Scheibchen schneiden, in eine Schüssel füllen. Dazu die grob gehackten Walnüsse geben, die in Stifte geschnittenen Mandeln, die kleingeschnittenen kandierten Kirschen und die Pistazien. Den Zucker für die Sauce mit dem Zitronensaft verrühren, den Arrak, den Honig und Zimt folgen lassen und mit der abgeriebenen Zitronenschale würzen. Dieses Gemisch über die Äpfel gießen, zugedeckt mindestens 1 Stunde kaltstellen. Jetzt die Kokosraspel unterziehen und den Apfelsalat „Eva“ in halben Kokosschalen servieren. Ein Zitronenschnitz kann zum Nachsäuern mitserviert werden.

547 Birnensalat „Williams“

600 g Birnen (Williams),
1 säuerlicher Apfel,
1 Tasse Kompottkirschen,
1/2 Tasse Wasser,
3 Eßl. Zucker,
2 Nelken,
1 Stückchen Zimtrinde,
1 Gläschen Williams Christ Birnenschnaps.

Die geschälten und entkernten Birnen in dünne Spalten teilen. Die geschälten Äpfel ebenfalls entkernen und kleinschneiden. Birnen und Apfel mit den Kompottkirschen vermischen. Das Wasser mit dem Zucker, den Nelken und der Zimtrinde 2 bis 3 Minuten kochen. Abkühlen lassen. Dann erst den Birnenschnaps zugießen und damit die Salatzutaten marinieren. Wer nicht auf die schlanke Linie achten oder die Kalorientabelle täglich nachzählen muß, setzt obenauf Schlagsahne als Tuff.

548 Obstsalat „Kaiserdessert"

3 Pfirsiche,
10 Aprikosen,
200 g Erdbeeren,
200 g Himbeeren,
1 Zitrone,
1 Eßl. Puderzucker,
1/8 l Sahne,
2 Eßl. Kirschwasser.

Die Pfirsiche und Aprikosen kurz in siedendes Wasser tauchen, die Haut abziehen. Aufschneiden, die Kerne entfernen und das Fruchtfleisch in dünne Spalten teilen. Die verlesenen Erdbeeren halbieren, mit den verlesenen Himbeeren in eine Schüssel füllen. Die Zitrone schälen, sehr sorgfältig die weiße, pelzige Haut entfernen und die Frucht in hauchdünne Scheiben schneiden und diese nochmals halbieren. Eventuelle Kerne entfernen. Alle Zutaten vorsichtig in der Schüssel vermengen. Die Sahne mit dem Puderzucker leicht anschlagen, d. h. sie soll nicht steif, sondern cremig sein, das Kirschwasser einlaufen lassen und diese schmackhafte Angelegenheit über den Obstsalat gießen. Kalt servieren.

549 Melonensalat

1 große Zuckermelone
150 g Erdbeeren,
1 Eßl. Zitronensaft,
2 Eßl. Honig,
2 Eßl. Apricot Brandy,
1 Eßl. brauner Jamaicarum,
1 Tasse frische Sahne.

Die reife Zuckermelone aufschneiden, die Kerne alle entfernen und das Fruchtfleisch in Würfel oder Streifchen schneiden. Die frisch verlesenen und gesäuberten Erdbeeren entweder vierteln oder kleine Früchte nur halbieren. Beide Zutaten vorsichtig vermischen. Den Zitronensaft mit dem Honig verrühren, Apricot Brandy und Rum zusetzen. Erst am Schluß die frische Sahne unterziehen und diese köstliche Mischung über die Früchte in einer besonders schönen Schale gießen. Noch für 30 Minuten in den Kühlschrank stellen und dann servieren. An einem heißen Sommernachmittag eine köstliche Erfrischung!

550 Fruchtsalat „Melanie"

200 g frische Erdbeeren,
100 g Himbeeren,
1 Tasse Johannisbeeren,
1 Banane,
3 Ananasscheiben aus der Dose,
2 Eßl. Portwein,
1 Eßl. Zucker,
1 Eßl. Zitronensaft.

Die verlesenen und gewaschenen Erdbeeren halbieren und mit den ebenfalls vorbereiteten Himbeeren vorsichtig in eine Schüssel geben. Die verlesenen Johannisbeeren zugeben. Die geschälte Banane in Scheibchen schneiden, die Ananas in Segmente teilen. Alle Zutaten vorsichtig vermengen. Dieses Fruchtgemisch in den Kühlschrank stellen. In der Zwischenzeit den Portwein mit Zucker und Zitronensaft verrühren und über die Früchte gießen. Noch einige Minuten durchziehen lassen und dann in kleinen Sektschalen servieren.

551 Gefüllte Melone „Barbados"

2 große Zuckermelonen,
1/2 Wassermelone,
1 reife Papaya,
4 frische Feigen,
1 Eßl. gestiftelte Pistazien,
1 Eßl. Zucker,
2 Eßl. Wasser,
1 Eßl. Zitronensaft,
1 Eßl. Curaçao,
2 Eßl. brauner Jamaicarum,
etwas Schlagsahne.

Die Zuckermelone zackenförmig nach dem gründlichen Abwaschen mit einem spitzen Messer im oberen Drittel einschneiden – wie auf unserem Foto rechts –. Dann das obere Teil abheben. Die Kerne aus dem Inneren entfernen, am besten auslöffeln und mit einem runden Kartoffelausstecher (in jedem Haushaltgeschäft erhältlich) aus dem Fruchtfleisch Kugeln ausstechen. Wer keinen Kartoffelausstecher hat, kann das Fruchtfleisch der Melone auch würfeln. Aus dem roten Fruchtfleisch der Wassermelone ebenfalls Kugeln ausstechen. Die Papaya schälen, die Kerne entfernen und das Fleisch in Streifen schneiden, ebenso die geschälten Feigen in Scheibchen teilen. Alle Zutaten in einer Schüssel kalt stellen. Den Zucker mit dem Wasser in einem kleinen Töpfchen aufkochen. Diese Mischung erkalten lassen, den Zitronensaft, Curaçao und den Rum zugeben. Mit diesem Sud die Fruchtmischung übergießen und mindestens 1 Stunde durchziehen lassen. Die ausgezackte Melone, die ebenfalls gekühlt sein muß, mit dem Fruchtsalatgemisch füllen, mit den gestiftelten Pistazien bestreuen und mit Schlagsahne bekrönen.

552 Gefüllte Papayas

2 reife Papayas,
1 feste Banane,
125 g frische Himbeeren,
125 g frische Erdbeeren,
2 Eßl. Walnüsse,
3 Eßl. Wasser,
2 Eßl. Farinzucker,
1 Eßl. Zitronensaft,
2 Eßl. brauner Jamaicarum.

Die Papayas werden nach dem Abspülen und Trockentupfen mit Küchenkrepp längs halbiert und die Kerne im Inneren entfernt. Das Fruchtfleisch mit einem Teelöffel oder besser mit einem Pampelmusenmesser ausschneiden und in Streifen teilen. Die geschälte Banane scheibeln. Die verlesenen Himbeeren und Erdbeeren – je nach Größe im ganzen lassen, halbieren oder vierteln – mit den übrigen Obstzutaten in eine Schüssel füllen. Die gehackten Walnüsse darüberstreuen. Den Farinzucker mit dem Wasser kurz aufkochen und diese Mischung nach dem Auskühlen mit dem Zitronensaft und Rum vermischen. Mit dieser Sauce die Früchte übergießen, kurz durchziehen lassen, in die vorher gut gekühlten Papayaschalen einfüllen. Jede Hälfte auf einen dekorativen Glasteller setzen und zelebrieren. ▼

553 Mango-Salat

3 Mangofrüchte,
2 Orangen,
2 Bananen,
1/2 Tasse Wasser,
3 Eßl. brauner Zucker,
1 Glas Weißwein,
1 Eßl. Cognac,
1 Messerspitze Zimt,
1 Messerspitze Ingwerpulver.

Die reifen Mangofrüchte schälen, die Kerne entfernen und das Fruchtfleisch in Stückchen oder Scheiben schneiden. Die geschälten Orangen (weiße pelzige Haut sorgfältig entfernen) und die geschälten Bananen in Segmente bzw. Scheibchen schneiden. Das Wasser mit dem braunen Zucker in einem kleinen Topf 2 bis 3 Minuten kochen lassen und nach dem Auskühlen den Weißwein, Cognac zugeben und mit Zimt und Ingwerpulver würzen. Damit den Mangosalat übergießen und mindestens noch 30 Minuten zugedeckt in den Kühlschrank zum Durchziehen stellen. Eine fernöstliche Delikatesse! Sie sollten diesen köstlichen Mango-Salat anrichten, wenn Sie z. B. ein chinesisches Essen serviert haben.

554 Salat aus Kakifrüchten

500 g Kakifrüchte,
1 Orange,
50 g Mandelscheibchen,
1 Glas Kirschwasser,
2 Eßl. Puderzucker,
½ Becher Joghurt,
1 Eßl. Zitronensaft.

Die sehr reifen Kakifrüchte in dünne Scheiben schneiden. Den Stiel vorher entfernen. Die Orange schälen, die pelzige weiße Haut sorgfältig entfernen und das Fruchtfleisch in kleine Würfel schneiden. Kaki und Orange vermengen, bzw. in einer flachen Schüssel anordnen und zum Durchkühlen beiseite stellen. In der Zwischenzeit die Mandelscheibchen, das Kirschwasser, den Puderzucker, Joghurt und Zitronensaft verrühren. Damit den Salat übergießen. Vor dem Servieren gut durchziehen lassen.

555 Fruchtsalat, exclusiv

2 Mangofrüchte,
1 reife Avocado,
4 Scheiben Ananas,
1 säuerlicher Apfel,
2 Orangen,
100 g Erdbeeren,
1 Eßl. Zitronensaft,
½ Glas Weißwein,
2 Eßl. Puderzucker,
2 Eßl. Cognac.

Die geschälten Mangofrüchte vom Kern befreien und das Fruchtfleisch in Streifchen schneiden. Die reife Avocado ebenfalls schälen, entkernen und das Fruchtfleisch kleinschneiden. Die Ananasscheiben in Segmente teilen, den geschälten und entkernten Apfel kleinschneiden. Die geschälte Orange ebenfalls kleinschneiden. Alle diese Zutaten vorsichtig in einer Schüssel vermengen und zum Durchkühlen beiseite stellen. Die Erdbeeren nach dem Waschen und Verlesen mit dem Zitronensaft beträufeln, mit dem Weißwein übergießen und zusammen mit dem Puderzucker und Cognac mit dem Mixstab fein pürieren. Diese köstliche Sauce kurz vor dem Servieren des Salates über die Früchte in der Schüssel gießen. Biskuitgebäck kann dazu gereicht werden.

556 Chinesischer Obstsalat

1 Dose Litchi's (Inhalt 298 g),
3 Mandarinen,
250 g Erdbeeren,
2 Teel. gehackte Pistazien,
1 Eßl. Zitronensaft,
1 Eßl. Puderzucker,
1 Eßl. Arrak,
½ Tasse frische Sahne.

Die Litchi's aus der Dose nehmen und auf einem Sieb ablaufen lassen. Die möglichst kernlosen Mandarinen nach dem Schälen in Spalten teilen. Die gewaschenen und verlesenen Erdbeeren halbieren und mit den Litchi's, Mandarinen und den gehackten Pistazien vermengen. Den Zitronensaft mit Puderzucker, Arrak und der frischen Sahne (ungeschlagen) verrühren, über die Salatzutaten gießen, durchkühlen lassen und gleich portioniert auftragen. In chinesischen Schälchen!

557 Karibischer Fruchtsalat

1 reife Papaya (etwa 300 g),
6 Scheiben Ananas,
1 kleine Zuckermelone,
1 Orange,
1 Grapefruit;

Sauce:
1 reife Papaya (etwa 300 g),
½ Tasse Milch,
1 Zitrone,
½ Vanillestange,
2–3 Eßl. Zucker,
4 Eiswürfel.

Für diesen ausländischen Fruchtsalat muß die Papaya gut reif sein, d. h. das Fruchtfleisch ist nicht mehr grün, sondern hat eine schöne lachsrote Farbe. Die Frucht schälen und die kleinen, dunklen Kerne im Inneren entfernen. Das Fruchtfleisch in Würfel schneiden, desgleichen die Ananasscheiben. Orange und Grapefruit sorgfältig schälen und auch würfeln. Das gleiche gilt für die geschälte und entkernte Zuckermelone. Alle Zutaten in einer Schüssel vermengen und kalt stellen. Nun die zweite reife Papaya schälen, entkernen und das Fruchtfleisch in Stücke schneiden. Zusammen mit der Milch das Fruchtfleisch in einem Mixgerät oder mit dem Handmixer in einem Topf fein pürieren. Den Zitronensaft und die abgeriebene Schale der Zitrone zufügen, das Innere der Vanillestange, den Zucker und die etwas zerstoßenen Eiswürfel. Solange pürieren, bis eine schöne, cremige Sauce entstanden ist. Dieses kalte Gemisch über den gekühlten Fruchtsalat gießen und sofort Ihren Lieben zelebrieren.

Die Obst- und Gemüse-Show

(Unbekanntes aus Nah und Fern)

Über Obst und Gemüse zu schreiben ist botanisches Werk. Da entzücken uns die Sattheit der Farben, Düfte, Würze und Aussehen, krauses Blatt und fremde Blüte. Da sind wir in deutschen Gärten und Feldern, bei den Früchten Oberitaliens, in den heißen Landschaften Israels, den feuchten Küsten des Mittelmeers, an den lächelnden Flußwindungen der Loire und den rauhen Klippen der Bretagne.
So umreißt unser Wort die Himmelsrichtungen, aus denen uns fremdes Gemüse und edles Obst herkamen.
Denn es ist lustig, sich an der Überraschung der Gäste zu weiden, wenn Unbekanntes aufgetragen wird. Seien Sie sicher, es wird bald auch bei den Freunden heimisch. Wohlgeschmack und Würze, Originalität der Zubereitung und vielleicht auch ein wenig Wiederholung des längst Bekannten waren bestimmend für ihre Auswahl, die grüne und rote, violette und gelbe, zarte und kräftige Tupfen setzen soll.

558 Delikate Gurkentürmchen

1 feste Salatgurke,
100 g Butter,
1 Teel. scharfer Senf,
1/2 Teel. Salz,
1 Messerspitze Cayennepfeffer,
1/2 Eßl. gehackte Petersilie,
1/2 Eßl. gehackter Dill,
2–3 Sardellenfilets,
2 hartgekochte Eier,
1/2 Tasse geriebener Sellerie,
4 Tomaten,
2 Eßl. italienische Salatsauce.

Die gut gewaschene Gurke von den dünnen Enden befreien, die Gurke selbst mit der Schale in 3–4 cm lange Stücke schneiden. Aus den Gurkenstücken mit einem Löffel die Kerne herauslösen. Die Butter in einer Schüssel mit dem Senf, Salz, Cayennepfeffer, der Petersilie und dem Dill, den zerdrückten Sardellenfilets recht schaumig rühren. Die geschälten, hartgekochten Eier fein würfeln und zusammen mit dem roh geriebenen Sellerie zur Buttermischung geben. Damit die ausgehöhlten Gurkenstücke füllen. Die Tomaten halbieren und mit der Schnittseite nach oben auf ein Küchenbrett legen. Die italienische Salatsauce darüberträufeln und einige Zeit ziehen lassen. Dann die Tomatenhälften als Deckel auf die gefüllten delikaten Gurkenstücke setzen, damit es Gurkentürmchen werden. Auf einer Platte oder einem Holzbrett zu deftigem Graubrot mit Butter servieren.

559 Gurke für Schlemmer

1 Salatgurke,
250 g Gemüsesalat mit Mayonnaise,
100 g Roastbeefscheiben,
100 g gekochte Schinkenscheiben,
1 kleine Dose Räucherlachs,
2 feste Tomaten,
2 hartgekochte Eier,
10 gefüllte Oliven,
1 Petersilienbund.

Die sorgfältig gewaschene Salatgurke trockentupfen. Das obere Drittel längs abschneiden. Mit einem Löffel die Kerne aus der Gurke löffeln. (Gurkenliebhaber essen diese mit einer Prise Salz und frischgemahlenem Pfeffer sofort auf!) Für die Fülle den fertig gekauften Gemüse-Mayonnaisensalat in die Gurke füllen. Das Roastbeef, die Schinkenscheiben und den Räucherlachs in bunter Reihenfolge über die Gurke, also den Salat legen, ebenso die Tomatenscheiben und die geachtelten Eier sowie die halbierten Oliven. Es muß eine Gurke zum Schlemmen werden. Zum Schluß mit der Petersilie krönen. Jeder darf sich mit dem Messer einen Teil der Gurke abschneiden und zu französischem Weißbrot und Weißwein verzehren. – Sie können die Gurke aber auch gleich in vier Teile schneiden und erst dann lukullisch belegen. Dann die Gurkenviertel auf Teller servieren.

560 Türkische Auberginen

600 g Auberginen,
1 Teel. Salz,
8 Eßl. Olivenöl,
100 g Schafskäse,
5 Eßl. Essig,
5 Eßl. Wasser,
10 Pfefferkörner,
1 gehackte Zwiebel,
1 gehackte Knoblauchzehe,
1 Lorbeerblatt.

Die Auberginen dünn schälen, den Stielansatz abschneiden und die Frucht in etwa 1 cm dicke Scheiben schneiden. Diese salzen. In der Zwischenzeit das Öl in der Pfanne erhitzen, die Auberginenscheiben einlegen und von beiden Seiten braten. Herausheben, abtropfen lassen und nach dem Erkalten auf einer Platte anrichten. Jede Scheibe mit dem zerbröckelten Schafskäse überstreuen. Den Essig mit dem Wasser, den Pfefferkörnern, der gehackten Zwiebel, der gehackten Knoblauchzehe und dem Lorbeerblatt kurz aufkochen, abkühlen lassen und dann über die Auberginenscheiben gießen. In den Kühlschrank stellen und mit Toast oder einem kräftigen Landbrot servieren. Schmeckt auch hier interessant.

561 Gefüllte Auberginen

2 Auberginen,
200 g kalter Kalbsbraten,
100 g Tiefkühlerbschen,
100 g Edamer Käse,
1 Gewürzgurke,
1 Zwiebel,
1 rote Paprikaschote,
6 Eßl. Mayonnaise,
2 Teel. Zitronensaft,
2 Eßl. Joghurt,
1/2 Teel. Salz,
1/4 Teel. weißer Pfeffer,
1/4 Teel. Zucker,
1 Teel. Paprikapulver, edelsüß,
2 Eßl. gehackte Petersilie,
1 kleine Dose Räucherlachs,
1 Eßl. geriebener Meerrettich,
1 Bund Petersilie.

Die Auberginen waschen und etwa 5–7 Minuten in kochendes Salzwasser legen. Herausnehmen und längs durchschneiden. Dann vorsichtig soviel von dem Fruchtfleisch ausschneiden, daß nur noch ein dünner Rand mit der Schale zurückbleibt und die Auberginenhälfte gerade noch zusammenhält. Das herausgenommene Fruchtfleisch in kleine Würfel schneiden, ebenso den Kalbsbraten. Beides zusammen mit den aufgetauten Tiefkühlerbschen, den Käse- und Gurkenwürfeln mischen. Die fein gehackte Zwiebel zugeben und die kleingeschnittene entkernte Paprikaschote. Diese Zutaten alle gut vermengen. Die Mayonnaise mit dem Zitronensaft, Joghurt, den Gewürzen und der gehackten Petersilie abschmecken und über die Salatzutaten gießen. Umrühren, in die ausgehöhlten Auberginen häufen. Diese kühl stellen. In der Zwischenzeit die Räucherlachsscheiben auslegen, dünn mit Meerrettich bestreichen, aufrollen und die Auberginen mit den Röllchen und der Petersilie verzieren.

562 Fürstliche Champignons

12 große Champignons,
12 geröstete Weißbrotquadrate,
40 g Butter,
1 Knoblauchzehe,
1 Dose Gänseleberpastete,
2 Eßl. frische Sahne
1 Eßl. gehackte Walnüsse,
125 g Frischkäse,
3 Eßl. frische Sahne,
3 Eßl. gehackte Kräuter,
1/2 Teel. Selleriesalz,
1 Messerspitze Cayennepfeffer,
12 halbe Walnüsse.

Mit dieser fürstlichen Spezialität werden Sie Ehre einlegen. Sie müssen dafür aber große Champignons kaufen, die mindestens einen Durchmesser von 4–5 cm haben. Weißbrot oder Toastbrot in Quadrate von 5 × 5 cm schneiden und diese in einer Pfanne in der zerlassenen Butter mit dem zerdrückten Knoblauch von beiden Seiten goldgelb rösten. Auskühlen lassen. In dieser Zeit von den Champignons die Stiele abschneiden und die Köpfe säubern. Jeden Kopf mit dem Hut nach unten auf jeweils ein geröstetes Quadrat legen. Die Gänseleber mit der frischen Sahne schaumig rühren, die gehackten Walnüsse dazugeben und diese Creme in die 12 Champignonköpfe streichen. Dann den Frischkäse mit der Sahne schaumig schlagen, die Kräuter, Selleriesalz und Cayennepfeffer zugeben, die Mischung in den Spritzbeutel geben und Rosetten um jeden Champignon spritzen und noch jeden gefüllten Champignon mit einer halben Walnuß verzieren. Fürstlich soll es aussehen und so schmeckt es auch. Die Arbeit ist dann vergessen!

563 Zucchini „Ostia“

500 g Zucchini,
1 l Wasser,
3 Teel. Salz,
5 Pfefferkörner,
250 g Krevetten,
3 Tomaten,
1 Eßl. gehackte, schwarze Oliven,
1 Tasse Mayonnaise,
1 Eßl. Zitronensaft,
1 Messerspitze Cayennepfeffer.

Die Zucchini schälen. In der Zwischenzeit das Wasser mit Salz und Pfefferkörnern zum Kochen bringen und die Zucchini darin weich kochen. Herausnehmen, ablaufen lassen, in Scheiben schneiden. Die erkalteten Zucchinischeiben auf einer Platte anrichten. Auf jede Scheibe Krevetten oder auch Krabben geben und mit Tomatenschnitzen verzieren. Zum Schluß die gehackten schwarzen Oliven darüberstreuen. Die Mayonnaise mit dem Zitronensaft und Cayennepfeffer verschlagen und die gefüllten Zucchinischeiben damit abdecken. In den Kühlschrank stellen und sehr kalt zu Toastbrot servieren. Am besten schmeckt Stangenweißbrot dazu!

564 Paradies-Tomaten

8 große, feste Tomaten,
4 Eßl. Kräuter-Salatsauce,
125 g Schinken,
1 kleine Dose Champignons,
2 Eßl. gehackte Schalotten,
1/2 Tasse eingelegte, rote Tomatenpaprika,
2 Scheiben Ananas aus der Dose,
2 Eßl. Öl,
2 Eßl. Essig,
1/2 Teel. Salz,
10 Tropfen Tabasco,
1 Eßl. gehackte Petersilie,
2 Päckchen Frischkäse à 62,5 g,
2 Eßl. Sahne,
1 Messerspitze Cayennepfeffer,
1/4 Teel. Salz,
1 Teel. Paprikapulver.

Die gewaschenen Tomaten kappen. Mit einem Teelöffel die Kerne auslösen. Die fertiggekaufte Kräuter-Salatsauce in die 8 Tomaten verteilen. Mindestens 30 Minuten marinieren und die Sauce dann wieder ausgießen. Den Schinken in kleine Würfel schneiden, die Champignons aus der Dose scheibeln. Die Schalotten fein hacken. Alles mit der kleingeschnittenen Tomatenpaprika und den Ananasstücken in einer Schüssel vermengen. Aus Öl, Essig, Salz, Tabasco und gehackter Petersilie eine Salatsauce rühren und über den Salat gießen. Nach dem Durchziehen den Salat in die ausgehöhlten Tomaten füllen und kühl stellen. In der Zwischenzeit den Frischkäse mit der frischen Sahne und den Gewürzen schaumig rühren, in den Spritzbeutel geben und auf jede gefüllte Tomate eine dicke Rosette spritzen. Noch mit Paprikapulver überstäuben, wie auf unserem Foto.

565 Salzgurken für Kenner

4 große Salzgurken,
100 g Mainzer Käse,
150 g Fleischwurst,
2 hartgekochte Eier,
2 Eßl. Mayonnaise,
1/2 Eßl. Essig,
1/4 Teel. Selleriesalz,
1 Messerspitze weißer Pfeffer,
1 Messerspitze Knoblauchpulver,
1 hartgekochtes Ei,
1 Petersilienstrauß.

Die möglichst gleichgroßen Gurken zu einem Viertel längs durchschneiden. Das untere Teil mit einem Löffel aushöhlen. Den Mainzer Käse (Sie können auch einen Ölmützer verwenden) fein würfeln, desgleichen die Fleischwurst und die beiden hartgekochten Eier. Die Mayonnaise mit dem Essig, Selleriesalz, Pfeffer, Knoblauchpulver – Sie können auch frischen Knoblauch verwenden, der ist natürlich intensiver im Geschmack und das Richtige für Knoblauchfans – verschlagen und damit die Käse-Fleischmischung anrühren. Diese Masse in die Salzgurken füllen und jede Gurke noch mit hartgekochten Eischeiben und Petersilientuffs verzieren. Bitte eiskalt servieren, also vorher in den Kühlschrank stellen.

566 Gefüllter Rettich

2 große weiße Rettiche,
100 g Butter,
1 Eßl. frische Sahne,
1/2 Teel. Salz,
1/4 Teel. weißer Pfeffer,
100 g Edamer Käse,
100 g kalter Schweinebraten,
1 Gewürzgurke,
2 Eßl. gehackte Tomatenpaprika,
1/2 Eßl. gehackte Petersilie,
1/2 Eßl. gehackten Schnittlauch.

Für dieses Rezept sollten Sie möglichst gleichmäßig geformte, große Rettiche kaufen. Sie werden gut gewaschen, am dicken Ende abgeschnitten. Mit einem Kaffeelöffel nun aushöhlen, oder besser mit einem Grapefruitmesser in kreisender Bewegung ausschneiden.
Die Butter mit der frischen Sahne, Salz und Pfeffer schaumig rühren. Käse und Braten in kleine Würfel schneiden und zusammen mit der kleingeschnittenen Gewürzgurke und dem gehackten Tomatenpaprika zur Butter geben. Zum Schluß die Kräuter beimischen. Diese Masse, die geschmeidig sein soll, in die Rettiche füllen. Fest mit einem Löffel eindrücken. Dann die gefüllten Rettiche in den Kühlschrank legen und durchkühlen lassen. Sie werden auf derbem Holzbrett mit einem großen Messer serviert und wie eine Wurst in dicke Scheiben geschnitten. Dazu paßt am besten deftiges Landbrot, Butter und ein helles Bier. Klarer auch!

567 Burgenländer Paprikaschoten

4 grüne oder rote Paprikaschoten,
500 g feines Sauerkraut,
4 Eßl. Öl,
4 Eßl. Essig,
1 Teel. Salz,
1/2 Teel. Zucker,
1/2 säuerlicher Apfel,
1/4 Teel. weißer Pfeffer,
1 Teel. Paprikapulver,
250 g rote Weinbeeren (Meraner Kurtrauben).

Die Paprikaschoten vom Stielende her abschneiden und die Kerne und die weißen Scheidenwände sorgfältig entfernen. Die Paprikaschoten 2 bis 3 Minuten in kochendem Wasser blanchieren. Nicht länger! Herausnehmen, ablaufen lassen und abkühlen. Das Sauerkraut in der Zwischenzeit mit Öl, Essig, Salz, Zukker vermischen, am besten mit dem Handballen kräftig kneten, damit das Kraut geschmeidig wird. Dann den geriebenen Apfel zufügen, Pfeffer und Paprika und die Weinbeeren. Am besten kleine Trauben kaufen! Bekommen Sie keine Meraner Trauben, verwenden Sie blaue, die aber vorher geschält und halbiert werden sollten, falls Sie soviel Geduld haben.

568 Liebhaber-Avocados

4 reife Avocados,
Saft 1 Zitrone,
1/4 Salatgurke,
2 kleine, säuerliche Äpfel,
150 g Krabben,
5 Teel. Öl,
2 Teel. Whisky,
2 Teel. Essig,
1/2 Teel. Salz,
1 Messerspitze Zucker,
1 Chilischote,
1 Dillstrauß.

Die Avocados längs halbieren, den Kern herauslösen. Das Fruchtfleisch mit Zitronensaft bepinseln.

Die Salatgurke gründlich bürsten und mit der Schale klein würfeln, ebenso den entkernten Apfel. Die Krabben, meist aus der Tiefkühltruhe und aufgetaut, mit der Gurke und dem Apfel in einer Schüssel vermengen. Das Öl mit dem Whisky, Essig, Salz, Zucker und der zerriebenen Chilischote verrühren, über die Zutaten in der Schüssel gießen, einige Zeit im Kühlschrank durchziehen lassen. Vor dem Servieren über die Avocadohälften verteilen, mit Dillzweigen verschönern. Ablöffeln und am Schluß mit dem Teelöffel das weiche Fruchtfleisch aus der Avocado herausschälen. Schmeckt köstlich!

569 Avocados „Grand-Hotel"

2 reife Avocados,
1 Gläschen Cognac,
100 g gares, kaltes Hühnerfleisch,
½ Tasse Champignons aus der Dose,
100 g gekochte Krabben,
½ Tasse Tomatenpaprika aus dem Glas,
1 Gewürzgurke,
5 Eßl. Mayonnaise,
3 Eßl. saure Sahne,
½ Eßl. geriebener Meerrettich,
1 Teel. scharfer Senf,
¼ Teel. Salz,
1 Messerspitze Cayennepfeffer,
2 Teel. Zitronensaft,
1 Dose geräucherte Austern.

Die reifen Avocados längs halbieren, den großen Kern auslösen. Die Hälften mit dem Cognac beträufeln. Das kalte Hühnerfleisch ohne Haut klein würfeln, die gescheibelten Champignons, die Krabben, gewürfelte Tomatenpaprika und die Gurkenwürfel dazugeben. In einer Schüssel mit der Mayonnaise, die mit der sauren Sahne, Meerrettich, Senf, Salz, Cayennepfeffer, Zitronensaft verrührt wurde, übergießen. Diese köstliche Mischung in die Avocadohälften verteilen, mit den Austern aus der Dose belegen und kühl auf den Tisch bringen. Auf kleinen Glastellern, weil's schöner aussieht. Ein Salatblatt macht's noch attraktiver.

570 Avocados mit Krebsfleisch

2 reife Avocados,
Saft einer Zitrone,
1 Dose Krebsfleisch,
2 Scheiben Ananas aus der Dose,
4 Eßl. Mayonnaise,
1 Eßl. gehackter Dill,
1 Messerspitze Cayennepfeffer,
4 Scheiben Zitrone.

Die reifen Avocados (fassen sie sich noch sehr hart an, dann einfach 2–3 Tage bei Zimmertemperatur nachreifen lassen) längs durchschneiden und den Kern auslösen. Das Fruchtfleisch mit einem Teelöffel zur Hälfte aus den Schalen auslöffeln. Dann die Früchte mit dem Zitronensaft beträufeln. Das ausgestochene Fruchtfleisch kleinschneiden. Das Krebsfleisch aus der Dose heben, klein zerpflücken und mit den kleingeschnittenen Ananasscheiben vermengen. Die Mayonnaise mit dem gehackten Dill und dem Cayennepfeffer würzen und über das Frucht-Krebsgemisch gießen. Damit die Avocadohälften füllen, durchkühlen lassen und vor dem Servieren auf hübscher Platte jeweils noch mit einer Zitronenscheibe dekorieren.
Es schmeckt auch vorzüglich, Avocados zu halbieren (sie müssen allerdings sehr reif sein), den Kern auszulösen und das Fleisch einfach auszulöffeln. Eine Mustardsauce paßt dazu.

571 Raffinierter Sellerie

2 mittelgroße Sellerieknollen,
2 l Wasser,
2–3 Teel. Salz,
1 kleine Zwiebel,
1 Eßl. Essig,
10 Pfefferkörner,
250 g kalter Schweinebraten,
100 g mittelalter Gouda-Käse,
1 Zwiebel,
1 Knoblauchzehe,
4 Eßl. gehackter Tomatenpaprika,
4 Eßl. Öl,
4 Eßl. Essig,
12 Tropfen Tabasco,
1 Teel. Paprikapulver,
1 Messerspitze gemahlener Fenchel,
1 Messerspitze Ingwerpulver,
½ Kopfsalat,
2 Eßl. Kräuter-Salatsauce,
1 hartgekochtes Ei,
1 Tomate,
1 Bund Petersilie.

Die gewaschenen Sellerieknollen mit Salz, Zwiebel, Essig und Pfefferkörnern in dem Wasser weich kochen. Sorgfältig schälen. Es dürfen keine dunklen Stellen mehr vorhanden sein. Die Knollen halbieren. Mit einem spitzen Messer (besser geht es mit einem gebogenen Grapefruitmesser) die Knollen so aushöhlen, daß ein etwa 1 cm starker Rand stehen bleibt. Das ausgeschnittene Selleriefleisch klein würfeln, ebenso Schweinebraten und Käse. Die feingehackte Zwiebel, die zerdrückte Knoblauchzehe und Tomatenpaprika dazugeben und gut mischen. Aus Öl, Essig, Tabasco, Paprika, Fenchel und Ingwer eine Marinade rühren und damit den Salat anmachen. Das Gemisch in die Selleriehälften verteilen. Die Salatblätter verlesen und waschen, eine große Platte damit auslegen und die vier gefüllten Selleriehälften darauf legen. Die Salatblätter vorher noch mit der Kräuter-Salatsauce beträufeln. Noch mit Tomatenscheiben, Eischeiben und Petersilie verzieren.

572 Röschen vom Blumenkohl

1 Blumenkohl, schön weiß,
1 Zwiebel,
4 Eßl. Essig,
3 Eßl. herber Weißwein,
½ Tasse Kochwasser,
1 Lorbeerblatt,
10 Pfefferkörner,
1 Teel. Selleriesalz,
100 g Sellerieknolle in Stücken,
1 Becher Joghurt,
2 Eßl. gehackte Petersilie,
2 Eßl. gehackter Schnittlauch.

Den sorgfältig verlesenen und gewaschenen Blumenkohl in Salzwasser gar, aber nicht weich kochen. Erkaltet in Röschen teilen. Diese in eine Schüssel geben. Die in Scheiben geschnittene, geschälte Zwiebel darüber verteilen. Essig mit Weißwein, dem Blumenkohl-Kochwasser (½ Tasse), Lorbeerblatt, Pfefferkörnern, Selleriesalz und der kleingeschnittenen Sellerieknolle kurz erhitzen. Abgekühlt durchseihen und mit dem Joghurt und den gehackten Kräutern vermischen. Dieses über die Röschen gießen und 24 Stunden ziehen lassen. Dann eiskalt servieren.

573 Palmitorollen

1 große Dose Palmitos (ca. 8 Stück),
8 Scheiben gekochter Schinken,
2 Eßl. Mayonnaise,
1 Eßl. Tomatenketchup,
1 Messerspitze Cayennepfeffer,
1 Teel. Paprikapulver,
1 Messerspitze Salz,
1 hartgekochtes Ei,
1 Kasten Brunnenkresse,
2 Eßl. italienische Salatsauce,
2 Tomaten,
1 Eßl. Mayonnaise.

Die Palmitos (Palmenherzen) aus der Dose heben und ablaufen lassen. Die Schinkenscheiben auf einem Küchenbrett auslegen. Mayonnaise mit Tomatenketchup, den Gewürzen, dem gewürfelten hartgekochten Ei verrühren, damit die Schinkenscheiben dünn bestreichen. Auf jede Scheibe ein Palmito legen, aufrollen und wenn nötig, mit einem Holzspießchen feststecken. Die Kresse aus dem Kästchen abschneiden, damit eine Platte auslegen, mit der Salatsauce beträufeln, die Schinken-Palmitorollen auflegen und hübsch noch mit Tomatenscheiben oder -vierteln verzieren, die einen Klecks aus Mayonnaise erhalten.

574 Gefüllte Mangofrüchte

2 Mangofrüchte,
2 Eßl. Cognac,
150 g gekochter Schinken,
1 Tasse Sellerie aus der Dose,
3 Eßl. gehackte Zwiebel,
10 Oliven,
1 Knoblauchzehe,
1 Teel. Sojasauce,
5 Eßl. Mangochutney,
4 Scheiben gekochter Schinken.

Die reifen Mangofrüchte (nur so haben sie ihr volles Aroma) längs durchschneiden und den Kern auslösen. Das kann etwas schwierig gehen, und man muß mit einem Messer nachhelfen. Die Mangohälften dann mit der Schnittfläche nach oben auf einen Teller legen und mit dem Cognac beträufeln. Den gekochten Schinken sowie den Sellerie sehr fein würfeln, die gehackte Zwiebel zufügen sowie die gehackten Oliven. Die geschälte Knoblauchzehe mit einem breiten Messer fein zerdrücken und mit der Sojasauce und dem Mangochutney vermischen. Damit das Schinken-Sellerie-Gemisch würzen und über die Mangohälften verteilen. Als Abschluß erhält jede Mangofrucht noch ein Schinkenröllchen. Sie können es auch mit einem grünen Salatblatt neben die Mangofrucht legen. Eine kleine Variante.

575 Spargel „Rathauskeller"

500 g gekochter Spargel,
1 gebratenes oder gekochtes Hähnchen,
4 Tomaten,
2 hartgekochte Eier,
1 Eigelb,
2 Eßl. Mayonnaise,
3 Eßl. frische Sahne,
1 Teel. Zitronensaft,
1/2 Teel. Salz,
10 Tropfen Tabasco,
1 Messerspitze Knoblauchpulver,
4 Eßl. gehackte Kräuter.

Die Hälfte der garen, gut abgelaufenen Spargelstangen auf eine Platte legen. Das entbeinte Geflügel von aller Haut befreien und das Fleisch in Scheibchen schneiden. Diese Fleischscheiben auf dem Spargel anrichten, darauf die in Scheiben geschnittenen Tomaten und die Eischeiben legen. Den restlichen Spargel darüber anordnen.
Das Eigelb mit der Mayonnaise und der Sahne, dem Zitronensaft, Salz, Tabasco, Knoblauchpulver und den gehackten Kräutern gut verrühren, diese schmackhafte Sauce über die Zutaten auf der Platte gießen, alles mindestens 30 Minuten durchziehen lassen und dann kühl servieren.

576 Spargelrollen

400 g garer Stangenspargel,
8 große Scheiben Räucherlachs,
4 Eßl. Essig,
2 Eßl. Öl,
3 Eßl. Spargelsud,
1/2 Teel. Salz,
8 Tropfen Tabasco,
2 Eßl. gehackte Petersilie,
2 Tassen Schlagsahne,
1 Messerspitze Salz,
1 Messerspitze Zucker,
1 Teel. gehackte Pistazien.

Den frisch gekochten Stangenspargel (oder welcher aus der Konserve) völlig abkühlen lassen. Den Räucherlachs auf einem Küchenbrett ausbreiten. Den Essig mit dem Öl, dem Spargelsud, Salz, Tabasco und der Petersilie verrühren, über die Spargelstangen in einer Platte gießen und so mindestens 1 Stunde marinieren lassen. Auf den Räucherlachs dann die marinierten Spargelstangen verteilen, aufrollen und die Rollen hübsch ordentlich auf einer Platte anordnen. Die Schlagsahne mit dem Salz und Zucker vermengen, auf jede Rolle eine Haube setzen und diese vor dem Servieren mit den gehackten Pistazien überstreuen.

577 Delikateß-Ananastörtchen

8 gesalzene Mürbeteigtorteletts (fertig gekauft),
100 g gekochter Schinken,
100 g gebratenes Hühnerfleisch,
200 g gekochte Krabben,
10 Ananasscheiben aus der Dose,
5 Eßl. Mayonnaise,
1 Messerspitze Cayennepfeffer,
8 Kompottkirschen,
1 Petersilienstrauß.

Sehen die Törtchen nicht aus wie aus dem Bilderbuch? Wenn Sie das Ihren Gästen vorsetzen, dazu frischen warmen Toast servieren, ist das schon eine tolle Überraschung. Ihr Mann sollte einen guten Tropfen dazu aus dem Keller holen!

Die Torteletts bereitstellen. Den mageren gekochten Schinken und das Hühnerfleisch ohne Haut in kleine Würfel schneiden und in einer Schüssel mit den Krabben (meist werden sie aus der Tiefkühltruhe genommen, und sie müssen dann völlig aufgetaut sein) vermischen, ohne zu zerrühren. Dazu zwei in kleine Würfel geschnittene Ananasscheiben geben. Die Mayonnaise mit dem Cayennepfeffer würzen – wer will, kann noch Salz zugeben – und damit das Fleisch-Fruchtgemisch anrühren. Dann in die Torteletts füllen, jedes Törtchen säuberlich mit einer abgetropften ganzen Ananasscheibe abdecken, mit einer Kirsche belegen und mit glatter Petersilie (wenn Sie nur andere haben, geht's auch) bestecken. Kalt servieren.

578 Philadelphia-Birnen

2 große reife Williams-Christ-Birnen,
2 Päckchen Frischkäse (à 62,5 g),
1 Eigelb,
2 Eßl. saure Sahne,
1 Teel. Zitronensaft,
1/4 Teel. Salz,
1 Messerspitze Cayennepfeffer,
1 Teel. Paprikapulver,
4 Scheiben gekochter Schinken,
1 Petersilienstrauß.

Die schönen reifen Birnen längs halbieren und das Kernhaus sorgfältig ausstechen.
Den Frischkäse (Philadelphia oder Gervais) mit dem Eigelb, der sauren Sahne, dem Zitronensaft, Salz, Cayennepfeffer und Paprika pikant abschmecken. Diese Mischung auf die Birnenhälften häufen. Auf jede Birnenhälfte dann eine Scheibe gekochten Schinken (zusammengerollt) oder auch eine Scheibe Schwarzgeräuchertes legen und die Birnen dann noch dekorativ mit Grün garnieren.
Eine delikate Vorspeise, die mit Messer und Gabel gegessen wird. Sie können die gefüllten Birnen auch auf ein besonders schönes Blatt grünen Salat setzen.

579 Walliser Birnen

4 große reife Williams-Christ-Birnen,
1/4 l Weißwein,
1/8 l Wasser,
1 Gewürznelke,
50 g Zucker,
100 g Roquefort,
100 g Raclettkäse oder Butterkäse,
1 Teel. gehackte Peperoni,
2 Eßl. Mayonnaise,
2 Eßl. Sahne,
1 Messerspitze Ingwerpulver,
8 Maraschinokirschen.

Die reifen Birnen dünn schälen, längs halbieren und das Kerngehäuse vorsichtig herauslösen. Den Weißwein mit dem Wasser, der Nelke, dem Zucker in einem Topf erhitzen, nicht kochen, darin die Birnen 3–4 Minuten blanchieren. Herausheben, abtropfen lassen.
Nun den Roquefortkäse und den anderen Käse in kleine Würfel schneiden. Die scharfe gehackte Peperoni mit unter die Käsewürfel mischen. Die Mayonnaise mit der Sahne und dem Ingwer glattrühren und damit die Käsewürfel binden. Die erkalteten Birnen damit überhäufen. Als Abschluß noch jede Birne mit einer Maraschinokirsche verzieren.

580 Artischockenherzen mit Note

2 kleine Dosen Artischockenherzen,
2 Zwiebeln,
5 Eßl. Olivenöl,
2 Zitronen,
4 Eßl. Sherry,
1 Teel. Salz,
1/2 Teel. Zucker,
10 Pfefferkörner,
5 Korianderkörner,
2 Knoblauchzehen,
1/2 Teel. Senfkörner,
1 Lorbeerblatt,
1/4 Teel. Aniskörner,
1 Messerspitze gemahlener Thymian,
1 Messerspitze Rosmarin.

Die Artischockenherzen vorsichtig aus der Dose nehmen und auf einem Sieb ablaufen lassen. In eine Schüssel legen. Die geschälten Zwiebeln in Ringe schneiden und über die Artischokkenherzen verteilen. Den Saft von den Artischocken (aus der Dose) mit dem Olivenöl, dem ausgepreßten Saft der beiden Zitronen und dem Sherry verrühren, mit Salz, Zucker, Pfefferkörnern und allen übrigen Gewürzen vermengen, in einem Topf erhitzen (nicht kochen) und über die Artischocken gießen. Das Ganze zugedeckt mindestens 24 Stunden im Kühlschrank ziehen lassen, bevor diese Herzen der Artischocke eiskalt serviert werden.

581 Dekorative Artischockenplatte

1 Kopfsalat,
3 Eßl. Kräuter-Salatsauce,
1 Dose Artischockenböden,
1 kleine Dose Artischockenherzen,
1 Dose Thunfisch in Öl,
1 Zwiebel,
2 Eßl. gehackte Paprikaschote,
6 gefüllte Oliven,
4 Eßl. Essig,
1 Knoblauchzehe,
1 Eßl. gehackte Petersilie,
1/2 Teel. Salz,
1 Messerspitze Zucker,
1/4 Teel. weißer Pfeffer,
einige Spritzer Worcestershiresauce,
1 Messerspitze Salbei.

Die Blätter einzeln vom Kopf lösen, abspülen und eine Platte damit auslegen. Darüber die Kräutersauce (fertig zu kaufen) träufeln. Artischockenböden und -herzen aus den Dosen nehmen, ablaufen lassen und auf dem Salat anrichten. Vom Thunfisch das Öl restlos ablaufen lassen, das Fleisch in Stücke zerzupfen, die gehackte Zwiebel, die gehackte, möglichst eingelegte Paprikaschote und die gehackten Oliven zugeben. Das Öl des Thunfischs mit dem Essig, der zerdrückten Knoblauchzehe, der Petersilie, Salz, Zucker, Pfeffer, Worcestershiresauce und Salbei verschlagen und damit die Thunfischmasse einige Zeit marinieren. Dann über die Artischocken verteilen und kalt servieren. Schmeckt gut zu goldgelbem Toast als Vorspeise oder als späte Gästebewirtung.

582 Gefüllte Artischocken „maritim"

4 große Artischocken,
1 Eßl. Salz,
2 l Wasser,
2 Eßl. Essig,
4 Eßl. Mayonnaise,
4 Eßl. saure Sahne,
1/2 Teel. Salz,
1/2 Teel. scharfer Senf,
1/4 Teel. weißer Pfeffer,
1 Messerspitze Knoblauchpulver,
2 Teel. gehackter Dill,
250 g gekochte Krabben,
4 hartgekochte Eier,
Dillzweige für die Garnitur.

Von den Artischocken den langen Stiel abschneiden. Das Wasser mit dem Salz zum Kochen bringen, Essig zugießen, die Artischocken einlegen und weich kochen (etwa 40 Minuten). Herausnehmen, ablaufen lassen und noch im warmen Zustand die Blätter etwas auseinanderziehen, damit die inneren Blätter und die Blütenfäden ausgelöst werden können. Das geht am besten mit einem Löffel, wenn die kleineren Blätter mit der Hand herausgezogen worden sind.
Nun die Mayonnaise mit der sauren Sahne, Salz, Senf, Pfeffer, Knoblauch und Dill zu einer Sauce rühren, die Krabben (meist werden sie aufgetaut aus der Tiefkühltruhe verwendet) und zwei in Würfel geschnittene Eier zugeben. Damit die Artischocken füllen, nun noch für einige Zeit in den Kühlschrank stellen und vor dem Servieren mit den restlichen beiden Eiern, die in Achtel geschnitten werden und dem Dill verzieren.
Die Artischocken sehen besonders dekorativ aus, wenn sie auf gestoßenem Eis auf Glasschälchen serviert werden.

583 Papaya mit Parmaschinken

4 Papayas,
1 Eßl. Gin,
250 g Parmaschinken.

Die Papayas (wenn Sie nicht wissen, was das ist, lesen Sie bitte unter Nr. 737 nach) in Viertel schneiden und die kleinen Kerne entfernen. Die Fruchtspalten auf einer runden Platte in Form einer Rosette ausbreiten, mit dem Gin beträufeln. Den sehr dünn geschnittenen Parmaschinken in der Mitte locker anrichten. Beides sollte sehr kalt sein. Deshalb empfehlen wir, die mit Papayas und Schinken gefüllte Platte auf eine zweite, größere Platte zu stellen, die mit zerstoßenem Eis gefüllt wurde. Wir empfehlen Ihnen dies unbekannte Neue zu frischem Toast.

584 Melone „Victoria“

1 schöne Zuckermelone,
250 g Parmaschinken,
200 g gares Hühnerfleisch,
100 g Krebsfleisch aus der Dose,
2 Scheiben Ananas,
3 Eßl. Mayonnaise,
3–4 Eßl. Schlagsahne,
1 Messerspitze Cayennepfeffer,
1 Messerspitze Salz.

Die schöne, möglichst große Zuckermelone in gleichmäßige Spalten schneiden. Erst von den geschnittenen Spalten die Schale dünn abtrennen. Den dünngeschnittenen Parmaschinken (Sie können auch Ardennenschinken verwenden) auf einem Holzbrett ausbreiten, auf jede Scheibe eine Melonenspalte legen und aufrollen. Diese Rollen auf einer Platte anordnen. Das Hühnerfleisch und Krebsfleisch klein schneiden, ebenso die Ananasscheiben. Die Mayonnaise mit der Schlagsahne vermengen und mit Cayennepfeffer und Salz würzen. Damit das Huhn-Krebs-Ananas-Gemisch anmachen und als Berg in der Mitte der Schinkenrollen anrichten. Alles möglichst sehr kalt auftragen.

585 Pfirsichwunder

8 Pfirsichhälften aus der Dose,
2 Eßl. Orangenmarmelade,
3 Päckchen Frischkäse à 62,5 g,
4 Eßl. frische Sahne,
1 Eigelb,
1/4 Teel. Salz,
1 Messerspitze Cayennepfeffer,
1 Messerspitze Ingwerpulver,
2 Teel. Zitronensaft,
1 Teel. Paprikapulver,
1 Zitrone.

Die Pfirsichhälften aus der Dose nehmen und gut ablaufen lassen. Auf eine Platte legen. Die Orangenmarmelade in die Vertiefungen der Pfirsiche füllen. Den Frischkäse in einem Schüsselchen mit der Sahne, dem Eigelb schaumig rühren und mit Salz, Cayennepfeffer, Ingwer und Zitronensaft gut würzen. Diese Käsecreme in einen Spritzbeutel füllen und eine dicke Rose auf die Pfirsichhälften spritzen. Jede Rose noch mit Paprikapulver überstäuben und mit einem Zitronenschnitz versehen. Wer will, kann die Zitrone auch weglassen. Als kleiner Appetithappen gedacht oder eine raffinierte Vorspeise.

586 Party-Apfelsinen

4 gleichgroße Orangen,
100 g gekochter Schinken,
100 g Krabben,
2 Scheiben Ananas,
3 Eßl. Tomatenpaprika aus dem Glas,
1 Eßl. Kaviar,
1 Eßl. Essig,
2 Eßl. Mayonnaise,
1 Messerspitze Cayennepfeffer,
1 Messerspitze Salz,
4 Teel. Tomatenketchup.

Die Orangen „köpfen", d. h., oben ein Deckelchen abschneiden. Das Innere mit einem spitzen Küchenmesser auslösen. Das Fruchtfleisch in kleine Würfel schneiden, ebenso den gekochten Schinken. Beides zusammen in eine Schüssel geben. Die Krabben dazugeben, die kleingeschnittene Ananas, die in Streifchen geschnittene Paprika und alles vorsichtig vermengen. Dann den Kaviar darüberstreuen. Den Essig mit der Mayonnaise, Cayennepfeffer und Salz glattrühren, damit das Fruchtgemisch anmachen und in die ausgehöhlten Orangen füllen. Ein Häubchen aus Tomatenketchup aufsetzen und das Ganze eiskalt servieren. Ein genüßlicher Partyhappen, der zu Stangenweißbrot ausgelöffelt wird.

587 Lukullische Bananen

3 feste Bananen,
2 Eßl. Mangochutney,
150 g Hühnerfleisch, gar,
2 Ingwerfrüchte aus dem Glas,
1 Eßl. gehackter Tomatenpaprika,
1 Päckchen Frischkäse,
2 Eßl. Mayonnaise,
2 Eßl. frische Sahne,
1 Teel. Zitronensaft,
2 Teel. Curry hot,
6 Maraschinokirschen,
1 Teel. gehackte Pistazien.

Die Bananen mit der Schale längs durchschneiden. Mit einem Löffel das Fruchtfleisch herausheben, dabei die Schale nicht zu dünn belassen, damit das Ganze noch Halt hat. In die Bananenhälften dünn Mangochutney streichen. Das Bananenfruchtfleisch würfeln, ebenso das gare Hühnerfleisch und die Ingwerfrüchte. Alles zusammen mit dem Tomatenpaprika vermengen. Den Frischkäse mit der Mayonnaise, der Sahne und dem Zitronensaft schaumigschlagen und kräftig mit dem Curry hot würzen. Damit die Bananen-Huhn-Mischung binden und in die ausgehöhlten Bananen füllen. Jede Hälfte mit einer Kirsche verzieren und mit den gehackten Pistazien überstreuen.

Schinken - Käse - Roter Wein

(Vom Kalten Büfett)

Nun dürfen Sie uns noch einmal in die Küche schauen. Es geht nicht um Resteverwertung, sondern mehr um die Komposition dessen, was wir teilweise schon in Einzelkapiteln speziell besprochen haben und nunmehr, gleich dem Regisseur einer Operette, zur Aufführung bestimmen. Da gibt es natürlich noch dies und das zu feilen, anzumerken und zu beraten, damit Ihre Premiere nicht ins Wasser fällt. Denn zunächst bringt die Operette viel fürs Auge: Farbe, Aufteilung, Dekoration, Aufbau und Zierrat. Nicht anders ist es bei jener „Operette", die Sie zum Verzehr bestimmt haben. Wir meinen damit, daß Sie kaltes Büfett jedweder Art nach Ihrer Erfahrung, nach Zahl der Gäste, nach vorhandenem Platz und persönlichem Aufwand planen müssen. Verlangt der Zweck einen gewissen Luxus, ist Ihr Publikum anspruchsvoll, so werden Sie nicht vermeiden können, daß im Interesse der Vielgestaltigkeit am Ende einiges übrig bleibt. Danach richtet sich auch Ihr Einkauf.

Vorbereitung und Aufstellung eines kalten Büfetts erfordern, wenn es nicht ganz intimen Charakter hat, viel Zeit. Und genau wie die Operette lebt auch Ihr kaltes Büfett von der Ausstattung. Sie können alles selbst tun, Sie können die Arbeit ganz oder teilweise Hilfskräften überlassen, Sie können Teile des kalten Büfetts fertig in Delikateßgeschäften bestellen und können endlich Ihr gesamtes kaltes Büfett einschließlich Stühlen und Geschirr ordern. So leihen Sie uns Ihr geneigtes Ohr, wenn wir vom kalten Büfett in Varianten, von Preußischem, Bayrischem und Niedersächsischem, von Internationalem und vom Sektfrühstück berichten.

Das große kalte Büfett

Sie treffen es zu allen Anlässen. Sie genießen es anläßlich des Kapitänsabends auf Überseefahrt, bei diplomatischen Empfängen, anläßlich der Saisonbälle großer Clubs und Vereinigungen, bei Jubiläen, Familienfesten, Ehrungen. Es ist trotz des Gewimmels und Gerangels immer unstreitig interessant. Denn Hand aufs Herz: Jeder hat seine Spezialitäten, und bei Lachs, Hummer und Aal sind es auch die Gaumenfreuden der anderen. Nur Frack und Smoking zwingen zu frommem Auftreten. Der Hunger ist bei allen gleich. So versucht jeder mit sanftem Druck und charmantem Lächeln zuerst an die Languste oder den Rehrücken zu gelangen. Roher Schinken und Rollmops gewinnen erst später an Bedeutung. Am Ende sind alle (oder fast alle) Platten leer. Wer spricht den Toast auf die Hausfrau? Wer spricht schon gern, wenn er satt ist?

Der Umfang Ihres kalten Büfetts bestimmt die Länge des Tisches oder der Tafel. Denken Sie daran, daß zu jeder Schüssel und zu jeder Platte ein Vorlegebesteck gehört, zu jedem Salat und jeder Sauce Löffel oder Salatbesteck. Für jeden Gast rechnen Sie 2 Teller, 2 Bestecks und reichlich Servietten. Fühlen Sie sich als Dirigent, wenn Sie in bunter Reihenfolge die Speisen aufstellen und mit Kerzen, Blumendekorationen nicht sparen. Gläser stehen immer separat bereit.
Ehe dann der Vorhang aufgeht, sollten Sie überdenken, ob alles vorhanden ist:

Kaltes Fleisch,
kaltes Geflügel,
Wild,
kalter Fisch,
Salate,
Brot und Butter,
Käse,
Getränke,
Gewürze und Saucen.

Das sind, gruppenmäßig zusammengefaßt, Orientierungspunkte, die Sie anhand unserer Rezepte oder unserer Bilder vertiefen und aufgliedern können. Sie können auch den einen oder anderen Punkt mit einem hier nicht genannten austauschen, z. B. Wild durch Pastete, kaltes Fleisch durch Wurstplatten oder Würste im Stück, kaltes Geflügel durch Grilladen oder Gebratenes. Dadurch variieren Sie Ihr kaltes Büfett zum Beispiel nach der deftig-rustikalen Seite oder nach der unverbindlich-gesellschaftlichen. Andere Variationen bestimmt Ihr Geldbeutel. Denn es ist nicht unwesentlich, ob Sie Tomatensalat durch Spargelsalat ersetzen und Ölsardinen durch Langustenschwänze. Auch Getränke und Gewürze zum Nachwürzen beeinflussen den Aufwand. Sie werden aber auf Mayonnaise, Cumberlandsauce, Tomatenketchup und Dressings für Salate kaum verzichten können.
Für Sie völlig unverbindlich nennen wir Einzelheiten, an die Sie sich halten können, die aber auch Ergänzungen und Kürzungen vertragen.

Kaltes Fleisch:
Kalbsbraten, Schweinebraten, Ochsenbrust, Roastbeef, kaltes Filet, Schinkensorten, Fleischbällchen, Sülze, Wurstsorten, Mett, Tatar.

Kaltes Geflügel:
Garnierte Hähnchenbrüste, kalter Truthahn, Putenbrust, Gänsebrust, Hähnchenkeulen, Geflügelleber, kalte Hühnchen, Ente.

Wild und Wildpasteten:
Hirschrücken, Rehrücken, Wildschweinkeule, gefüllter Fasan, Wildente, Wildpasteten oder -Terrinen.

Salate:
Fruchtsalate, Gemüsesalate, Geflügelsalate, Fleischsalate, Fischsalate, Rohkostsalate, Gemüse- und Obstcocktails.

Kalter Fisch:
Hummer, Languste, Krebscocktails, Krevettencocktails, marinierter Hering, Matjesfilets, Räucherlachs, Gravadlaks, Räucheraal, geräucherte Forelle, Krabben, Muscheln und Austern.

Pikantes:
Kleine Fleisch- oder Gemüsesülzchen, Essiggurken, Gewürzgurken, Pfeffergürkchen, Mixed Pickles, Perlzwiebeln.

Obst und Käse:
Früchte der Jahreszeit, Südfrüchte, Weintrauben.
Käse aus aller Herren Ländern.

Brot und Butter:
Frische Butter, Sardellenbutter, Kräuterbutter, Knoblauchbutter, Gänsefett.
Weißbrot, Toastbrot, Graubrot, Schwarzbrot, Vollkornbrot, Pumpernickel, Knäckebrot, französisches Weißbrot, Brötchen.

Getränke:
Sekt, Champagner, Bier, Mineralwasser, Fruchtsäfte, Weine, Mixgetränke.

Besonderes:
Teegebäck, Käsegebäck, Bierstangen, Blätterteiggebäck.

Bitte schön, das sind Faustregeln. Aber wenn Sie unter unseren Empfehlungen auswählen, werden Sie nichts Wesentliches vergessen haben, damit die Ausstattung stimmt. Überschreiten können Sie unsere Auswahl immer, und die Meister der Küche wissen noch etliches: mitten in der Tafel ein freundlich lächelnder Schweinskopf, Käseportionen in karierte Tüchlein mit Schleifchen verpackt, große Fische im ganzen serviert, überschwengliche Hintergrunddekoration mit ganzen Schinken und Fasanen, Würste, an Leinen aufgereiht und vieles anderes mehr. Sie allein bestimmen die Thematik der Revue. Auf das Orchester können Sie verzichten, aber daß Ihr Bühnenbild ein voller Erfolg wird, das wünschen wir Ihnen.

589 Kaltes Büfett – kurz und bündig

Es gibt Anlässe und Umstände, wo das große kalte Büfett nicht am Platze ist. Solches sind: Einladung an intime Freunde, kleiner Kreis, unzulängliche Raumverhältnisse, Improvisation, Verpflichtungen der Unverheirateten und vieles andere mehr. Wir sprechen von den Gelegenheiten, wo Distanzen beseitigt werden sollen und Gespräch und Vertraulichkeit im Vordergrund stehen. Da wäre die große kalte Tafel aufdringlich oder verpflichtend. Ja, gelegentlich könnte sie Verlegenheiten schaffen. An diese Stelle rückt, was wir Ihnen hier vorschlagen, das Mini-Büfett mit fertigen Brötchen, Sandwiches, Schnittchen. So zum Vorbeikommen und Zulangen. Klönen macht hungrig. Männlein wie Weiblein haben auch als Unverheiratete einen Freundeskreis. Aber keine Zeit oder keine Möglichkeit für Aufwand. Was tut man? Genau das, was Ihnen hier geraten wird. Es wird frühzeitig gerichtet, nichts brennt an, kein Gast muß pünktlich sein und kalt wird auch nichts. Das bringt man herein, wenn der Hunger oder die Tages- oder Nachtzeit es wünschen: Brötchen, Canapés, Sandwiches, Schnittchen. Alles ist mit Sicherheit richtig und Bier und Wein schmecken auch danach noch. Das kann mit Wurst und Schinken, mit Rollmops und Ölsardinen rustikal einfach belegt werden. Komplimente sind gesichert, wenn sich geräucherte Muscheln in pikanter Sauce, Käse aus fernen Ländern, Thunfisch aus Japan, Artischockenherzen aus der Konservendose oder Wachteleier aus dem Glas noch einfinden. Nur keinen Respekt! Hier gibt es nichts zu riskieren und kein schreckliches Erwachen. Der Aufwasch ist ein Minimum – nicht unwesentlich für die Einzelgänger.

590 Imbiß für Snobs

Wissen Sie, was ein Snob ist? Es ist der Mann, der seiner Frau den Blumenkohl durch Fleurop schickt. Es ist die Umkehrung des Verhältnismäßigen. Die Lexica sprechen bei Snobismus von Angeberei, Vornehmtuerei und ähnlichem. Sie merken schon, nicht alle sind Snobs, die landläufig so bezeichnet werden. Aber vielleicht bekommen Sie einmal die Gelegenheit, das Erprobte lassen zu müssen, um die Situation zu überspielen. Das kann eine Kleinigkeit mehr kosten als sonst. Sie brauchen dazu auch ein wenig Kontrast und Abkehr vom Üblichen. Niemand rät Ihnen ab, zu einem Leberwurstbrot als Abendkleidung den Frack zu verlangen. Genauso können Sie zu einem Kaviaressen in Badehose bitten. Snob hin, Snob her; was tut man, um mit Freunden einen Abend lang zu „snobben"?

Sie servieren Beluga-Kaviar auf Steinguttellern (eiskalt sollte er dennoch sein), Sie reichen Kräuter-Quark in silbernen Schüsseln. Zu herzhaftem Bauernbrot reichen Sie ein großes Messer zur Selbstbedienung, den Rentierschinken dazu, jedoch fein geschnitten.

Delikate Seltenheiten sind auch geräucherte Wildschweinkeule, Multebeerkompott aus Finnland in Verbindung mit Schwarzbrot und Butter. Zu kräftigem Landbrot munden marinierter Schafskäse und zu frischem Toast mit reichlich Butter chinesische schwarze Eier. (Zwei Tage vor dem Servieren aus der Lehmschicht befreien.) Für solche Dinge werden Sie sich allerdings des Spezialgeschäftes versichern müssen. Und das erfordert ein wenig Herumhören und Nachfragen. Dann stoßen Sie auch auf den Gravad-Laks (roher Lachs in Kräuterbeize) und auf die Königskrabben aus Alaska. Sie finden Zwergorangen und Ingwergemüse. Sagen Sie nicht, wir hätten nicht an alles gedacht. Und zwei Empfehlungen lassen wir noch folgen.

591 Froschschenkel in Meerrettichsahne

4 Dosen geräucherte Froschschenkel,
$1/4$ l Sahne,
4 Eßl. Meerrettich,
$1/2$ Apfel,
1 Ananasscheibe,
1 Messerspitze Cayennepfeffer,
$1/2$ Teel. Salz,
1 Messerspitze Zucker,
Kirschen für die Garnitur.

Die Froschschenkel aus den Dosen heben und gut ablaufen lassen. Auf einer Platte oder auf goldgelben Toastscheiben anrichten. Die Sahne steif schlagen, mit dem feingeriebenen, frischen Meerrettich, dem geschälten und sehr kleingewürfelten Apfel sowie der ebenfalls sehr kleingewürfelten Ananasscheibe vermischen. Mit Cayennepfeffer, Salz, Zucker würzen und diese köstliche Sahne über die Froschschenkel häufen. Mit Kirschen, es können auch Maraschinokirschen sein, garnieren.

592 Weinbergschnecken in Marinade

2 Dtzd. Weinbergschnecken aus der Dose,
1 Glas Weißwein,
2 Eßl. Öl,
1 Zwiebel,
2 Knoblauchzehen,
$1/4$ Teel. Salz,
1 Eßl. Weinessig,
1 Messerspitze Cayennepfeffer,
1 Eßl. gehackte Petersilie,
1 Teel. gehackter Dill,
2–3 Blättchen Rosmarin,
1 Thymianzweig,
1 Teel. Paprikapulver, edelsüß.

Die Weinbergschnecken aus der Dose heben und gut ablaufen lassen. Den abgelaufenen Saft mit dem Weißwein und Öl vermischen. Dazu die feingehackte Zwiebel und die auf dem Salz zerdrückten Knoblauchzehen sowie sämtliche übrigen Gewürze rühren. Diese Mischung erhitzen, nicht kochen lassen und sofort vom Herd nehmen. Die Marinade abkühlen lassen, über die Schnecken auf einer Platte geben und völlig erkalten lassen. 2 bis 3 Tage im Kühlschrank stehen lassen. Erst dann mit einem kräftigen Landbrot mit Butter dazu servieren.

593 Das rustikale Büfett

Das rustikale Büfett verlangt, unbeschadet seines Umfanges, bäuerlichen oder ländlichen Stil. Auch das Zimmer sollte dazu passen. Der Eindruck wird durch die Harmonie der Umgebung mit dem Büfett gesteigert. Das rustikale Büfett ist somit auch etwas für den zweiten Wohnsitz oder das Ferienhaus. Denn unsere Sehnsucht, der Stadt zu entfliehen, führte zur Einbeziehung der Stilelemente bäuerlichen Lebens in unser tägliches Dasein. Zinngeschirr, Brotschränke, Truhen auf der einen Seite, alte Bilder, karierte Tischdecken und bäuerliches Steingut auf der anderen Seite komplettieren das Milieu. Angereichert mit einem Hauch der Landschaft benutzen Sie bearbeitete Baumscheiben, um Wurst, Aufschnitt, Fisch, Käse, Schinken aufzutragen. Gibt unser Bild Ihnen nicht Anregung? Da finden Sie, was wichtig ist. Und Sie finden es schön säuberlich und getrennt angeordnet, damit der Fisch die Wurst nicht stört. Mit den Getränken haben Sie, wie schon an anderer Stelle betont, freie Hand.

Wir haben für Sie angerichtet:

594 Schinkenplatte

Eine Mischung aus gekochtem und rohem Schinken ist besonders wichtig. Auf unserer Schinkenplatte wurden angerichtet: Prager Schinken, d. h. gekochter Schinken, Holsteiner Katenschinken, Graubündner Schinken. Parmaschinken, zu Röllchen geformt und Bündner Fleisch, wie stets hauchdünn geschnitten. Und die italienische Coppa – eine Hartwurst aus dem Tessin, die es in runder und rechteckiger Form gibt. Dabei stehen ausgehöhlte Orangen, die mit Fleischsalat gefüllt wurden. Ein Früchtekorb vervollständigt das rustikale Büfett.

595 Wurstplatte

Für die Wurstplatte wurden drei Frischsorten gewählt. Eine Gelbwurst, eine gemischte Frischwurst „Braunschweiger Art" und eine Zungenpastete. In der Mitte wurden Hartwurstscheiben aufgetürmt, und zwar die Graubündner Salsiz. Dekoriert wurde die Wurstplatte mit ganzen Tomaten, hartgekochten Eiachteln und Gürkchen.

596 Fischplatte

Sie wurde aus folgenden Zutaten zusammengestellt: Räucheraal. Er wurde in Stücke geschnitten. Er kann auch gehäutet und filetiert serviert werden. Da es hier aber um ein rustikales Büfett geht, werden ausreichend Papierservietten dazugelegt, und der Aal wird mit den Händen gegessen. So schmeckt er eigentlich am besten!
Räucherlachs, zu Röllchen gedreht. Eine filetierte, geräucherte Forelle, ein ausgenommener Bückling und kleine Rollmöpse oder aufgerollte Bismarckheringe, die mit Zwiebelringen und Gurkenstreifchen verziert wurden.

597 Käseplatte

Hier wurde ausgewählt: eine Hartkäsesorte (Greyerzer). Ein Schnittkäse: ein mittelalter oder noch junger Gouda, ein halbfester Schnittkäse (Danablu, Roquefort oder Edelpilzkäse) in Ecken aufgeteilt. Als Weichkäse wurde Camembert ausgewählt. Alles reichlich garniert mit Tomate, blauen Weinbeeren und Petersilie.
Merken sollten Sie sich auch hier: Werden die Platten Stunden vor dem Servieren fertiggestellt, ist es unbedingt erforderlich, sie mit Frischhaltefolie abzudecken.

1966
teau St.Georg
Georges St Emilion

598 Preußisch, Bayrisch, Niedersächsisch

Kein Ausflug in die Geschichte, ehestens ein Ausflug in die Historie der Gaumenfreuden, wie sie uns von den Landschaften beschert werden. Wiener Kongreß und Länderpolitik haben hier nichts zu suchen. Aber das Deftige, der Käse von den Bergen, der Katenschinken aus Holstein, die Rauchwurst aus Westfalen sitzen hier beieinander. Schauen S', wie die sich vertragen. A Moass tät schon dazu schmecken.

599 Allgäuer Käseplatte

400 g Emmentaler Käse,
200 g Allgäuer Bergkäse,
200 g Weißlacker,
125 g Camembert,
400 g Romadur,
1 Zwiebel,
2 Teel. Kümmel,
3 Eßl. Öl,
4 Eßl. Essig,
1 Messerspitze Pfeffer,
1 Bund Radieschen,
4 Tomaten,
1 Bund Petersilie.

Den Emmentaler und Bergkäse in nicht zu dünne Scheiben schneiden und damit eine große Platte auslegen. Den Weißlakker in etwa 4 × 4 cm große Würfel schneiden. Den Camembert im ganzen lassen. Auch diese beiden Käsesorten mit auf der Platte anordnen. Den Romadurkäse in 1/2 cm dicke Scheiben teilen und in einer Schüssel anrichten. Die geschälte Zwiebel in Ringe schneiden und über den Käse in der Schüssel geben. Den Kümmel darüberstreuen. Essig und Öl mit Pfeffer verrühren und ebenso über den Romadurkäse gießen. Die gefüllte Schüssel mit auf der Platte anrichten (reicht sie nicht aus, natürlich auch danebenstellen) und alles hübsch mit Radieschenröschen, Tomatenspalten und Petersilie garnieren. Dazu paßt ein kräftiges Landbrot und reichlich, wenn's geht, Allgäuer Landbutter.

600 Große Bratenplatte mit Gemüsesalat

1 Kopfsalat,
2 Eßl. Kräuter-Salatsauce (fertige),
Schweinebraten,
Kalbsbraten,
Roastbeef,
1 Bund Radieschen,
2 hartgekochte Eier,
1 kleine Dose Spargel,
1 kleine Dose Pariser Karotten,
1 kleine Dose Erbschen,
1 kleine Dose Champignons,
1 Dose Morcheln (62 g),
150 g gekochte Krabben,
1/2 Tasse Mayonnaise,
1/2 Tasse frische Sahne,
1/2 Teel. Salz,
1/2 Teel. Zucker,
1 Messerspitze Cayennepfeffer,
1 Tomate,
1 Petersilienbund.

Von dem verlesenen und gewaschenen Kopfsalat die abgetropften Blätter auf einer großen Platte ausbreiten. Mit der fertig gekauften Kräuter-Salatsauce besprengeln. Schweinebraten, Kalbsbraten und Roastbeef in gleichmäßige Scheiben schneiden (besser ist, Sie lassen die fertigen Braten gleich beim Einkauf schneiden) und damit die Platte auslegen, die Mitte dabei frei lassen. Dorthin kommt die große Schüssel für den Gemüsesalat. Die Fleischscheiben mit den gewaschenen Radieschen und den geschnittenen Eischeiben hübsch garnieren. Kalt stellen. In der Zwischenzeit alle Gemüsesorten aus den Dosen nehmen und ablaufen lassen. Alles zusammen in einer Schüssel mit den Morcheln und Krabben vermengen. Die Mayonnaise mit der Sahne und den Gewürzen verrühren, damit den Salat anmachen. Er muß gut durchgekühlt sein, bevor er in der Schüssel angerichtet wird. Mit Petersiliengrün und Tomatenecken nett verzieren.
Zu dieser großen appetitlichen Bratenplatte sollte es die verschiedensten Brotsorten geben, gute Butter und etwas Trinkbares. In diesem Fall kann es ein Weiß- oder Rotwein sein. Es schmeckt aber auch ein Bier mit eiskaltem Schnaps gut dazu. Das bestimmen allein Sie, ob rustikal oder fein.

601 Bayrische Brotzeit

Dazu besorgen Sie sich: frischen Leberkäs (gibt es nicht nur in Bayern), kalten gebratenen Schweinehals (sollte noch gepfeffert werden), den berühmten Weißlacker Käse (oder milderen Romadur), Niederbayrisches Geräuchertes (ähnlich dem Schwarzwälder Schinken), vielleicht noch Pressack (andern Ortes Schwartemagen genannt).
Ferner reichlich Zwiebelringe, Essiggurken, Essig und Öl, Salzbrezeln, Bierrettich und frisches bayrisches Bier. Dann haben Sie eine zünftige ,,Brotzeit" und einen urigen Spaß. Die bayrische Gastlichkeit kommt von selbst.

602 Würziger Leberkäs

500 g Rindfleisch,
500 g Schweinefleisch,
250 g gehäutete Schweineleber,
65 g Schinkenspeck,
2 Zwiebeln,
2 Eier,
2 Eßl. gehackte Petersilie,
1 Eßl. Majoran,
1 Tasse Semmelbrösel,
1 Teel. Salz,
1/2 Teel. frischgemahlener Pfeffer,
3/4 l Wasser,
etwas Schweinefett.

Das Rindfleisch, Schweinefleisch, die Leber, Schinkenspeck und die geschälten und kleingeschnittenen Zwiebeln durch den Fleischwolf drehen. Diese Masse mit den Eiern, der Petersilie, dem Majoran, Semmelbröseln, Salz und Pfeffer verarbeiten. Nach und nach erst das Wasser zugießen und 30 Minuten ziehen lassen.
In der Zwischenzeit eine Kastenform mit heißem Schweinefett ausstreichen, die Teigmasse einfüllen und den Leberkäs im vorgeheizten Backofen bei guter Mittelhitze 1 bis 1 1/2 Stunden backen. Stürzen und in Scheiben schneiden. Nach Belieben mit Tomatenscheiben oder Radieschen umlegen.

603 Eine excellente Schlachtplatte

4 gekochte, gepökelte Rippchen,
200 g Ardennenschinken,
200 g Schwarzgeräuchertes,
150 g Paprikawurst,
1 ganze Ananas,
1 Eßl. Zucker,
1 Gläschen Cognac,
500 g mildes Sauerkraut,
150 g Weinbeeren,
3 Eßl. Öl,
Saft einer Zitrone,
1/2 Teel. Salz,
1/4 Teel. weißer Pfeffer,
4 Eßl. Mayonnaise,
1 Tasse ungesüßte Schlagsahne,
1 Messerspitze Salz,
1 Messerspitze Cayennepfeffer,
1 Knoblauchzehe.

Die Rippchen, den in Scheiben geschnittenen Ardennenschinken, die Scheiben des Schwarzgeräucherten sowie die Wurstscheiben auf einer großen runden oder auch ovalen Platte anrichten. Eine schöne Ananasfrucht längs auf einer Seite bis zur Mitte aufschneiden, das Fruchtfleisch herauslösen, also herausschneiden und den holzigen Kern in der Mitte der Frucht wegwerfen. Das Fruchtfleisch in kleine Würfel schneiden und mit dem Zucker, Cognac, dem locker auseinandergezupften Sauerkraut und den halbierten Weinbeeren vermischen. Das Öl mit dem Zitronensaft, Salz und Pfeffer verrühren und damit den Salat anmachen. Den Salat zwischen die beiden Ananashälften häufen – wie auf unserem Foto – und in der Mitte der Schlachtplatte setzen. Die Mayonnaise mit der ungesüßten Schlagsahne vermengen und mit Salz, Cayennepfeffer und der zerdrückten Knoblauchzehe würzen. Diese weiße Sauce gesondert zur Schlachtplatte reichen. Und viel deftiges Graubrot auftragen.

604 Gemischte Räucherplatte „große Schau"

300 g Holsteiner Katenschinken,
300 g Schwarzwälder Schinken,
300 g Katenrauchwurst,
300 g geräucherte Gänsebrust,
1 kleiner, ganzer Räucheraal,
200 g Räucherlachs,
200 g geräucherter Stör,
250 g Kieler Sprotten,
3 hartgekochte Eier,
1 Zitrone,
1/4 l Sahne,
3 Eßl. Mayonnaise,
3 Eßl. frischgeriebener Meerrettich,
1/2 Teel. Salz,
1/2 Teel. Zucker.

Die drei Schinkensorten und die geräucherte Gänsebrust in nicht zu dünne Scheiben schneiden und auf der großen Platte anordnen. Den Räucheraal im ganzen mit einem Tranchierbesteck dazulegen. Räucherlachs und Stör ebenso wie den Schinken in Scheiben schneiden. Mit auf die Platte geben. Der Räucherlachs kann auch zu Röllchen gedreht werden. Die Kieler Sprotten zu einem Berg anrichten. Die hartgekochten geschälten Eier in Scheiben schneiden, desgleichen die ungespritzte Zitrone, und damit die Platte hübsch verzieren. In die Mitte der Platte nach Möglichkeit eine kleine Schüssel setzen, in die die gerührte Sauce kommt. Dafür die Sahne steif schlagen, mit der Mayonnaise und dem frischgeriebenen Meerrettich vermengen, mit Salz und Zucker würzen. Butterkugeln dazustellen, verschiedene Brotsorten und nur noch genießen. Bier dazu ist gut.

605 Aus dem Meer gefischt

900 g marinierte Heringe (2 Dosen à 450 g),
10 Bismarckheringe,
1 Zwiebel,
10 Rollmöpse,
200 g Kieler Sprotten,
300 g Muscheln naturell aus der Konserve,
2 Eßl. Mayonnaise,
3 Eßl. frische Sahne,
1/4 Teel. Salz,
1/4 Teel. frischgemahlener Pfeffer,
1/2 Teel. Kapern,
1 Eßl. gehackte Petersilie,
1 Eßl. gehackte Zwiebel.

Wenn Sie die oben genannten Zutaten alle im Hause oder eben besorgt haben, eine kleine Einladung fällig ist und mit dem Bier nicht gespart werden soll, dann greifen Sie zum Telefon. Ihre Freunde kommen, mit Sicherheit! Vorher aber noch einige Handgriffe. Auf eine große Platte eine nicht zu kleine Keramikschüssel in der Mitte aufsetzen. In diese kommen die marinierten Heringe, die mit Liebe noch mit Tomate und Petersilie verziert werden. Die Bismarckheringe werden filetiert, auf die Platte geschichtet und mit der in Ringe geschnittenen Zwiebel bestreut. Die Rollmöpse gleich daneben anordnen und auf ein paar grünen Salatblättern auch die Sprotten. Die Muscheln ebenfalls in eine Schüssel füllen und mit dazusetzen. Vorher noch mit der gerührten Sauce aus Mayonnaise, Sahne, Salz, Pfeffer, Kapern, Petersilie und Zwiebeln übergießen. Löffel, Gabeln dazulegen, Brot aufschneiden und frische Butter dazustellen. Jeder bedient sich selbst. Probieren Sie's mal!

606 Räucherfischplatte „Holstein“

1 schöner Kopfsalat,
3 Eßl. italienische Salatsauce,
1 Teel. Kapern,
500 g geräucherter Heilbutt,
500 g geräucherter Steinbeißer,
300 g geräucherter Stör,
200 g geräucherter Lachs,
400 g Räucheraal,
4 Bücklinge,
2 Dosen geräucherte Muscheln in pikanter Sauce,
1 Zitrone,
1 Tomate,
1 Bund Petersilie.

Das ist eine aparte Angelegenheit für Leute, die gern geräucherte Fische essen. Und die bekommen Sie heute überall in den Städten und auf den Märkten. Also, es geht gleich los: Als Unterlage eignet sich hervorragend eine große, rustikale Holzscheibe, je größer, um so besser. Diese Holzscheibe (man kann sie vorher mit Frischhaltefolie abdecken) oder eine große andere Platte zunächst mit den verlesenen und gewaschenen, abgetropften Salatblättern gleichmäßig auslegen. Diese werden mit der italienischen Salatsauce beträufelt. Die Kapern darüberstreuen. In bunter Reihenfolge kommen nun auf die Salat-Unterlage: die nach Möglichkeit schon entgräteten Heilbutt- und Steinbeißer-Stücke, Stör und Lachs werden in dünne Scheibchen geschnitten und zu Röllchen gedreht. Der enthäutete Räucheraal wird filetiert und ebenfalls in Stücken auf dem Salat angerichtet. Die enthäuteten und vorsichtig filetierten Bücklinge danebenlegen (gut nach Gräten sehen). Die Muscheln in der pikanten Sauce in einem Schälchen dazustellen. Die gesamte Platte hübsch mit Zitronenscheiben oder -schnitzen verzieren und die Tomatenscheiben und Petersilienzweige dazwischenstecken.
Gereicht wird zu dieser kräftigen Räucherfischplatte ein deftiges Landbrot, reichlich frische Butter, die vorher zu kleinen Kugeln gerollt wurde. Und natürlich eisgekühlter Aquavit oder ein Wodka. Das ist gut für's Fett. Schön ist's, wenn Sie Zinnlöffel haben. Daraus schmeckt ein Schnaps gut, und man kann die Menge besser dosieren. Und natürlich das helle Bier nicht vergessen. Das rundet in diesem Fall ab.

607 Dekorative Schinkenplatte

800 g Holsteiner Katenschinken,
400 g Grillschinken,
400 g Schwarzgeräuchertes,
400 g Ardennenschinken,
400 g Parmaschinken,
1/4 l Sahne,
2 Eßl. frischgeriebener Meerrettich,
1/2 säuerlicher Apfel,
1/2 Teel. Salz,
1 Messerspitze Cayennepfeffer,
1 Avocadofrucht,
1/2 Tasse Tiefkühlerbschen,
100 g gekochter Schinken,
3 Eßl. Mayonnaise,
2 Teel. gehackter Dill,
1 Eßl. Cognac,
1/2 Teel. Selleriesalz.

Wir haben für unsere dekorative Schinkenplatte die oben aufgezählten Sorten gewählt. Natürlich können Sie ebenso gut andere Schinkensorten nach Ihrem Geschmack auswählen. Wichtig ist die Abwechslung! Zweckmäßig ist es in jedem Fall, den Schinken gleich im Fachgeschäft schneiden zu lassen und ihn in Frischhaltefolie bis zum Servieren aufzubewahren. Dekorativ und großzügig ist ein ganzes Stück Schinken – wie auf unserem Foto links – immer, es fordert zum Anschneiden auf. Auf unserer Platte ist es jedoch nur als Dekoration gedacht. Sollten Sie jedoch Ihre Gäste zum Absäbeln auffordern, ist es unerläßlich, ein sehr scharfes Messer mit Vorlegegabel und ein dickes Holzbrett dazuzulegen. Die Schinkenscheiben treppenförmig auf einer großen Platte anordnen. Die Scheiben vom Parmaschinken auf einer Holzplatte ausbreiten. Die Sahne sehr steif schlagen, mit dem geriebenen Meerrettich, dem geriebenen Apfel, Salz und Cayennepfeffer verrühren. Diese Masse auf die Parmaschinkenscheiben verteilen und diese aufrollen. Mit auf die Platte legen, wie auf unserem Foto links. – Die Avocado längs teilen, den großen Kern auslösen. Mit einem spitzen Küchenmesser das Fruchtfleisch aus den Hälften herausschneiden und würfeln. Die Würfel in eine Schüssel füllen, die angetauten Erbschen und den in dünne Streifen geschnittenen gekochten Schinken dazugeben. Die mit Dill, Cognac und Selleriesalz vermengte Mayonnaise über das Schinken-Avocado-Gemisch gießen, umrühren und in die ausgehöhlten Avocadofruchthälften zurückfüllen. Diese beiden Früchte ebenfalls mit auf der Platte anordnen.
Nun nach Belieben die ganze Platte mit hartgekochten Eischeiben, mit Essiggürkchen, Cornichons, Maiskölbchen, Tomatenschnitzen, Chilischoten und Petersilie verzieren. Anderes frisches Obst kann noch dazugestellt werden. Und eine grobmahlende Pfeffermühle nicht vergessen. Kenner schätzen es, den Schinken mit frischem Pfeffer zu übermahlen. Sie sollten mal einen Rosé dazu servieren. Und Graubrot.

608 Wildbret, kalt genossen

Jagdleidenschaft ist zum Hobby unserer Zeit geworden wie Fotojagd, Autoraserei und Münzsammeln. Da nicht die gesamte Strecke in die Kühltruhe paßt, muß der Jäger gelegentlich seine Freunde einladen. Aber auch dem Nichtjäger verlangt es als Verehrer würzigen Fleisches nach Wildbret. Und so er nicht allein genießen will, tut er das mit Gleichgesinnten.

Unsere Vorschläge für die Zutaten: Die genauen Rezepte finden Sie im Kapitel über Wild.

609 Ein gebratener, kalter Rehrücken

Den erkalteten Rehrücken auslösen, die langen Filets in gleichmäßige Scheibchen schneiden. Gänseleberpastete oder feine Kalbsleberwurst auf das Knochengerüst streichen und die Fleischscheiben säuberlich wieder auflegen. Das Ganze mit Madeira-Gelee überglänzen (siehe unter Nr. 161). Den Rücken mit Bananenscheibchen und Maraschinokirschen – wie auf unserem Foto rechts – verzieren.

610 Gebratene, kalte Wildschweinkeule

Sie wird in Scheiben geschnitten, treppenartig auf einer Platte angerichtet und mit Madeira-Gelee überglänzt. Garniert wird mit blanchierten, halbierten Birnen, die mit Preiselbeerkompott gefüllt werden.

611 Kalter Fasan

Mit einer Walnuß- oder Kalbsbrätfüllung wurde er gebraten. Erkaltet halbiert wird er auf einer Platte angerichtet und mit reichlich frischen Früchten der Saison verziert.
Aus kaltem Wildfleisch werden Salate bereitet, die reichhaltig mit frischen Früchten garniert werden.
Dekorativ ist auch, Wildsalate in frischen, ausgehöhlten Äpfeln als Portion zu servieren. Reichlich Brotsorten sollten nicht fehlen, begonnen beim Weißbrot über Toast zu kräftigem Brot.
Und als Clou raten wir Ihnen, den Tisch mit Tannen- oder Föhrenzweigen oder Wacholdergrün zu dekorieren. Als Getränk gibt es Rotwein oder auch einen Champagner.

CANTINA SOCIALE
GIUBIASCO
MERLOT

612 Internationales

Die Zwischenräume auf unserer guten Mutter Erde schrumpfen. Städte und Landschaften rücken zusammen, Grenzen werden durchlässiger und die Reisen kürzer. Somit tauschen sich auch die Gaumenfreuden aus, Sie bekommen in New York Parmaschinken und in Rom ein T-Bone-Steak. In England weiß man einen alten Medoc vorsichtig zu servieren, wie an den Ufern der Gironde und in Tokio werden Sie ein Wiener Schnitzel finden. Wir sind offen in jeder Richtung, und die Liebe zum Bekannten beherbergt immer den notwendigen Hauch von Neugier nach dem Unbekannten.

613 Wenn Sie's „schwyzerisch" mögen

Bewußt haben wir darauf verzichtet, Spezialitäten zu nennen, die es hier nicht zu kaufen gibt. Unser schwyzerischer, rustikaler Tisch soll Ihnen ein Beispiel sein, was in Feinkostgeschäften so alles zu haben ist.

Da wäre zuerst ein großes Stück *Graubündner Schinken.* Er sollte auf dem Tisch der Mittelpunkt sein. Er ist ein luftgetrockneter Schinken, der dem Parmaschinken nicht nur äußerlich, sondern auch geschmacklich ähnlich ist. Dazu haben wir die aus dem Tessin stammende *Coppa* gelegt; eine Hartwurst, die sowohl rund als auch in rechteckiger Form angeboten wird.

Außerdem liegen zwei Sorten *Salsiz* dabei, die kleine Bauernsalsiz und die normale Salsiz aus Graubünden.

Bündner Fleisch wurde extra angerichtet auf einem dekorativen Zinnteller. Bündner Fleisch sollte in jedem Fall geschnitten werden. Es muß hauchdünn sein, nur so schmeckt es wirklich echt! Es sollte nicht lange geschnitten liegen, sondern sofort aufgebraucht werden.

Daneben wiederum stehen einladend die berühmten Schweizer Käsesorten, und zwar der *Emmentaler,* der hier schon aufgeschnitten wurde, der *Appenzeller Bergkäse;* ein fettreicher, äußerst würziger Käse. Der *Gruyère* (in der deutschen Schweiz sagt man „Greyerzer" zu ihm), ebenfalls ein hervorragender Hartkäse. Und der *Sbrinz* ist ein äußerst aromatischer Hartkäse, der besonders gut schmeckt, wenn er „gehobelt", d. h., ganz dünn abgeschnitten wird. Er darf, wie auch das Bündner Fleisch, mit den Fingern gegessen werden.

Dazu reicht man Schweizer Weine, grobes Landbrot, vergißt die Pfeffermühle nicht und dekoriert mit aufgeschnittenen frischen Artischocken und Petersilientuffs.

616 Ungarische Reise-Erinnerungen

Unsere kulinarische Reise berührt auch Ungarn. Von dort kommt das nachstehende Originalrezept, und Sie sollten versuchen, folgende Zutaten einzukaufen:

1 Zander (etwa 1200 g schwer),
150 g Suppengrün,
1 große Zwiebel,
1 Lorbeerblatt,
10 schwarze Pfefferkörner,
1 Eßl. Salz,
2 Eßl. Essig,
2 l Wasser,
3 hartgekochte Eier,
2 Tomaten,
300 g Paprikasalat,
1 Tasse Sauce Tartar,
300 g ungarische Salami,
300 g Kolbas (ungarische Paprikawurst),
300 g Paprikaspeck,
2 Eßl. gewürfelte, eingelegte Paprikaschoten,
1 Bund Petersilie.

Von dem ausgenommenen Zander Kopf und Flossen abschneiden. Den Fisch sehr sorgfältig waschen. Suppengrün mit geviertelter Zwiebel, Lorbeerblatt, Pfefferkörnern, Salz, Essig und Wasser etwa 4 Minuten aufkochen, den vorbereiteten Zander einlegen und bei gleichmäßiger Hitze (nur leise, mehr ziehend als kochend) 8 bis 10 Minuten garen. Den Fisch in der Brühe erkalten lassen. Herausnehmen, abtropfen lassen und auf eine große Platte heben. Die geschälten hartgekochten Eier scheibeln, den Fisch damit umlegen, Tomatenscheiben dazwischenstecken. Als Kranz darum den fertig gekauften Paprikasalat häufen. Die Sauce „Tatar" in einem Schüsselchen separat dazustellen. Am hübschesten wäre es, wenn Sie ein original-bemaltes ungarisches Schüsselchen hätten.

Auf den Rand der großen Platte nun die in dünnste Scheiben geschnittene ungarische Salami, die geschnittene Kolbas sowie den dünngeschnittenen Paprikaspeck legen. Das Ganze mit roten Paprikawürfeln überstreuen und mit Petersilientuffs bestekken.

Sie können in einem Extraschälchen noch scharfe rote Pfefferschoten dazustellen. Vielleicht mag's einer scharf!

In einem Korb steht Weiß- und kräftiges Landbrot, und getrunken wird dazu ein Wein vom Plattensee.

617 Italienisch schlemmen

Auch in Italien versteht man zu essen. Die Vielzahl kalter Spezialitäten (die Italiener nennen sie ANTIPASTO) werden nicht nur als Vorspeise geliebt, sondern füllen die Platten für die kalten Büfetts.

Auf unserem Foto rechts zeigen wir Ihnen eine Auswahl dieser italienischen Spezialitäten.

Voran die berühmte *Mortadella*. Die norditalienische Wurst schmeckt hervorragend und ergibt in Gesellschaft von *Parmaschinken,* grober und feiner italienischer *Salami,* einem *Schafskäse* und *Gorgonzola* eine kalte Platte, die sich sehen lassen kann. Fürs Auge werden hartgekochte Eischeiben dazugelegt, die mit schwarzem Pfeffer übermahlt wurden. Die Petersilie natürlich nicht vergessen. Die gute alte Petersilie, die uns immer recht ist, wenns um Dekorieren geht!

Als Beigabe in hübschen bunten Schälchen stehen um die große Platte:
Eingelegte Paprikaschoten in Öl,
Champignons in einer Essig-Öl-Marinade,
grüne und schwarze Oliven,
italienische Mostarda (das sind Dickzuckerfrüchte, ähnlich unseren Senffrüchten), sie haben einen süß-pikanten Geschmack und sind in guten Feinkostgeschäften in Gläsern erhältlich.
Artischockenherzen in einer Essig-Öl-Sauce, mit reichlich gehackter Zwiebel und frischen Kräutern überstreut.

Die Reihe der ANTIPASTI ließe sich noch endlos fortsetzen, z. B. mit den beliebten Anchovis, Sardinen, Thunfisch usw., zum Teil Spezialitäten, die Sie schon längst kennengelernt haben und seit Jahren in der Küche gern verwenden.

Käse mit fremden Adressen ... ... in Scheiben

300 g Emmentaler,
300 g mittelalter Gouda,
300 g dänischer Esrom mit Pfeffer,
200 g geräucherter Mozarella,
1 kleiner Camembert,
200 g Roquefort oder Edelpilzkäse,
200 g italienischer Hirtenkäse,
250 g Frischkäse,
3 Eßl. Sahne,
1/4 Teel. Salz,
1/4 Teel. frischgemahlener Pfeffer,
3 Eßl. frischgehackte Kräuter,
1 ganzer Edamer,
1 kleine Dose Mandarinen,
1 Tasse Weinbeeren,
4 Eßl. Mayonnaise,
4 Eßl. frische Sahne,
1/4 Teel. Zucker,
1/4 Teel. Pfeffer,
1/4 Teel. Ingwerpulver,
250 g Butter,
1 schöne Birne,
2 Eßl. Preiselbeerkompott.

Den Emmentaler, den Gouda, den Esrom und den geräucherten Mozarella in Scheiben schneiden. Damit gleichmäßig eine große Holzplatte belegen, und zwar treppenförmig, damit viel drauf geht. Darauf kommen Camembert, Roquefort und Hirtenkäse.

Den Frischkäse mit der Sahne verrühren, schön schaumig muß es werden, und mit Salz, Pfeffer und gehackten Kräutern würzen. Diesen würzigen Frischkäse in einem Schälchen mit auf die Platte geben.

619 ...oder in Stücken

Den Mittelpunkt der großen Käseplatte bildet der runde Edamer mit seiner dekorativen roten Farbe. Er wird wie folgt hergerichtet: Die komplette Kugel „köpfen", d. h. den oberen Teil abschneiden und das Innere mit einem Pampelmusenmesser ausschneiden, bis nur noch ein etwa 1 ½ cm dicker Rand stehen bleibt. Den ausgeschnittenen Käse in Streifchen schneiden, mit den abgetropften Mandarinen und den Weinbeeren vermengen. Die Mayonnaise mit Sahne, Salz, Zucker, Pfeffer und Ingwerpulver verrühren und den Käsesalat damit anmachen. Den Salat in den ausgehöhlten Käse füllen. Nach Belieben noch mit Maraschinokirschen verzieren. Grüne Salatblätter als Unterlage für die Butterkugeln vorsehen und die Birne halbieren und mit Preiselbeeren füllen.

▶

Käse in Stücken (wie unser Foto rechts), aufgetragen auf altem Silber ist eine Köstlichkeit. Ein tiefes Burgunderrot oder die Bernsteinfarbe schönen Weißweins sind prachtvolle Ergänzungen. Käse im Stück ist rationell angeboten, hält sich länger frisch und gestattet, daß sich Ihre Gäste individuell bedienen. Entsprechendes Werkzeug gehört dazu. Schauen Sie mal im Kapitel: „Gutes Werkzeug gehört dazu" am Ende dieses Buches nach. Unsere Platte zeigt: Ein großes Stück Emmentaler, ein Achtel einer Edamer Kugel, ein Stück mittelalter Gouda, ein Stück Danablu (Edelpilzkäse), eine Ecke holländischer Kernhem, englischen Chester, französischen Camembert und Schafskäse in Weinlaub gewickelt. Zur Garnierung passen: Petersilie, Weintrauben, Walnüsse.

Zugegeben: Die Gelegenheiten dazu sind begrenzt. Aber es gibt sie. Und später werden Sie noch andere hinzu erfinden. Wir denken an Verabschiedung alter Freunde, die eine Nacht bei uns weilten. Wir denken an die Einladung zum späten Vormittag, die zu anderer Zeit nicht paßt. Wir denken auch an die Liebe und die Schlemmerei zu zweit um des Genießens willen. Wir denken an Gespräch und Kommunikation und Zuneigung, die wachsen, weil man die Tafel nur mit Freunden teilt. Schlemmen zu können ohne satt sein zu müssen, verbunden mit der Ruhe eines späten Vormittags, die Anregung durch einen gut gekühlten Champagner geben die Einstimmung für Freundliches, für vertrautes Wort und freundschaftliche Zuneigung.

Hors d'œuvre (zu deutsch: Nebengericht, Vorspeise) gehört in Frankreich gelegentlich zum Lukullischsten, was Sie sich vorstellen können. Auch der Italiener kennt es. Auf deutschen Speisekarten finden Sie diesen Begriff kaum. Es ist der Gaumenkitzel vor einem Essen, man wählt winzige Mengen aus, um den Magen nicht zu überlasten, aber um Appetit zu schaffen und die Wartezeit bis zum Hauptgang zu überbrücken.
Auf unserem Vorspeisentablett auf dem Foto links stehen für Sie zur Auswahl:

Seelachs in dünnen Scheiben,
Räucheraalstücke,
aufgerollte Sardellen mit einer Kaper,
Ölsardinen,
aufgerollte Heringsfilets mit Sahnemeerrettich,
Ungarische Salami,
dünngeschnittene Mortadella,
Spargel,
Tomaten- und Ananasscheiben,
hartgekochte Eischeiben und -achtel,
Oliven,
Maiskölbchen,
blaue Weinbeeren und Gurken,
ausgezackte Orangenhälften
(ausgehöhlt und mit verschiedenen Salaten gefüllt),
Salate auf Ananasscheiben,
als i-Tüpfelchen russischer Kaviar auf Eischeiben.

Was sollten Sie reichen? Frischen, goldgelben Toast, Räucheraal, Räucherlachs (wo möglich, selbst am Tisch geschnitten), Kaviar, auf Eis serviert, feinste Pasteten und Terrinen, kaltes Wild und wenig, aber erlesene Käse. Zum Beiwerk dürfen Oliven, schwarz und grün, Zitrone in Scheiben und Tomaten als Farbtupfen nicht fehlen. Lachsschinken und geräucherte Gänsebrust sind Delikatessen, die wir empfehlen.
Zum Schluß sollten Sie einen weichen, zimmertemperierten Cognac bereit halten.

Und was Sie sonst noch wissen sollten

Ihre Augen, liebe Leserin und lieber Leser, ruhen auf dem letzten Kapitel, sei es im Vorgriff oder sei es, daß Sie sich bis hierhin redlich und brav wie durch ein Menü durchgekostet haben. Die Autoren danken es Ihnen. So sehr Sie sich aber auch abmühten, bleibt dennoch immer noch etwas für ein letztes Kapitel zu tun oder zu sagen übrig. Dieses letzte Kapitel ist vor Ihnen aufgeschlagen, nicht nur, um Ihnen unseren freundlichen Dank zu sagen, sondern auch, um über all das zu sprechen, was in anderen Kapiteln nicht recht unterzubringen war.
Da möchten wir ein wenig mit Ihnen über Kräuter und Gewürze sprechen, also über die Küsten, Berge, Täler und Länder, aus denen sie kommen. Da möchten wir Ihnen delikate Schinken vorstellen und über Käse aus vieler Herren Länder schreiben. „Unbekanntes Exotisches“ nennen wir Früchte und Gemüse, die gerade erst anfangen, hier heimisch zu werden. Sie werden Wissenswertes erfahren über gewisses Handwerkszeug, welches unsere Rezepte erforderlich machen, und wir runden und schließen ab, indem wir auch vom Trinken sprechen.

621 Boutique der Kräuter und Gewürze

Seit wir wieder die Schönheiten der Vergangenheit entdecken, seit Regale, Kruken und Töpfe wieder modern sind, erleben auch Kräuter und Gewürze wieder fröhliche Urständ.
Die Kräutlein gedeihen im Vorgarten und Blumentopf, für die Gewürze müssen wir schon weitergreifen. Es ist mit ihnen wie mit einer Bibliothek: man braucht nicht alles, aber man soll genug davon haben und verstehen, um das Nötige ergreifen zu können. Probieren geht auch hier über Studieren. Und wenn Sie einmal angefangen haben, macht es plötzlich Spaß. Die Düfte der Kräuter und Gewürze sind wundervoll. Die Schärfe verlangt gelegentlich etwas Vorsicht. Gestorben ist noch keiner. Getrocknete Kräuter und Gewürze lagert man in dicht schließenden Dosen und dunkel. Sind Dunkelheit und dichter Verschluß nicht gegeben, verlieren beide ihre guten Eigenschaften und haben keine unbegrenzte Lagerzeit. Fachgeschäfte bieten neben den reinen Gewürzen auch deren Mischungen an. Gut bekannt ist hierzulande der Curry, den es ,,heiß" (scharf) und mild gibt. Der Händler hat aber für Sie auch Spezialgewürze für Fisch, Wild, Geflügel oder Schweinefleisch vorrätig. Wer frische Kräuter nicht zur Hand hat, findet mit Kräutermischungen, z. B. ,,fines Herbes" oder ,,Bouquet garni", Hilfe beim Kräutermann. Auch hier sollten Ihnen die reizvollen alten Regale mit den entsprechenden Gefäßen Anreiz sein, sich selbst zu versuchen. Ihre Gäste werden das mit Sicherheit bemerken.

Nun zu unseren Kräutern auf dem nebenstehenden Foto:

622 Salbei

Der Salbeistrauch wird 15 bis 20 cm hoch, seine 6 bis 8 cm langen Blätter sind länglich-oval und haben feine Härchen. Sie fassen sich filzig an.
Salbei wird frisch und getrocknet verwendet, getrocknet entwickelt er jedoch ein stärkeres Aroma. Frische Salbeiblätter finden vor allem Verwendung bei Lammfleischgerichten, bei

Schweine- und Kalbfleisch und Kalbsleber. Getrocknet verleiht er Fischgerichten, besonders Aal, eine besondere Note. Ein Prischen an Gemüsegerichte geben und Salate damit anmachen. Im Kräuterbüschel sollte er sparsam nicht fehlen.

623 Bohnenkraut

Die Bohnenkrautpflanze wird ca. 50 cm hoch, hat kleine, spitze Blätter, blüht weiß bis violett. Blätter und Stengel können von dieser Pflanze gemeinsam verwendet werden, und zwar sowohl frisch wie getrocknet. Der Geschmack ist würzig, fast pfeffrig zu nennen.
Bohnenkraut nicht nur zu Bohnengerichten verwenden, sondern auch Kohl und Sauerkraut damit würzen.
Frische Blätter und Stengel zart verwenden für Gurkensalate.

624 Dill

Dill ist ein beliebtes Gewürz. Früher kannte man es nur frisch, heute wird es auch getrocknet in Dosen und Gläsern angeboten. Die kleinen zarten Stengel finden in der Küche beachtliche Verwendung. Die gelbe Blüte, Dillkrone genannt, hat nur Bedeutung zum Würzen von Essig und beim Einlegen von sauren Gurken. Da es Dill fast das ganze Jahr gibt, ist er ein Idealgewürz für Fisch, für Salatsaucen, schmeckt gut in frischem Quark und ist beliebt bei Gurke und Kürbis.

625 Zitronenmelisse

Dieser etwa 80 cm hohe Melissenstrauch wächst in jedem Garten und kommt Jahr für Jahr wieder. Er hat 2 bis 3 cm lange, herzförmige Blättchen, die beim Zerreiben an den Fingern frisch und angenehm nach Zitrone duften.
In der kalten Küche ist frische Zitronenmelisse vom Frühjahr bis zum Spätherbst bei Kräutermischungen beliebt, paßt an alle Salate, an Fischgerichte, kurzum an Gerichte, die Zitrone lieben.

626 Estragon

Die Estragonpflanze, die wie ein Strauch wächst, hat schmale, längliche Blätter. Diese Blätter werden frisch und getrocknet verarbeitet. Estragon wird in der kalten Küche hoch geschätzt mit seinem pikant-herben Geschmack. Er paßt an Fleischgerichte, z. B. Hammelfleisch, zu Geflügel und Kalb. Er gibt Wild den letzten Pfiff. Nur eins müssen Sie sich beim Estragon merken: sparsam verwenden, eine Messerspitze getrocknet oder ein Blättchen frisch genügt. Wenn Sie einen Zweig Estragon in eine Essigflasche hängen, haben Sie den geschätzten Estragonessig, der so gut für rohe Salate ist.

627 Borretsch

Die Borretschpflanze hat große, ovale Blätter. Sie sind eingekerbt und fühlen sich samtig an. Borretsch wächst wie die Zitronenmelisse in jedem Garten. Borretsch wird nur frisch verarbeitet. Er schmeckt kleingeschnitten gut in Salaten und Salatsaucen. Besonders harmoniert der zarte Geschmack der Blätter mit dem Geschmack der Gurke. Dekorativ sind die blauen Blüten, die kalten Platten einen besonderen Reiz verleihen.

628 Schnittlauch

Das wohl populärste Küchengewürz bedarf keiner weiteren Beschreibung. Von fast jedermann geliebt, verschwindet es in Salatsaucen, in Salaten, in Eierspeisen, und wer schätzt nicht frischen Quark oder Frischkäse mit Schnittlauch? Schnittlauch wird nur frisch verwendet, er wird niemals mitgekocht!

629 Blauer Basilikum

Die Blätter des blauen Basilikum sind tatäschlich fast blau, jedoch kleiner und schlanker als beim normalen Basilikum. Er ist etwas aromatischer als sein Bruder, wird überall dort verwendet, wo der Bruder hinpaßt.

630 Oregano

Der Oregano – das ist der wilde Majoran – hat kleine spitze Blättchen. Sie duften besonders angenehm würzig, schmecken scharf, fast bitter. Oregano wird frisch und getrocknet verarbeitet, ist das klassische Pizza-Gewürz, schmeckt in Fleischgerichten aus Schwein und in Wild. Er ist der ideale Partner bei Tomatengerichten und -salaten, und er macht Gänsefett mit Äpfeln und Zwiebeln zu einer Spezialität.

631 Thymian

Dieser Strauch wird 30 bis 40 cm hoch und hat auch wieder kleine spitze Blätter. Sie können frisch und getrocknet verwendet werden. Er schmeckt angenehm würzig, fast ein bißchen beißend. Bei der Dosierung ist Zurückhaltung geboten. Trotzdem gehört er in viele Wurstsorten, in Hackbraten, in Gerichte mit Leber, in Geflügel und vor allem in Wild. Schwach dosiert paßt er in Salate und -saucen.

632 Petersilie

Dieses vitaminreichste Küchenkraut wächst in zwei Rassen. Einmal gibt es die krausblättrige Petersilie, die ideal für die Garnitur ist und jeder kalten Platte den wichtigen i-Tüpfel aufsetzt. Zum anderen wächst die schlichtblättrige, die glatte mit den zackigen Blättchen, wie auf unserem Foto. Sie wird in der Hauptsache zum Würzen von Suppen, Eintöpfen usw. genommen. Die Petersilienwurzel ist beliebt im Suppengrün.

Petersilie wird immer frisch verarbeitet, sie wird nie in den Speisen mitgekocht. Frische Petersilie hält sich in Frisch- oder Alu-Folie im Kühlschrank mehrere Tage, und im Winter kann man sie tiefgefroren kaufen, wenn die frische teuer ist.

633 Majoran

Der Majoranstrauch, meist 30 bis 40 cm hoch, hat kleine, 1 1/2 cm lange, vorn sich verdickende Blätter. Diese sind fein behaart. Das Kraut duftet aromatisch und ist das wichtigste Gewürz bei der Wurstherstellung.

Sparsam wird der Majoran bei Fleischspeisen, bei kaltem Hackbraten, Pasteten und Terrinen genommen. Gänsebraten und alle Sorten von Leber sollten unbedingt mit Majoran bereitet werden. Bratkartoffeln mit einer Prise Majoran sind ein Leckerbis-

sen für die, die's gern deftig mögen. In frischen Salaten ist er höchst selten anzutreffen.

634 Rosmarin

Dieser immergrüne Strauch mit seinen lederartigen, schmalen Blättchen ist manchmal beim Gemüsehändler als Topfpflanze zu haben. Er hält sich einige Zeit, und man zupft die Blättchen frisch. In getrocknetem Zustand ist er ein ebenso beliebtes Gewürz. Er aromatisiert Marinaden für Fleischgerichte, Essig und würzt den Fischsud. Er ist pikant in Pasteten und Terrinen.

635 Basilikum

Basilikum erkennt man an seinen herzförmigen, glatten, glänzenden Blättern. Es gedeiht auch bei uns im Topf vor dem Fenster. Es ist das Idealgewürz für Schweinefleisch, eignet sich für Gemüsesalate, liebt besonders die Ehe mit der Tomate. Sparsam dosiert gibt es Meeresfrüchten einen besonderen Geschmack.

636 Pimpinelle

Pimpinelle ist ein dekoratives Kraut im Kräuterbeet. Es hat die kleinen, originellen, gleichmäßig angeordneten Blättchen von zartem Grün. Pimpinelle ist nur frisch gepflückt zu verwenden. Als fast vergessenes Kräutlein aus Großmutters Zeit mit seinem kräftigen, fast gurkenähnlichen Geschmack, verwenden wir es heute wieder in frischen Salaten, es ist gut in Fischmarinaden, wird in die Kräuterbutter gerührt und paßt in Salatsaucen.

637 Liebstöckel

Dieses stark duftende Doldengewächs hat Blätter, die dem Selleriekraut ähnlich sind. Der nicht zu verwechselnde, stark aromatische Duft nach Suppengewürz hat dieser Pflanze mit Recht den Namen „Maggi"-Kraut gegeben. Die frischen Blätter passen gut in sämtliche Rohkostsalate, werden jedoch nur sparsam dosiert. Liebstöckel findet sich gern in Gesellschaft von Saucen, die viel Zwiebel und Knoblauch enthalten.

1
2
3
4
5
6
7
8
9
10
11
12
13
14
15
16

22
23
24
25
26
27
28
29
30
31
32
33
34
35

Nun die Gewürze in alphabetischer Reihenfolge und numeriert:

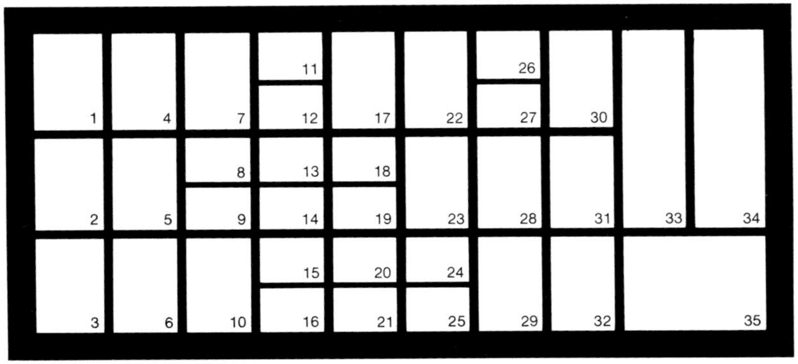

638 Anis (Abb. 25)

Ein auch bei uns heimisches Doldengewächs. Sein Aroma ist intensiv. Wird in Fruchtsalaten sparsam verwendet, schmeckt in Rote-Rüben-Salaten, ist gut im Fischsud und als hervorragendes Gewürz in selbstgebackenen Brötchen und Broten bekannt.

639 Basilikum (Abb. 17)

Verwendung wie beim frischen Basilikum im Kräuterkapitel.

640 Bohnenkraut (Abb. 21)

Verwendung wie beim frischen Bohnenkraut im Kräuterkapitel.

641 Cayennepfeffer (Abb. 12)

Eine sehr scharfe Paprikaart von orangeroter bis roter Farbe, muß mit Kenntnis dosiert werden und würzt überall dort, wo mit wenig Pfeffer ein zarter, scharfer Geschmack erreicht werden soll, also in vielen Fleischsorten, in kalten Saucen, Fisch- und anderen Marinaden. In guten alten Gewürzgeschäften erhält man auch die kleinen Chilischoten, die getrocknet sind und zwischen den Fingern zerrieben werden. Auch hier äußerste Vorsicht, sie sind höllisch scharf, und man muß sich erst daran gewöhnen. Die echte Tabascosauce wird aus der Chilischote hergestellt.

642 Chili-Pulver (Abb. 8)

Der Geschmack von Chilipulver kann kräftig oder mild und von unterschiedlicher Schärfe sein. Chilipulver ist eine Gewürzmischung, in der Hauptsache bestehend aus Chilis, Oregano, Kreuzkümmel und Knoblauch. Manchmal können auch Schokolade, Nelkenpfeffer mit dabei sein. Die Mischung ist ein Geheimnis der Hersteller. Es ist das Gewürz der Mexikaner, und jede Familie hat wiederum ihr eigenes Mischrezept. Bei uns ist Chilipulver zu gebrauchen, wo keine reine, sondern eine würzige Schärfe geliebt wird, also bei kalten Fleischsorten, kalten Saucen, kaltem Fisch, Salaten und Brotaufstrichen.

643 Curry (Abb. 5)

Curry ist eine Mischung edler exotischer Gewürze. In der Regel enthält er als Basis: schwarzen Pfeffer, Chilipfeffer, Gewürznelken, Koriander, Kreuzkümmel, Muskatblüte, Ingwer und Kurkuma, der dem Curry die Farbe gibt. Natürlich gibt es noch unzählige andere Gewürze, die in Curry kommen können, und die Mischungen bleiben immer ein Geheimnis. Auch hierzulande gibt es verschiedene Currysorten, und man sollte stets eine bekannte Markenfirma wählen. Curry hat einen ausgeprägten Geschmack, es gibt ihn mild und scharf (hot). Er würzt die Currysauce, viele Reisgerichte, Lamm- und Kalbfleisch und gern Geflügelgerichte. Er ist beliebt in Salatsaucen und Buttermischungen.

644 Dill (Abb. 6)

Verwendung wie die frischen Dillblätter im vorangegangenen Kräuterkapitel.

645 Estragon (Abb. 22)

Verwendung wie beim frischen Estragon im Kräuterkapitel.

646 Fenchel (Abb. 26)

Wie der Gemüsefenchel stark und würzend im Geschmack, erinnert er etwas an Anis. Ein uraltes Küchenkraut, das gut ist in Hackbraten, Bohnensalat und kaltem, gekochtem Fisch.

647 Ingwer (Abb. 35)

Die getrockneten Ingwerwurzeln werden auch gemahlen gehandelt. Als kandierte Frucht kennen wir ihn im Ingwersirup. Ingwer hat einen süßherben Geruch und ist im Geschmack fast brennend scharf. Deshalb wird er oft und gern anstelle von Pfeffer genommen. Sein Geschmack paßt zu Wild, zu Lamm, kaltem Schweine- und Rinderbraten. Ingwer ist gut in scharfen Saucen, kalten Suppen und im Fischsud.

648 Kardamom (Abb. 2)

Diese Kapselfrucht kann auch gemahlen gekauft werden, jedoch sollte man geringe Mengen nehmen, da der Gehalt an ätherischem Öl schnell verfliegt. Kardamomsamen schmeckt wohltuend mild. Er kann verarbeitet werden in feinen Pasteten, gibt Schweine- und Hackbraten das gewisse Etwas, ist gut in selbstgebackenem Brot.

649 Kerbel (Abb. 29)

Kerbelkraut wächst auch bei uns, ist stark aromatisch, ohne aufdringlich zu sein, etwas süßlich, ein wenig nach Anis schmekkend. In Kräutersuppen unentbehrlich, gut in Quark- und Buttermischungen und in Salatsaucen.

650 Knoblauchpulver (Abb. 11)

Die weißen, manchmal rosafarbenen oder gar violetten frischen Knoblauchknollen können eine unterschiedliche Anzahl von Zehen haben. Knoblauch ist eine sehr konzentrierte Würze und verfeinert eine Unmenge von Gerichten. Oft genügt es schon, die Salatschüssel mit einer frisch geschälten und angeschnittenen Zehe auszureiben. Frischer Knoblauch wird in den besten Küchen der Welt verarbeitet, und in viele Gerichte gehört er einfach rein. Wer sich an die frischen Zehen nicht gewöhnen kann, weil ihn der Geruch zu sehr stört, kauft das abgebildete Knoblauchpulver. Es ist praktisch in der Anwendung, wenngleich es mit einer frisch zerriebenen oder zerdrückten Zehe wenig gemein hat.
Knoblauch frisch oder gemahlen kann an fast alle Fleischsorten, besonders Hammel und Lamm, gegeben werden. Knoblauch gehört an bestimmte Fischgerichte und -suppen, in Gemüse und Salate, an Saucen sowie in Quark- und Buttermischungen. Knoblauch ist etwas für Kenner!

651 Koriander (Abb. 23)

Sie können Koriander als Samen oder gemahlen kaufen. Der Geschmack ist süß-aromatisch und erinnert ein bißchen an Orangenschale. Schweinefleisch ist gut, wenn es vor dem Braten mit zerdrücktem Koriander eingerieben wurde.
Marinaden mit Koriander passen zu Wild. Im Fischsud ist Koriander richtig und in selbstgebackenem Brot und Pasteten.

652 Kümmel (Abb. 15)

Sein angenehm aromatischer und typischer Geschmack ist bekannt. In der kalten Küche findet das Gewürz bei kaltem Schweinefleisch, beim Kohl, im Rote-Rüben-Salat, bei Quark- und Käsemischungen, in Pasteten und bei Pellkartoffeln Verwendung.

653 Kurkuma (Abb. 14)

Das Gewürz ist fast ausschließlich gemahlen im Handel. Es ist auch unter dem Namen Gelbwurz bekannt und ist scharf brennend im Geschmack. In der Küche finden wir es nur als geschmackliche Abrundung bei Senfsaucen. In der Hauptsache gibt sein ausgeprägtes Gelb dem Curry seine intensive Farbe.

654 Lorbeer (Abb. 16)

Die grünen Blätter des Lorbeerbaums sind wohl in jeder Küche zu Hause. In der kalten Küche verwenden wir sie, wo ihr etwas bitterer Geschmack gebraucht wird; in Marinaden für Fleisch, Wild und Fisch.

655 Majoran (Abb. 24)

Wird wie frischer Majoran verwendet, siehe im Kräuterkapitel.

656 Muskatblüte (Abb. 27)

Sie wird auch Macis genannt und ist der getrocknete Samenmantel der Muskatnuß. Dieses orange- bis ockerfarbene Gewürz ist etwas scharf und leicht bitter, milder aber als die Muskatnuß. In der kalten Küche gut in Fleischterrinen und Pasteten und knapp dosiert auch in Salatsaucen mit Kräutern.

657 Muskatnuß (Abb. 28)

Frischgemahlen haben die Muskatnüsse ihren typischen aromatischen Geschmack. Ein Hauch davon gibt vielen Gerichten das besondere Aroma. Die Verwendung in der kalten Küche ist vielseitig. Man gibt davon an kalte Saucen und Salatsaucen, ein Stäubchen an fast sämtliche Fleischsorten.

658 Nelke (Abb. 30)

Die gemahlene Gewürznelke paßt in der kalten Küche vorzüglich an Obstsalate. Sie fühlt sich wohl in Gesellschaft anderer Gewürze für Fleisch- und Fischmarinaden, ist gut in selbstgebackenem Brot, in Pasteten und Terrinen.

659 Oregano (Abb. 31)

Verwendung wie beim frischen Oregano im Kräuterkapitel.

660 Paprika (Abb. 33)

Das Würzrepertoire des Paprika ist ungemein vielseitig. Es werden im Handel fünf Schärfegrade angeboten: Delikateß-Paprika, edelsüßer Paprika, halbsüßer Paprika, Rosen-Paprika und scharfer Paprika. In der kalten Küche ist der edelsüße Paprika am beliebtesten, und seine milde Schärfe wird niemals die Eigenart anderer Geschmacksrichtungen verdrängen.

661 Pfeffer (Abb. 1 und 4)

Dieses geliebte und geschätzte Allerweltsgewürz gibt es in zwei Varianten: den schwarzen und den weißen Pfeffer. Die schwarzen Pfefferkörner sind die grünen, also unreif geernteten Beeren, die sich beim Trocknen unter der Tropensonne zu schwarz-braunen Körnern mit einer runzeligen Schale verändern. Weiße Pfefferkörner sind die ausgereiften Beeren, die nicht so scharf wie die schwarzen sind, dafür aber aromatischer. Oberstes Gebot sollte sein, Pfeffer stets nur frisch gemahlen oder gestoßen zu verwenden. Als Faustregel sollte man sich merken: weißen Pfeffer für weißes Fleisch, schwarzen Pfeffer für dunkles Fleisch verwenden. In Feinkostgeschäften oder in Tiefkühltruhen sieht man manchmal den frischen grünen Pfeffer. Er ist rasch aufzubrauchen, ist zerdrückt gut in kalten Saucen.

662 Piment (Abb. 3)

Die beste Qualität kommt aus Jamaika. Diese Insel liefert ²/₃ des ganzen Weltbedarfs. Die reifen, purpurroten Beeren werden schon vorher gepflückt, und zwar wenn sie noch grün sind. In der Sonne getrocknet, ergeben sie braune, nicht ganz runde Körner, die großen Pfefferkörnern gleichen. Der Geruch ähnelt einem Gemisch aus Nelke, Zimt und Muskat. Gemahlen benutzt man es in der kalten Küche bei fast allen Fleisch- und Fischgerichten, bei kalten Suppen und kalten Saucen. Bei Marinaden für Fisch, Fleisch und Wild werden die ganzen Körner genommen.

663 Rosmarin (Abb. 20)

Wird wie die frischen Rosmarinblätter verwendet, siehe Kräuterkapitel.

664 Safran (Abb. 7)

Safran ist zugleich Gewürz und Färbemittel. Wir kennen von früher: Safran macht den Kuchen gelb. Es ist ein kostbares Gewürz, hat einen zurückhaltend scharfen, ein wenig bitteren Geschmack. Safran wird gewonnen aus den getrockneten Blütennarben des Safrankrokus, und es ist eine zeitraubende, kostspielige Kleinarbeit. Man sagt, um ein Pfund Safran zu gewinnen, müssen zwischen 75 000 und 250 000 Blüten eingesammelt werden. Für Speisen genügt ein winziges Quentchen, um Farbe und Geschmack abzugeben. Safran gehört in eine Bouillabaisse, schmeckt gut in Fischgerichten, zu kaltem Geflügel, in kalten Saucen für Schalentiere. Außer dem abgebildeten Safran auf unserem Foto ist Safran auch pulverisiert in kleinsten Beutelchen erhältlich.

665 Salbei (Abb. 18)

Wird verwendet wie frischer Salbei – siehe im Kräuterkapitel.

666 Senfkörner (Abb. 13)

Die gelben Samenkörner sind auch gemahlen im Handel.
In Körnerform verwendet man sie in Sülzen, in eingelegten Gurken, in Marinaden für Fisch, Wild und Fleisch. Sie haben einen scharf brennenden Geschmack. Aus dem Senfmehl wird unser hochgeschätzter Senf hergestellt.

667 Sternanis (Abb. 34)

Diese interessante Frucht des Sternanisbaumes schmeckt recht würzig, fast scharf, leicht nach Anis, nur feiner. In der kalten Küche hat Sternanis fast keine Bedeutung. Im Sonderfall wird es bei der Brotbäckerei als Zusatz genommen.

668 Thymian (Abb. 19)

Verwendung wie frischer Thymian, siehe Kräuterkapitel.

668a Wacholderbeeren (Abb. 10)

Wer schon einmal Sauerkraut gegessen hat, kennt auch Wacholderbeeren. Sie haben einen kräftigen Geschmack und werden gern zerdrückt für Marinaden, für Wildfleisch und Rind vorgesehen. Beim Schweinefleisch dürfen sie nicht fehlen.

669 Zimt (Abb. 32)

Zimt gehört mit zu den ältesten Gewürzen. Zimt ist die gemahlene Baumrinde des Zimtlorbeerbaumes. Kanehl oder Stangenzimt heißt die feine Innenrinde der Baumschößlinge, deren Aroma noch feiner ist als der gemahlene Zimt. In der kalten Küche hat Zimt bei Obstsalaten Bedeutung. In arabischen Ländern gibt man Fleischgerichten gern eine Spur Zimt bei, und man experimentiert mit ihm bei Saucen. Probieren Sie doch auch ein bißchen.

670 Wurst und Schinken

Kalte Fleischspeisen, wie Wurst und Schinken oder Salate aus Fleischzubereitungen sind Hauptbestandteil der kalten Küche. Sicher ist, daß Ihnen das reichhaltige Angebot die Qual der Wahl verschafft. Treue zu Ihrem Stammgeschäft und gelegentliches Testen, wo Sie geschmacklich vorteilhaft oder preiswert einkaufen, verleiht Ihnen am frühesten Erfahrung. Jede Hausfrau hat „ihren" Fleischer, und zunehmend erhält sie dort neben geschätzten Fleischwaren auch Salate, die Fleisch enthalten. Diese Salate sind zum raschen Verbrauch bestimmt, enthalten aber dennoch Konservierungsmittel. Schinken und Dauerwurst dagegen dienen der Vorratswirtschaft, kommen vor allem aus Ungarn, Italien, in Form von Pasteten aus Frankreich und Belgien. Ihre Qualität ist überwiegend ausgezeichnet. Hier ist's mit dem Verbrauch nicht eilig, jedoch ist auch hier der Kühlschrank verpönt. Trockenes, geschütztes Aufbewahren mit reichlich Frischluft ist dienlich.

Nun zu unseren abgebildeten Schinkensorten, linkes Foto von oben nach unten:

671 Westfälischer Katenschinken

auch Fränkischer Schinken genannt. Diese beiden Sorten haben viel gemeinsames. Es ist ein roher Schinken aus der Schweinskeule mit der Schwarte. Dunkel geräuchert, vollmundig und würzig im Geschmack. Ideal für Schinkenrollen.

672 Parmaschinken

Der weltberühmte Parmaschinken kommt aus der Gebirgsstadt Langhirano, in der Nähe von Parma. Das Klima dort ist ausschlaggebend für die Güte während der sechsmonatigen Lagerzeit. Parmaschinken ist immer entbeint und von unvergleichlichem, leicht süßlichem Geschmack. Gut zu Melonenscheiben.

673 Lachsschinken

Dieser mild gepökelte, aus dem Schweinskarree hergestellte Schinken ist besonders zart.

674 Grillschinken

Auch Pariser Grillschinken genannt. Er wird neuerdings öfter angeboten, ist ein mild geräucherter Kochschinken und hat einen sehr zarten Geschmack. Paßt gut zu Spargel.

675 Niederbayerisches Schwarzgeräuchertes

Wird aus Teilen der Keule und Schulter vom Schwein gemacht, ist gekocht und stark mit Wacholder geräuchert. Für Schinkenesser, die einen deftigen Geschmack lieben.

676 Holsteiner Katenschinken

Einer der berühmten rohen Schinkensorten. Geschmack: mild bis herb-lieblich! Darf auf keiner großen Schinkenplatte fehlen.

Rechtes Foto, von oben nach unten:

677 Aalrauchschinken

Ebenfalls eine Schinkensorte, die neuerdings bei uns angeboten wird. Wie schon der Name sagt, hat der Schinken tatsächlich im Geschmack Ähnlichkeit mit einem Räucheraal. Er ist mild.

678 Schwarzwälder Schinken

Einer der bekannten rohen Schinkensorten. Er ist meistens stark gepökelt, schmeckt kräftig und ist stark geräuchert. Er wird fast immer ohne Knochen angeboten.

679 Gekochter Schinken

Der Prager Schinken ist hier der berühmteste. Man erhält ihn ab und zu in Delikateßgeschäften. Der normale gekochte Schinken wird während der Garzeit gepreßt und hat daher sein kantiges Aussehen.

680 Nuß- oder Mausschinken

Das ist eine kleine, rohe Schinkensorte, die vor allem in Süddeutschland angeboten wird. Stark gepökelt und geräuchert, schmeckt sie mild-würzig und hat eine zarte Konsistenz.

681 Coburger Kernschinken

Eine Schinkenspezialität aus Franken. Ein milder Schinken und hat Ähnlichkeit mit dem Ardennenschinken.

682 Käsekunde für Kenner und andere

Käse ist in der kalten Küche gleichberechtigter Partner des Fleisches. International weit verbreitet, ist er von Duft und Geschmack her interessant und dazu noch nahrhaft. Seine Aufbewahrung ist nicht ganz unproblematisch.
Hart- und Schnittkäse (z. B. die großen „Räder" aus Holland, Italien, Schweiz u. a.) bewahrt man, wenn nötig, in Frapan oder Alufolie auf. Die Aufbewahrung im Kühlschrank vermindert Geschmack und Qualität. Die alte gute Käseglocke und ein kühler Platz im Keller stehen immer noch hoch im Kurs. Frischgeschnittener Käse vom Stück, alsbald verzehrt, ist und bleibt ein Genuß ohnegleichen.
Weichkäse, deren bedeutendstes Herkunftsland Frankreich ist und die auf die Milch von Kuh, Schaf und Ziege zurückgehen, zeigen je nach Herkunft und Reifungsprozeß ein unterschiedliches Verhalten. Das ist wieder abhängig von den Pilzen, die die Verkäsung der Milch herbeiführen. Während der Reifung verändern Weichkäse auch ihre Konsistenz. Sie sollten sie deshalb nur in Fachgeschäften und in kleinen Mengen für alsbaldigen Verzehr kaufen. Auch hier gilt, daß die Aufbewahrung von Resten unter der Käseglocke richtiger ist als im Kühlschrank. Dennoch sei nicht verschwiegen: Überreife ist für viele ein besonderer Genuß. Reste von Hartkäse lassen sich reiben und in kalten Saucen, heißen Suppen und Aufläufen verwenden.

Wir stellen Ihnen auf den folgenden Seiten Käse aus aller Herren Länder vor und schildern Ihnen knapp deren typische Besonderheiten.

Käsebeschreibung 1. Reihe links, von oben nach unten:

683 Provolone (Abb. 1)

Ein sehr würziger, italienischer Schnittkäse. Er wird in verschiedenen Formen angeboten, schmeckt als weicher frischer Käse sahnig und zart. Wenn er älter ist, schmeckt er würzig scharf. Dann ist er auch gut zum Reiben.

684 Italienischer Parmesan (Abb. 2)

Der ideale Käse zum Würzen. Schmeckt salzig und scharf, wird fast immer gerieben. Besonders zu empfehlen für kalte Saucen, Dips und für Käsegebäck.

685 Appenzeller- oder Allgäuer Bergkäse (Abb. 3)

Die beiden Sorten sind sehr ähnlich. Es ist ein nußartig schmeckender Hartkäse. Geschnitten ist er ideal für Käseplatten, und er ist geeignet für Käsesalate.

686 Französischer Brie (Abb. 4)

Der großartige Weichkäse mit weißer Schimmelrinde aus Frankreich. Meist in Tortenstückchen abgepackt, schmeckt er mit Butter und Weißbrot besonders gut.

687 Olmützer Quargel (Abb. 5)

Ähnlich wie Mainzer Handkäse, ein Sauermilchkäse.
Schmeckt kräftig bis scharf. Gut mit Zwiebel, Essig und Öl.

Fortsetzung nächste Seite

1
2
3
4
5
6
7
8
9
10
11
12
13
14
15

Mittlere Reihe von oben nach unten vom Foto der vorherigen Seite:

688 Emmentaler (Abb. 6)

Aus der Schweiz der bekannteste Hartkäse. Er wird in bis zu 80 kg schweren Laiben hergestellt, hat kirschgroße Lochung, schmeckt würzig und ist abgelagert ideal zum Reiben.

689 Butterkäse (Abb. 7)

Wird meist in runden Torten angeboten. Gut bekannt der Bel Paese aus Italien. In Deutschland gibt es ähnliche Butterkäsesorten, ebenso in Frankreich. Sie sind zwar schnittfest, haben aber einen cremigen, milden Geschmack.

690 Chester (Abb. 8)

Der englische, dunkelgelb bis orangefarbene Hartkäse hat einen würzigen Geschmack. Als Schnittkäse und zum Reiben geeignet.

691 Stilton (Abb. 9)

Berühmter Käse aus England. Wird oft in wachsverschlossenen Töpfchen angeboten. Dieser Blauschimmelkäse entwickelt mit Portwein beträufelt ein herrliches Aroma.

692 Französischer Schafskäse (Abb. 10)

Ihn gibt es mit und ohne Schimmel in verschiedenen Formen. Schmeckt würzig bis pikant.

693 Camembert (Abb. 11)

Die berühmteste Weichkäsesorte. Sein volles Aroma entwickelt dieser Schimmelkäse, wenn er cremig gelb ist.

Rechte Reihe von oben nach unten vom vorherigen Foto:

694 Pyrenäenkäse (Abb. 12)

Ein Schnittkäse aus Frankreich, in runder Laibform mit schwarzer Rinde. Läßt sich gut schneiden, schmeckt würzig.

695 Norwegischer Schafskäse (Abb. 13)

Dieser bräunliche, in kleinen Blocks angebotene, feste Käse hat einen originellen, fast süßlichen Geschmack. Er ist als Schnittkäse zu verwenden und ist eine Abwechslung auf Käseplatten.

696 Mondseer Käse (Abb. 14)

Der aus Österreich stammende, runde Schnittkäse hat eine Ähnlichkeit mit dem Tilsiter. Er ist gut haltbar, ist oft mit einem leichten weißen Schimmel bedeckt und gut für Käsesalate.

697 Tilsiter (Abb. 15)

Ein kräftig bis pikant und leicht säuerlich schmeckender Schnittkäse mit kleiner Lochung. Wird in kantigen Broten angeboten. Geeignet als Schnittkäse, für Käsesaucen und Salate.

Und noch weitere Käse-Spezialitäten vom Foto auf der übernächsten Seite, obere Reihe von links nach rechts:

698 Holländischer Gouda (Abb. 1)

Einer der berühmten holländischen Schnittkäse, in runden Laiben hergestellt, mit sattgelber Farbe. Er hat nur wenige, erbsengroße Löcher. Man kann ihn in verschiedenen Fettstufen und drei Reifegraden kaufen: jung, mittelalt und alt.

699 Mimoletta (Abb. 2)

Dies ist ein flandrischer Käse, der dem Gouda sehr ähnlich ist. Er wird gern zum Überbacken verwendet und gibt überbackenen Toasten den besonderen Pfiff.

700 Edamer (Abb. 3)

Er gehört zu den bekannten Schnittkäsesorten, genau wie der Geheimratskäse, der Gouda, Schafskäse, Trappistenkäse und Tilsiter. Diesen Käse mit Folie vor dem Austrocknen bewahren.

701 Morlacco (Abb. 4)

Das ist ein vorzüglicher italienischer Hartkäse. Die kleinen Laibe sind an ihrer geriffelten, dunklen Rinde leicht zu erkennen. Er ist in Konsistenz und Geschmack dem Parmesankäse sehr ähnlich, deshalb auch die gleichen Verwendungsmöglichkeiten.

702 Taleggio (Abb. 5)

Er ist immer quadratisch, hat eine rötlich bis weiße schmierige Haut und ist ein halbweicher, aber noch schnittfester Käse. Er hat einen unvergleichlich pikanten Geschmack. In kleinen Mengen ist er auch in Käsesaucen zu verwenden.

703 Edelpilzkäse (Abb. 6)

Wir kennen den Danablu aus Dänemark und z. B. den französischen Roquefort. Sie werden in runden, hohen Laiben angeboten. Der Geschmack ist je nach Sorte würzig bis herb pikant. Läßt sich gut schneiden, eignet sich für Salate und ist hervorragend in Käsesaucen und Dips. Auch der Gorgonzola gehört mit in die Gruppe der halbfesten Schnittkäse.

704 Schweizer Raclettekäse (Abb. 7)

Auch Gomser Käse genannt, weil er im Gomser Tal seine Heimat hat. Dieser wunderbar sahnig und milde, bis leicht würzig schmeckende Käse wird in niedrigen, runden Laiben angeboten. Er schmilzt besonders gut, wird deshalb sehr gern für Käsesaucen und -cremes verarbeitet. Als Schnittkäse ist er beliebt.

Untere Reihe von links nach rechts:

705 Frischkäse (Abb. 8)

Er ist unter verschiedenen Markennamen im Handel und ist ein Naturkäse. Nur unterliegen diese Naturkäse keinem Reifeprozeß, denn sie werden immer frisch verzehrt. Frischkäse, dem Quark ähnlich, haben einen zarten und sahnigen Geschmack. In der kalten Küche sind Frischkäse oft die Grundlage für Käsecremes und Käsedips sowie Käsesaucen. Sie lassen sich durch den neutralen Geschmack mit allen Zutaten gut kombinieren.

706 Münsterkäse (Abb. 9)

Der aus dem Elsaß stammende, weiche Rotschmierkäse wird in verschiedengroßen runden Laiben angeboten. Sein volles Aroma entwickelt er erst, wenn sein Innenleben durch und durch cremig gelb ist. Die Rinde sollte man nicht mitessen!

707 Esromkäse (Abb. 10)

Dieser Käse kommt aus Dänemark, hat eine niedrige, längliche Brotform und ist ein Schnittkäse, ähnlich in Lochung und Geschmack dem Tilsiter, jedoch milder. Neuerdings wird dieser Käse mit Zutaten wie grobem Pfeffer und Kümmel angeboten.

708 Limburger (Abb. 11)

Ein Rotschmierkäse in Stangenform, verwandt mit dem kleinen Romadur. In Deutschland als deftiger Käse bei Kennern beliebt. Schmeckt gut als Käsesalat mit viel Zwiebel, Essig und Öl. Er sollte beim Verzehr noch einen kleinen weißen Kern haben.

Fortsetzung nächste Seite

709 Mozarella (Abb. 12)

Er stammt aus der Gegend von Neapel und wird bei uns in Deutschland in Plastikbeuteln angeboten, da er stets von Salzwasser umspült sein muß, um frisch zu bleiben. Dieser Käse hat in erster Linie Bedeutung beim Backen, für die Pizza und für andere kalte Käsekuchen.

710 Geräucherter Mozarella (Abb. 13)

Auch diese Form von Mozarella wird neuerdings bei uns angeboten. Der Käse hat sich durch Räucherung und wächserne Haut zu einem halbfesten, milden Schnittkäse mit Räuchergeschmack entwickelt. Man sollte ihn mal probieren!

711 Gorgonzola (Abb. 14)

Dieser italienische Blauschimmelkäse wird in runden Laiben verkauft, ist äußerst cremig und würzig im Geschmack. Da er sich schlecht schneiden läßt, sollte er immer als Stück serviert werden. Auch in Käsesaucen gut.

712 Weißlacker (Abb. 15)

Der Weißlacker gehört mit in die Gruppe der halbfesten Schnittkäse. Er ist der deftigste unter den deutschen Käsesorten, und vor allem in Bayern wird er als Bierkäse geschätzt. Er wird in Würfelform angeboten, ist weiß mit kleinen Löchern.

713 Französischer Ziegenkäse (Abb. 16)

Ihn gibt es in verschiedenen Formen und Geschmacksrichtungen. Alle Sorten haben gemein das „quarkige" Innenleben und schmecken pikant bis scharf.

714 Dauphin (Abb. 17)

Dieser französische Rotschmierkäse ist wiederum eine Delikatesse. Meist ist er mit Kräutern durchsetzt, ist weich, sein Geschmack würzig pikant bis scharf. Eignet sich nicht zum Aufschneiden, sondern immer im Stück servieren.

715 Gruyère (Abb. 18)

In der deutschen Schweiz Greyerzer genannt. Auch einer der berühmten Hartkäse. Aufgeschnitten ist dieser würzige Käse gern gesehen auf Käseplatten. Er schmeckt gut in Salaten, und man kann ihn gerieben für Saucen verwenden.

716 Sbrinz (Abb. 19)

Dieser wirklich harte Käse wird in der Schweiz oft gehobelt angeboten, und zwar so dünn wie das Bündner Fleisch. Deshalb wird er auch mit den Fingern gegessen, und vorzüglich schmeckt ein Butterbrot dazu. Sein kräftiges Aroma gliedert ihn in die Gruppe der begehrten Reibekäse ein.

717 Unbekanntes und Exotisches

Bei Kräutern und Gemüsen ist man noch ganz gut zu Hause, bei den Gewürzen wird es schon spanisch oder ungarisch oder mexikanisch. Aber gerade aus fernen Regionen, gereift unter südlicher Sonne, anzuschauen mit seltenen Farben, gelangen Obst- und Gemüsesorten als „Exoten" auf unsere Tafel. Hierzu glauben wir, Ihnen ein Wort schuldig zu sein: ein Wort zur Verwendung, zur Bereicherung Ihrer kalten Küche, zum Entzücken Ihrer Gäste und zu Ihrem Lob.

718 Ananas

Die Ananas bedarf gewiß keiner näheren Beschreibung.
Seit Jahren erfreut sie sich größter Beliebtheit, und zwar nicht nur als Dessert, sondern auch als Zugabe zu Fleisch- und Geflügelspeisen. Als Frischfrucht ist sie eine Augenweide auf kalten Platten zwischen Schinken und Käse.
Frische Ananasfrüchte sollten beim Kauf den richtigen Reifegrad haben. Die Frucht darf nicht mehr grün sein. Lassen sich die Stachelblätter leicht auszupfen, ist das ein gutes Zeichen für die Vollreife der Frucht.
Eine vielseitige Verwendung hat bei uns die konservierte Ananas. Aber auch hier gibt es Qualitätsunterschiede. Vor allem aus afrikanischen Ländern und aus Taiwan werden mitunter schlechte, holzige Qualitäten angeboten. Legen Sie auf eine gute Qualität Wert und wollen Sie kein Risko eingehen, so entscheiden Sie sich für Früchte aus Hawaii.

719 Artischocken

Ein dekoratives Gemüse, das schon vor Jahrhunderten in Frankreich angebaut wurde und erst seit wenigen Jahren in Deutschland zu sehen ist. Gekauft wird es aber nur zögernd. Es kommt aus Frankreich und Italien und wird nahezu das ganze Jahr angeboten. Im Herbst, während der großen Ernte, sind die Artischocken am billigsten. Beim Kauf sollten Sie darauf achten, daß die Blätterenden noch grün und nicht schon braun sind. Artischocken werden, nachdem der Stiel abgeschnitten wurde, in reichlich Salzwasser im ganzen mit einem Schuß Essig gekocht. Sie sind fertig, wenn sich die einzelnen Blätter leicht abziehen lassen. Kochzeit je nach Größe 30 bis 40 Minuten. Zum Abtropfen auf den Kopf stellen und auskühlen lassen. Die ausgekühlten ganzen Artischocken auf Tellern servieren und eine Mayonnaisen-Kräutersauce dazu reichen. Blätter einzeln mit den Fingern abzupfen, in die Sauce stippen und das Fruchtfleisch von den Blättern abknabbern. Sind alle Blätter gezupft, das „Heu" vom Boden abkratzen, wegtun und das Beste von der Artischocke, den Artischockenboden, genießen.
In der kalten Küche kennen wir nur diese Art mit Varianten des Anrichtens von Artischocken. In reicher Zahl werden in Dosen und Gläsern noch die konservierten Artischockenböden und Artischockenherzen angeboten, die als Salat oder Garniermittel wie auch in Verbindung mit Fleisch, Fischen und Meerestieren in der Küche verarbeitet werden können.

720 Auberginen

In Deutschland nennen wir sie auch Eierfrüchte, diese bildschönen, dunkelvioletten, länglichen Früchte. In der warmen Küche sind sie uns keine Unbekannten mehr. Sie schmecken gut gegrillt zu allen Fleischspeisen und werden gefüllt.
Sie werden aber nie roh gegessen und werden deshalb weniger in der kalten Küche verarbeitet. Gedünstet oder gebraten, entsprechend mariniert, ergeben sie eine Spezialität für Liebhaber. Aus Konserven werden sie meist als Salatzutat verwendet.

721 Avocados

Diese birnenförmigen Früchte mit der leicht genarbten Schale in den Farbschattierungen Grün bis Lila sind in der kalten Küche auch bei uns außerordentlich beliebt. Sie werden in den subtropischen Ländern wie im Süden Amerikas, Israel und Südspanien kultiviert. Beim Kauf sollte man darauf achten, daß die Früchte reif sind. Erst dann entfalten sie ihr volles Aroma. Auf leichten Fingerdruck soll die Schale etwas nachgeben.

Sind die Früchte noch hart, bei Zimmertemperatur 2 bis 3 Tage ruhen lassen. Das unkomplizierteste und beste Rezept ist: Ungeschält der Länge nach halbieren, den Kern auslösen und in die Höhlung ein Mix aus Zitronensaft, Öl, Salz und Pfeffer geben. Dazu etwas Brunnenkresse. Mit einem Teelöffel auslöffeln, dabei von den Tropen träumen. Sie werden weiterhin gern verarbeitet in Verbindung mit Fleisch, Fisch und Krustentieren.

722 Bambussprossen

In frischem Zustand sind sie bei uns selten zu haben, diese Schößlinge einiger Bambusarten. In jedem Fall gibt es sie in Konserven. Sehr fein geschnitten werden sie direkt aus der Dose verarbeitet als Salat mit Kräuter- oder Mayonnaisensaucen. Sie eignen sich als Beigabe zu kaltem Fleisch und kaltem Fisch und schmecken köstlich als Vorgericht zu Wachteleiern.

723 Cherimoya

Diese originell aussehende Frucht stammt aus Mittelamerika. Sie taucht auf dem deutschen Markt nur ab und zu auf und sollte dann nicht übersehen werden. Man sollte sie zumindest kennen und wissen, was man mit ihr anfangen kann.
Mit einem hervorragenden, süß aromatischen Geschmack hat sie die Größe einer Birne, ist etwas runder und hat eine schuppenartige, grüne bis bräunliche Haut. Die reife Frucht, und nur dann entfaltet sie ihr volles Aroma, gibt bei Druck auf die Schale nach. In der kalten Küche wird sie sorgfältig geschält zum Fruchtsalat verarbeitet und zu rohem Schinken gereicht.

724 Edelkastanien

Sie sind weder neu noch exotisch. Und es gibt sogar in Deutschland Gebiete (Südbaden und Bodensee), wo sie seit Jahrhunderten gedeihen. Trotzdem ist die Edelkastanie (auch Marone genannt) bei uns wenig verbreitet. In der kalten Küche wird sie nur gekocht bzw. geröstet und als Mus als Dekorationsbeigabe für Wild- und Fleischgerichte verwendet. Viel Zeit spart man, wenn man dieses Maronenpüree fertig in Dosen kauft.

725 Feigen

Als getrocknete Frucht genau wie die Dattel seit langem bekannt. Als grüne frische Frucht wird sie im Herbst aus Italien zu uns importiert. Ihr Nachteil: sie ist nicht lange haltbar. Reife Früchte haben eine dunkle, ins Violett gehende Farbe und geben einem Fruchtcocktail die besondere Note. Ein Salat nur aus Feigen und Portwein bereitet, ist eine Köstlichkeit!

726 Fenchel

Wir sprechen hier vom Gemüsefenchel. Diese Knollen, die aus der Gegend von Neapel zu uns kommen, haben einen stark aromatischen Geschmack, an den sich mancher Mitteleuropäer erst gewöhnen muß. Für unsere Gaumen ist der rohe Fenchel, sehr fein geschnitten, als Salat die interessanteste Form der Zubereitung, insbesondere mit Äpfeln und Citrusfrüchten.

727 Granatäpfel

Diese hübschen, rotbäckigen Granatäpfel sind im Orient heimisch. Sie haben eine relativ harte Schale, und wenn sie aufgeschnitten werden, kommen dekorative rote Kerne zum Vorschein. In der kalten Küche ist der Saft als Zusatz für süße Salatsaucen geschätzt, und die roten Kerne geben Obstsalaten den gewissen Pfiff!

728 Grapefruits

Die Grapefruit (auf den Märkten als Pampelmuse angepriesen) ist uns als Vitaminträger ersten Ranges bekannt. In der Diätkost ist sie deshalb nicht wegzudenken. In der kalten Küche läßt sie sich praktisch überall verwenden, und man kann Gerichte aus Fleisch, Fisch und Muscheln mit ihr variieren.

729 Kakifrüchte

Diese aus Ostasien stammende Frucht kommt in den Monaten Oktober bis Dezember zu uns. Kakifrüchte sehen Tomaten ähnlich, sind jedoch größer und haben eine gelbe bis orangefarbene Haut. Sie haben ein weiches, fast geleeartiges Fruchtfleisch und sind erst in voller Reife zum Verzehr geeignet. Das Fruchtfleisch ist süß und hat wenig Säure. In der kalten Küche ist die Kakifrucht, in Scheiben geschnitten, als Salat zu empfehlen oder als Dekoration für große Braten.

730 Kaktusfeigen

Sie werden meist aus den Mittelmeerländern zu uns exportiert. Im Spätherbst werden sie angeboten. Man sollte beim Hantieren vorsichtig sein, weil die kleinen, fast unsichtbaren Stacheln unangenehm sind. (Wer hält schon gern einen Kaktus in bloßen Händen!) Beim Schälen die Frucht in eine Serviette legen. Das Fruchtfleisch der Kaktusfeige ist süß und locker, läßt sich in Scheibchen schneiden und ist besonders gut, wenn es mit Zitronen- oder Orangensaft in Verbindung kommt. Empfehlenswert also für Fruchtcocktails.

731 Kiwis

In Konserven erhält man die Früchte bei uns schon seit Jahren. Frisch erst in letzter Zeit, und zwar im Herbst. Die Kiwifrucht hat einen hohen Vitamin-C-Gehalt und erinnert in der Form an eine riesige Stachelbeere mit einer grünen bis bräunlichen, haarigen Haut. Kiwis werden geschält, in Scheiben geschnitten und passen in Fruchtsalat, Kalbfleisch und Geflügelsalate.

732 Litschis

Sie werden auch Lychees genannt und werden in fast allen tropischen und subtropischen Ländern angebaut. In den Monaten Dezember bis April erhalten wir sie aus südafrikanischen Gebieten. Die ovale, 4 bis 5 cm lange Frucht hat eine scharlachrote Farbe, das Fruchtfleisch ist saftig weiß und birgt einen allerdings ungenießbaren, braunen Kern. In der Kalten Küche liebt man sie in Fruchtsalaten, und sie kann sich zu Fleisch und Meerestieren gesellen. In der Konserve ist sie immer erhältlich.

733 Mangofrüchte

Die Mangofrucht wird in fast allen tropischen und subtropischen Ländern angebaut. In der Form fast nierenförmig, flach, die Haut glatt, von Farbe grün über gelb bis rötlich, ist das Fruchtfleisch vielseitig zu verwenden. Die reife Frucht läßt sich nur schwer schälen, und der Kern sitzt fest am Fruchtfleisch, so daß man ihn herausschneiden muß. Mangofleisch ist gut in Salaten, wird als Kompott zu kaltem Rindfleisch, zu Geflügel und Wild serviert.

734 Melonen

Hier wären in der Hauptsache aufzuzählen die Zuckermelone, die Honigmelone und die Guadeloupmelone. Sie werden bei uns angeboten und von Kennern geschätzt. Das Fruchtfleisch ist ideal zu kombinieren mit Schinken, es schmeckt zu Geflügelfleisch und gibt Salaten das gewisse Etwas. Melonenkugeln-Cocktails sind Bestseller!

735 Okras

Okra wird bei uns neuerdings auch frisch angeboten, ist jedoch ungekocht nicht genießbar und daher zweckmäßiger aus der angebotenen Konserve zu verarbeiten. Diese gekochten Okraschoten sind gut mit Tomatenscheiben, mit Zwiebelringen und Knoblauch gewürzt zu servieren. Sie schmecken im Salat und finden Anklang als Beilage zu kaltem Fleisch.

736 Palmenherzen

In der Konserve bei uns als Palmito bekannt, wird das Palmenmark in Brasilien aus einer Palmenart gewonnen. Die Stangen (sie erinnern im Geschmack etwas an Schwarzwurzeln) sind vorzüglich mit Fleisch und Räucherfisch zu verarbeiten. Kleingeschnitten ergeben sie einen aparten Salat.

737 Papayas

Papayas zählen zu den Melonengewächsen und kommen aus dem tropischen Amerika. Sie können ein Gewicht bis zu 5 kg erreichen, bei uns werden jedoch nur Früchte zwischen 200 und 300 g angeboten. Sie haben ein fast birnenförmiges Aussehen, eine relativ glatte Haut, und der Geschmack des Fruchtfleisches liegt zwischen Melone und Ananas. Die richtig reife Papaya hat ein lachsrotes Fruchtfleisch und ist sehr wäßrig. Die kleinen schwarzen Kerne sind ungenießbar. Das Fruchtfleisch der Papayas eignet sich für Salate aller Art, es ist gut in Verbindung mit Fleisch und kräftigen Würzsaucen. Und Papayas mit Schinken sind eine Delikatesse!

738 Passionsfrucht

Seit die Früchte auch an der Mittelmeerküste gedeihen, sind sie dann und wann auch bei uns zu finden. Sie haben in der kalten Küche eine untergeordnete Bedeutung, schmecken jedoch als Salatzutat und in Fruchtcocktails gut.

739 Radicio rosso

Diese dem Chicorée verwandte Salatpflanze wird vor allem in Italien angebaut. Und von den Italienreisen kennt man sie bereits. Sie ist ausschließlich als Salat zu verwenden, die Blätter haben eine karminrote Farbe, sind leicht gesprenkelt und haben einen leicht bitteren Geschmack, der Salaten den besonderen Effekt gibt. Als Dekoration ebenfalls gut zu verwenden.

740 Staudensellerie

Dieses edle Gemüse – auch Bleich- oder Stangensellerie genannt – ist nicht neu und nicht exotisch. Trotzdem wissen viele nicht mit ihm umzugehen. Dieser Staudensellerie ist der Vetter, und zwar der schlanke, von unseren runden Sellerieknollen. Sein Kraut diente im Altertum als Siegeskranz für Sportler. Heute gehört das edle Gemüse auf den Feinschmeckerteller. Im unteren Teil sieht diese Sellerieform auch dem Fenchel sehr ähnlich. Das Gemüse ist roh und gekocht zu verwenden. Feingeschnitten ergibt es einen schmackhaften Salat, und gekocht ist Staudensellerie als Beigabe zu kaltem Fleisch und kaltem Gemüse von Liebhabern geschätzt. Bleichsellerie ist auch konserviert in Dosen erhältlich.

741 Zucchinis

Eine Kürbisart, die aussieht wie eine grüne Gurke. Die Zucchinis stammen aus Amerika und werden neuerdings in allen Mittelmeerländern angebaut. Die kleinen jungen Früchte können auch wie die Gurken verarbeitet werden, nur müssen sie grundsätzlich gekocht werden. Mit einer Essig-Öl-Marinade sind sie erquicklich als Beilage zu Fleisch und Geflügel. Sie sind gekocht als Salat zu verarbeiten und lieben besonders dann den Zusatz von Meeresfrüchten.

742 Dazu das rechte Handwerkszeug

Mit gewisser Einschränkung kann gesagt werden: ein Steak ist so zart, wie ein Messer scharf ist. Natürlich kommt es nicht nur auf die Messer an, denn jetzt sind Sie fast am Ende unseres Buches und wissen, was es in der Kalten Küche zu schneiden und zu tranchieren, zu hacken und zu raffeln, zu hobeln und anzuspießen gibt. Sie müssen sortieren, garnieren, vorlegen und hinlegen, Sie müssen dekorieren und dazu bedarf es des rechten Handwerkszeuges. Oder wollen Sie Fleisch mit der Brotsäge schneiden? Wir meinen, Ihnen auch diese Starthilfe geben zu sollen, sofern Sie nicht schon längst im Reich von Messer und Gabel, Austernbrecher und All-Round-Schere Bescheid wissen. Unsere Vorstellung ist natürlich eine Auswahl und Sie können weglassen und hinzufügen.

◀ Und nun zu unserer blinkenden Klingenparade auf dem Foto. Wir stellen Ihnen auf der oberen Reihe vor:

1. Ein Besteck für Lachs. Damit können Sie besonders schöne und dünne Scheiben schneiden.
2. Einen 3teiligen Tranchiersatz mit Wetzstahl, modern und formschön.
3. Einen Satz Küchenmesser: ein Filiermesser, ein Universalmesser, ein Fleischmesser und ein Chefkochmesser.
4. Ein Brotsägemesser.
5. Ein besonders schönes Salatbesteck.
6. Ein Buntmesser zum Verzieren von Gemüse usw.
7. Ein gebogenes Spezialgrapefruitmesser und daneben
8. Ein Obstmesser.

Auf der unteren Reihe zeigen wir Ihnen:

9. Einen Eischeiben-Schneider.
10. Einen Eiteiler.
11. Einen Austernbrecher.
12. Eine Küchenschere für jede Gelegenheit.
13. Ein Käsemesser.
14. Ein Käsebeilchen.
15. Einen Käsehobel.

Schauen Sie sich nur mal um. Vielleicht entscheiden Sie sich auch für einen fix und fertig zusammengestellten Haushalts-Satz, den es mit braunen Lederbändchen zum Aufhängen an formschönen Holzleisten in verschiedenen Ausführungen gibt.

743 Getrunken wird am Schluß

Nehmen Sie das nicht wörtlich. Aber nachdem wir Ihnen gezeigt, geschildert und Appetit auf das gemacht haben, was wir „Kalte Küche" nennen, meinen wir, Ihnen ein Wort zu den passenden Getränken sagen zu sollen.

Nicht nur die Gelegenheiten, sondern auch die Resultate unserer Rezepte machen Durst. Denn wir haben auf Kräuter und Gewürze, auf liebliches Aussehen und herzhafte Herrichtung viel Wert gelegt. Was also sollte man trinken?

Sicher ist, daß die Wahl der *Getränke* von mannigfaltigen Umständen abhängt. Da ist die Tageszeit zu überlegen, der Gästekreis, der Charakter der kalten Platten, der Umfang der Tafel wie auch ihre Qualität.

Zwei Dinge sind ohne Berücksichtigung der Einzelheiten immer richtig:

Sekt (wer will: Champagner) und *Bier* (wer will: Pils). Man kann auch beides reichen. Man kann mit dem einen einleiten und mit dem anderen fortfahren. Durst ist – ein Kriterium der kalten Küche – immer vorhanden. Beide Getränke sind relativ anspruchslos und verpflichten nicht. Sie verpflichten nicht zum Nachdenken, und sie kränken nicht Gewürze und Düfte der Tafel. Denn wenn Nase und Zunge mit fremden Geschmacksqualitäten besetzt sind, sind sie nicht frei für Languste oder Rauchwurst aus der Provence. Die Unverbindlichkeit der Getränke unterstreicht, was immer Sie hergerichtet haben, statt zu verdrängen.

Bier und Sekt können Sie maßvoll ergänzen durch „Harte" oder „Klare", also jene Spirituosen, die Ihnen ganz sicher unter dem Namen Wodka, Korn, Steinhäger, Wacholder und ähnliches bekannt sind. Wir haben nur einen Teil aufgezählt. Sie sollten zur freien Bedienung zur Verfügung stehen. Manch einer nimmt sie gern während des Essens, der andere hinterher. Wie immer: Schnäpse sollten wahrhaft eiskalt sein. Dazu reicht der Kühlschrank nicht. Selbstverständlich können Sie auch dem Bier dadurch Referenz erweisen, daß Sie mehrere Sorten unterschiedlicher Herkunft bereit halten. Während die bitterherben Pilssorten außerordentlich den Appetit fördern, bevorzugen die Damen meist die eleganteren Biere. Für die, die nach dem Essen Auto fahren, empfehlen sich die obergärigen Biere, wie z. B. Kölsches Alt oder Düsseldorfer Alt. Sie sind alkoholarm und löschen gut den Durst. Auch Bier muß kalt serviert werden, jedoch reicht hier die Temperatur des Kühlschranks. Ist die Gesellschaft groß genug, lohnt sich, auch wegen der Originalität, ein Fäßchen mit Kühlbox. Die Brauereien und Biergroßhändler stehen hier gern zur Verfügung. Für konsequente Abstinenzler sollten einige Säfte oder klares Mineralwasser nicht fehlen.

Wenn Sie *Sekt* oder *Champagner* servieren, sollten Sie sich auskennen. Unter Champagner verstehen sich Schaumweine, deren Reben französischen Ursprungs aus der Landschaft der Champagne sind. Der Ausdruck ist geschützt. Deshalb darf ein deutscher Schaumwein, mag er noch so gut sein, nicht Champagner heißen. Das deutsche Wort „Sekt" stammt vom französischen Wort „sec" und bedeutet: trocken. Dennoch gibt es unterschiedliche Grade von Trockenheit. Man sollte selbst wissen, welchen deutschen Sekt man bevorzugt. Unter den Champagnern gilt, daß der trockenste die Bezeichnung „brut" trägt, während die Bezeichnung „extra sec" und „demi sec" geringe bis leichte Grade von Süße andeuten. Die Damen bevorzugen das letztere. Unstreitig aber ist ein „Champagner brut" das eleganteste und vornehmste, was Sie auf diesem Gebiet reichen können.

Sind Sie im Begriff, eine Party durch kalte Küche zu bereichern, so passen zur Einführung, zum Begrüßungstrunk und zur Anregung der Stimmung auch *Party-* oder *Mixgetränke*.

Wir wollen hier keine Empfehlungen geben, weil Sie selbst am besten den Geschmack Ihrer Freunde kennen und sicher auch aus entsprechenden Büchern schon Kenntnis und Erfahrung vorliegen.

Sie werden fragen, wo der *Wein* bleibt. Wein ist eigentlich kein Getränk, sondern ein Genuß. Man löscht damit nicht den Durst, sondern man schlürft seine Wonnen. Deshalb gibt es auch keine Alternative zwischen Wein und Bier. Wir wissen, daß der Franzose hier anders denkt. Aber dieses Buch wendet sich an die

deutschen Freunde der kalten Küche und sollte dies auch im letzten Kapitel berücksichtigen. Es ist natürlich richtig, daß es anspruchslose Moselweine und Rheingauer Kneipweine gibt. Beides sind leichte, etwas stahlige, gelegentlich sogar säuerliche Tropfen, aus dem Rheingau überwiegend Rieslinge, von der Mosel schon eher Müller-Thurgau-Rebe. Sie belasten den Gaumen nicht, sind leicht, erfrischen, verpflichten nicht zu großem Nachdenken und engen die Reichweite von Zunge und Gaumen nicht ein. Wer mehr will, muß, darüber sollte Klarheit bestehen, einen Kompromiß eingehen. Wer eine Spätlese des Jahrgangs 1964 aus dem Rheingau serviert, wird in Kauf nehmen müssen, daß entweder die Feinheit des Weinbuketts oder die Feinheit einer Pastete zu kurz kommt. Eines wird am anderen leiden. Wen das nicht stört, kann den Weg der Franzosen gehen, die da meinen, daß zu festlichem Mahl auch ein 47er Bordeaux gehört. In Deutschland werden allgemein Weine steigender Qualität am Ende des Mahles oder hinterher serviert. Man trinkt sie dann nicht mehr, man erlebt sie.
Unter diesen Voraussetzungen empfehlen wir zur kalten Küche allgemein leichte Weine, also Weine der Mosel. Die Rieslinge des Rheingaus, die Reben Rheinhessens und der Pfalz sind da schon anspruchsvoller und behaupten ihren Rang. Als Faustregel gilt, daß Rotwein serviert wird zu schwerem dunklem Fleisch (also z. B. Rind, zu Wild und gelegentlich zu Wildgeflügel). Weißwein paßt zu Fisch, hellem Fleisch und hellem Geflügel. Aber das ist eine grobe Faustregel, und Sie werden finden, daß es Überschneidungen geben kann oder sie gelegentlich auch anderes kennenlernen. Der Kompromiß bleibt auch beim Rotwein bestehen, wie wir ihn für den Weißwein geschildert haben. Servieren Sie Weißwein kellerkalt und nicht aus dem Kühlschrank. Eine beschlagene Weißweinflasche hat mit Sicherheit falsch gelegen. Beim Servieren sollte der Weißwein etwa 10 Grad haben. Der Rotwein sollte 24 Stunden vorher in dem Zimmer liegen, in dem er getrunken wird. Seine beste Temperatur liegt bei 18 Grad.

Liegt Ihnen, vielleicht zu Ehren ausländischer Freunde, an ausländischen Weinen, so empfehlen sich vor allem die trockenen Weißweine des Burgund und aus der Region von Bordeaux. Von den Rotweinen sind die süffigen Landweine des Burgund anspruchsloser, aber auch milder als die oft schwergeratenen Bordeaux-Weine.

Alphabetisches Wörterverzeichnis

Die hier genannten Zahlen beziehen sich auf die Rezept-Nummern dieses Buches. Seitenzahlen sind nicht vorhanden.